SHANGHAI UNIVERSITY
LAW REVIEW

上大法律评论

李清伟　主编

2013　第1卷第1辑 ｜ 总第1辑

上海三联书店

《上大法律评论》

声　明

　　本刊的各篇文章仅代表作者本人的观点和意见，不代表编辑委员会和编辑部的任何意见、观点或倾向，也不反映主办单位上海大学法学院的立场。特此声明。

《上大法律评论》编委会

Contents

Shanghai University Law Review

Vol. 1 No. 1
(Serial No. 1)

第1卷 第1辑
2013年8月

上 大 法 律 评 论
SHANGHAI UNIVERSITY LAW REVIEW

Vol. 1 No. 1
Aug. 2013

付子堂,孟庆涛."无产阶级专政下继续革命"的宪法命运与现代性[M]//李清伟.上大法律评论(第1辑).上海:上海三联书店,2013:1-18.

"无产阶级专政下继续革命"的宪法命运与现代性

付子堂[1]，孟庆涛[2]

（1. 西南政法大学，重庆　401120；2. 西南政法大学 人权教育与研究中心，重庆　401120）

摘要："无产阶级专政下继续革命"理论入宪，把革命和宪法勾连在一起。"无产阶级专政下继续革命"术语是从"不断革命论"发展转化而来的。从政治实践看,新中国建立后一直"不断革命",最终演进到"无产阶级专政下继续革命"。"无产阶级专政下继续革命"先后进入党章和宪法,体现着有组织的现代性。在"无产阶级专政下继续革命"理念指引下,政治伦理统合了大众伦理,政党组织统合了社会组织。这一政党统合社会的结构,引发了党的一元化领导同现代国家的官僚自治之间的冲突。最终,政党以政治革命形式推进国家的现代化建设,引发了革命式现代化这一路径方式同社会结构之间的冲突,从而形成了革命式现代化的悖论。

关键词：不断革命；无产阶级专政下继续革命；七五宪法；现代性

Fate of the theory of continuing the revolution under the dictatorship of the proletariat in China's 1975 constitution and modernity

Fu Zi-tang[1]，Meng Qing-tao[2]

（1. Southwest University of Political Science & Law，Chongqing　401120；

2. Center for Education & Study of Human Rights of Southwest University of

Political Science & Law，Chongqing　401120）

Abstract：The theory of continuing the revolution under the dictatorship of the proletariat was prescribed into China's 1975 Constitution. Thus revolution and constitution was connected together. The specific term comes from the continuous revolution in the sense of term's evolution. From the view of political practice，The PRC launched kinds of continuous revolution and eventually evolved into continuing the revolution under the dictatorship of the proletariat. Continuing the revolution under the dictatorship of the proletariat became the content of the Constitution of the Chinese Communist Party and the China's 1975 Constitution. Continuing the revolution under the dictatorship of the proletariat is connected with modernity and reflects the organized modernity. Under the guidance of continuing the revolution under the dictatorship of the proletariat，the mass ethics was integrated into the political ethics and the social organizations were integrated into political party too. The structure of party-society generated conflict between the partier's unified leadership with the modern bureaucratic autonomy. Ultimately，national modernization construction promoted by political revolution by party leads to the conflict between revolution-style modernizations with social structure. This is a paradox of revolution-style modernization.

Key words：continuous revolution；Continuing the revolution under the dictatorship of the proletariat；China's 1975 Constitution；Modernity

收稿日期：2013-04-18

基金项目：国家社科基金重点项目"马克思主义法学理论中国化、时代化、大众化研究"（10AFX001）

作者简介：付子堂,男,博士,博士后,西南政法大学教授、博士生导师,fzt@swupl.edu.cn；孟庆涛,男,博士,博士后,西南政法大学副教授、硕士生导师,xnmengqt@126.com.

从历史上看,革命成功之后,往往会通过宪法来确认和巩固革命成果,因而革命是宪法的发生机制之一。作为保护秩序的最高法,宪法会把革命成果固化为宪法内容,并且反对再行通过革命推翻自己的有效性。在这个过程中,隐含着革命正当性与合法性之间的悖论关系:"(但是)所有通过革命取得政权的政党或阶级,就其本性说,都要求由革命创造的新的法制基础得到绝对承认,并被奉为神圣的东西。革命的权利原先是存在的,否则执政者就得不到法律的批准,但是后来它被取消了。"①在合法律性的意义上,革命是非法的,因为革命要推翻执政者,所以执政者必然会在法律上取消革命的权利;但革命权利对于法律具有先在性,因而非法的革命却是正当的,通过具有正当性的革命创造的新法制,则对革命政党或阶级进行合法律化。从而,就形成了革命正当性同革命合法性之间的对抗。在这一关系中,自己革别人的命是正当的,别人革自己的命则是非法的,所以对于执政者来说,自己革自己的命是不可想象的。

"文化大革命"似乎对上述革命正当性与合法性之间的关系构成了挑战:革命旨在推翻现存的执政者,而"文化大革命"却是执政者自身推动的、指向自己的革命。"七五宪法"把革命本身给宪法化了,"无产阶级专政下继续革命"成了宪法的指导思想,这对宪法本身构成了某种内在颠覆:"无产阶级专政下继续革命"预示了革命的无限性,宪法政治本身是一种保守性的、抑制革命的力量,对于革命来说,宪法旨在抑制革命的激进化,"无产阶级专政下继续革命"入宪并成为"七五宪法"的指导思想,则形成了无限革命与有限宪政之间的恒久张力。如果从现代性的角度来看待这场执政者自身发动的革命,又会呈现出什么样的现代景观?

一、无产阶级专政与"不断革命"

(一)无产阶级专政的理论渊源

"无产阶级专政下继续革命"理论是毛泽东提出来的。从术语的演进来看,"无产阶级专政下继续革命"是从"不断革命论"发展转化而来的。"不断革命论"是马克思主义本来就有的术语,从理论渊源上说,马列经典作家的相关论述为"无产阶级

专政下继续革命"理论提供了基本的思想资源,而且在基本路向上,它们之间存在着内在一致性。

马克思主义的基础理论虽然认为从资本主义发展到共产主义是一种必然,但在两者之间,存在着一个特殊的过渡阶段:"在资本主义社会和共产主义社会之间,有一个从前者变为后者的革命转变时期。同这个时期相适应的也有一个政治上的过渡时期,这个时期的国家只能是**无产阶级的革命专政**。"②在共产主义社会,国家和阶级已经被消灭,而消灭资本主义社会之后至实现共产主义社会之前,阶级和国家都存在,只不过掌握政权的阶级由资产阶级转变为无产阶级,此时的国家是由无产阶级实行革命专政的国家。也就是说,无论具体状况如何,在资本主义社会与共产主义社会之间,无产阶级的革命专政是这类国家的共同特点。就其目的来说,无产阶级革命专政国家以消灭一切阶级,包括无产阶级本身,并从而进行生产关系、社会关系和相应观念的根本改造与转变为目标:"(这种)社会主义③就是宣布**不断革命**,就是无产阶级的**阶级专政**,这种专政是达到**消灭一切阶级差别**,达到消灭这些差别所由产生的一切生产关系,达到消灭和这些生产关系相适应的一切社会关系,达到改变由这些社会关系产生出来的一切观念的必然的过渡阶段。"④无产阶级革命专政所处的"过渡"阶段这一特殊地位及为了实现终极目标,决定了在这一阶段要进行"不断革命"。但这一"不断革命"不再以推翻政权为任务,而是在无产阶级专政的前提下,对社会和思想进行完全、彻底的改造。从时间上来看,只要在共产主义尚未实现之前,无产阶级专政下的"不断革命"就没有停止的理由。

对于无产阶级专政所存在的时期,列宁同马克思的认识是一致的。在列宁看来,无产阶级专政是资本主义向共产主义发展所必须经过的道路:"只有**懂得**一个阶级的专政不仅对一般阶级社会是必要的,不仅对推翻了资产阶级的**无产阶级**是必要的,而且对介于资本主义和'无阶级社会'即共产主义之间的**整整**一个历史时期都是必要的,——只有**懂得**这一点的人,才算掌握了马克思国家学说的实质。……从资本主义向共产主义过渡,当然不能不

---

①　恩格斯.致奥古斯特·贝贝尔[M]//马克思恩格斯全集:第三十六卷.北京:人民出版社,1974:238.
②　马克思.哥达纲领批判(1875年4—5月)[M]//马克思恩格斯选集:第三卷.2版.北京:人民出版社,1995:314.
③　这里所说的社会主义指的是利用暴力而非和平手段的"革命的社会主义"。
④　马克思.1848年至1850年的法兰西阶级斗争[M]//马克思恩格斯选集:第一卷.2版.北京:人民出版社,1995:462.

产生非常丰富和多样的政治形式,但本质必然是一样的:都是无产阶级专政。"①列宁认识到过渡阶段政治形式的繁杂性,但他强调无产阶级专政是所有这些政治形式的本质。对于无产阶级专政,列宁同时强调专政与民主的统一性。列宁认为,无产阶级专政不能仅仅是扩大民主,它还要对压迫者、剥削者、资本家采取剥夺自由的措施,因而在实行镇压和使用暴力的地方,也就没有自由和民主:"无产阶级专政,向共产主义过渡的时期,将第一次提供人民享受的、大多数人享受的民主,同时对少数人即剥削者实行必要的镇压。"②从列宁的相关论述中,可以感受到"人民民主专政"的气息。

由于无产阶级革命专政是连接资本主义社会和共产主义社会的过渡阶段,对于资本主义社会的政权来说,无产阶级革命专政要进行暴力革命,而对于共产主义社会来说,无产阶级革命专政则要为过渡到这一社会进行准备:"无产阶级国家**代替**资产阶级国家,**非通过暴力革命不可**。无产阶级国家的消灭,即任何国家的消灭,只能通过'自行消亡'。"③无产阶级革命专政除了暴力推翻资产阶级国家之外,还要为自己的消灭作好准备。因而,列宁认为,无产阶级革命专政对于社会主义者来说,就只能是一个暂时的任务。但是这一双重目标,恰恰强化了"专政"的"无法"状态,而这也正是列宁和考茨基产生严重分歧的地方。列宁批判考茨基时认为,考茨基在给专政下定义时隐瞒了专政的基本标志,那就是革命暴力,而真正的问题恰恰在于**和平变革**同**暴力变革**的对立,所以"专政是直接凭借暴力而不受任何法律约束的政权",因而"无产阶级的革命专政是由无产阶级对资产阶级采用暴力手段来获得和维持的政权,是不受任何法律约束的政权"。④ 尽管列宁在此隐含的意思是,无产阶级革命专政不受其所反对的资产阶级法律约束,但在无产阶级专政国家里对于存在的资产阶级进行革命专政,也不受任何法律约束,亦是可以由此推出的合理推论。列宁对于无产阶级专政所作的"对敌人实行专政与对人民实行民主"的解释,亦能有效地支持"专政是反法律的"这一结论。可以进一步引申的是,宪法是法律的一种,这是否意味着,无产阶级的革命专政亦是不受宪法约束的?

(二)夺取政权后的"不断革命"

1949 年,中国政权发生转移,中国共产党领导建立了中华人民共和国,并开始利用以政治为主导的力量对中国社会进行结构性变革:土改运动改变了土地的所有权性质,实现了土地农民所有,这是在所有权方面对封建关系的彻底改变;土改结束后,互助组、初级社、高级社逐步建立,整个社会的经济、社会组织形态发生根本性的变化,向预定的社会主义方向转变,特别是合作化的完成,被毛泽东认为是生产关系的改变。这为毛泽东发动经济层面的"大跃进"和政治思想层面的"文化大革命"提供了现实基础。

"无产阶级专政下继续革命"理论的提出,亦有着深刻的国际背景。从整个世界,特别是资本主义与社会主义之间的斗争来看,革命在 20 世纪 60 年代形成了一种世界性的风潮,亚非拉国家的反殖民革命运动,资本主义国家内部的反政府革命运动此起彼伏,革命似乎成了整个世界的一个普遍现象。这种革命动向鼓舞了社会主义国家的革命信心。从现代性来看,当时的世界性革命运动是对世界范围内的现代性病症的反应:

> 与自由资本主义相比,国家干预突出了国家、行政权力的作用。通过行政权力对财富进行再分配,虽然缓和了社会劳动领域的阶级冲突,但它必须扩大官僚机构的权力及这种权力调节的范围,导致国家官僚体制的巨大扩张和政治决策过程的非民主化。这样,资本主义在仍然保持"一切异化的根源"——劳动异化的基础上,又多出了被韦伯称之为"社会生活官僚主义化"(即政治异化)的现代性病症。⑤

从社会主义阵营内部的国际层面来看,1956 年斯大林去逝后,赫鲁晓夫主政,苏共二十大开始批判斯大林的左倾教条主义,从而引起整个社会主义阵营的震动,批判斯大林及其教条主义的群众运动大面积爆发,同时引起了中共内部批判右倾主义、反对修正主义的风潮。从此时起,中国的政治开始逐渐左转,与苏联争夺正统马克思主义的理论主导权和解释权,并逐步将中国的革命政治进一步激进

---

① 列宁.国家与革命[M]//列宁全集:第三十一卷.2版.北京:人民出版社,1985:33.
② 列宁.国家与革命[M]//列宁全集:第三十一卷.2版.北京:人民出版社,1985:86.
③ 列宁.国家与革命[M]//列宁全集:第三十一卷.2版.北京:人民出版社,1985:20.
④ 列宁.无产阶级革命和叛徒考茨基(1918 年 10—11 月)[M]//列宁全集:第三十五卷.2版.北京:人民出版社,1992:237.
⑤ 郑谦.中国:从"文革"走向改革[M].北京:人民出版社,2008:11.

化。对于中国来说,要建设现代化国家,既存在着同以美国为首的资本主义帝国集团的现代性的竞争,也存在着同苏联这一社会主义帝国现代性的竞争。前者是敌对的竞争,后者是社会主义内部的竞争,是中国与苏联对于社会主义的正统性和正确性的争夺。

从理论逻辑上说,对"无产阶级专政"的理解,从根本上限定着其可能引出的各种后果。列宁曾经说过:"在无产阶级专政时代,阶级**始终是存在的**。阶级一消失,专政也就不需要了。没有无产阶级专政,阶级是不会消失的。"①因而,无产阶级专政本身即以阶级对立的存在为前提,从而预设了对立阶级的存在,这就为在无产阶级专政下存在阶级斗争并进行阶级斗争提供了逻辑基础。对于如何实行无产阶级专政,特别是如何进行阶级斗争问题,斯大林在列宁理论的基础上建构了"无产阶级专政体系"。斯大林把列宁的"传动装置"、"杠杆"和"指导力量"这几个要素综合成"无产阶级专政体系",从而建立了"无产阶级专政的结构":

> 杠杆或传动装置就是无产阶级的最广泛的群众组织,不依靠这些组织就无法实现专政。
> 指导力量就是无产阶级的先进部队,就是无产阶级的先锋队,它是无产阶级专政的主要领导力量。②

斯大林的"无产阶级专政体系"为毛泽东所认同。他《在中国共产党第八次全国代表大会上的政治报告》中对此强调指出:"无产阶级专政不但需要无产阶级对于国家机关的坚强领导,而且需要最广大的人民群众对于国家机关的积极参加,二者缺一不可。"毛泽东的无产阶级专政亦是党和群众二者的有机统一,同斯大林的"无产阶级专政体系"是一致的。毛泽东的无产阶级专政是一个对敌人实行专政的人民内部关系结构。从而,在完整的结构中,必然会引出人民与敌人之间的矛盾及人民内部矛盾的不同关系处理原则。在此理论基础上,1956年4月25日毛泽东在中共中央政治局扩大会议上所作的《论十大关系》讲话的精神,就有从逻辑上把人民内部矛盾转换为敌我矛盾的可能。特别是十大关系中"党和非党的关系"、"革命和反革命的关系"及"是非关系",由于与政治特别密切,极易被纳

入"无产阶级专政"中,从而成为"专政"的对象。

基于当时特定的国内、国际背景,1956年中共八大上所确立的社会主义建设目标被逐渐逆转,严格区分敌友的革命斗争渐渐成为主导的理论。学术界的通说认为,"无产阶级专政下继续革命"的理论源头是1957年2月27日的《关于正确处理人民内部矛盾的问题》。《关于正确处理人民内部矛盾的问题》的核心内容,是突出强调中国国内面临着两种社会矛盾,即人民和"敌人"之间以及人民内部的矛盾,那么谁是"人民"呢?毛泽东指出,在现阶段,在建设社会主义时期,"一切赞成、拥护和参加社会主义建设事业的阶级、阶层和社会集国,都属于人民的范围,一切反抗社会主义革命和敌视、破坏社会主义建设的社会势力和社会集团,都是人民的敌人。"《关于正确处理人民内部矛盾的问题》的着眼点是政治性的,是以对社会主义建设的态度来区分敌友。但是,随着毛泽东对当时形势判断的变化,敌-友政治被进一步引入人民内部,特别是引入了共产党内部,从而形成了党内派别的划分,并且这种划分被扩大为敌友的对立。这就引起了反右斗争的扩大化。在1956年5月15日的《事情正在起变化》一文中,毛泽东在共产党内部划分出三种人:占大多数的马克思主义者,看问题的方法有"左"的片面性的教条主义者,和有修正主义或右倾机会主义错误思想的右派。毛泽东认为,右派"比较危险,因为他们的思想是资产阶级思想在党内的反映,他们向往资产阶级自由主义否定一切,他们与社会上资产阶级知识分子有千丝万缕的联系。"左中右的划分同进步与否又是联系在一起的:"我们从来就是把人群分为左、中、右,或叫进步,中间,落后",右派的危险性在于同左派争夺对中间派的领导权,而右派的批评往往是恶意的,因而右派所提出的批评被认为是对左派正统的攻击。右派的特征主要是态度右,这个态度认定的标准是:"在我们的国家里,鉴别资产阶级及资产阶级知识分子在政治上的真假善恶,有几个标准。主要是看人们是否真正要社会主义和真正接受共产党的领导。"因而,按照这个标准,右派的批评就被看作是对社会

---

① 列宁.无产阶级专政时代的经济和政治(1919年10月30日)[M]//列宁全集:第三十七卷.2版.北京:人民出版社,1986:275.
② 斯大林.论列宁主义的几个问题[M]//斯大林选集:上卷.中共中央马克思、恩格斯、列宁、斯大林著作编译局编译,北京:人民出版社,1979:411.

主义和党的领导的攻击,从而,很容易导出右派就是敌人的认识。右派的批评若被看作是对社会主义和党的领导的攻击的话,那么,党内右派一旦被划入敌人之列,就会引出党内存在阶级敌人的结论。若党内存在阶级敌人,特别是党内存在的阶级敌人还掌握着某些领导权的时候,在党内展开阶级斗争并在"无产阶级专政下继续革命",在逻辑上就是可能的。当然,从反右斗争扩大化发展到"无产阶级专政下继续革命"尚需一些过程,"不断革命论"是其中不可缺少的一环。

1958 年 1 月 28 日,毛泽东《在最高国务会议上的专门讲话》中提到:"我主张不断革命论,你们不要以为是托洛茨基的不断革命论,革命就要趁热打铁,一个革命接着一个革命,革命要不断提出,中间不要冷场。托洛茨基主张民主革命未完成就进行社会主义革命,我们不是这样。"不断革命同时被认为是一个工作方法。1958 年 1 月《工作方法六十条(草案)》的第二十一条即是"不断革命"。毛泽东的"不断革命"强调"我们的革命是一个接一个的",继而从一九四九年在全国范围内夺取政权开始,叙述了具体的革命过程,即接着就是反封建的土地改革,农业合作化,私营工商业和手工业的社会主义改造,1957 年政治战线和思想战线上的社会主义革命。对于政治战线和思想战线上的社会主义革命,毛泽东认为在 1958 年 7 月 1 日以前可以基本上告一段落,"但是问题没有完结,今后一个相当长的时期内每年都要用鸣放整改的方法继续解决这一方面的问题。"而"现在要来一个技术革命,以便在十五年或者更多一点的时间内赶上和超过英国。"在这段关于"不断革命"的工作方法中,革命明显被泛化,以至于一切现在、短期、长期所要完成的计划或任务都成了革命活动。特别是关于政治和思想战线的革命,还被确定为下一时间段的一个任务,这为"文化大革命"埋下了伏笔。把"不断革命"作为一种工作方法,在一定程度上是毛泽东基于保持革命热情的考虑:"我们的革命和打仗一样,在打了一个胜仗之后,马上就要提出新任务。这样就可以使干部和群众经常保持饱满的革命热情,减少骄傲情绪,想骄傲也没有骄傲的时间。"

斗争是实现革命必不可少的手段:"由社会主义过渡到共产主义是一场斗争,是一个革命。进到共产主义时代了,又一定会有很多很多的发展阶段,从这个阶段到那个阶段的关系必然是一种从量变到质变的关系。各种突变、飞跃都是一种革命,都要通过斗争。'无冲突论'是形而上学的。"[①]动、斗的哲学是毛泽东的革命论的基本特点,辩证唯物主义则被毛泽东看作是观察和解决革命问题的世界观。1959 年 2 月,毛泽东在接受马特采访时说:"世界观是辩证唯物主义,这是共产党的理论基础。无产阶级专政与阶级斗争的学说是革命的理论,即运用这个世界观来观察与解决革命问题的理论。"[②]无产阶级专政与阶级斗争的学说是革命的理论很快就被应用到政治斗争的实践中。1959 年庐山会议上,毛泽东对彭德怀等展开批判,这场会议被上升到阶级斗争的高度:"庐山出现的这一场斗争,是一场阶级斗争,是过去十年社会主义革命过程中资产阶级与无产阶级两大对抗阶级的生死斗争的继续。"[③]

经历了三年困难时期,在 1962 年 9 月 27 日,《中国共产党第八届中央委员会第十次全体会议的公报》明确了两大对立阶级矛盾的存在:"八届十中全会指出,在无产阶级革命和无产阶级专政的整个历史时期,在由资本主义过渡到共产主义的整个历史时期(这个时期需要几十年,甚至更多的时间)存在着无产阶级和资产阶级之间的阶级斗争,存在着社会主义和资本主义这两条道路的斗争。"此次会议所确立的两大阶级和两条道路之间的斗争,被认为是阶级斗争扩大化从而向"无产阶级专政下继续革命"转化的一个重要转折。对此,党的十一届六中全会通过的《关于建国以来党的若干历史问题的决议》指出:"在 1962 年 9 月的八届十中全会上,毛泽东同志把社会主义社会中一定范围内存在的阶级斗争扩大化和绝对化,发展了他在 1957 年反右派斗争以后提出的无产阶级同资产阶级的矛盾仍然是我国社会的主要矛盾的观点,进一步预言在整个社会主义历史阶段资产阶级都将存在和企图复辟,并成为党内产生修正主义的根源。"

为了反对修正主义,党开始进一步强调党的领导作用:"作为无产阶级先锋队的共产党必须同无产阶级专政一起存在。共产党是无产阶级的最高

---

① 毛泽东. 工作方法十六条(草案)[M]//建国以来毛泽东文稿:第七册. 北京:中央文献出版社,1992:53—54.
② 毛泽东. 马列主义基本原理至今未变,个别结论可以改变[M]//毛泽东文集:第八卷. 北京:人民出版社,1999:5.
③ 毛泽东. 机关枪和迫击炮的来历及其他[M]//建国以来毛泽东文稿:第八册. 北京:中央文献出版社,1993:451.

组织形式。无产阶级的领导作用，就是通过共产党的领导来实现的。"①从实现党的领导的具体方式来看，即是"在一切部门中，都必须实行党委领导的制度"。② 加强党的领导，是为了保证在无产阶级专政下进行各种"不断革命"，其中当然就包括"文化革命"。同时，两大阶级之间的阶级斗争的理论渊源亦被明确地追溯到马列主义："在这些情况下，阶级斗争是不可避免的。这是马克思列宁主义早就阐明了的一条历史规律，我们千万不要忘记。"这同马列的教导其实并无根本分歧，但却是在马克思主义中国化过程中所产生的一个错误。

二、"无产阶级专政下继续革命"及其宪法命运

（一）"无产阶级专政下继续革命"的提出

1964 年 7 月，中共中央根据毛泽东的提议专门成立了以彭真为组长的"中央文化革命五人小组"，以领导思想文化工作。1965 年 11 月 10 日，上海《文汇报》发表《评新编历史剧〈海瑞罢官〉》，点名批判北京市副市长吴晗，说《海瑞罢官》是为右倾机会主义翻案。1966 年 2 月，文革五人小组制定了《文化革命五人小组关于当前学术讨论的汇报提纲》（《二月提纲》），提出"要坚持实事求是，在真理面前人人平等的原则，要以理服人，不要像学阀一样武断和以势压人"，意在约束文化领域的大批判，不使其向政治斗争的方向发展。3 月底，毛泽东尖锐批评《二月提纲》混淆阶级界限，不分是非，是错误的；中宣部是阎王殿，"要打倒阎王，解放小鬼"。4 月 10 日，毛泽东审阅修改了林彪、江青的《部队文艺座谈会纪要》，后作为中央文件发给全党，称建国以来文艺界"被一条与毛泽东思想相对立的黑线专了我们的政"，要"坚决进行一场文化战线上的社会主义大革命，彻底搞掉这条黑线"。4 月 9 日、10 日，中央书记处会议对彭真进行批判，成立了"文化革命文件起草小组"，陈伯达、康生、江青、张春桥等为该小组成员，并起草《中国共产党中央委员会通知》（即后来的《五一六通知》），对《二月提纲》展开批判。《五一六通知》宣布撤销《二月提纲》和"文化革命五人小组"及其办事机构，提出重新设立隶属于政治局党委会的"文化革命小组"，列举《二月提纲》10 大罪

状进行批判，并提出一套以"阶级斗争"为基本指导思想的理论、路线、方针、政策。1966 年 8 月，毛泽东主持召开中国共产党第八届十一中全会，并于 8 月 8 日通过了《中国共产党中央委员会关于无产阶级文化大革命的决定》（简称"十六条"），这标志着"无产阶级文化大革命"的全面发动。

阶级斗争是指导"文化大革命"的基本理论，但"文化大革命"中的阶级斗争首先是针对党内的，并在党内进行派别划分："我们这个党不是党外无党，我看是党外有党，党内也有派，从来都是如此。"③关键的问题是，在当时，是要造谁的反？党内出现了走资本主义道路的当权派，"文化大革命"即是号召造他们的反。《五一六通知》称："混进党里、政府里、军队里和各种文化界的资产阶级代表人物，是一批反革命的修正主义分子，一旦时机成熟，他们就会要夺取政权，由无产阶级专政变为资产阶级专政。这些人物，有些已被我们识破了，有些则还没有被识破，有些正在受到我们信用，被培养为我们的接班人，例如赫鲁晓夫那样的人物，他们现正睡在我们的身旁，各级党委必须充分注意这一点。"当下的造反行动，总是会利用鼓动造反的理论，再现"造反有理"的革命经典。1939 年 12 月 21 日，毛泽东《在延安各界庆祝斯大林六十寿辰大会上的讲话》中指出："马克思主义的道理千条万绪，归根结底，就是一句话：'造反有理。'几千年来总是说：压迫有理，剥削有理，造反无理。自从马克思主义出来，就把这个旧案翻过来了。这是一个大功劳。这个道理是无产阶级从斗争中得来的，而马克思作了结论。根据这个道理，于是就反抗，就斗争，就干社会主义。"这些有关"造反有理"的理论重现在 1966 年 8 月 26 日的《人民日报》上。话语重复和再现存在着为现实服务的目的。"造反有理"这类革命"经典"的重现无非是为了证明无产阶级"文化大革命"的一个理论根据，即"造反有理"是有理的。从造反的对象来看，"文化大革命"的反资本主义，并不具有对外性，不是中国的社会主义反对外国的资本主义，而是反社会主义内部结构中的资本主义。"在社会主义制度中动员针对自身的反资本主义的'文化革命'，预设了这个制度结构中存在着资本主义因素残余。无论这个革命理据如何似是而非，它是

---

① 关于赫鲁晓夫的假共产主义及其在世界历史上的教训[N]. 人民日报，1964 - 07 - 14.

② 关于赫鲁晓夫的假共产主义及其在世界历史上的教训[N]. 人民日报，1964 - 07 - 14

③ 毛泽东. 在中共八届十一中全会闭幕会上的讲话[M]//建国以来毛泽东文稿：第十二册. 北京：中央文献出版社，1998：101.

中国'文化革命'的正当性理据。"①

1966 年，"文化大革命"刚刚开展，造反的革命行动便指向了党的领导。"10 月初中央转发军委关于军队院校进行'文化大革命'的紧急指示，宣布取消原有的由党委领导运动的规定。从此，'踢开党委闹革命'成为广泛流行的口号，更加助长了无政府主义狂潮的泛滥。"②"踢开党委闹革命"不但削弱了党组织的作用，还为造反派的夺权行动扫除了政治和组织障碍。"革命的根本问题是政权问题"，"世界上一切革命斗争都是为着夺取政权，巩固政权。而反革命的拚死同革命势力斗争，也完全是为着维持他们的政权。"这些毛主席的经典革命语录，不断出现在《人民日报》上。《人民日报》在舆论上的造势，为造反派的夺权行动提供了理论支持。1967 年 1 月，上海爆发了"一月风暴"。"一月风暴"是一个典型事件，亦被当作革命夺权的样板用以进行革命夺权的宣传活动。"一月风暴"是在上海发生的《文汇报》和《解放日报》的夺权行动。当时，九个造反派组织于 1 月 5 日联合发布了《告上海全市人民书》，该公告经毛泽东阅读后指示《人民日报》在 1 月 9 日转载。当时的编者按称：

> 这个文件高举以毛主席为代表的无产阶级革命路线的伟大红旗，吹响了继续向资产阶级反动路线猛烈反击的号角。这个文件坚决响应毛主席的抓革命，促生产的伟大号召，提出了当前无产阶级文化大革命中的关键问题。这不仅是上海市的问题，而且是全国性的问题。……这是无产阶级革命路线反对资产阶级反动路线的胜利产物。这是我国无产阶级文化大革命发展史上的一件大事。这是一个大革命。这件大事必将对于整个华东、对于全国各省市的无产阶级文化大革命运动的发展，起着巨大的推动作用。③

造反派的革命行动被当作具有示范效应的标杆来推广，进一步推动了破坏党组织的造反夺权行动。在"无产阶级阶级专政下继续革命"的理论中，党内一小撮走资本主义道路的当权派被认为是资产阶级在党内的代表人物，从而"从党内一小撮走资本主义道路当权派手里夺权，是在无产阶级专政条件下，一个阶级推翻一个阶级的革命，即无产阶级消灭资产阶级的革命"。④ 造反派进行的革命夺权行动，就被上升到阶级斗争的政治高度，从而，对政党组织形态进行攻击和破坏的夺权行动，就变成了符合政治要求的行为。

（二）"无产阶级专政下继续革命"的理论要点及其党章化

1967 年 11 月 1 日，《人民日报》、《解放军报》和《红旗》杂志（"两报一刊"）同时刊发了编辑部文章《沿着十月社会主义革命开辟的道路前进》，认为中国革命是十月革命的继续，而当前的无产阶级文化大革命则是十月革命在新历史条件下的更高阶段上的继续，并系统地阐释了"无产阶级专政下继续革命"的理论，其理论要点如下：

第一，必须用马克思列宁主义的对立统一的规律来观察社会主义社会。本部分根据毛泽东指出的三个命题（"对立统一规律是宇宙的根本规律"、"矛盾是普遍存在的"、"事物内部的这种矛盾性是事物发展的根本原因"），提出在社会主义社会中"有两类社会矛盾，这就是敌我之间的矛盾和人民内部的矛盾"。这两类矛盾的性质不一样，"敌我之间的矛盾是对抗性的矛盾。人民内部的矛盾，在劳动人民之间说来，是非对抗性的"。对这两类矛盾的处理方式是"划分敌我和人民内部两类矛盾的界线"，并要求要"正确处理人民内部矛盾"。

第二，"社会主义社会是一个相当长的历史阶段。在社会主义这个历史阶段中，还存在着阶级、阶级矛盾和阶级斗争，存在着社会主义同资本主义两条道路的斗争，存在着资本主义复辟的危险性。"阶级斗争并没有因为生产资料所有制的社会主义改造基本完成而结束。为了防止资本主义复辟和"和平演变"，必须把政治战线和思想战线上的社会主义革命进行到底。

第三，无产阶级专政下的阶级斗争，在本质上，依然是政权问题，就是资产阶级要推翻无产阶级专政，无产阶级则要大力巩固无产阶级专政。无产阶级必须在其上层建筑中包括各个文化领域中对资产阶级实行全面的专政。因而无产阶级与资产阶

① 刘小枫. 西方现代性中的"文化革命"[M]//拣尽寒枝. 北京：华夏出版社，2007：41.
② 中共中央党史研究室，胡绳. 中国共产党的七十年[M]. 北京：中共党史出版社，1991：549.
③ 告上海全市人民书[N]. 人民日报，1967 - 01 - 09.
④ 无产阶级革命派联合起来[N]. 红旗，1967 - 01 - 16.

级的关系是一个阶级压迫另一个阶级的关系,即无产阶级对资产阶级实行独裁或专政的关系。

第四,社会上两个阶级、两条道路的斗争,必然会反映到党内来。党内一小撮走资本主义道路的当权派,就是资产阶级在党内的代表人物。他们是一批反革命的修正主义分子,要巩固无产阶级专政,就必须充分注意并揭露他们,批判他们,整倒他们,使他们不能翻天,把那些被他们篡夺了的权力坚决夺回到无产阶级手中。

第五,无产阶级专政下继续进行革命,最重要的,是要开展无产阶级文化大革命。"无产阶级文化大革命,只能是群众自己解放自己","要让群众在这个大革命运动中,自己教育自己"。即无产阶级文化大革命,是运用无产阶级专政下的大民主的方法,自下而上地放手发动群众,同时,实行无产阶级革命派的大联合,实行革命群众、人民解放军和革命干部的革命三结合。

第六,无产阶级文化大革命在思想领域中的根本纲领是"斗私,批修"。无产阶级文化大革命是触及人们灵魂的大革命,是要解决人们的世界观问题。要在政治上、思想上、理论上批判修正主义,用无产阶级的思想去战胜资产阶级利己主义和一切非无产阶级思想,改革教育,改革文艺,改革一切不适应于社会主义经济基础的上层建筑,挖掉修正主义的根子。

"无产阶级专政下继续革命"被系统理论化之后,还被写入了党章。1969 年 4 月 1 日至 24 日,中国共产党在北京召开第九次全国代表大会。九大主要的"成果"有三:一是通过了林彪所作的政治报告;二是修改了党章;三是将林彪选为毛泽东的接班人,并将其写入了党章。4 月 1 日,林彪代表中共中央作了《在中国共产党第九次全国代表大会上的报告》。九大政治报告共分八大部分,以"无产阶级专政下继续革命"的理论为核心,全面肯定"文化大革命"。其中前四部分谈的是纯粹的"文化大革命"问题:一是关于无产阶级文化大革命的准备。二是关于无产阶级文化大革命的过程。三是关于认真搞好斗、批、改。四是关于无产阶级文化大革命的政策。

九大政治报告在第一部分"关于无产阶级文化大革命的准备"中,将"无产阶级专政下继续革命"的理论渊源追溯至 1957 年毛泽东所发表的《关于正确处理人民内部矛盾的问题》这篇文章,[①]并认为这是"继《在中国共产党第七届中央委员会第二次全体会议上的报告》之后,全面地提出了无产阶级专政条件下的矛盾、阶级和阶级斗争,提出了社会主义社会中存在敌我矛盾和人民内部矛盾这两类不同性质的矛盾的学说,提出了无产阶级专政下继续革命的伟大理论。"

总的来看,这个报告从思想渊源上,将毛泽东的"无产阶级专政下继续革命"理论置于中国的共产主义思想谱系中。林彪对国际共产主义运动的历史经验进行了回顾,他引用马克思,特别是列宁关于无产阶级专政问题的四段语录,把国际共产主义运动的历史解释为阶级斗争和反复辟的历史。对于中国的共产主义运动历史的回顾,林彪则从中国共产党的七届二中全会讲起,提出毛主席所讲的"在无产阶级夺取全国政权之后,国内的主要矛盾是'工人阶级和资产阶级的矛盾'。斗争的中心仍然是政权问题"具有高度的预见性。因而,从 1949 年至今的历史就是在毛主席的领导下,进行阶级斗争的历史。而这一历史发展的最终成果,就体现为毛主席提出了"无产阶级专政下继续革命"的理论。这一理论是对马克思列宁主义关于无产阶级革命和无产阶级专政的理论的继承、捍卫和发展。"无产阶级专政下继续革命"的理论在此被赋予了一种划时代的意义,被认为是在对马克思列宁主义关于无产阶级专政时期阶级斗争的观念的天才性地创造发展,是马克思主义发展史上的第三个伟大的里程碑。

林彪在九大政治报告第二部分"关于无产阶级文化大革命的过程"中说明了文化大革命的实质:"这场无产阶级文化大革命,是在无产阶级专政条件下,由我们伟大领袖毛主席亲自发动和领导的一场政治大革命,是一场上层建筑领域里的大革命。"而革命的目的则包括了"在上层建筑包括各个文化领域实行全面的无产阶级专政"。在这一部分中,林彪具体梳理和列举了毛泽东所领导和进行的意识形态斗争,并把意识形态斗争的焦点最终指向了领导权的争夺。

---

① 有学者对此提出异议,认为从《关于正确处理人民内部矛盾的问题》中只能引出"继续革命",真正的源头是 1959 年庐山会议上毛泽东对彭德怀等的批判讲话。参见刘林元. 关于毛泽东研究中几个问题的辨正[J]. 中国矿业大学学报:社会科学版,2005(4);刘林元. 关于毛泽东研究中几个问题的辨正[J]. 学海,2006(4)。

报告的第三部分,提出革命并没有结束,无产阶级需要继续前进,"认真搞好斗、批、改",把上层建筑领域中的社会主义革命进行到底,并落实到毛主席所提出的具体步骤上:"建立三结合的革命委员会,大批判,清理阶级队伍,整党,精简机构,改革不合理的规章制度、下放科室人员,工厂里的斗、批、改,大体经历这么几个阶段。"

大会于 4 月 14 日通过了林彪的报告,并于同日通过了修正的《中国共产党章》,把"无产阶级专政下继续革命"的理论写进了总纲:

> 社会主义社会是一个相当长的历史阶段。在这个历史阶段中,始终存在着阶级、阶级矛盾和阶级斗争,存在着社会主义同资本主义两条道路的斗争,存在着资本主义复辟的危险性,存在着帝国主义和现代修正主义进行颠覆和侵略的威胁。这些矛盾,只能靠马克思主义的不断革命的理论和实践来解决。我国的无产阶级文化大革命,就是在社会主义条件下,无产阶级反对资产阶级和一切剥削阶级的政治大革命。

"无产阶级专政下继续革命"进入党章,是其在政治上所能达到的最高程度。它在法律上的命运则是,成为"七五宪法"的指导思想并被明确地宪法化。

(三)"无产阶级专政下继续革命"的宪法命运

1970 年 3 月 8 日,毛泽东提出召开四届全国人大并修改"五四宪法"的建议。次日,中共中央政治局成立了宪法工作小组,成员有康生、张春桥、吴法宪、李作鹏和纪登奎。3 月 17 日至 24 日,中央召开工作会议,周恩来主持会议,主要内容是布置四届人大代表选举工作及对宪法修改提出初步意见。3 月 18 日晚,宪法小组就其工作情况向会议作通报,主要内容是,为适应当时"无产阶级的文化大革命"取得伟大胜利这一状况,要把"五四宪法"修改成"社会主义宪法"。修改宪法的指导思想则是"毛主席关于国家学说的伟大理论和实践",即"无产阶级专政下继续革命的理论和实践"。3 月 20 日,周恩来在中央工作会议上就关于"四届人大"的召开做了讲话,提出以九大的指导思想,即以马列主义、毛泽东思想为四届人大的指导思想。7 月 12 日,中央制定了关于准备召开党的"九届二中全会"和"四届人大"的工作计划。根据该计划,准备成立修改中

华人民共和国宪法起草委员会,预计用两周时间完成宪法修改的准备工作,用一个多月的时间分两次"动员全国革命群众"讨论修改宪法,并计划在 9 月 15 日至 24 日召开"四届人大",讨论和通过宪法修改草案。依照该计划,中共中央于 7 月 17 日成立了由毛泽东担任主任、林彪任副主任的 57 人"修改中华人民共和国宪法起草委员会"。7 月 21 日,中共中央发出《通知》,明确了这次修改宪法的指导思想是"毛主席关于国家学说的伟大理论和实践"。《通知》要求组织群众讨论修改宪法工作需要掌握的第一个原则为"毛主席对于马列主义国家学说的发展和无产阶级专政下继续革命的理论与实践";第五个原则总结历史经验,"特别是无产阶级文化大革命中群众创造的并为毛主席所肯定的好经验,如人民公社及其政社合一制度,四大,'大鸣、大放、大辩论、大字报',三结合的革命委员会,一切国家机关工作人员必须参加集体生产劳动,等等"。[①] 1970 年 8 月 23 日,党的九届二中全会开幕,9 月 6 日,全会基本上通过了宪法修改草案。但当时毛泽东发动了批判陈伯达的"批陈整风"运动,导致计划于 9 月份举行的四届全国人大被推延。1971 年,发生了林彪叛逃的"九·一三事件",修宪工作被搁置,"无产阶级专政下继续革命"入宪亦被推迟。

1973 年 8 月 24 日,中国共产党第十次全国代表大会在北京召开。此次大会主要完成了两大任务:一是通过了周恩来所作的政治报告;二是通过了王洪文所作的《关于修改党章的报告》。政治报告的内容主要涉及三个方面:关于九大路线,关于粉碎林彪反党集团的胜利,关于形势和任务。关于九大路线部分,报告其实是在继续坚持和肯定"无产阶级专政下继续革命"理论的前提之下,进行的关于批陈、批林、批刘的阐释。而在关于形势和任务部分,则是对于当前国际、国内形势的分析,基本倾向是肯定当时国内外形势大好,并提出了自己的任务:"在国际,我们党要坚持无产阶级国际主义……我们要同全世界一切真正的马克思列宁主义政党和组织团结在一起,把反对现代修正主义的斗争进行到底。在国内,我们要遵循党在整个社会主义历史阶段的基本路线和政策,坚持无产阶级专政下的继续革命,团结一切可以团结的力量,努力把我国建设成一个强大的社会主义国家,对人类作出较大的贡献。"在这里,基于民族生存比较所进行

---

① 许崇德.中华人民共和国宪法史[M].福州:福建人民出版社,2003:434.

的现代国家建设的目标得到了体现,但革命斗争仍然是强调的主要方面,现代化建化很少提及。同时,针对"踢开党委闹革命"所造成的混乱,政治报告提出:"要进一步加强党的一元化领导。工、农、商、学、兵、政、党这七个方面,党是领导一切的。"

1975年1月13日至17日,四届全国人大一次会议召开。周恩来作了政府工作报告,重提了11年前即已提出的中国经济发展两步走设想。即,在1964年12月至1965年1月召开的三届全国人大上,周恩来在《政府工作报告》中提出的:第一步,是用十五年的时间,也就是在一九八○年以前,在我国建成一个独立的比较完整的工业体系和国民经济体系;第二步,则是在一个不太长的历史时期(即本世纪内),全面实现农业、工业、国防和科学技术的现代化,使我国国民经济走在世界前列,把我国建成一个社会主义强国。同一天,受中共中央委托,张春桥向四届全国人大一次会议做了《关于修改宪法的报告》。17日,"七五宪法"正式获得通过,"无产阶级专政下继续革命"正式进入宪法,并成为"七五宪法"的指导思想。"无产阶级专政下继续革命"理论入宪,在某种意义上,是用宪法正当化个人的价值偏好。颇具讽刺意味的是,在1975年的四届人大一次会议上,"无产阶级专政下继续革命"与"现代化"这两种不同的思想和路线并存,表达着不同主体的不同倾向,亦隐约暗示着未来的方向。

1977年8月12日,中国共产党第十一次全国代表大会召开。华国锋作了政治报告。从内容上看,政治报告主要讲了四个方面的问题:一是强调了毛泽东的历史功绩和至高地位;二是对"四人帮"进行彻底清算,并以粉碎"四人帮"为标志,正式宣告历时十一年的第一次无产阶级文化大革命胜利结束;三是继续坚持"无产阶级专政下继续革命"理论的正确性和指导性;四是重提社会主义现代化强国这一现代化目标。党的十一大在继续高扬"无产阶级专政下继续革命"理论的旗帜下,开始向现代化方向转向:"现在,我们正处在一个重要的历史时刻。我们这次代表大会担负着重大的历史责任,这就是要高举毛主席的伟大旗帜,继承毛主席的遗志,总结同王张江姚'四人帮'的斗争,坚持党的基本路线,坚持无产阶级专政下的继续革命,调动党内外、国内外一切积极因素,团结一切可以团结的力量,为实现抓纲治国的战略决策,为在本世纪内

把我国建设成为伟大的社会主义的现代化强国而奋斗。"同样具有讽刺意味的是,反对"四人帮"的斗争及其胜利,被解释为无产阶级文化大革命的又一个伟大胜利:"反对'四人帮'的斗争,是中国共产党及其领导下的广大革命人民群众和国民党反动派长期斗争的继续,是无产阶级和资产阶级阶级斗争的继续,是马克思主义和修正主义斗争的继续。"1978年3月5日,五届全国人大一次会议通过了"七八宪法"。"七八宪法"延续了"七五宪法"中"无产阶级专政下继续革命"的规定,但同时强调了现代化。因而,"七八宪法"在序言中就有了下述规定。"根据中国共产党在整个社会主义历史阶段的基本路线,全国人民在新时期的总任务是:坚持无产阶级专政下的继续革命,开展阶级斗争、生产斗争和科学实验三大革命运动,在本世纪内把我国建设成为农业、工业、国防和科学技术现代化的伟大的社会主义强国。""七八宪法"没有斩断与"七五宪法"在指导理念上的联系,但是却在坚持"无产阶级专政下的继续革命"的言说下,将国家和人民的基本行动方向转向了现代化。

与"七五宪法"、"七八宪法"相比,"八二宪法"有意识地回避了"文化大革命"和"无产阶级专政下继续革命"的话语,但由于直接将方向指向了现代化,因而实际上正是在解决"无产阶级专政下继续革命"的遗留问题:"今后国家的根本任务是集中力量进行社会主义现代化建设。""八二宪法"无言地否定了"无产阶级专政下继续革命",并向现代化迈进,标志着"无产阶级专政下继续革命"最终的宪法命运。

三、"无产阶级专政下继续革命"与有组织的现代性

"无产阶级专政下继续革命"实际上体现的是有组织的现代性。"无产阶级专政"是有组织的专政,"无产阶级专政下继续革命"要求革命的组织性,没有有组织的现代性作支撑,文化大革命是无法发动和进行下去的。"'文化大革命'的发生,只有在一个与这场革命的性质一致的政治-社会-理念结构中才是可能的。在这一意义上讲,'文革'是一场现代化的社会运动。"①不但文化大革命的政治-社会-理念结构基础体现着现代性,其动机和目标亦体现着现代性。"文化大革命"本义是进行"文化"

---

① 刘小枫. 现代性社会理论绪论[M]. 上海:上海三联书店,1998:387.

上的革命,但这场革命是通过政治运动发动起来的。从现代性的视角来看,在"无产阶级专政下继续革命"理念指引下,政治伦理统合大众伦理,政党组织统合社会组织。这一政党统合社会的结构,引发了党的一元化领导同现代国家官僚自治之间的冲突。最终,政党以政治革命形式推进国家的现代化建设,引发了革命式现代化这一路径方式同社会结构之间的冲突,从而形成了革命式现代化的悖论。

(一)政治伦理统合大众伦理

"文化大革命"时期,是一个革命话语喧嚣并主导社会话语权极为突出的历史时期。对革命话语的使用,其实都隐含着对革命话语权的争夺,因而可以体现出革命的话语政治,从而在一个侧面表现了革命话语本身的正当性。同样的革命话语,却承载着不同的价值理念,同样的革命话语表述下,隐藏着极为不同的内在革命精神,这就是革命理念的差异。"无产阶级专政下继续革命"下的革命话语,主要体现的是革命的政治理念,当革命的政治理念成为意识形态,从而当革命话语获得政治上的主导权时,其所隐含的政治伦理就会统合大众伦理。

"文化大革命"首先是文化思想意识形态上的。"文化大革命"确实是要触动人们的思想,正如"无产阶级专政下继续革命"理论要点六中所说,"无产阶级文化大革命是触及人们灵魂的大革命,是要解决人们的世界观问题"。从当时所确定的任务来看,"改革旧的教育制度,改革旧的教学方针和方法,是这场无产阶级文化大革命的一个极其重要的任务"。"与旨在建立一个完整的共产主义经济体系的'大跃进'相比,'文化大革命'是为了建立一个完整的共产主义文化或意识形态体系。"①从毛泽东历来对无产阶级的界定来说,无产阶级的主要特征一是经济意义上的,一是政治意识上的。政治意识上的无产阶级,即是具备无产阶级的意识和文化。在这个意义上,"文化大革命"是"文化"的革命,是通过政治性的革命来培养无产阶级的意识和文化:"'无产阶级文化大革命',就其概念而言,是社会主义国家和无产阶级政党的自我革命,它诉诸的是一种政治性的阶级和阶级斗争概念,否则这场'革命'就不会用'文化'来加以界定。"②

在"文化大革命"中,"无产阶级专政下继续革命"突出了对革命主体自我意识的发掘,特别是发现自己身上的阶级意识和属性。"十六条"开篇即明确地对文化大革命进行定性:"当前开展的无产阶级文化大革命,是一场触及人们灵魂的大革命,是我国社会主义革命发展的一个更深入、更广阔的新阶段。""文化大革命"这场运动的初始目标是改造人们的精神领域,因而重点是强调"无产阶级专政下继续革命"这一新的革命理念。"无产阶级专政下继续革命"强调马克思列宁主义理论中阶级觉悟的启蒙。在马克思看来,革命不仅对于推翻统治阶级,而且对于革命的阶级亦有意义:"(因此,)革命之所以必需,不仅是因为没有任何其他的办法能够推翻统治阶级,而且还因为**推翻**统治阶级的那个阶级,只有在革命中才能抛掉自己身上的一切陈旧的肮脏东西,才能成为社会的新基础。"③革命要求革命者帮助人民发现他们所受到的阶级压迫和伤害,从而意识到自己是阶级受害者;更进一步是发现人民身上所潜藏的革命性,阶级受害者的地位是可以改变的。对于革命阶级来说,革命可以实现自身的改造。在"无产阶级专政下继续革命"的理念下,"文化大革命"的阶级觉悟即是对当时中国的马克思主义——毛泽东的思想的认同。"无产阶级专政下继续革命"的革命意识,也要实现对革命阶级的重新洗礼。"文化大革命"通过培养和灌输"无产阶级专政下继续革命"的革命意识,通过革命话语的宣传和意识形态灌输,来重新建构无产阶级意识。"无产阶级专政下继续革命"对革命意识自觉的发掘,特别表现在教育革命上。在学校教育上,阶级斗争成为教育的一个主要内容,成为学生的一门主课。另外一个特别重要的手段是进行革命的文艺创作和传播。"革命的文艺,应当根据实际生活创造出各种各样的人物来,帮助群众推动历史的前进。"④通过样板戏等革命文艺的创作和表演,特别是以群众所喜闻乐见的形式,"无产阶级专政下继续革命"的革命话语和革命理念得到广泛传播,从而实现了对普通群众的革命启蒙。毛泽东曾经说过,"我们所说的文艺服从于政治,这政治是指阶

①　韩敏.回应革命与改革:皖北李村的社会变迁与延续[M].陆益龙,徐新玉,译.南京:江苏人民出版社,2007:117—118.
②　汪晖.去政治化的政治、霸权的多重构成与60年代的消逝[M]//汪晖.去政治化的政治:短20世纪的终结与90年代.北京:生活·读书·新知三联书店,2008:35.
③　马克思,恩格斯.德意志意识形态(节选)[M]//马克思恩格斯选集:第一卷.2版.北京:人民出版社,1995:91.
④　毛泽东.在延安文艺座谈会上的讲话[M]//毛泽东选集:第三卷.北京:人民出版社,1991:861.

级的政治、群众的政治"，①表明了文艺背后的政治理念是阶级群众革命性质的。但从"文化大革命"所设定的更高远的目标来看，通过文化革命来实现思想革命化，有着增加国家建设物质基础的目的："十六条"的第十四条是"抓革命，促生产"，但"抓革命"抓的对象是"思想革命"，"无产阶级文化大革命，就是为的要使人的思想革命化，因而使各项工作做得更多、更快、更好、更省。"

"无产阶级专政下继续革命"理念通过党的决议，领导人、特别是最高领袖的著作和讲话，各种教科书、广播及报刊杂志等渠道，在政党的组织结构下，形成了具有垄断性的意识形态。"意识形态的产生意味着传统社会中出现了一种能够彻底摧毁传统政治框架的力量，并且这种力量能够导致上层精英的权力运作和下层民众的日常生活两大政治-社会体系的根本变化。"②"无产阶级专政下继续革命"理念渗透并主导"政党-人民"间的社会结构，从根本上改变和整合了社会的文化意识结构。在社会层面，城市的社会结构虽然复杂，但由于政党和国家组织的主要力量分布在城市中，工人阶级也主要集中在城市，因而"无产阶级专政下继续革命"理念在城市的推行反倒比农村进行得更容易。但由于在中国的社会结构中，居住于农村的农民是数量最大的主体，所以，"无产阶级专政下继续革命"理念在农村中对农民的渗透和整合，最能体现这一新革命理念塑造社会文化意识结构的能力。"'文化大革命'对农村社会的影响之一，就是政府通过展开对毛泽东崇拜的活动，把现代的民族国家的意识形态、价值观和文化在全国传播开来。通过学校教育以及行政组织的宣传，一种社会主义的新文化被引进了农村。这种社会主义的新文化包括各种政治仪式、新的人生礼仪、新的崇拜对象以及一种新的集体主义意识形态。"③在此意义上，建国初期的土地改革及国家对农业的社会主义改造彻底改变了农村的所有制结构和经济结构，而"文化大革命"则改变了农村原有的文化意识结构。

"无产阶级专政下继续革命"理念在整个社会的推行和渗透，在很大程度上得益于社会主义政治

理念中所内含的平等诉求。尽管"无产阶级专政下继续革命"强调阶级斗争，但在"人民"内部，它实质上暗含着抹平各种不同阶级的"人民"之间差异的倾向。这就为释放因阶级差异所产生的结构性怨恨提供了伦理和制度渠道。班达认为，20 世纪实质上是"政治仇恨的理性组织化"的世纪。④从"怨恨现象学"这一现代性视角来看，确实如此，因为 20 世纪是整个世界性的革命世纪。革命除了具有突出怨恨的功能之外，还可以制造怨恨。革命中的怨恨不再完全是私人性的，而是经过理性组织化的社会结构性怨恨。"无产阶级专政下继续革命"正是把个人的怨恨组织化为阶级的怨恨，而平等化诉求有利于正当化阶级怨恨。以平等为基础的中国社会主义革命的政治理念，其在社会功能上有利于国家建构和民族整合。"中国社会主义的主要政治代表的政治理念都以平权、平等观为基本诉求，在解构传统中国的国家秩序和重新整合中国的政治意念上，有相同的社会功能：平等感不仅能动员起民族间的怨恨心态，以利于民族国家建构时的国族动员，也能通过煽动阶层间（比如因贫富比较而起）的怨恨而动员社会革命，从国家内部整合民族国家。"⑤"文化大革命"中的反资本主义和反官僚主义，特别是"大民主"，亦以平等诉求为基础，通过意识形态给普通阶层灌输受压迫感，从而煽动阶层间的怨恨。"文化大革命"中的阶级划分，抹除了阶级内部的分化。"本来，马克思主义的'阶级分析'，只是用宏观社会学的分析范畴来说明人的经济地位的，因此，它将社会分成两大对立阶级以及中间的游离阶层，并不意味着同一个范畴的人都是一样的。然而，到了中国后，就简单化成了一个时代一个进步的阶级，而一个进步的阶级又只有一种类型的情形。"⑥对阶级的简单化处理，掩盖了多元化的阶层之间的差异，却放大了阶级和阶层之间的怨恨，从而为"文化大革命"积累了更多的怨恨心理。"文化大革命"的全民动员性质，使得怨恨积累和爆发得更为剧烈，全民的社会革命亦使政党完成了对国家内部的社会整合，尤其是重整了整个社会的意识结构。

"无产阶级专政下继续革命"理念对社会意识

① 毛泽东.在延安文艺座谈会上的讲话[M]//毛泽东选集:第三卷.北京:人民出版社,1991:866.
② 王海洲.合法性的争夺——政治记忆的多重刻写[M].南京:江苏人民出版社,2008:90.
③ 韩敏.回应革命与改革:皖北李村的社会变迁与延续[M].陆益龙,徐新玉,译.南京:江苏人民出版社,2007:120.
④ [法]朱利安·班达.知识分子的背叛[M].余碧平,译.上海:上海人民出版社,2005:72.
⑤ 刘小枫.现代性社会理论绪论[M].上海:上海三联书店 1998:383.
⑥ [美]孙隆基.中国文化的深层结构[M].桂林:广西师范大学出版社,2004:280.

的整合,延续了"文化大革命"前的社会主义教育运动的方式。两者同样都包含着思想改造。思想改造实质上是解决政党伦理同一般的大众伦理之间冲突的一种方式。"共产党的政党理念之神圣性,乃因为它有全人类性的道义担当。尽管这种道义担当实际源于国族间生存比较的动机,却决定了'革命群众'之身份伦理及其道义优先权,它与被组织的群众(作为社会下层成员)的自身利益和伦理,在一开始就构成紧张关系,在一定条件下就会成为怨恨形成的机制。"①中国共产党的伦理是一种实践起来相当有难度的高标准伦理,是对个体要求非常高的伦理,故因其难能,所以可贵。但把政党伦理,包括忠诚伦理强加于大众,对于大众来说是一种沉重的道德和心理负担。道德的要求过高,实际上的难为,又由于这种伦理本身的意识形态正确性质,导致理念与实践之间的持续紧张关系无法松动,差距无法弥合,从而造成了个体的普遍性虚伪。无论对于共产党员还是一般大众,这种伦理都是一种欲望抑制机制。改革开放后,通过国家带动私人工作重心的转移,政党伦理对党员和一般大众的实际支配力实质上才得以放松。当然,政党伦理的价值优先性仍然得以保持。

(二)政党一元化领导统合社会

《五一六通知》明确了无产阶级文化大革命的革命性质:"高举无产阶级文化革命的大旗,彻底揭露那批反党反社会主义的所谓'学术权威'的资产阶级反动立场,彻底批判学术界、教育界、新闻界、文艺界、出版界的资产阶级反动思想,夺取在这些文化领域中的领导权。""文化大革命"之所以具有革命的性质,是因为其涉及文化领导权问题。革命本来即以夺取政权为目标,所以《五一六通知》才会把"文化大革命"看作是原来的革命行动的继续。"文化大革命"是要夺取文化(实质上是意识形态)领导权,即"在这场文化大革命中,必须彻底改变资产阶级知识分子统治我们学校的现象"。思想意识形态的文化革命被扩展为夺取文化领导权的政治革命,政治革命又被进一步上升为阶级斗争。在这个意义上,"文化大革命"是"政治"上的大革命,本

身就代表了文化专政:"无产阶级文化大革命,实质上是在社会主义条件下,无产阶级反对资产阶级和一切剥削阶级的政治大革命,是中国共产党及其领导下的广大革命人民群众和国民党反动派长期斗争的继续,是无产阶级和资产阶级阶级斗争的继续。"②从而,在实践中,即表现为通过文化大革命运动,对"混进党里、政府里、军队里和文化领域的各界里的资产阶级代表人物"进行清洗。

"文化大革命"实质上是要从"资产阶级"手里夺取文化领导权,从这个意义上说,这场革命具有无产阶级与资产阶级斗争的政治性质。"无产阶级专政下继续革命"要求领导这场革命的只能是无产阶级的先锋队组织。"无产阶级专政和资产阶级专政的区别,就在于无产阶级专政是打击占少数的剥削者以利于占多数的被剥削者,其次在于无产阶级专政不仅是由被剥削劳动群众——**也是通过个人**——来实现的,而且是由正是为了唤起和发动这些群众去从事历史创造活动而建立起来的组织(苏维埃组织就是这种组织)来实现的。"③中国共产党正是领导"无产阶级专政下继续革命"的组织。具有反讽意味的是,"无产阶级专政下继续革命"是由政党发动和领导的,反政党领导的"踢开党委闹革命"也发生在这场大革命运动中,而消除"踢开党委闹革命"的混乱同样是由强化党的一元化领导来实现的。

从"党的领导",到"踢开党委闹革命",再回归到"党的领导"并强化为"党的一元化领导",其中的曲折与"党-国体制"具有直接的关系。新中国建立后,以前的"党-国体制"得到了延续,作为执政党的中国共产党的组织设置开始普及,并且建立了与政府机构平行的各级党组织。政党与政府机构设置的交错,进一步强化了"党-国体制"。然而,政党与国家体制之间的同构性关系,使得政党本身亦受到现代国家官僚体制的影响,从而国家官僚化促使政党开始官僚化。毛泽东为政权官僚化脱离人民群众忧心忡忡,因此,当他发现革命委员会的建立会打破官僚化体系时,便热情歌颂革命委员会,认为"三结合"的革命委员会,是工人阶级和人民群众在这次文化大革命中的一种创造。同时,他将革命委

---

① 刘小枫.现代性社会理论绪论[M].上海:上海三联书店,1998:398.
② 毛泽东.关于无产阶级文化大革命实质的一段话[M]//建国以来毛泽东文稿:第十二册.北京:中央文献出版社,1998:485.("两报"在1968年4月10日以《芙蓉国里尽朝晖——热烈欢呼湖南省革命委员会成立》为题的社论文章引用了这一内容。)
③ 列宁.苏维埃政权的当前任务[M]//列宁全集:第三十四卷.2版.北京:人民出版社,1985:179.

员会的基本经验总结为三条："一条是有革命干部的代表，一条是有军队的代表，一条是有革命群众的代表，实现了革命的三结合。革命委员会要实行一元化的领导，打破重迭的行政机构，精兵简政，组织起一个革命化的联系群众的领导班子。"①从人员组成来源看，革命委员会由干部、军队及群众三者构成，并且革命干部是最主要的来源。这里的革命干部显然是指政党干部。但对三者要求有共同的"革命"作为政治标准，因而革命委员会的成员在职业上是党、军、群，但从阶级成分上来看，革命委员会的成员来源不是多样化，而是单一化了。这表现在成员来源是向革命的大众敞开的。革命委员会的一元化领导实际上进一步增强了政党的集中控制程度。

革命委员会的"革命的三结合"要求暗示了党的一元化领导中所需要处理的两个主要层面。一个是政党与群众之间，一个是政党与军队之间。在政党与群众的关系中，党的一元化领导涉及政党与代表人民的全国人民代表大会之间，及政党与一般群众组织之间的关系。政党与全国人民代表大会之间的关系，是党的一元化领导的最高表现。按照我国"议行合一"的政治设计结构，国家的最高权力机关是全国人民代表大会，因而，从理论上来说，党和国家关系的关键也就表现在党和全国人民代表大会的关系上。"五四宪法"对于全国人大与党的关系没有进行明确的规定。"七五宪法"在第十六条第一款对全国人民代表大会的性质作出了如下规定："全国人民代表大会是在中国共产党领导下的最高国家权力机关"。第十七条关于全国人民代表大会的职权中则规定："根据中国共产党中央委员会的提议任免国务院总理和国务院的组成人员"。这些规定明确了党对国家的一元化领导关系。在政党与群众的关系中，党的一元化领导的一般体现则是政党与群众组织的关系。为了实施有效的专政，必须进行广泛的社会动员，以抵消专政所遇到的阻力。但是，"作为广泛动员现代社会成员的结果，专政必须克服的抵抗是如此之大，以致它必须渗透到最小的基层组织和社团之中，以便获得和保持其权力"。② 广泛社会动员的实现依赖于

健全的组织机构和强大的组织能力。为了实现专政，"文化大革命"时建立了无数的群众组织。根据"十六条"，取代国家官僚机构的组织从中央到地方主要有"文化革命小组"，"文化革命委员会"，"文化革命代表大会"，它们"不应是临时性的组织，而应当是长期的常设的群众组织"。同时，革命委员会被正式上升到宪法的高度。"七五宪法"第二十二条规定："地方各级革命委员会是地方各级人民代表大会的常设机关，同时又是地方各级人民政府。"从这一规定来看，地方各级革命委员会实际上是"公社"式的，行使着代议和行政的双重职能。而从当时检察机关被撤销并转为由公安机关行使司法职能，及"各级人民法院对本级人民代表大会和它的常设机关负责并报告工作"来看，革命委员会实际上是行使立法、行政、司法等全部国家权力的机构。革命委员会等组织具有的群众性质，表明了"无产阶级专政下继续革命"对于官僚政治的对抗态度和取代意向。在政党与军队的关系上，"七五宪法"第十五条第二款规定："中国共产党中央委员会主席统率全国武装力量"。这一规定延续了中国政党出现以来所形成的党军制度。从"七五宪法"强化党的领导的规定来看，这是实现党对军队的绝对领导的一个重要宪法规定。党军制度在这里发展成了军事主义的普遍化："社会主义国家的人民武装部队必须永远置于无产阶级政党的领导和人民群众的监督之下，永远保持人民军队的光荣传统，军民一致，官兵一致。坚持军官当兵的制度。实行军事民主、政治民主和经济民主。同时，普遍组织和训练民兵，实行全民皆兵的制度。"③

革命委员会之所以要实现三结合，是因为它的建立旨在打破政权机构同群众之间的"官僚制"隔阂。但革命委员会的内部构成本身要求保持社会主义性质，而只有一元化领导才能保证革命委员会的政治性和组织性。"政党精英固然是政党国家精英的骨架，但作为以农民成员为多数的政党，并没有足够的成员提供国家科层制。为了国家治理的需要，必须吸纳非政党成员的知识人；另一方面，为了确保政党对国家机构的'一元化'领导，必须保持政党对亚精神群有效的约束。"④因而，思想改造是

---

① 毛泽东. 关于国家机关的改革和革命委员会的基本经验[M]//建国以来毛泽东文稿：第十二册. 北京：中央文献出版社，1998：477.（"两报一刊"在一九六八年三月三十日以社论文章《革命委员会好》为题发表了这一内容。）

② [德]卡尔·曼海姆. 重建时代的人与社会：现代社会结构的研究[M]. 张旅平，译. 北京：生活·读书·新知三联书店，2000：104.

③ 关于赫鲁晓夫的假共产主义及其在世界历史上的教训[N]. 人民日报，1964-07-14.

④ 刘小枫：《现代性社会理论绪论》[M]. 上海：上海三联书店，1998：414.

这种矛盾逻辑的必然结果。党的一元化领导的有效实现依赖于政党的结构和功能。"高度内敛的政党结构和高度扩散的政党功能是一种对立统一。所谓'功能扩散'是指在社会全面革命化的态势下,党不仅要改造一般政党所具有的宣传、联系、沟通、发动、组织的功能,而且还要担起从事军事、情报、经济、财政、政权等非政党性的活动。"①

"先夺取政权,然后用政权的力量建立全新的生产关系的社会主义革命逻辑,决定了革命后重新组织社会的首要力量,不是经济的力量,而是政治的力量,即通过政权对社会结构和组织进行变革和改组来重新组织社会。"②从组织方式来看,"无产阶级专政下继续革命"以党的一元化领导对抗现代官僚自治,以专政的集权主义对抗并破坏国家的官僚化及其组织结构体系。专政的集权主义集中表现在革命委员会这种组织形式中。因而,"无产阶级专政下继续革命",本身是实现了高度组织化的专政,尽管在群众运动中出现了大量非理性的行为,但并不能否定专政的高度组织性。而且,从"文化大革命"号召以"大民主"的方式进行群众斗争来看,混乱只发生在直接实行"大民主"的领域,一元化领导本身没有遭到否定而是得到了强化。所以,这和混乱无序的暴民运动有着霄壤之别,"文化大革命"和"无产阶级专政下继续革命"是高度组织性的,体现的是有组织的现代性结构。由于统治的官僚化代表着现代性,所以毛泽东的反官僚化行动就既是反资本主义,又是在反资本主义所代表的现代性。但毛泽东恰恰也提倡社会主义的现代化,并且试图创造出比资本主义更高级的现代化。然而,无论是资本主义还是社会主义,在当时都必须以国家形态为依托。国家必然涉及国家管理,而现代国家的管理体制,都是采取官僚化的行政管理体制,并将这种管理体制泛化到一切领域,社会主义国家也不能成为例外。因而,毛泽东反资本主义的现代性就是反现代性的现代性,但是本身却要受制于现代性的基本逻辑。毛泽东对现代国家管理的排斥,目的是超越现代国家管理,同时却又受制于现代国家管理体制,因而,他同现代官僚体制的作战很具有唐吉诃德式的英雄色彩。

(三)革命式现代化的悖论

1. "无产阶级专政下继续革命"的现代化诉求

"无产阶级专政下继续革命"理论虽然强调阶级斗争的一面,但也同时把其置于国家现代化的背景之下进行思考,认为"无产阶级专政下继续革命"旨在推动生产力的巨大发展,把中国建设成为一个社会主义现代化国家。1956 年 4 月 25 日,毛泽东在政治局扩大会议上作了《论十大关系》的报告。十大关系的基本内容反映了当时党的工作重心的转变,即在生产资料私有制的社会主义改造不断取得胜利的形势下,开始把党和国家工作的重心向社会主义建设方面转移。十大关系即十大问题,是围绕着一个问题展开的,这就是"进行社会主义革命,建设社会主义国家"。这个"社会主义国家"的基本特征是"现代",这在 1957 年的一次讲话中表现得很明确:"在我国,巩固社会主义制度的斗争,社会主义和资本主义谁战胜谁的斗争,还要经过一个很长的历史时期。但是,我们大家都应该看到,这个社会主义的新制度是一定会巩固起来的。我们一定会建设一个具有现代工业、现代农业和现代科学文化的社会主义国家。"③虽然当时对于什么是现代并没有明确的界定,但从经济上的"大跃进"运动可以看出,在生产力上达到甚至超过当时英美等资本主义国家应该是在设想之中的,也正是在这个意义上,"文化大革命"才会重提和继续强调"大跃进"时的一些提法和目标。

即便是在"文化大革命"发动前不久,现代化仍然是无产阶级专政的一个基本目标:"无产阶级专政的基本任务之一,就是努力发展社会主义经济。必须在以农业为基础、工业为主导的发展国民经济总方针的指导下,逐步实现工业、农业、科学技术和国防的现代化。必须在发展生产的基础上,逐步地普遍地改善人民群众的生活。"④发展生产力,进行现代化的经济建设,其实一直为无产阶级专政所强调,只是由于后来对政治的过度关注,才掩盖了这一经济现代化的诉求。发展经济所不可缺少的现代技术,实际上也一直得到关注:"我们不能走世界各国技术发展的老路,跟在别人后面一步一步地爬行。我们必须打破常规,尽量采用先进技术,在一

①　陈明明. 在革命与现代化之间[M]//陈明明. 革命后社会的政治与现代化. 上海:上海辞书出版社,2002:237.
②　林尚立. 集权与分权:党、国家与社会权力关系及其变化[M]//陈明明. 革命后社会的政治与现代化. 上海:上海辞书出版社,2002:155.
③　毛泽东. 在中国共产党全国宣传工作会议上的讲话[M]//建国以来毛泽东文稿:第六册. 北京:中央文献出版社,1992:379.
④　关于赫鲁晓夫的假共产主义及其在世界历史上的教训[N]. 人民日报,1964 - 07 - 14.

个不太长的历史时期内,把我国建设成为一个社会主义的现代化的强国。我们所说的大跃进,就是这个意思。"①政治上的激进与对经济现代化的追求之间并没有任何矛盾,除非把经济问题看成是纯粹技术性的,技术并不构成建设社会主义现代化强国的实质性障碍,反倒是其中的一个目标。

毛泽东把中华人民共和国的成立看作是中国革命由资产阶级民主革命阶段转变到社会主义革命阶段的标志,因而社会主义革命是在由资本主义向社会主义过渡时期才发生的。"社会主义革命的目的是为了解放生产力。"②当时中国进行的这一社会主义革命所使用的方法则是"和平的方法"。1957年反右斗争扩大化后,进行社会主义革命的方法虽然有所变化,但社会主义革命的现代化诉求并没有改变。甚至在"文化大革命"发动时,"十六条"亦强调经济的现代化目标:"无产阶级文化大革命是使我国社会生产力发展的一个强大的推动力。"从初衷上说,发动"文化大革命"有着试图通过上层建筑的革命来达到改变经济基础的诉求。在文化大革命期间,"革命就是解放生产力,革命就是促进生产力的发展"的经济现代性诉求亦得到强调。革命与经济的关系问题,尖锐地体现了革命与现代性诉求之间的内在联系。对此,九大政治报告称:"政治是经济的集中表现,不搞上层建筑的革命,不发动广大工农群众,不批判修正主义路线,不把一小撮叛徒、特务、走资派,反革命分子揭露出来,不巩固无产阶级的领导权,怎么可能进一步巩固社会主义的经济基础、进一步发展社会主义的生产力呢?这并不是以革命代替生产,而是要用革命统帅生产,促进生产,带动生产。"

"1965年11月,作为'文化大革命'导火线发表的《评新编历史剧海瑞罢官》,实际上是以文化批判的形式,提出了1958年以来在社会主义建设模式上的分歧与矛盾,反映了'文化大革命'与'大跃进'、'人民公社化运动'之间深刻的内在联系。"③作为党和国家的领袖,毛泽东并不反对现代化,"无产阶级专政下继续革命"理论也不反对现代化,甚至"无产阶级专政下继续革命"还被认为正是在推进中国的

现代化事业。因而,所争论的,不是要不要现代化,而是如何实现现代化,所反对的,只是某些实现现代化的方式和途径。在此意义上,"无产阶级专政下继续革命"曲折传达着经济现代化,以及用革命精神来创造生产力的诉求,从而显示着其与现代性之间的复杂关系。

2. 政治动员与现代化诉求的悖论

"无产阶级专政下继续革命"的基本诉求是现代化,但实现的方式却是政治式的。换句话说,"无产阶级专政下继续革命"的动力是革命式的政治动员。政治动员的对象是人民群众,而人民群众的判断恰恰是以进行敌友区分的阶级分析来完成的:"不论在社会主义革命中,或者在社会主义建设中,都必须解决依靠谁、争取谁、反对谁的问题。无产阶级和它的先锋队必须对社会主义社会做阶级分析,依靠坚决走社会主义道路的真正可靠的力量,争取一切可能争取的同盟者,团结占人口百分之九十五以上的人民群众,共同对付社会主义的敌人。"④从马克思主义的基本理论来看,阶级分析虽然从经济地位出发,但其目的指向却是政治的。"文化大革命"虽以文化来标明这场运动的性质,但实际上是政治革命。革命的首要问题是分清敌友,《五一六通知》说:"谁是我们的敌人?谁是我们的朋友?这个问题是革命的首要问题,也是文化大革命的首要问题。"分清敌友的目的是在掌握政权的情况下找到打击对象和团结目标。1965年,毛泽东在《农村社会主义教育运动中目前提出的一些问题》中提出农村社会主义教育运动的重点,"是整党内那些走资本主义道路的当权派",而"四清"运动的性质是解决社会主义和资本主义的矛盾。"文化大革命"延续了"四清"运动的政治方向,强调阶级斗争在解决社会主义和资本主义矛盾中的根本作用,并要求"要用阶级和阶级斗争的观点,用阶级分析的方法去看待一切、分析一切"。⑤

以阶级为标准对社会群众的重新划分,客观上有利于塑造革命阶级的集体认同感。"集体认同感的核心是'我是谁'或'我们是谁'以及'我们与其他社会成员之间关系是什么'这一类问题。"⑥革命阶

① 毛泽东. 把我国建设成为社会主义的现代化强国[M]//毛泽东文集:第八卷. 北京:人民出版社,1999:341.
② 毛泽东. 社会主义革命的目的是解放生产力[M]//建国以来毛泽东文稿:第六册. 北京:中央文献出版社,1992:22.
③ 郑谦. 中国:从"文革"走向改革[M]. 北京:人民出版社,2008:26.
④ 关于赫鲁晓夫的假共产主义及其在世界历史上的教训[N]. 人民日报,1964-07-14.
⑤ 毛泽东. 农村社会主义教育运动中目前提出的一些问题[N]. 解放军报,1967-06-25.
⑥ 赵鼎新. 社会与政治运动讲义[M]. 北京:社会科学文献出版社,2006:152.

级的集体认同感以区分自我和他者这种敌友政治的方式来寻求内部认同。但由于在"文化大革命"中，经济状况、职业、家庭出身和政治态度皆可以作为阶级标准，这种"阶级"标准的不确定性和广泛性，导致个体的阶级属性极易处于流动之中，为以阶级为名的政治迫害提供了便利。从而，"用阶级分析的方法去看待一切、分析一切"成为"无产阶级专政下继续革命"的方法论，必然导致阶级分析的泛化。阶级分析为进行阶级斗争提供了方法论基础和辨别敌友的标准，而以政党阶级斗争为基础的全国性政治动员一旦发动起来，便会冲击国家和社会原有的结构及其运作秩序，并在此过程中强化政党的集权。

从政治动员的形式来看，群众运动是"文化大革命"进行政治动员的重要政治形式，也是冲击和破坏国家与社会结构的有效途径。新中国建立后，政党持续不断地进行各种运动，土地改革、三反五反、一化三改、反右斗争、大跃进、四清、社会主义教育，一直到发动"文化大革命"，这些运动无一例外，均是以政治动员的方式来推动的。持续不断的革命运动式的政治动员重新整合了社会人员及其心理结构。"文革之前的若干年中，社会生活中不断出现和进行的高度整合性乃至高度规范性的政治运动、经济运动和思想运动，把社会各界大众从行为到心理、从个人本职工作到日常生活琐事逐渐凝聚到以某种高度统一和高度强制的模式来进行。"[1]然而，在这些运动背后，还隐含着基于国族生存比较竞争的建设社会主义强国的现代化背景。也就是说，在现代化的路径上，这些运动标明了这种现代化是革命式的现代化。在"党-国体制"下，政党与国家的同构性决定了以政治动员的方式来推动的革命式现代化建设的有效性。但是，现代国家官僚科层制度寻求自治及国家体制运作形式规范化的要求，同政党的革命政治动员之间存在着制度上的冲突。因此，只有在国家体制的限度之内，革命式现代化才是可能的。反过来看，现代国家体制的内在要求构成了政党革命式现代化的障碍，从而使得政党的革命式现代化诉求不得不借助与国家体制有内在冲突的群众运动来实现。"'文革'以及'文

革'前的大规模的群众运动所以成为中国社会的重要的政治形式，正是同原有的国家体制框架已经不能容纳革命式现代化的扩张态势，因而需要以党的高度集权穿越正式制度的屏障来直接运作国家、组织社会密切关联的。"[2]通过党的一元化领导，政党与群众之间建立起了没有国家和社会障碍的关联，从而形成了政党代替国家职能并直接统合社会的结构。

马克思的社会理论，是为解决资本主义在自身范围内所不能够解决的问题而设计的，专政是其中的一种解决方式。从目的上说，专政本为清除资本主义的"自由主义"弊病而出现的，但"专政绝非是与自由主义的赘疣和消极倾向必然对立的替换物，因而本身也不是包治该社会出现的一切弊病的灵丹妙药"。[3]在"无产阶级专政下继续革命"理念指导下，"无产阶级专政"通过政治的力量，把个体从传统的束缚中解放出来，但是通过全民性的集体化方式，又把个体重新裹挟进"无产阶级专政"的政党-国家机体。因而，在建设现代化社会主义强国的背景下，从社会的结构变迁来看，以革命破坏传统的血缘、地缘、家庭关系等结构，就是在以政治标准改变原有社会的结构关系，并把个体集体性地转移进政党-国家的现代化建设进程中。从现代化的视角来看，"革命本来是为现代化排除障碍，但在当代中国的条件下，由于现代化的权威基础（中央集权与民族国家）与现代化的推进方式（社会主义改造）主要是通过政治动员以及由此形成的政治运动实现的，现代化反而成了完成革命的手段，现代化演变为革命运动。"[4]

新中国革命与现代化之间复杂曲折的关系，使得革命式现代化的手段与其目标之间形成了一种紧张，并破坏了国家推动现代化的动力结构，从而形成了革命式现代化的悖论。"革命式现代化运用政治动员来追求经济的迅速发展使现代化成为一个悖论性的过程。所谓悖论性是指资源稀缺、地缘政治环境恶劣条件下的现代化需要政治动员来推动，然而政治动员推动的结果却把现代化引向危机。"[5]这主要表现为，"文化大革命"虽然有现代化的诉求，但其所造成的结果破坏了现代化所由以建设成功的基础结构，特别是在政治上，反而把现代

① 唐少杰. 一叶知秋——清华大学1968年"百日大武斗"[M]. （中国）香港中文大学出版社，2003：72.
② 陈明明. 在革命与现代化之间[M]//陈明明. 革命后社会的政治与现代化. 上海：上海辞书出版社，2002：249.
③ [德]卡尔·曼海姆. 重建时代的人与社会：现代社会结构的研究[M]. 张旅平，译，北京：生活·读书·新知三联书店，2000：87.
④ 陈明明. 在革命与现代化之间[M]//陈明明. 革命后社会的政治与现代化. 上海：上海辞书出版社，2002：246.
⑤ 陈明明. 在革命与现代化之间[M]//陈明明. 革命后社会的政治与现代化. 上海：上海辞书出版社，2002：249.

化推进了相反的方向：

　　"文革"却造成了两个弱化、两个强化。第一个被弱化的是行政官僚层，其结果就是领袖一人的强化。因此，这个弱化并没有造成国家的弱化，它只是使国家落入了领袖及其亲信手中，使领袖可以凭个人的意志实行"人治"，而其亲信则可以在国家法制以外擅权专宠。第二个弱化是老百姓的弱化。不要看到汹涌澎湃的群众运动，就认为是人民力量的升涨，因为，在"斗私批修"、"割资本主义尾巴"的压力下，对社会造成比以前更为铲平的效果。黑格尔对传统的中国社会的平均状态有如下的评语：中国既属一律平等，而无任何自由，政府的形式乃必然地为专制主义。①

（编辑　李清伟）

---

①　[美]孙隆基.中国文化的深层结构[M].桂林:广西师范大学出版社,2004:310.

第 1 卷 第 1 辑
2013 年 8 月

上 大 法 律 评 论
SHANGHAI UNIVERSITY LAW REVIEW

Vol. 1 No. 1
Aug. 2013

何志鹏. 当代中国国际法观念的形成[M]//李清伟. 上大法律评论(第 1 辑). 上海:上海三联书店,2013:19-33.

当代中国国际法观念的形成

何志鹏

（吉林大学 法学院，吉林　长春　130012）

摘要：当代中国的国际法观念,是一个历史叠加的结果,是中国在 1840 年以后所面临的国际关系状态、国际法特点与中国所处的具体环境、具体问题相互构建的结果。这不仅与国际法、国际关系的主流思想有关,也与中国与国际法相遇、交往以及中国自身的文化、心理有关。回顾中国近代政治、外交、文化的发展历史以及国际关系、国际法的发展史,不难理解中国在这种行为体与制度的互构中很难形成对国际法的支持和信赖,只有在双方都进行改进的基础上,这种相互正反馈才有可能形成。

关键词：中国;国际法;观念;历史;文化

The formation of the concepts of international law in contemporary China

HE Zhi-peng

(Law School, Jilin University, Changchun　130012, China)

Abstract：It is the result of Chinese history that the concepts of international law in contemporary China. And it is also the integration of the state of international relations that China had faced after 1840, the features of international law and the specific environment of China and the specific issues. This is not only related to international law, the mainstream thoughts of international relations but also related to the international law that China met and associated to China's own culture and psychology. Reviewed the development history of Chinese politics, diplomacy and culture, and the development history of international law and international relations, it is clear to understand that this kind of structure and system are difficult to support and trust of international law. Only on the basis of improvement of both sides can it be possible for the formation of this mutual feedback.

Key words：China; international law; ideas; history; culture

当代中国,虽然在很多方面、很多场合都表达了对于国际法的尊重和遵从,但是,在政治领域,中国官方,包括很多民众,对国际法都持一种怀疑和拒斥的态度。在近年来的一系列受到广泛关注的、涉及国际法争议的处理过程中,中国政府都采取了政治和外交的手段。例如,针对钓鱼岛问题,中国外交部发言人以二战之后的反法西斯世界秩序为基调,表达了对日本以国际法为基础讨论钓鱼岛问题不赞同的态度;[①]在黄岩岛的问题上,采取了外交声明、避免司法、准司法程

收稿日期:2013-04-10

基金项目:教育部重大课题攻关项目"中国特色社会主义法学理论体系研究"(10JZD0029)、吉林大学青年学术领袖培育计划"国际法的中国理论(2012FRLX10)"

作者简介:何志鹏(1974—),男,法学博士,吉林大学法学院、公共外交学院教授、博士生导师,主要研究方向为国际法与国际关系,E-mail:hezi1868@126.com。

① 2012 年 9 月 10 日,尽管中方反复交涉,日本政府仍然宣布"购买"钓鱼岛及其附属的南小岛和北小岛,实施所谓"国有化"。当日,中国政府声明,日本政府的所谓"购岛"完全是非法的、无效的,丝毫改变不了日本侵占中国领土的历史事实,丝毫改变不了中国对钓鱼岛及其附属岛屿的领土主权。中华民族任人欺凌的时代已经一去不复返了。中国政府不会坐视领土主权受到侵犯。中方强烈敦促日方立即停止一切损害中国领土主权的行为,不折不扣地回到双方达成的共识和谅解上来,回到谈判解决争议的轨道上来。如果日方一意孤行,由此造成的一切严重后果只能由日方承担。

9 月 20 日,外交部发言人洪磊在例行记者会上表示,中国法律对钓鱼岛及其附属岛屿属于中国有明确规定。日本宣布"购岛"的做法侵害了中国领土主权,无论根据国际法还是中国国内法都是非法行为。

（转下页）

序的方式。① 如果结合此前中国对一系列国际条约中采用国际法院司法解决争端条款的保留，对于人权公约中个人来文条款、保留或相关议定书的不加入，以及对于以政治手段解决纠纷的青睐，可以看

（接上页）

9 月 26 日，日本首相野田佳彦在纽约举行的第 67 届联合国大会一般性辩论上发言时表示，将争取依照国际法和平解决有关领土和领海的争端。"目前在世界很多地方仍然有领土和领海争议。《联合国宪章》和国际社会的共同原则是根据国际法以和平方式解决争端，日本决心在任何情况下以这种方式，根据国际法和平解决纠纷。世界应该更加着重国际司法体系在和平解决争议上所扮演的角色。"在联大演讲后举行记者会称，无论是依据历史还是根据国际法，钓鱼岛都是日本固有领土，该问题不存在争议，日方不会作出违背这一立场的妥协。

9 月 27 日，外交部发言人秦刚表示，中方对日本领导人在钓鱼岛问题上顽固坚持错误立场表示强烈不满和坚决反对。钓鱼岛自古以来就是中国的固有领土，中方对此有充分的历史和法理依据。1895 年，日本利用甲午战争，非法窃取钓鱼岛及其附属岛屿，并强迫清政府签订不平等条约，割让"台湾全岛及所有附属各岛屿"。第二次世界大战结束后，根据《开罗宣言》和《波茨坦公告》等国际法律文件，中国收回日本所侵占的包括台湾在内的中国领土，钓鱼岛及其附属岛屿在国际法上业已回归中国。《开罗宣言》和《波茨坦公告》是世界反法西斯战争的伟大成果，是战后国际秩序的重要基石，1945 年的《日本投降书》对此明文接受。中国政府对美、日私相授受中国钓鱼岛的做法从一开始就坚决反对，不予承认。中国人民为世界反法西斯战争胜利作出了巨大牺牲和重大贡献。一个战败国却要霸占一个战胜国的领土，岂有此理?! 日本在钓鱼岛问题上的立场和做法，践踏了《联合国宪章》宗旨和原则，本质上是不能彻底反省和清算日本军国主义侵略历史，企图否定世界反法西斯战争胜利成果，挑战战后国际秩序。这值得国际社会高度警惕。历史不容翻案，第二次世界大战所带来的深重灾难不容忘却，联合国所维护的和平与安全秩序不容动摇，国际公理和人类良知不容挑衅! 日本政府的所谓"购岛"完全是非法、无效的，丝毫改变不了日本侵占中国领土的历史事实，丝毫改变不了中国对钓鱼岛的领土主权。中国政府和人民维护国家领土主权的意志和决心坚定不移。日本的非法图谋绝不可能得逞! 无论是依据历史还是国际法，日方都应停止一切损害中国领土主权的行动，而不是一错再错，欺骗世人。

9 月 27 日，外交部发言人洪磊主持例行记者会，有记者问：日本首相野田在联大表示愿通过和平方式解决领土争端，中方对此有何回应? 洪磊重申，领土归属问题应根据历史和法理依据加以解决。个别国家罔顾历史事实和国际法，公然侵犯他国领土主权，公然否定世界反法西斯战争胜利成果，严重挑战战后国际秩序，却试图搬出国际法规则做幌子，这种做法自欺欺人。有关国家必须正视历史，切实遵守国际法理，停止一切损害别国领土主权的行为。中方对日本领导人在钓鱼岛问题上顽固坚持错误立场表示强烈不满和坚决反对。

① 菲律宾主张对黄岩岛海域的权利以后，中方多次向菲方提出交涉。2012 年 4 月 15 日、18 日，中国外交部副部长傅莹两次紧急约见菲律宾驻华使馆临时代办，就围绕黄岩岛海域出现的紧张局势提出交涉。傅莹指出，日前菲律宾军舰在黄岩岛袭扰中国渔船渔民事件引起中方高度关切，经过双方协商，局势初步得到缓和。希望菲方信守承诺，尽快撤出船只，使黄岩岛海域恢复和平安宁的状态。

4 月 18 日，针对菲律宾外长宣称将把黄岩岛问题提交国际海洋法法庭的言论，中国外交部发言人表示，黄岩岛是中国的固有领土，不存在提交国际海洋法法庭问题，有关国家无权援引《联合国海洋法公约》损害他国的固有领土主权。

4 月 26 日，在外交部例行记者会上，有记者问：菲律宾称很早之前黄岩岛就是菲律宾"领土"，这也得到了《联合国海洋法公约》的认可。中国并未对黄岩岛实施有效管辖，也没有任何法律文件证明黄岩岛属于中国。中国对此有何评论? 刘为民说，菲方以黄岩岛在菲专属经济区范围之内为由声称对该岛拥有管辖权并进而提出领土主权要求，是没有任何国际法依据的。黄岩岛是中国的固有领土。中国最早发现、命名黄岩岛，并将其列入中国版图，实施主权管辖。菲在 1997 年以前从未对中国政府对黄岩岛行使主权管辖和开发利用提出过任何异议，并且还多次表示黄岩岛在菲领土范围之外。刘为民表示，菲方以黄岩岛在菲专属经济区范围之内为由声称对该岛拥有管辖权并进而提出领土主权要求，是没有任何国际法依据的，也不符合《联合国海洋法公约》，菲方应当切实尊重中国对黄岩岛的领土主权。

4 月 27 日，菲律宾外交部官员称，如果中国拒绝接受国际法院有关黄岩岛争议的仲裁，即使没有中国同意，菲律宾政府也将强行解决问题。

7 月 25 日，中国外交部发言人在外交部例行记者会说，《联合国海洋法公约》不是确定黄岩岛领土归属的法律依据，不能改变该岛主权属于中国的事实。中方维护领土主权的立场是坚定的。中方也始终致力于双边协商处理事件。目前黄岩岛形势总体趋于缓和。我们希望菲方多做有利于局势进一步缓和、有利于两国关系健康发展的事情。

2013 年 1 月，菲外长德尔罗萨里奥发表声明称，菲律宾已采取行动，根据《公约》第 287 条和附件第 7 条，对中国启动仲裁程序。声明称，菲外交部已于 22 日交给中国驻菲律宾大使马克卿一份包含通知和声明的普通照会，照会内容质疑中国对包括西菲律宾海在内的整个南中国海（即南海）的九段线的声索权，要求中国停止侵犯菲律宾主权和管辖权的违法活动。声明还称，与中国就九段线展开仲裁是为了实现菲律宾总统阿基诺三世根据国际法，特别是《公约》和平、基于规则地解决西菲律宾海争端而发起的。《菲律宾每日问询者报》等媒体援引德尔罗萨里奥的话称，菲律宾为与中国解决领海争端展开谈判已经穷尽所有的政治和外交途径，从 1995 年开始，菲律宾就与中国交换了意见，直到今天，仍然没有达成解决方案，我们希望通过仲裁程序可以实现争端的永久解决。26 日，菲律宾总统阿基诺称，中方船只近期两次驱逐进入黄岩岛海域躲避风浪的菲渔船，菲方因此决定把南海争端提交国际仲裁。中国外交部发言人刘为民在 27 日的例行记者会上表示黄岩岛是中国的固有领土，不存在提交国际海洋法法庭的问题，"如果一个国家可以任意将别国领土提交国际仲裁，这个世界将会变成什么样子?"早在 2006 年，中国就已经依据《联合国海洋法公约》第 298 条向联合国秘书长提交书面声明，对涉及海洋划界、领土、军事活动等争端，不接受《公约》规定的任何国际司法或仲裁管辖。根据该排除性声明，南海问题不可能通过国际海洋法法庭来解决。28 日，外交部发言人洪磊表示，目前，黄岩岛局势已经趋于稳定，中方希望有关局势不要出现反复。

2013 年 2 月 19 日，中国驻菲律宾大使马克卿约见菲律宾外交部官员，表示中方对该照会及所附通知不予接受并将其退回。外交部发言人洪磊说，中国对南沙群岛及其附近海域的主权有着充分的历史和法理依据。同时，从维护中菲双边关系和地区和平稳定的大局出发，中方一贯致力于通过双边谈判解决争议，并为维护南海稳定、促进区域合作做出了不懈努力。由直接有关的主权国家谈判解决有关争议，也是东盟国家同中国在《南海各方行为宣言》中达成的共识。菲方有关照会及所附通知不仅违反了这个共识，而且在事实和法律上也存在严重错误，还包含许多对中方的不实指责，中方坚决反对。并表示，希望菲方恪守承诺，回到双边谈判解决争议的正确轨道上来。"中方希望菲方恪守承诺，不采取任何使问题复杂化、扩大化的行动，积极回应中方关于建立中菲海上问题磋商机制和重启两国建立信任措施机制的提议，回到双边谈判解决争议的正确轨道上来。"

尽管如此，国际海洋法法庭组织了多位法官，包括日本籍庭长柳井俊二、波兰籍斯坦尼洛夫帕夫拉克、德国籍法官吕迪格沃尔夫鲁姆参与此次仲裁。

出，总体上，中国对国际法形成了一种半信半疑、敬而远之的态度。具体而言，就是在一定程度上，将国际法视为一种既不喜欢也不愿意认真对待的客观存在；虽然在某些时候也有希望能通过国际法来维护自身的利益，但在平时则采取忽视的态度，只期待其关键时候有希望能发挥作用。[①] 这种不信任、乏信心、无信念、缺信仰、轻易不使用的态度颇似中国古人事鬼神的态度。

这种文化观念是如何形成的呢？笔者认为，分析这个问题，必须综合考虑以下几个方面的作用：(1)国际关系的宏观格局、国际法的基本形势；(2)中国在不同时期的社会与文化状态；(2)中国与国际法的联结。只有这样，才可能取得一个大体可靠的结论。因而，本文试图通过对中国与国际法接触的历史追溯、对中国文化的解读和对现实国际格局、国际法状态的分析，提供一个初步的解释。

一、从鸦片战争到《马关条约》：近代中国与国际法相遇的屈辱

虽然中国学术界曾长期为了中国古代是否拥有国际法而争论，[②]但一个可以达成共识的观点是：当中国发展到 19 世纪上半叶之时，其内政格局与外交状况和当时西方的主流国际法，也就是我们所称的现代意义上的国际法相去甚远。以农业为主的经济、以儒学为主的文化形成了相对保守的心态，

而长期的天朝大国观念、文化优越的印象、与邻邦相处的中心地位，又使得中国政府缺乏与西方交往的动力。此时的西方却经历了复杂的变化，从中世纪贫病交加、饥寒交迫、经济落后、文化封闭的状态，经文艺复兴、宗教改革、航海发现、工业革命等一系列进步，转变成为世界上发展最快、最具开拓意识的部分。[③] 他们通过野蛮、残暴的手段进行殖民，扩大自己的市场和原料供应地，提升自身的经济发展水平，强化政治、军事、文化实力，[④]并全力投入扩大再生产，不断增加力量和影响。他们对内采取剥削廉价劳动力的方式，[⑤]对外则疯狂掠夺，破坏环境，在世界上演出了一幕又一幕血腥的西方列强发达史。[⑥] 就是在这样的进程中，中国相对保守的文明形势遭遇了西方的扩张，形成了中国与国际法相遇的第一个锋面。

(一) 19 世纪的国际法：公正外衣下的强权

虽然有一些西方国际法学者认为，从 1814 年的维也纳会议到 1914 年的一次世界大战爆发，国际社会经历了长达一个世纪的和平时期，国际法也得到了长足进展。[⑦] 不仅没有发生大规模的战争，而且形成了一系列的国际条约，初步建立起了用仲裁的方式解决国际争端的机制，在知识产权、跨国水域等方面还形成了一些初步的国际组织。同时成立了一些投身于国际法编纂的研究机构，并且在编纂方面也取得了一定的成就。[⑧] 这种说法虽然从欧洲

① 姜世波在《大国情结与国际法研究的学术心态——从中国对国际司法的消极心态切入》一文《山东社会科学》2009 年第 2 期)中提出，中国至今仍然置身于多数国际司法机构之外，其根本原因是大国情结使然。同时，这种大国情结导致三十年来我国的国际法学研究只注重短期的实用主义而忽视基础理论研究，导致缺乏主体性意识，丧失平和的心态和科学态度，不能形成百家争鸣的局面等弊端。

② "先秦国际法"研究肇始于 1884 年美国传教士丁韪良的《中国古世公法论略》(载王健编：《西法东渐——外国人与中国法的近代变革》，中国政法大学出版社 2001 年版)，从晚清到民国，出现了一股持续半个世纪的"先秦国际法"研究思潮，其关键是如何重建中国人的"世界图景"这一核心问题。[洪钧培：《春秋国际公法》，北京：中华书局，1939 年版；徐传保：《先秦国际法之遗迹》，商务印书馆 1931 年版(民国丛书第三编 27，上海书店出版社 1991 年版)；陈顾远：《中国国际法溯源》，商务印书馆 1934 年版(民国丛书第三编 27，上海书店出版社 1991 年版)]。有关评论参见邹磊："先秦国际法"研究与中国"世界图景"的重建——从丁韪良到陈顾远》，《国际观察》2009 年第 3 期。20 世纪下半叶以后对于这一问题的分析，参见李家善：《古中国有无国际法问题》，《海南大学学报(社会科学版)》1985 年第 1 期；李衡眉：《春秋战国国际法述略》，《烟台大学学报》1991 年第 4 期；孙玉荣：《论中国古代国际法之存在》，《政法论丛》1995 年第 3 期；孙玉荣：《论中国古代国际法之存在》，《法学杂志》1995 年第 4 期；孙玉荣：《古代中国国际法研究》中国政法大学出版社 1999 年版(《南京大学法律评论》1999 年第 1 期有简介)；怀效峰、孙玉荣：《古代中国国际法史料》，中国政法大学出版社 2000 年版；王强：《古代中国是否存在国际法的探讨及其评析》，《沈阳工程学院学报(社会科学版)》2005 年第 4 期；桑东辉：《也谈春秋战国时期的诸侯国是否为主权国家——以〈墨子〉为例、以国际法为视角》，《国际政治研究》2006 年第 2 期。

③ [美]唐纳德·卡根等：《西方的遗产》，袁永明等译，上海人民出版社 2009 年版，第 485—504 页。

④ [美]约翰·巴克勒等：《西方社会史(第二卷)》，霍文利等译，广西师范大学出版社 2005 年版，第 402—408 页。

⑤ 在当时人文主义作家狄更斯的《奥利佛·退斯特》和雨果的《悲惨世界》对于人们生活、特别是儿童做工的描写中可见一斑。

⑥ [美]菲利普·费尔南德兹—阿麦斯托：《世界：一部历史》，叶建军等译，北京大学出版社 2010 年版，第 810—832 页。

⑦ Karl Polanyi, The Great Transformation: The Political and Economic Origins of Our Time, Boston: Beacon Press, 1957, chapter 1; Sheldon Anderson, "Metternich, Bismarck, and the Myth of the 'Long Peace' 1815 - 1914," Peace & Change, Vol. 32, No. 3, July 2007, pp. 301 - 328.

⑧ David Armstrong, Theo Farrell, and Hélène Lambert, International Law and International Relations, 2nd ed. , Cambridge University Press, 2012, pp. 61 - 65.

和北美的角度看起来大体正确,但是如果从全球的角度观察,就会发现它掩盖了殖民逻辑的延伸:无论是在非洲还是在拉丁美洲,都存在着殖民剥削和压迫,也存在着大规模的反殖民运动。[①] 特别是在亚洲,列强争夺殖民地的努力一直在持续,在文明口号的掩盖之下出现了很多大规模烧杀抢掠的情况。而当时的国际法也顺应了西方列强进行殖民掠夺、发展资本主义的要求,形成了对于强国的依赖,通过一系列的国际条约和国际习惯对于弱小国家的权利予以压榨。当时的国际法实际上仅仅是“欧洲公法体系(Public Law and System of Europe)”,[②]从这个意义上讲,国际法的公正实际上仅仅是表面的,它更多是强权政治的外衣,本质上以强凌弱,是殖民体系的代言和维护者,而远远没有达到实质正义的程度。[③]

(二) 19 世纪的中国:沉睡的巨人

进入了 19 世纪,经历了康乾盛世,中国的繁华已成往事,进入了逐渐衰落的时期。从中国历史发展的大脉络上看,具有开拓精神的时代渐渐远去。就清朝自身而言,由于进取精神不足,整个国家的冲突和矛盾凸显出来。在经济上,仍然沿袭着传统而落后的农耕方式,在人口急剧增长的压力下物质生产严重不足。明朝末年出现的资本主义工商业萌芽并没有以有效的速度发展,反而在战争和变乱之中被遏止。在政治上,国家高级领导人的进取心不足,基层官吏敷衍了事、不负责任,将自己的利益置于民众利益之上,在社会上形成了严重的贪污腐败风气。在文化上,由于仍然承袭着宋代以来的理学传统,人们的思想被禁锢,很多人为了科举而耗费了大量宝贵时间,不仅在科学技术方面没有什么能够推进社会发展的进步,而且在人文社会科学也显得非常保守。军事力量的衰弱继之而起。清代虽然出现了像王夫之、顾炎武那样的思想家,但他们并不是学界的主流。大多数学者更沉醉于对于远古器物和图书文献的考证,创新则为少见。这也就能够说明为什么清代的文学艺术在整个历史上贡献并不是特别突出,没有出现唐代的磅礴气势。

(三) 19 世纪中国与西方的相遇:屈辱的现代化之路

就是在这样的一个时代背景之下,中国的农业文明、儒家文化和西方的工商业文明、资本主义精神相碰撞。这也就不可避免的注定了近代中国早期被凌辱的命运。有的学者愿意把这种相遇于中国的失败片面地归因于中国的保守和自大,有的学者则更愿意责备西方列强的野心。实际上,这是一个两种因素交融的结果,而绝不是一方的情势所达到的。[④] 第一次鸦片战争不仅是中国装备、中国士兵和西方装备、西方士兵的第一次相遇,也是中国政府和知识界第一次了解西方的坚船利炮、西方各国政府和商人了解中国的落后和软弱的第一次机会。它不仅展示了中国在武器方面的落后,也充分展现了中国部分官僚的自私自利、不思进取、欺上瞒下、好大喜功。《南京条约》的签订,意味着中国闭关自守的政策告以终结,中国以一个对西方缺乏基本认识的面貌懵懂地出现在世界舞台之上,无奈地接受了人为刀俎、我为鱼肉的安排;[⑤]同时也意味着,以平等的面目和形式出现的国际法,在与列强中国的关系上具体显示为国际条约,在不平等的基础上展开了中外邦交,是中国一步步地“迈入陷阱”。[⑥] 而在英国人要求入驻广州城、广州人民反对入城的斗争中,也能看到双方在利益、尊严上的不同态度。[⑦] 第二次鸦片战争给中国带来了进一步的耻辱,皇帝逃窜、外国军队进驻北京、火烧圆明园及其后的《瑷珲条约》、《天津条约》、《北京条约》[⑧]给天

① [英]C. W. 克劳利等编:《新编剑桥世界近代史·9》,中国社会科学院世界历史研究所组译,中国社会科学出版社 1999 年版,第 15—847 页。

② Malcolm D. Evans (ed.), *International Law*, 3rd ed., Oxford University Press, 2010, pp. 12 - 21.

③ 杨泽伟:《国际法史论》,高等教育出版社 2011 年版,第 81—82 页。

④ 前一种观点参见蒋廷黻:《中国近代史》,上海古籍出版社 1999 年版,第 5—18 页;郭廷以:《近代中国的变局》,九州出版社 2012 年版,第 3—20 页;后一种观点参见李育民:《近代中外关系与政治》,中华书局 2006 年版,第 4—94 页;比较持中的观点则可见于陈旭麓主编:《中国近代史》,高等教育出版社 2010 年版,第 2—9 页;李侃等:《中国近代史 1840—1919(第四版)》,中华书局 1994 年第 4 版,第 1—8 页。

⑤ 参见王建朗、李景河主编:《近代中国:政治与外交》,社会科学文献出版社 2010 年上卷所收的李兆祥、刘利民、李宇明、方慧、陈开科、廖敏淑、侯中军的相关论文对当时一些具体情况的研讨。

⑥ 参见赵价楹:《中国近代外交史》,世界知识出版社 2008 年版,第 106—118 页;茅海建:《天朝的崩溃:鸦片战争再研究》,生活·读书·新知三联书店 2005 年第 2 版,第 482—545 页。

⑦ 详见茅海建:《近代的尺度:两次鸦片战争军事与外交》,生活·读书·新知三联书店 2011 年版,第 113—139 页。

⑧ 关于第二次鸦片战争及相关条约,参见赵价楹:《中国近代外交史》,世界知识出版社 2008 年版,第 166—183 页。

朝大国的自尊心带来了极大的损伤,也促动中国的一部分有识之士充分认识清楚,需要尽快学习西方的先进经验,提升自身的水平。1894—1895 年的中日战争,给了中国人更大的震动,以至于 1895 年初,清政府派遣的议和大臣因日本借口委任状不合格而被拒绝谈判,日本则趁机加紧军事行动。无奈之下,清政府只好派李鸿章为全权大臣,与日和谈。作为谈判结果的《马关条约》(日称《下关条约》)对于中国的利益又进行了大规模的剥夺。①

(四) 清朝后期士大夫的国际法观念

中国对国际法的初步认识在这一期间肇端。② 战争失利、具有屈辱条款的条约对于中国的知识界造成了很大的冲击。中国知识界被迫去进一步地了解西方。中国传统的思想文化在西方文明面前一触即溃,虽然中国曾经考虑过以中国的规范去约束西方,但最终还是无奈地屈从于西方的体制。不仅对天朝上国的观念重新认识,而且对于世界格局、中外关系、中国传统文化都开启了反思之门。虽然早在 1840 年林则徐就开始通过翻译接触到了瓦泰尔(Emmerich de Vattel,1714 - 1767)的名作《国际法》(Le Droit des Gens),但仅有林则徐本人和他的极少数朋友了解。林则徐将相关的国际法原理应用于与英国人交涉的过程之中,并将属地管辖原则作为与英国争辩的理由写入了给维多利亚女王的信件,相关的国际法知识被收入《海国图志》。③ 但这只是当时中国的一个极为特殊的例外,

当时的中国政府整体上对国际法知之甚少。1863 年,李鸿章诱降太平军镇守苏州的将领,并背信弃义将之斩首,并将城内数万太平军诛杀。这一行为让一直参与战事、并作为李鸿章与降将之间保证人的"长胜军"首领戈登(Charles George Gordon)震怒,引发了英国官员和驻上海领事的不满。这也代表了传统中国战争手段和当时西方主流的战争法观念的冲突,使中国了解到西方所认可的规范。④ 1864 年,经过美国传教士丁韪良(William A. P. Martin)的努力,在总理各国事务衙门的支持下,惠顿(Henry Wheaton)的《万国公法》(Elements of International Law)被摘要翻译成中文出版,并分发给清朝官吏。此后,丁韪良又带领汪凤藻、联芳等翻译了吴尔玺(Theodore Dwight Woosley)的《公法便览》(Introduction to the Study of International Law)和布伦(Johann Caspar Bluntschli)的《公法会通》(Le Droit International)。⑤ 这些西方著作的翻译,不仅丰富了中国人的国际法知识,而且拓展了中国人的语汇,在思想上现代化。⑥ 其中明显的是天朝上国幻影的破灭,中国人在改变自身的观念,李鸿章就曾以国际法为基础请求改变外国人在中国觐见皇帝的跪拜之礼。清朝士大夫试图通过了解国际法、利用国际法维护国家尊严,⑦ 而且经历了从没有处理涉外事务的部门到设立总理衙门直到外务部的演变。⑧ 当时也有过利用国际法处理外国

---

① 详情参见宗泽亚：《清日战争 1894—1895》,世界图书出版公司 2012 年版,第 388—398 页。

② 对于更早期中国与国际法关系的分析,参见程鹏：《西方国际法首次传入中国问题的探讨》,《北京大学学报(哲学社会科学版)》1989 年第 5 期;该文作者对于 1648 年左右传教士卫匡国(Martin Martini)翻译苏阿瑞兹国际法著作的史实持悬疑态度,保守地得出"当时中国的官方并未见到卫匡国翻译的苏阿瑞兹国际法著作的中文本"的结论。另见曾涛：《近代中国与国际法的遭逢》,《中国政法大学学报》2008 年第 5 期。他认为,在明清中西交流过程中,西方的国际法开始了在中国的启蒙之旅。其中标志性的事件有二：西方传教士翻译了西方早期的国际法著作;在西方传教士参与的中俄条约谈判中,国际法得到了运用。

③ 参见林学忠：《从万国公法到公法外交：晚清国际法的传入、诠释与应用》,上海古籍出版社 2009 年版,第 249—253 页。

④ 参见雷颐：《走向革命:细说晚晴七十年》,山西人民出版社 2011 年版,第 86—91 页。

⑤ 美国在华传教士丁韪良,无论从完整地翻译国际法的时间上讲还是从翻译国际法的数量上看,都堪称中国近代国际法翻译第一人。高黎平：《中国近代国际法翻译第一人——丁韪良》,《延安大学学报(社会科学版)》2005 年第 2 期;李胜渝：《中国近代国际法探源》,《四川教育学院学报》2001 年第 7 期;张劲草、邱在珏：《论国际法之传入中国》,《河北大学学报(哲学社会科学版)》1984 年第 2 期;柳宾：《国际法的输入与中国外交近代化的起步》,《天津社会科学》2001 年第 1 期。

⑥ 刘禾：《帝国的话语政治:从近代中西冲突看现代世界秩序的形成》,杨立华等译,生活·读书·新知三联书店 2009 年版,第 146—186 页;鲁纳、施淑婧：《改变中国的国际定位观:晚清时期国际法引进的意义》,《南京大学学报(哲学·人文科学·社会科学版)》2009 年第 4 期;郑文举、王玫黎：《国际法观念与中国法的近代转型》,《天府新论》1999 年第 1 期;王玫黎：《国际法观念与近代中国法律改制》,《郑州大学学报(哲学社会科学版)》2003 年第 4 期。

⑦ 为解决民族危机,晚清国人千方百计试图与西方融合,而近代国际法则起到了桥梁的作用。杨泽伟：《近代国际法输入中国及其影响》,《法学研究》1999 年第 3 期;施建兴：《国际法的输入与中国近代国家主权观念的发轫》,《南平师专学报》2003 年第 1 期;陈玥：《小析晚清中国与近代国际法》,《兰州学刊》2004 年第 4 期。在经历了两次鸦片战争之后,伴随着国际法的译介和传播以及对外交涉的需要,中国传统的国际观念发生了深刻的变化,近代意义的国际法观念开始萌生。在此基础上,近代开明的士人官僚形成了较为明确的国家主权意识和国家主权平等观念。并以国际法为依据开展对外交涉,创建近代外交机制。管伟：《论中国近代国际法观念的肇兴》,《政法论丛》2004 年第 3 期。

⑧ 刘伟：《晚清对外交涉体制的演变与影响》,桑兵、赵立彬主编：《转型中的近代中国》,社会科学文献出版社 2010 年版,第 536—550 页。

问题的案例，①但是中国政府却很少有机会利用国际法维护自身的实质权益。② 对于国际法，清朝官员大多并不是颇为乐观地认为其值得信赖，而是看到了国际法在国家之间存在着巨大政治、经济差距的背景下，很难对等地实施，更难实现公正。③ 这样的官员包括薛福成（1838—1894）④、郑观应（1842—1921）、崔国因（1831—1909）。特别是成为驻外使节的郭嵩焘（1818—1891）⑤、曾纪泽（1839—1890）都看到了国际法在列强之间的"平等"和对于中国的欺凌。⑥ 他们不太相信国际法能够保障中国的权益，更强调国际法实行得不妥当、不公正。⑦ 以一系列不平等条约为现实范例的国际法给当时的中国人留下了心理阴影，人们很难相信国际法能够为中国带来公理和利益。⑧

（五）中国的文化对法律的忽视

中国的传统文化自古就强调仁政、道德，自然，而不重视规范。作为中国文化主流的儒家思想、道家思想和佛教思想，都与西方的法制思想体系、自由主义思想方式有着很大的不同。这就形成了一种和西方完全不同的文化系统，在儒家的思想体系中，社会阶层的客观存在和主观强调是社会结构的基础与核心，这就形成了一种以家族身份和社会身份为区分标准的社会观念、命令结构体系。从孟子开始，性善论得到了广泛的传扬，这样的观念更强调对于个人修养的倡导和规劝，更倾向于对于国家领导者和政府官员进行体恤民众、广施仁政的建议，而不考虑用外在的制度去监督政府、用明确的规则去确立政府与民众之间、私人之间的权利界限。儒家思想中贤人治国、内圣外王的思想与法制观念是相对立的，而仁政的主张又片面地提升了伦理道德的作用，忽视了对于外在规范的充分重视和认同。⑨ 这也就不难解释，为什么一些学者认为儒家的修身伦理、政治观念、国家与世界秩序的主张本质上妨碍了现代的民主法制建设。

与儒家思想相比，道家思想更加强调对于自然秩序的遵从，而反对人为的干预、斗争、反抗、规制。老子心中有作为遵守自然规律的"法"的概念，却没有作为人类社会所制造的规则等法律的概念。他以一种柔弱胜刚强的观念确立了服从天道、倡导无为的社会伦理体系。他反对对于物质财富的追求，反对在大量严苛的社会法律之下出现的混乱局面，反对儒家所倡导的"仁"的政治意志和理念，追求简

---

① 清政府处理普鲁士公使在中国扣留丹麦商船的事件是中国主动适用国际法的开端。清政府于 1861 年和 1863 年分别与普鲁士和丹麦签订了"通商条约"和"海关税则"，条约内容基本相同，因此，中国对普丹两国有基本相同的权利和义务。1864 年，普鲁士联合奥地利对丹麦作战。1864 年 4 月，普鲁士为驻华公使李斯福乘坐军舰"羚羊号"抵达中国天津大沽口海域时，与三艘丹麦商船相遇。由于当时两国之间的战争状态，普鲁士军舰拿捕了三艘丹麦船。清朝政府遂根据刚刚翻译的国际法著作所载的领海主权规则与普鲁士公使交涉。特别援引了惠顿《万国公法》第二卷第四章第六节关于"各国所管海面，及澳港长矶所抱之海，此外更有沿海各处，离岸十里之遥，依常例归其辖也。盖炮弹所及之处，国权亦及焉，凡此全属其管辖，他国不与也"的规定，向普鲁士提出抗议，认为其军舰在中国海域拿捕丹麦船，"显系夺中国之权"，因为渤海湾是中国的"闭海"。普鲁士最后释放了两艘丹麦商船，并对第三艘折款抵偿。清政府采用《万国公法》包含的有关国际法原则，处置了 1864 年普鲁士公使李福斯在大沽口中国内海扣留丹麦商船事件。这是目前有案可查的、西方国际法传入中国后由中国政府首次自觉采用国际法原则处理的中外交涉事件，在近代中外关系史上有特殊意义。王维俭：《普丹大沽口船舶事件和西方国际法传入中国》，《学术研究》1985 年第 5 期。

② 田涛认为，在 19 世纪特殊的国际环境下，残酷的民族生存现实使知识界长期为国际法是否可恃所困扰，其国际法观念始终处于矛盾状态，妨碍了他们对国际法做出最终的肯定性评判。（《19 世纪下半期中国知识界的国际法观念》，《近代史研究》2000 年第 2 期。）笔者认为，让清末中国知识界无法对国际法做出肯定判定的不仅仅是民族生存的现实，不是知识界的观念矛盾，而是国际法本身的选择性，没有把中国作为平等的"文明国家"。

③ 参见郑观应：《盛世危言·公法》，《郑观应集》（夏东元编），上海人民出版社 1982 年版，上册，第 389 页；崔国因：《出使美日秘日记》，上海古籍出版社 1995 年版，第 2 卷。

④ 参见薛福成：《筹洋刍议》，辽宁人民出版社 1994 年版，第 156—157 页。

⑤ 关于郭嵩焘的经历简评，参见雷颐：《走向革命：细说晚清七十年》，山西人民出版社 2011 年版，第 75—84 页。

⑥ 参见《郭嵩焘伦敦与巴黎日记》（钟叔河编），岳麓书社 1984 年版，第 706—707 页；《曾纪泽出使英法俄国日记》（杨向泉等编），岳麓书社 1985 年版，第 164—165 页；《曾纪泽遗集》，岳麓书社 1983 年版，第 182—183 页。

⑦ 对于这一时期国际法影响中国社会的分析，参见田涛：《国际法输入与晚清中国》，济南出版社 2001 年版。对于该书，吴敬华在《山东警察学院学报》2009 年第 6 期、张飞凤在 2003 年的《武大国际法评论》、郑欣在《历史教学》2002 年第 5 期进行了评论。

⑧ "近代国际法对中国的有益作用甚少，在一定意义上是帝国主义列强侵略和奴役中国的法律武器。"修志君：《近代国际法在中国的传播及影响》，《青岛大学师范学院学报》2006 年第 3 期。

⑨ 例如，《论语·为政》："道之以政，齐之以刑，民免而无耻；道之以德，齐之以礼，有耻且格。"《孟子·离娄上》："徒善不足以为政，徒法不能以自行。"

约容易的规范体系。① 庄子则继承和发扬了老子的无为观点，认为价值评判具有多元性，任何伦理标准都有可能存在着误差，主张去追求精神层面的自由，否定法律所具有的社会意义。② 这种自然主义的、倡导天人合一的思想观念和主张权利义务界限分明的法制观念显然也是不相容的。

二、从清末变法到北洋政府：中国在国际体系中的挣扎奋进

甲午战争对于中国政府和知识界震动之巨大，远超过鸦片战争。鸦片战争之后，清王朝还试图保持天朝大国的封闭体系，觉得与欧美等国暂时安顿就又可以高枕无忧了。但甲午战争则大为不同：不仅一向以天朝上国自居的中央大国不再是世界中心、不能再强调华夷之别，而且一向认为是"老师"和"前辈"的中国居然被作为"学生"和"后辈"的日本所击败，知识界觉醒的呼声越来越强烈，一大批中国人开始寻求方法，在思想和制度的层面上追求中国的革新之路。

（一）在理想主义中沉沦的国际法

19 世纪末的国际关系，仍然是威斯特伐利亚体系的持续，但是也有了一些松动。由于拉丁美洲独立运动的发展，国际关系的主体在扩大，原来仅仅适用于"文明的、基督教国家的"国际法，也开始拓展到了非基督教国家。1899 年和 1907 年为确立战争与武装冲突和解决国际争端规范的两次海牙和平会议，就邀请了欧洲和美国之外的国家参与，中国官员也参与了这些国际立法活动。而第一次世界大战作为国际秩序的一次洗牌，为一批弱小国家的兴起提供了条件。

国际联盟是在威尔逊的理想主义国际关系图景③之中建立的组织机构，宗旨是"增进国际间合作并保持其和平与安全"，要求各会员国"承受不从事战争之义务"。提出了缩减军备、防止战争、和平解决争端、对战争进行制裁等规范，意图建立集体安全机制，维护世界和平。但是，国际联盟仅仅是胜利者的联盟，而且缺乏美国的参与和苏联的支持，也没有主张民族自决，所以一方面延续了殖民统治，另一方面没有构建大国均衡，所以注定不会成功。也就是由于这样的缺陷，才使国际格局陷入"二十年危机"，国际和平远未实现。尽管有诸多缺陷，常设国际法院开始运作，巴黎非战公约开启了禁止使用武力的先河，国家的权利义务开始在国际场合进入讨论。④

1921—1922 年的华盛顿会议，以拆散英日同盟和处理太平洋及远东问题为目标，形成了《美、英、法、日关于太平洋区域岛屿属地和领海的条约》（四国条约），形成了各国之间确认既得利益和相互协商处理威胁的共识；并签订了《关于限制海军军备条约》（五国海军条约），确立了限制军备的比例。⑤ 但是，这些只是强国之间相互约束的努力，并没有对遏制战争取得实质的成绩。

（二）当时的中国，逐渐兴起，民主科学的意识增强

中国知识界和民众在"打倒军阀"和"打倒帝国主义"的思想和斗争实践中塑造了新型的"中国人"，这是在反思中国国民性缺点的基础上要求国民自立、自强，有尊严、有力量建设自己独立国家的主张。这是一个在思想上唤醒中国国民的系列努力。⑥ 此时，中国的政治在逐渐进入现代转型，从清

---

① 例如，老子主张"惟道是从"，在国际体系上，倾向于"小国寡民"，"使有什伯之器不用，使民重死而不远徙。虽有舟舆，无所乘之；虽有甲兵，无所陈之；使人复结绳而用之。甘其食，美其服，安其居，乐其俗，临国相望，鸡犬之声相闻，民止老死，不相往来。"对于法律持批判态度："法令滋彰，盗贼多有"，"民不畏死，奈何以死惧之"期待一种安静的国家和个人身存状态："大成若缺，其用不弊；大盈若冲，其用不穷"；治大国若烹小鲜"，"其政闷闷，其民淳淳；其政察察，其民缺缺"；"民之饥，以其上税食之多，是以饥；民之难治，以其上有为，是以难治；民之轻死，以其上求生之厚，是以轻死"。

② 庄子对于努力的治理多有诟病："治，乱之率也。"对于不公正的法律持批判态度："故尝试论之，世俗之所谓知者，有不为大盗积者乎？所谓圣者，有不为大盗守者乎……圣人不死，大盗不止……彼窃钩者诛，窃国者诸侯，诸侯之门仁义存焉，则是非窃仁义及知邪！"

③ 李大钊对威尔逊评论说："曾几何时，威尔逊君平和演说之声，方宣扬于议院，而德国无情之药弹，已沉没美国之商船矣。是知平和之局，费口舌之力所能保证乎。"《李大钊全集》，人民出版社 2006 年版，第一卷第 268 页；另见第二卷第 337 页对一战之后威尔逊主张的评价。陈独秀说："威尔逊总统的平和意见十四条，现在也多半是不可实行的理想。"《陈独秀著作选编·第二卷　1919—1922》，上海人民出版社 2010 年版，第 37 页。

④ Malcolm D. Evans (ed.), International Law, 3rd ed., Oxford University Press, 2010, pp. 22 - 24.

⑤ 杨泽伟：《国际法史论》，高等教育出版社 2011 年版，第 151—154 页。

⑥ ［美］费约翰(John Fitzgerald)：《唤醒中国：国民革命中的政治、文化与阶级》，李贡忠、李里峰等译，生活·读书·新知三联书店 2004 年版，第 153—188 页。

末的戊戌变法①到辛亥革命，一个按照西方模式建立的现代化国家正在成型。而经济也在自身的强化和对外交流的过程中缓慢增长。在文化领域，西学东渐、国学研究的扩张，新文化运动的兴起，为中国人的觉醒提供了文化参照系。

（三）国际法与中国的相处

在这一阶段，国际规则与中国的相处依然延续着过去的轨道。从辛丑条约到"二十一条"，从英印方面挑动西藏叛乱到举行企图分裂中国的西姆拉会议，从列强对中国的干涉、借款，到巴黎和会，无不体现出帝国主义阶段的西方列强对中国的欺辱。其中特别明显的是巴黎和会与"九一八事变"之后中国求助国联的无功而返。

1. 巴黎和会对中国利益的忽视

作为第一次世界大战之后世界秩序确立的机遇，巴黎和会的权力机构是英、法、美、日、意五个大国的首脑和外长组成的最高会议，或称"十人会议"，并进而缩减到由美国总统威尔逊、英国首相劳合·乔治（David Lloyd George，1863－1945）、法国总理克利蒙梭、意大利首相奥兰多组成的四人会议，并进而排除意大利首相，变成英法美三国操纵会议的局面。会议虽然成立国际联盟、名义上力求推进和平和民主，但本质上仍然是大国攫取自身利益、追求世界霸权的工具。因此，在讨论殖民地分配问题之时，日本代表根据 1917 年同英、法、俄、意诸国形成的密约、协定，以及 1915 年向中国政府提出的"二十一条"，要求将德国在山东的"权利"悉数移交给日本。中国代表顾维钧在会议上慷慨陈词，一方面指出山东对中国的重要意义，另一方面从法律逻辑的角度驳斥日本对山东半岛的主张。中方认为，"二十一条"是基于胁迫而强加给中国的，而中德宣战的事实已经使先前的中德条约归于无效，因而日本也就不能从这一条约中继承任何权益，日本的要求是无效的。与此同时，中国作为战胜国，有权从德国手中收回青岛及胶济铁路。虽然顾维钧的辩论给参会方和媒体留下了深刻的印象，受到了国人的支持，但是，由于英法支持日本，美国也作了妥协，所以中国提出的取消"二十一条"、收回德国在山东的一切权益、废除外国在华特殊利益的要

求都没有得到支持。4 月 29 日，德国在山东的利益被三人会议决定让予日本，并落实为《凡尔赛合约》的第 156—158 条。

巴黎和会对于中国要求的处理，充分显示了威尔逊的"十四点"所追求的正义要求都仅仅是虚无飘渺的"乌托邦"，中国合法、合理的主权要求被大国的决定所否定，会议记录与和约草案都没有给中国人过目，这深深地伤害了中国人的感情，也为世界格局的民主化、法治化造成了障碍，中国代表团最终选择了拒绝签字，中国国内则产生了轰轰烈烈的"五四"爱国运动。

在华盛顿会议上，美国意图压制日本，使其放弃独霸中国的野心，授意中国代表施肇基在远东及太平洋问题委员会上提出了解决中国问题的十项原则，包括各国尊重并遵守中国的领土完整及政治与行政之独立，对有条约关系的各国工商业机会均等之原则等。但中国代表提出的交还山东、取消"二十一条"、关税自主、撤销领事裁判权、归还租借地、撤销外国军警、撤废外国邮局、撤废外国电台等八个特别事项，都遭到了帝国主义的冷遇和阻挠。因而，在 1922 年签订的《九国关于中国事件应适用各原则及政策的条约》（九国公约），虽然在措辞上提及尊重中国主权、独立、领土完整，实则毫不影响各国在过去已经取得的特权与利益，因而，日本在满蒙略多的特权、英国在西藏的地位都未受撼动，《九国公约》几乎是一纸空文。

2. "九一八事变"以后国联对中国的爱莫能助

1931 年 9 月 18 日，日本帝国主义攻击沈阳、占领中国军队营房，并迅速占领长春及全东北。东北军司令张学良和中国的军政首脑蒋介石采取了不抵抗的政策。这一方面是缘于国民政府把大量的注意力投入内部斗争之中，认为没有足够的力量与日本对抗，同时也意图将日本这种"违反国际公法、破坏东亚和平"的行为提交给国际联盟和 1928 年《非战公约》的签字国，已达到公理战胜强权，以忍耐获取国际社会认可的目标。② 所以当时既没有与日军有任何军事冲突，也没有与日本交涉，而是寄希望于国际调查裁判。实际情况表明，不仅国联的调查行动迟缓，缺乏实质约束力，而且日本对国联

---

① 关于戊戌变法的史实还原研究，参见茅海建：《戊戌变法史事考初集》，生活·读书·新知三联书店 2012 年版（原《戊戌变法史事考》，生活·读书·新知三联书店 2005 年版）；茅海建：《戊戌变法史事考二集》，生活·读书·新知三联书店 2011 年版；茅海建：《从甲午到戊戌：康有为〈我史〉鉴注》，生活·读书·新知三联书店 2009 年版。

② 杨天石：《找寻真实的蒋介石：蒋介石日记解读》，山西人民出版社 2008 年版，第 200 页；关于此间张学良坚持不抵抗并获得蒋介石、国民政府的肯定，参见杨天石：《找寻真实的蒋介石：蒋介石日记解读 II》，华文出版社 2010 年版，第 45—58 页。

的相关行动丝毫不予认可。当年 10 月 23 日，由法国外长白里安提出的解决问题决议草案虽然要求日本在 11 月 16 日撤兵，虽然获得 14 票中的 13 个赞成票（日本反对），但这最多仅仅是一种舆论上的安慰而已，没有任何实际效果。① 这种求助于国际体制、依赖国际法获取正义的梦想的落空，当时就被冷静的知识分子所看透，②同时也丧失了抗日的良好机会，损失了中国在国际上和国民心中的形象。这个事件如同巴黎和会一样，中国看到的国际法没有为中国带来什么有益的帮助，国际法仍然处处与中国人作对，处处盘剥和危害中国人。

但是，中国独立自强的努力仍然是积极的。清朝晚期，中国官员就开始利用修约的机会一点点地争取国家的权益。1895 年，李鸿章首先与俄、德、法、英诸国商讨修改税则、补加磅价之事，但因义和团运动，未能成功。③ 此后，清末民初，中国政府与俄国交涉修改《伊犁条约》，借参加"一战"之机，废除德、奥条约，在"一战"之后签订了完全平等的中德新约、中奥详密商约，同时坚持以平等互惠为基础签订新约。而中日针对"二十一条"之商讨，直至最后《中日民四条约》之签订，中国外交的立场和水平趋于成熟。④ 1917—1922 年，在北京政府及地方当局的努力之下，沙俄时代的条约特权被逐步清理，包括停止旧俄使领待遇并收管其使领馆、收回俄租借市政、收回领事裁判权、收回中东路区主权等，特别于 1924—1927 年，中俄形成《密件议定书》，停止实施以往中俄一切旧约，召开会议磋商全面修约，终因苏联一方企图继承原沙俄的既得利益，以及中国国内的政局混乱，未得完成。但这仍然提升了中国的主权与平等意识，并对列强在北京的外交团构成压力。⑤

值得注意的是，1926 年，中国与比利时的旧约废止，比利时要求中国尽快提出临时办法，否则将向常设国际法院请求裁判，后因中国提出的临时办法与比利时的要求差距很大，比利时再度提出请求常设国际法院裁决。中国方面对此进行了讨论，虽然王宠惠和罗文幹反对出庭，但顾维钧仍然认为，如果不出庭，则不能表达苦衷及废约原委经过，不能引起各国同情，国际舆论将认为中国情虚胆怯，于我不利。所以能阻止其不提出诉讼最好，如果提出，只能派员出席。在比利时诉至国际法院之后，中国外交部征询了四位著名国际法学家的意见，各法学家认为，常设国际法院具有管辖权，中国不应逃避；如果进行答辩，根据情势变迁原则，有很大的获胜机会。虽然这次诉讼因为国际形势对比利时不利，导致其展缓、撤销了诉讼请求，⑥但这仍然是中国参与国际诉讼的一笔财富。

（四）中国学界对于国际法的研习和批判

清末民初，中国知识分子的思想变得活跃起来，乱世中的文化变得繁荣。人们在危机中呐喊，又在不利的世界格局中彷徨。面对列强入侵和中国的困境，人们试图了解国际社会到底有没有公理和正义，所以对于国际法进行了解的意愿也变得更加强烈。在这一阶段，中国掀起了一个小范围的国际法热，出现了很多翻译、介绍国际法的书籍。⑦ 具有法学专业基础的李大钊，曾对于外交、条约、国际格局发表过很多文章。⑧ 在这样西学渐起、西法东渐的中国文化中，中国人逐渐采取了对国际法接受的态度。

中国人开始注意到了这样一个事实：虽然国际法在理论和规则上总是在讲国家独立和主权平等，但在现实中，国家之间存在着巨大的经济和政治差异，这种主权平等实际上最多仅仅是形式上的。⑨ 正如何勤华所分析的，民国时期中国了解和接受国际法的历史，既有屈辱的、痛苦的理论和实践相分离的方面，也有中国人民逐步觉醒、持续与帝国主义抗争从而使中国的国际地位不断提高的因素。这一时期的实践，深刻揭示了"自己的权利要靠自

---

　① 杨天石，前书，第 204 页。

　② 例如，鲁迅在很多杂文里都表达了对于求诸国联的希望渺茫。参见《鲁迅全集》，人民文学出版社 2005 年版，第 4 卷第 362、431 页，第 5 卷第 32、355 页，第 6 卷第 121 页。

　③ 唐启华：《被"废除不平等条约"遮蔽的北洋修约史（1912—1928）》，社会科学文献出版社 2010 年版，第 23—26 页。

　④ 王芸生：《六十年来中国与日本》，生活·读书·新知三联书店 2005 年版，第 6 卷，第 312—313 页。

　⑤ 唐启华：《被"废除不平等条约"遮蔽的北洋修约史（1912—1928）》，社会科学文献出版社 2010 年版，第 174—296 页。

　⑥ 唐启华：《被"废除不平等条约"遮蔽的北洋修约史（1912—1928）》，社会科学文献出版社 2010 年版，第 374—384 页。

　⑦ 1839 年至 1911 年间中国国际法书籍与文稿的具体目录，见林学忠：《从万国公法到公法外交：晚清国际法的传入、诠释与应用》，上海古籍出版社 2009 年版，第 113—122 页。

　⑧ 相关论述，见《李大钊全集》，人民出版社 2006 年版，第一卷第 95—106、111—119、120—121、125—135、251、308—309 页；第二卷第 106—108、123—139、302、337—339 页等。

　⑨ ［美］王栋：《中国的不平等条约：国耻与民族历史叙述》，王栋、龚志伟译，复旦大学出版社 2011 年版，第 135 页。

已去争取"、"世界的和平要靠世界人民自己来维护"等现代国际法的精神实质。①

由此，中国人开始注意到了一系列不平等条约的客观存在，注意到了帝国主义侵华的行为、签订的系列条约所呈现的国际法内在缺陷与不足。在这个方面，中国进入了第一个国际法和不平等条约研究繁荣的时期，并出版了一系列著作。

在这个阶段，国际法并没有给中国人带来正面的反馈，国际体制屡次辜负了中国的信赖，让中国人觉得国际法是靠不住的，增加了很多负面的、消极的印象。

三、从废约运动到创制联合国：中国对国际法的积极参与

国际关系的格局、国际法体制与中国的奋斗具有一种协同共进的关系。国际关系体系虽然远没有达到理想状态，但毕竟不断地在反思中成长。而且正如中国古人智慧所发现的"否极泰来"，在社会发展的混乱中，世界格局在淘洗旧的、不适合的方面，逐渐建立起新的、更适合的方面。中国就恰恰在这样一个沧海横流的环境中崛起，一点点地积累自己的信心和力量。

（一）20 世纪 30 年代至 40 年代初期的国际法：旧秩序的危机与新秩序的构想

20 世纪 30 年代以后，特别是第二次世界大战爆发以后，整个国际法运转限于停顿，旧有的秩序无法继续，而新的秩序在战争中酝酿。

在战争中，一些大国衰落，一些大国兴起。而诸多弱小的、曾经是殖民地的国家则乘大国无暇自顾之机，在国际舞台上谋求独立、谋求发展。所以，这个阶段的国际法是一个弃旧图新的过渡时期。对于未来国际秩序的指导思想、总体方略，还没有一个明确的思路，还在张扬人性、维护人权的理想主义和强调大国、实现均势的现实主义之间摇摆。在对新的国际格局进行设计的阶段，国家之间试图对法西斯的政治思维进行批判和反思，建立起以人

民为本的新国际机制——联合国；对国际联盟原有的薄弱的集体安全机制予以强化，预期形成在大国一致原则之下的新的集体安全机制。但是，在这样的国际格局设计中，帝国主义的痕迹仍然存在，英帝国利益的代表者丘吉尔和苏联领导者斯大林之间对于希腊和东欧的势力划分就体现了帝国战略思维的延续。

（二）抗日战争中的中国：在艰难中奋起

此时的中国，一方面承受着巨大的战争之苦，另一方面也在与日本的战争中寻求着民族的团结与进步，中国在战争的困境中找到了民族的凝聚力，无论是国民党军队正面战场的艰苦奋争，还是共产党领导的八路军、新四军在晋察冀、苏南、山东等地的战斗，都有力地打击了敌人，消耗了日本的有生力量，②从而为世界法西斯战争的整体进展作出了巨大的贡献。③ 正是因为中国军队与人民的巨大牺牲与成绩，在第二次世界大战中后期，对世界新秩序的设计和构划中才越来越多地显露出了中国人的身影。这是中国命运的一个转折，一个朝良好的方向进发的转折。④

（三）二战中的中国与国际法：废约与参与设计战后秩序

20 世纪 30 年代至 40 年代中国与国际法的关系，从主流上看是两个方面：一是废约运动取得了令人瞩目的效果。自清末至民初的陆续修约之后，西方大国与中国的条约关系已经趋于平等化，但很多不平等的条件仍然存在，一些对中国利益构成剥夺和损害的要求仍然明显。所以，国民政府利用战争中与西方大国交流较多的机会，开始商讨废除不平等条约。1942 年取得了突出的成绩。⑤ 二是中国成为大国参与建设战后的国际秩序。中国在抗日战场上的艰苦斗争有目共睹，取得了世界各国的同情、支持、理解和赞赏。中国外交也更有特色，所以在战争进程中的《开罗宣言》《波茨坦公告》都有中国领导人的参与；而敦巴顿橡树园拟定《联合国宪章》的过程中，中国的地位更是被充分重视，最终成为联合国

---

① 何勤华：《略论民国时期中国移植国际法的理论与实践》，《法商研究》2001 年第 4 期。

② 关于抗日战争情况的基本阐述和分析，参见张宪文等：《中华民国史》，南京大学出版社 2006 年版，第 1—227、319—378 页；更详细的分析，参见王建朗、曾景忠：《中国近代通史·第九卷》（抗日战争），江苏人民出版社 2007 年版，第 1—113、216—276、365—430 页。

③ ［英］阿诺德·汤因比主编：《国际事务概览·第二次世界大战（第八卷　1942—1946 年的远东）》，复旦大学外语系英语教研组译，上海译文出版社 2007 年版，第 198—228 页。

④ ［美］费正清、费维恺编：《剑桥中华民国史》（下卷），刘敬坤等译，中国社会科学出版社 1994 年版，第 516—528 页。

⑤ 李育民：《中国废约史》，中华书局 2005 年版，第 638—936 页；王建朗、曾景忠：《中国近代通史·第九卷》（抗日战争），江苏人民出版社 2007 年版，第 509—519 页。

的创始会员国和联合国安理会的常任理事国之一。①

当然，在这个主流之下，也不能忽视超级大国对中国利益的侵害。无论是苏联以在远东出兵参战为条件对于中国东北利益的要求，还是在日本投降问题上美国与苏联对于中国的压制，都说明中国虽然已经被视为大国，但与美苏相比，还不是一个真正意义上的"平等国家"，而这种不平等的地位，既是中国自身力量薄弱不可避免的后果，也是国际秩序不平衡的必然表现。

这一阶段中，整个国际法的运行基本陷于停顿，所以中国使用国际法的机会也不太多，只是在《联合国宪章》拟定的过程中，中国对于宪章的条款提出了建议，可以视为中国对国际法立法的贡献。

四、从中国内战到两岸对峙：体制外国家的边缘化心态

第二次世界大战结束后，无论是世界格局还是中国状况，都没有按照原初的理想，走向和平与发展的良好局面，而是处在多重矛盾的困境之中。

（一）冷战对峙中的国际法

从世界的整体看，二战末期即已经出现的苏美两大阵营的对抗，在战后表现得更加明显。冷战的铁幕在欧洲体现为东西欧的对抗，东西柏林的对垒，在亚洲则体现为朝鲜半岛和越南的局部战争。这种状况使得中国在国际社会的生存和发展不可避免地受到影响。

《联合国宪章》所勾画的美好蓝图，非常令人遗憾地在相当长时间之内也没有变成现实。联合国安理会为维护世界和平与安全而存在的采取行动的权力、确立规则的权力，被反复施行的否决权所架空，走向瘫痪。而作为联合国司法机构的国际法院也经常处于寂静之中，特别是其审理的第一个案件——科孚海峡案，因为判决没有得到良好的执行，损伤了这一法院的权威和公信力。所以，战后数十年的冷战格局直接弱化了国际法的影响与效果。

还应当注意，当时的国际法，一方面标榜人道主义、人权、民主，另一方面仍然是殖民思想的延续，被称为"后殖民主义"或者"新殖民主义"，主要体现为经济发展方式和模式上的不平等。在一些国家之间还存在政治上的压迫，苏联的大国沙文主义在其与东欧关系上体现得很明显，勃列日涅夫主张的"社会主义国际法"对国家主权提出了挑战。而美国出于霸权主义考虑，将朝鲜战争、越南战争包装成为自由世界对专制体制的抗争，本质上都是对世界和平与安全的破坏，却没有任何国际法领域的责难。

所以，冷战中两大阵营的对垒绑架了国际体制和国际法，使得国际法在整体框架上成了冷战政治的附庸，独立性和公正性很难体现。

（二）在冷战的尴尬中壮大的中国

二战结束，在中国国内，国共两党形成的抗日民族统一战线迅速破裂，求取和平的尝试失败，并最终演化成大规模的内战。内战过程中也经常体现出国际因素所起的作用。国民党军队先是以正规军的身份受到美国支持，继而又因为军事失利、政治无能、经济崩溃、官员腐败而被美国所抛弃。②共产党方面虽然一直与苏联方面联络，但苏联对中国格局实际上持观望的态度，对共产党军队能否取得胜利并无信心，更多兴趣在东欧和西亚。所以直到人民解放军渡江之前，苏联还曾建议国共和谈，同时大力追求在中国东北和西北的利益。③苏联和美国都不愿意在中国直接参与战事，但值得深思的是，当共产党的军队攻占当时国民政府首都南京，国民党的军队、政府机关南迁之际，随之南下的包括苏联的使馆，留下来的却是美国的使馆。从这个细节看，当时外交策略的向北选择，颇多变数。但是，云诡波谲的国际关系不容任何一方周密思考，冷战的总体态势也不容中国有太多选择。④随着中国明确了一边倒的外交决策，与苏联的关系日近，而与美国的距离渐远。⑤此后一系列事件的出现，使大陆与苏联结盟，通过吸纳大批苏联专家加速中国的现代化进程，⑥台湾地区则与美国联合在一起，在军事、经济上依赖美国和西方，就变得自然而然、

---

① 参见石源华、金光耀、石建国：《中华民国史·第十卷（1941—1945）》，中华书局 2011 年版，第 479—503 页；王建朗、曾景忠：《中国近代通史·第九卷 抗日战争》，江苏人民出版社 2007 年版，第 519—537 页。

② 一个明显的例子是，宋美龄在抗日战争期间和中国内战期间两次访美，受到的待遇极为不同。前一次受到普遍的欢迎，美国予以中国大量援助；而后一次则遭遇冷淡，也没有得到预期的军事援助。

③ 具体史实，参见沈志华：《无奈的选择：冷战与中苏同盟的命运（1945—1959）》，社会科学文献出版社 2013 年版，第 87—97 页。

④ 参见杨奎松：《中华人民共和国建国史研究 2》，江西人民出版社 2009 年版，第 48—77 页。

⑤ 参见陶文钊主编：《中美关系史·中卷（1949—1972）》，上海人民出版社 2004 年版，第 1—269 页。

⑥ 关于苏联派遣和召回专家的宏观背景与具体情况，参见沈志华：《苏联专家在中国（1948—1960）》，新华出版社 2009 年版。

顺理成章了。① 在这种两个阵营相互对垒的状态下，让中国去参与国际法律活动、支持国际法的发展、接受其运作，本来就不太容易。值得一提的是，此后的中国，虽然处于共产主义阵营，但并不喜欢苏联，②所以疏离于任何一个体制，成为体系外国家。但是，由于人民的觉醒、人民的艰苦奋斗，中国自身的力量依旧在发展壮大，中国作为一个新兴起的力量所代表的身份依然被很多国家所重视。

（三）冷战时期中国社会的法律环境

中国国内的境况使国际法与中国接近的可能更加渺茫。中华人民共和国政府建立以后，在法律领域采取了"推倒重来"的方式，将国民政府的"六法全书"尽数抛弃，拟按照新的社会制度形成新的法律体系。但实际上"弃旧"容易，"立新"却很难。中国的法律规范长期匮乏，法律观念也就难以树立起来。在对国际条约的态度上，中国表达了对以往的条约进行审查，并按照具体情况进行延续、重修、废弃的方式。但实际上这种系统的、大规模审查很难进行。因为很多条约根本不在北京，而是被运到了台湾。所以中央政府仅针对极少的条约表达了明确的态度。这就使得中国对很多国际法规则的态度模棱两可。让这种情况雪上加霜的还有两个情况：第一，中国国际人格的分裂，在很多国际场合代表中国的一方并不能够有效地控制中国，而有效控制中国的一方却经常（被）缺席于一些重要的国际法律场合。这就使中国的国际法立场无法妥善地表达、国际法律利益无法得到很好地维护。如果我们考虑旧金山和约、钓鱼岛问题，就能非常清晰地感受到这一情况所带来的不利后果。③ 第二，中国大陆出现的"三反五反"、"反右倾"、"文化大革命"运动，对于中国的法律人才（当然包括本来就人数不多的国际法人才）以及其他人文社会科学和自然科学领域的专家都是一场灾难。绝大多数人失去了研究的条件和机会，有些专家甚至失去了生命。此时中国的国际法研究，除了周鲠生教授的《国际法》④和一些时代性特别强的、批判性、论战性国际法文章之外，没有什么值得一提的。台湾地区以中国的名义参加了一系列的国际法实践，但由于其地位的尴尬，相关的国际法研究也并不突出。当时的主流中国文化是革命文化，怀疑、推翻、砸烂是中国观念的主流，由于人们更喜爱革命思想、斗争观念，所以无法形成对于法律、对于国际法的认知和喜爱。

（四）冷战时期中国与国际法双向边缘化的关系

如果再考虑中国被隔绝于国际法的主要场域之外，无缘得到绝大多数的国际法资料，无缘知悉国际法的发展进程。再加上与苏联闹僵，对苏联的国际法主张、实践也变得疏离，所以中国在 20 多年的时间里，确实成了名副其实的法外国家。⑤ 在这个期间，中国基本处于国际体制之外，作为国际法的观察者和批评者，而非参加者、践行者。但是，其中很大一部分应归因于核武器尝试取得成功，中国在国际社会中的地位并没有被降低和削弱，依然作为东方大国屹立于世界民族之林，而且被认为是一支不可忽视的力量。

这个期间，中国到联合国参与了关于台湾问题的辩论，伍修权表达了中国的主张，但主要是一种政治话语，而不是法律分析。中国被迫参与到朝鲜战争之中，与打着"联合国军"的英美军队进行了斗争。⑥ 此后，中国又支持了越南人民的战争，反对美国；与美国在日内瓦进行了会谈。1971 年，台湾当局在联合国的席位被中华人民共和国政府的代表所替换，继而，中美、中日的关系开始解冻。⑦ 1974 年，邓小平赴联合国参加建立国际经济新秩序的讨论，中国走向了成为世界性大国的历史进程，与国际法的关系也日趋贴近。⑧

---

① 在 1949 至 1958 年间，中国与苏联初步形成了"同志加兄弟"的关系。参见沈志华主编：《中苏关系史纲（1917—1991）》，社会科学文献出版社 2011 年修订版，第 111—189 页；沈志华、李滨主编：《脆弱的联盟：冷战与中苏关系》，社会科学文献出版社 2010 年版，第 206—244 页。

② 参见沈志华主编：《中苏关系史纲（1917—1991）》，社会科学文献出版社 2011 年修订版，第 334—447 页；沈志华：《无奈的选择：冷战与中苏同盟的命运（1945—1959）》，社会科学文献出版社 2013 年版，第 626—750 页。

③ 参见张历历：《新中国和日本关系史》（1949—2010），上海人民出版社 2011 年版，第 151—153 页。

④ 评论见张文彬：《国际法：西方传统与中国特色——重读周鲠生〈国际法〉随想》，《比较法研究》1993 年第 2 期。

⑤ 参见徐崇利：《"体系外国家"心态与中国国际法理论的贫困》，《政法论坛》2006 年第 5 期。

⑥ 参见杨奎松：《中华人民共和国建国史研究 2》，江西人民出版社 2009 年版，第 94—143 页；沈志华：《毛泽东、斯大林与朝鲜战争》，广东人民出版社 2013 年修订第 3 版，第 183—330 页。

⑦ 郑谦、张化：《中华人民共和国史》（1966—1976），人民出版社 2010 年版，第 368—373 页；刘建平：《战后中日关系："不正常"历史的过程与结构》，社会科学文献出版社 2010 年版，第 142—247 页。

⑧ 谢益显主编：《中国当代外交史》（1949—2009），中国青年出版社 2009 年第三版，第 1—287 页。

五、改革开放与和谐世界：中国重归国际体制并逐渐强大

正如辩证法反复强调的螺旋式上升，中国与国际法的关系也面临着这样的反复。在希望的曙光闪亮之时，灾难就来临了；在诸多挫折和痛苦存在之际，转机又来到了。

（一）从合作发展到全球治理：国际宏观主题的变化

20 世纪 70 年代后半叶的国际法，虽然在国际关系中冷战的状况仍然存在，但世界局面显得更加理性化，国家之间的冲突越来越局限。尽管一些不理性的冲突甚至战争仍然存在，但大规模的战争已经很难出现。苏联解体所导致的冷战局面整体结束显然是这一进程最显眼的一个部分。经济行为的促动，使得越来越多的国家进入了全球化的图景之中；而能源稀缺、环境污染问题让人们意识到了现代社会的风险与不确定性，为了人类全球之家的共同未来，国家之间为了可持续发展的合作日显重要，全球治理的呼声渐趋高涨。随着当时的国际关系从冷战时期逐渐脱开，国际法在全球化的口号下确立了环境、人权、安全等规范。虽然大国政治时常显现，恐怖主义也屡屡露头，然而国际法的重要性、人本主义价值的正当性、和平发展合作的必要性，使得国际社会的法治化成了世界各国的共同期待。

但是，现代的国际法距离一个成熟的法制体系距离尚远，从武力使用到经济交往，从海域划界到环境保护，无不存在着诸多漏洞和问题，[①]特别在非政府组织的国际法地位和作用、国际人权法与主权的关系、国际法对于国家民主形式的要求、国际政治中法律的地位等问题尚需进一步深入实践并进行理论澄清。[②]

（二）改革开放后中国的经济与文化发展

自从进入改革开放，中国就将在土地、人民、社会结构和资源中蕴藏的能量释放出来，并学习、利用先进的技术、先进的管理方法，在经济上得到了迅速而广泛的发展，从深圳、珠海、东莞、佛山开始，到上海、杭州、昆山，一直向北，迅速推进，为中国人带来了希望，为中国这个古老而坚韧的民族注入了活力。由于军队管理体制的理顺，战斗力提高、武器研发的进步也很快。与此同时，中国的政治体制改革逐渐推进，邓小平提议成立中央顾问委员会，废除了领导干部终身制，中国共产党和政府领导干部的任期制度逐渐形成，为领导干部的年轻化形成了开端。法律规范日益完善，从倡导民主与法制到提出尊重人权、建设社会主义法治国家，中国的进步日新月异。在这种背景下，文化也日渐繁荣。无论是科学技术还是文学艺术，无论是学术研究还是群众活动，都走上了健康发展之路。2012 年中国作家莫言获得诺贝尔文学奖无疑为中国文化自信注入了新的因素。虽然在文化繁荣和发展的路上还存在着精品不足、思想境界不高、格局单调、自由品质欠缺、独立精神不完善等问题，在科学技术方面还存在着创造力较弱、发明创造的实践转化率较低、风气浮躁、真正对社会有益的成果较少等诸多问题，中国人的文化进步仍是一个不容否定、有目共睹的事实。

（三）中国国际法研究的复兴与法律意识的欠缺

20 世纪 70 年代初中国在外交方面的一系列进展并没有导致中国国际法观念和能力的跟进。从社会发展的整体规律看，似乎存在这样一种现象：知识、学术、文化的发展往往滞后于政治与经济的发展；但知识、学术、文化一旦发展起来，就会对于政治与经济有更长久的支撑作用，延缓政治、经济的下滑进程，甚至在政治经济已经衰落之时，仍然对其他地区有引领的作用。这是国际关系中国家软实力值得关注的特征。中国国际法领域的全面发展，要等到改革开放的进程开始之时，等到中国自然科学和人文社会科学重新走入国家整体方略的核心地带之时，等到知识分子、科学技术的作用被充分肯定之时。趁着科学的春天到来的良好社会风气初步形成，在国家领导人的倡导和首肯之下，中国国际法学会成立，第一部统编的国际法教材出版，《中国国际法年刊》问世，一些昔日的国际法学者重新活跃在了教学和研究的第一线，一批青年学子接受国际法教育，并成为以后数十年中国国际法教学、研究和实践的中流砥柱。虽然改革开放后的中国国际法教育起点很低，长期需要在理论上仰赖西方的引领，在实践资料上严重匮乏和滞后，但是在几代国际法学人和教育者的不懈努力之下，中国国际法教育和研究的整体水平还是有了质的提升。

---

① 例如，黄志雄认为，缺少对发展中国家统一的定义和识别标准，将损害国际法特别是国际发展法的公正性。黄志雄：《从国际法实践看发展中国家的定义及其识别标准——由中国"入世"谈判引发的思考》，《法学评论》2000 年第 2 期。

② Shirley V. Scott, International Law in World Politics: An Introduction, Lynne Rienner Publishers, 2004, pp. 297 - 302.

当然，这种进步和成绩只是在历史发展的纵向比较上值得称道，中国国际法学界的整体能力仍然与西方发达国家相去甚远，与巴西、印度这些国际法较强的发展中国家也有距离，在某些方面，还比不上日本、韩国和新加坡的学者。① 这种能力的不足主要体现在对于相关领域的国际法规范梳理不够，理解不深；能够参与国际法律、特别是司法实践的专家太少，以及在理论上与西方大国学者对话的能力较弱。这种问题的存在显然会影响中国整体的国际法实力，也就会牵制中国在国际法方面体现出积极的态度。②

中国自身文化中存在着较为顽固的对于规范的轻视，现代虽然形成了较好的规范体系，但是最有效的解决问题方式仍然不是司法或者准司法，而是通过领导解决。所以上访的问题才始终是中国法律环境中的核心问题之一。这个问题与人才准备不足、教育方式不足、理论与实践结合不足的问题结合到一起，使得中国未能形成真正的法律信赖和法治环境。

（四）中国对国际法治的支持与距离

20 世纪 70 年代以后，中国加速了融入国际体系的进程，参与国际事务日渐增多。其中不仅包括密切参加《联合国海洋法公约》（UNCLOS）等多边国际法条约的谈判，也包括迅速签署了一批多边条约，而且和很多国家谈判、签署了经济贸易、司法和作等双边条约。在融入国际体制的诸项努力之中，最令中国人印象深刻的是加入 WTO，在 WTO 中遵循国际法规范，并积极参与争端解决。在经济和邻国关系领域，积极参加与东盟、G8、G20 的关系。③ 更值得关注的是，中国在收回香港、澳门的谈判中，尝试了领土收复的新办法，推进着国际法的发展，丰富着国际法的内容。中国还制定了《领海及毗连区法》、《缔结条约程序法》、《专属经济区和大陆架法》等一系列国际法领域的规范。④ 在 21 世纪初，提出了和平崛起、和平发展、和谐世界的主张，绘制了中国版本的国际秩序新图景。⑤

当然，仍然值得注意的是，中国不仅感受到了国际法治自身发展的诸多障碍，例如在武力使用、反恐活动和对外干涉中所存在着大国政治的痕迹，2001 年启动的 WTO 多哈回合谈判久拖不决、陷入僵局；而且经常能感受到一些大国所存在的遏制中国的态势。例如，2013 年，美国与欧盟以多年的商讨为基础，开始就名为《跨大西洋贸易与投资伙伴关系协定》（Transatlantic Trade and Investment Partnership）的自由贸易协定开展谈判，这一协定拟建立一个占世界 GDP40％的经济区，成为 1994 年 WTO 成立以来最大的贸易协定。与此同时，美国与新加坡、澳大利亚、越南和日本等亚太地区几个最活跃的经济体进行《跨太平洋战略经济伙伴关系协定》（Trans-Pacific Partnership，TPP）的磋商，提升美国与这些经济体的贸易关联程度。美国和诸多经济体磋商和形成自由贸易协定，不仅存在排除多边贸易协定的问题，而且其排除中国的立场也显然对国际贸易体制的公正性产生冲击。

在这种情况下，中国虽有认同国际体制的趋势，但真正发展起对于国际法律机制的信赖为时尚远。当代的国际法仍然主要是西方文化的一种表现，存在着一些文化倾向性和制度公正性的问题。如果说中国对于西方文化的心态是既欣赏又防范、既喜爱又抵触的话，那么对于国际法也很难完全投入和放心。

六、结语

中国对国际法的不信任不是一朝一夕形成的，

① 余敏友和刘衡指出，总体上，中国国际法与世界国际法的差距仍未缩小，不仅与中国和平发展对国际法的需要不相适应，而且对实践和谐世界的构想构成重大挑战。扎扎实实地推进国内法治与国际法治的进程，为和谐社会与和谐世界创造一个良好的法律环境；在中国法与国际法互动过程中推动国际法的中国化，使世界国际法真正体现世界各大文明精华并成为维护全球社会长治久安、公平正义、和谐发展的法律资源，是 21 世纪我国国际法领域有关各方和工作者应当承担的历史重任。余敏友、刘衡：《论国际法在中国的发展走向》，《武汉大学学报（哲学社会科学版）》2010 年第 5 期。

② 参见余敏友、刘衡：《论国际法在中国的发展走向》，《武汉大学学报（哲学社会科学版）》2010 年第 5 期；杨泽伟：《改革开放 30 年来中国国际法学研究的回顾与前瞻》，《外交评论》2008 年第 3 期；莫世健：《论国际法的国际化——中国法治建设三十年回顾》，http://www.china-review.com/sbao.asp?id=4423&aid=25311；何志鹏：《中国国际法学 30 年：成就与经验》，《当代法学》2009 年第 1 期。针对国际法理论研究所存在的问题，笔者在以前的论文中提出，应在学术制度、学术氛围、学术队伍和学术基础等多个方面进行提升，通过方法自觉、瞄准实践、深入挖掘等方式来推进国际法的发展，使之与中国在国际社会的地位、中国成为世界强国的趋势相符合。何志鹏：《中国国际法研究反思》，《政法论坛》2010 年第 4 期。

③ 秦亚青等：《国际体系与中国外交》，世界知识出版社 2009 年版，第 74—92 页；秦亚青主编：《大国关系与中国外交》，世界知识出版社 2011 年版，第 74—81、133—142 页。

④ 关于中国的国际法实践，参见段洁龙主编：《中国国际法实践与案例》，法律出版社 2011 年版；侯放等：《新中国国际法 60 年》，上海社会科学院出版社 2009 年版。

⑤ 谢益显主编：《中国当代外交史　1949—2009》，中国青年出版社 2009 年第三版，第 288—558 页。

也不能仅仅归因于其主观方面的意愿或者客观的条件。国际关系的建构主义学派强调这样一种观点：作为国际关系行为体的国家与作为国家生存的社会环境的国际结构有着一种互构的关系。也就是说，国际结构塑造了国家，国家的态度、行为也塑造了国际制度。如果从国际法与国家的关系分析，国际法塑造了国家，国家也塑造着国际法律制度。从中国的历史发展经验而言，可以验证这一理论是具有一定的解释力的：近代以来的中国观念，特别是法律观念、国际法观念确乎被国际结构、国际规范所塑造；中国的努力也确实在一定程度上塑造着国际法。但是，需要说明的是，这种双向互动是不对称的。在国际关系中，法律所主张的主权平等仅仅是形式上的，国家之间的力量对比决定着国际关系的基调。在 1840 年之后，中国软弱落后之时，国际制度影响中国较多，而中国主要是国际制度的接受者，很少有机会、有能力塑造规则。只有中国在国际力量对比中一点点提升，在国际事务上的话语权才会增强，才有可能去塑造规则。当然，国家的力量不仅仅是军事、经济的，也包括政治和文化的。由是推之，如果说，在社会发展的整体规律上，我们可以认定经济基础决定上层建筑的话，那么，在国家的立场上，我们也可以说，文化基础决定政治话语。一个国家所具有的知识背景越深厚，文化研究越深入，战略考量越全面，这个国家所表达的观点就越有力量，其论点的鲜明性、采取的策略就越容易被接受。当代的中国国际法观念是国际法在中国相关问题上所起到的作用与中国观察、参与国际法的进程中的经验的历史叠加的结果。由于在相当长的历史时期之内，国际法没有赋予中国应有的权利和适当的保护，也由于国际法在相当长的时期内未能健康发展，对于后发国家存在着盘剥、压制和歧视，中国无法对国际法表达出信赖和亲切，而中国自身所处的地理位置、历史经验，中国自身对于法律规范的态度、对于国际关系格局的认识也就同样塑成了中国的国际法观念。

必须看到，由于历史的积累，无论是现代的国际法体制，还是中国的法律观念，都还存在着诸多不足。这种双向互动就导致了中国对于国际法的不信任、无法充分利用、不能有效塑造。当前中国在国际规则创制过程中发挥的作用和影响力还比较微弱，多数情况下还只是规则制定的旁观者和既有规则的接受者，这同中国的经济地位和综合实力无疑是极不相称的。这种情形的出现，除却有中国的地位在起作用，中国的文化观念也有着重要的地位，还有必要进一步的引导改变。因此，中国还有很多努力需要付出。[①] 在国内法上，应当更加明确国际法的地位，[②]中国国际法研究者既要善于学习，更要善于创造，要以开拓的精神和创新的勇气，将国际法普遍理论同中国具体实际相结合，总结"中国经验"，提炼"中国道路"，积极参与制定国际规则，推动新时代国际政治经济新秩序的建立。[③]

（编辑　陈敬根）

---

① 变革的时代给中国提供了在国际法领域充分发挥作用的新契机，也对中国国际法学界和中国国际法学者提出了如何应对时代挑战的新课题。邵沙平、黄颖：《新多边主义时代中国国际法的使命》，《暨南学报（哲学社会科学版）》2011 年第 1 期。

② 有学者对 20 世纪初中国提出的中国特色社会主义法律体系没有国际法的部分提出了质疑，徐崇利：《中国特色社会主义法律体系与法学体系的构建：对国际法虚位以待？》，《法制与社会发展》2009 年第 6 期；有学者指出，我国宪法应该明确规定国际法与我国国内法的关系，首先明确我国对国际法的原则立场，其次明确国际法在我国的适用方式。董国路：《国际法在中国的适用》，《武汉大学学报（社会科学版）》2002 年第 3 期。

③ 徐崇利提出，中国应积极参与 WTO 的"造法"活动，力争在其间发挥倡导者和组织者的作用；对于 WTO 中国际"分配正义"的诉求，中国应注意缓解"应然"目标与"实然"状态间的张力；中国应利用自己独特的身份，重视在 WTO 中充当南北国家之间"桥梁"的角色。徐崇利：《中国的国家定位与应对 WTO 的基本战略——国际关系理论与国际法学科交叉之分析》，《现代法学》2006 年第 6 期。

第 1 卷 第 1 辑
2013 年 8 月

上 大 法 律 评 论
SHANGHAI UNIVERSITY LAW REVIEW

Vol. 1 No. 1
Aug. 2013

杨诚. 加拿大是否中国罪犯携款外逃的避难天堂？［M］//李清伟. 上大法律评论（第 1 辑）. 上海：上海三联书店，2013：34 - 43.

加拿大是否中国罪犯携款外逃的避难天堂？

杨 诚

（澳门圣若瑟大学，澳门 999078）

摘要：通过赖昌星案与许超凡案分析目前处理中国涉案逃犯案件的两种西方模式，解析加拿大赖昌星案诉讼的重要经验教训，并通过美国法院处理许超凡案提出可供加拿大和其他国家借鉴之处。介绍加拿大有关外国罪犯和赃款的现行立法体系以及执法动态，解析至今没有加拿大向中国返还赃款的公开纪录的原因，并结合加拿大议会正在审议的第 C‑43 号法案，指出加拿大有必要考虑修改这部条例，以贯彻《联合国反腐败公约》规定的赃款返还原则。

关键词：赖昌星案；许超凡案；《联合国反腐败公约》

Is Canada a safe heaven for Chinese fugitives with stolen asset?

Vincent Cheng Yang

(University of Saint Joseph，Macau 999078，China)

Abstract：According to the case of Lai chang-xing and the case of Xu chao-fan，this thesis has analyzed two kinds of the western model of cases that Chinese criminals escape foreign countries currently，Learned the Important Lesson from the case of Lai chang-xing, and obtained the reference which is beneficial to Canada and other countries from the case of Xu chao-fan. It also introduces the current legislation system and the law enforcement dynamics of foreign criminals and filthy lucre in Canada，and interpreted why there are still no public records on filthy lucre return from Canada. This thesis points out that it is necessary to consider modifying the regulations for implementing the principle of filthy lucre return that regulated in *United Nations anti-corruption convention*，combining with the convention the Canada's parliament deliberated.

Key words：the case of Lai chang-xing；the case of Xu chaofan；*United Nations anti-corruption convention*

近两年来，以赖昌星和高山分别被加拿大遣返回国为标志，中国和加拿大在追捕中国涉贪逃犯（即"追逃"）方面开展的合作取得了突破性的进展。根据加拿大边境安全局的统计，在 2011 年和 2012 年这两年中，加拿大共驱逐了 958 名中国籍入境人士，其中主要是涉嫌贩毒和诈骗犯罪的逃犯。现在，中加两国正在就如何返还中国逃犯非法转移到加拿大的赃款开展谈判。① 1970 年，中加发表建立外交关系的联合公报，曾经为中美两国在 9 年后达成的建交公报提供示范。如果中加达成赃款分享协议，将是中国同外国达成的第一个此类协议，这对其他西方国家同中国开展类似合作的示范意义不可低估。中加两国在追逃和追赃领域的全面合作时期正在到来。一旦两国达成赃款返还协议并将其付诸实施，加拿大将彻底改变长期以来被视为中国逃犯避难天堂的错误形象。

毋庸讳言，就开展刑事司法领域中的合作而言，中国与加拿大等西方国家在过去十多年来遇到

收稿日期：2013 - 05 - 09

作者简介：杨诚，男，加拿大籍，澳门圣若瑟大学国际法讲座教授，曾在赖昌星、高山等多起中国知名逃犯案件中担任加拿大移民部专家证人，并兼任北京师范大学刑事法律科学研究院博士生导师，E-mail：vcyang@usj. edu. mo。作者于 2012 年 6 月在《人民检察》"国际反贪局联合会第四届研讨会专辑"发表了《在西方国家的中国涉贪逃犯及赃款问题》一文，又于 2012 年 10 月在国际反贪局联合会年会上发表《加拿大不是避难天堂吗？》一文。本文系在这两篇文章的基础上修改而成。

① http://www. vancouversun. com/news/Deal＋would＋blunt＋China＋view＋Canada＋haven＋criminals/8336077/story. html.

的最大难题是涉嫌犯有重大腐败罪行的来自中国的逃犯及其赃款的问题。《联合国反腐败公约》为各国处理外国逃犯及赃款问题奠定了国际法的基础,并规定了一系列合理可行的原则和方法。2005年12月14日公约生效后,许多深受腐败犯罪之害的国家中的民众殷切盼各个成员国都能有效实施这部公约。在中国,法律界和民众希望法制比较健全的西方民主国家能够带头有效实施这部公约关于国际合作的规定,改变长期以来西方成为中国涉贪逃犯群体庇护所的印象。但是,从加拿大对厦门远华案逃犯赖昌星一案和美国对开平中银许超凡等逃犯一案的处理过程和结果看,我们所见到的实际情况与公约的规定相比要复杂的多。

本文共分八节。第一节讨论具有标志性意义的加拿大赖昌星案,并将赖案与美国许超凡案加以比较,提出这两起案件已经成为处理中国涉案逃犯案件的两种西方模式,对今后西方各国处理其它中国逃犯案件具有示范性意义。第二节至第四节解析加拿大赖昌星案诉讼的重要经验教训。第五节分析美国华盛顿特区法院处理许超凡等五人案可供加拿大和其他国家借鉴之处。第六节介绍加拿大有关外国罪犯和赃款的现行立法体系以及执法动态。第七节分析加拿大议会正在审议中的题为《快速驱逐外国罪犯法案》的第 C - 43 号法案。第八节根据《没收资产分享条例》解析为什么至今没有加拿大向中国返还赃款的公开纪录,指出加拿大有必要考虑修改这部条例,以贯彻《联合国反腐败公约》规定的赃款返还原则。

一、标志性突破与遗留的问题

在过去几年中,在西方国家,有几起围绕中国知名涉贪逃犯的旷日持久的诉讼终于告一段落。其中,中国厦门远华走私、逃税、贿赂案首犯赖昌星为了在加拿大避难并阻扰加拿大移民部执行对他发出的遣返令,而在加拿大缠讼达 12 年之久。2011年 7 月 21 日,加拿大联邦法院肖尔(Justice Shore)法官作出判决,否决了赖昌星要求暂缓执行移民部遣返令的请求。这一判决立即引起国际媒体的高度关注。[①] 两天后,移民部于 23 日果断执行遣返令,将赖昌星遣送到北京交给中国警方。这标志着

中加两国经过长期努力,终于在合作处理逃犯问题取得了重大的实际突破,为中加两国在追逃领域开展进一步合作打开了大门。但是,在合作追赃问题上,赖案的处理并没有给出明确的答案。加拿大政府只是一度冻结了赖昌星在加拿大银行账户里的一百多万加元,而法院对赖案的历次判决也都集中于人的遣返问题,没有涉及洗钱和赃款的返还问题。

2012 年 5 月 18 日,中国厦门市中级人民法院经公开审判作出判决,认定赖昌星犯走私普通货物罪和行贿罪,两罪并罚,决定执行无期徒刑,剥夺政治权利终身,并处没收个人全部财产。加拿大政府派出官员旁听了审判,未对审判过程提出任何异议。法院并判决对“赖昌星的违法犯罪所得依法予以追缴”。[②] 这个判决留下两个问题:一是远华案仅走私和偷逃税款犯罪的涉案金额就高达 830 亿元人民币,[③]赖昌星在加拿大长期诉讼需要巨额资金的支持,是否有洗钱犯罪活动? 二是赖昌星在加拿大和其他国家究竟还有多少赃款和资产,能否返还,如何处理。《中国新闻周刊》引述中国政府官员称:“有关部门正在进一步了解赖昌星在国外的资产状况,并拟与加拿大签订关于返还和分享没收财产的协定。”[④]可见,赖昌星案境外赃款的返还仍是一个有待解决的问题。

与加拿大对赖昌星的处理不同的,是美国对中银开平分行许超凡等巨贪的判决。2008 年 8 月 29日,拉斯维加斯的美国联邦法院判决原中国银行广东开平分行重大贪污案主犯许超凡、许国俊夫妇等五人犯下有组织犯罪等项罪行。本案从 2001 年中方根据《中美刑事司法协助协定》就缉拿本案逃犯向美方提出请求起,经过 2004 年 9 月 21 日美国司法当局对这五人提起公诉后的诉讼过程,直到 2009年 5 月 6 日美国联邦法院对他们判处重刑,历时 8年方告结案。这起案件的三名主要逃犯中,除余振东自愿回国受到审判外,许超凡、许国俊二人夫妇被美国法院判处重刑,所有在美加两国扣押及冻结的涉案资产均被美国法院宣告没收。从惩罚犯罪、伸张正义而言,美国法院的判决已经基本达到了目的。但是,在本案中,从媒体报道的情况看,美方似乎只是在 2003 月向中方返还了余振东被美方扣押

①　http://www. reuters. com/article/2011/07/22/us-lai-idUSTRE76K3UY20110722.
②　http://company. cnstock. com/listed/people/201205/2044672. htm? page=2.
③　http://www. china. com. cn/ch-fanfu/anjian/anjian4-19. htm.
④　http://dailynews. sina. com/bg/chn/chnpolitics/phoenixtv/20120525/01083418882. html.

的 355 万美元资产,不足因本案在美加两国扣押、冻结、没收的总数高达 4.85 亿美元的资产的一个零头。① 本案留下的疑问是,第一,二许在美国服刑期满之后,美方会不会将他们遣返回国;第二,美方是否计划将本案没收的巨额资产返还中国。

应当指出,加拿大和美国对这两起指标性大案的处理都具有示范性的意义,表现了两国的司法当局对涉及腐败的中国逃犯采取的严肃立场。这一点值得西欧诸国和其他国家学习。比如,温州巨贪杨秀珠于 2003 年外逃,2005 年 5 月在荷兰被捕。当时,有媒体报道中国提出了引渡的请求。② 然而,7 年过去了。从媒体报道看,荷兰方面迄今为止既没有遣返或引渡此人回国,也没有启动司法程序审判杨秀珍及其共犯。与美加相比,荷兰对中国逃犯的处理似乎很不负责任。这是同《联合国反腐败公约》的基本要求相背离的。

二、赖昌星案成为难民案的法律后果

赖昌星是中国通过国际刑警组织通缉的逃犯,他的案件原本应该是一起刑事性质的逃犯案件,但实际上,赖案在加拿大一直只是一起难民案件,而不是刑事案件。中方没有提出引渡的请求,也没有按《中加刑事司法协助协定》正式提出刑事司法协助的请求。这一点令本案性质发生改变,使加拿大移民法和国际难民公约成为加拿大处理本案的主要法律依据。不仅中加早在 1994 年签署的刑事司法协助协定没有成为处理本案的依据,国际反洗钱规范和有关打击跨国有组织犯罪及反腐败的联合国公约也都没有发挥作用。在法律上讲,充分运用有关打击犯罪的双边条约和国际公约,必然有助于加快追逃的步骤,并有助于在追逃的同时解决追赃的问题。中方在加拿大处理赖案过程中没有启动刑事司法协助程序和以个案合作的方式请求引渡,值得反思。

据加拿大外交官回忆,赖昌星于 1999 年逃到加拿大之后,中国政府就向加拿大驻华使馆提出要求,立即将他遣送回国。③ 应该说,这表明当时低估了加拿大办理本案的诉讼过程的复杂性。从赖案 12 年的诉讼过程看,加拿大识别难民和遣返罪犯的

程序是一个旷日持久、十分复杂的过程。这类案件的诉讼期限和结果往往难以预料。

加拿大难民案件的复杂性在赖昌星一案中有充分的表现。仅以本案的一审环节为例,已足以说明问题。加拿大移民及难民裁判庭（IRB）对赖昌星要求避难一案的庭审,从 2001 年 7 月 3 日至 11 月 6 日陆续进行了 35 天,而且多数是全天审理。难民裁判庭在 2011 年 11 月 6 日休庭后,又经过半年的研究,方才于 2002 年 5 月 6 日做出对赖昌星、曾明娜夫妇及其三名子女共五人要求在加拿大政治避难一案的裁决。两名资深裁判官 Kurt Neuenfeldt 和 I. W. Clague 写出的判决竟长达 299 页,是加拿大有史以来篇幅最长的难民案判决。在判决中,这两位裁判官详细描述和分析了本案的全部证据和主张,引经据典,根据加拿大的法律以及《国际难民公约》的规定,决定采纳移民部长的诉求,判决赖昌星败诉。④ 这个裁决对加拿大政府最终解决本案并遣返赖昌星提供了决定性的法律基础。但是,不可忽视,为打下这一基础,加拿大付出了大量的人力、财力和时间。

将赖案变成难民案件处理的最严重的扭曲性后果,是使加拿大对一个逃犯的审判演变成了对中国体制的审判。一个不可回避的事实是,由于中国和西方在政治体制和司法制度上的重大差别,西方国家的法庭审理中国知名逃犯申请避难的难民案件,往往会演变成对中国体制的审判。分析 2002 年难民裁判庭对赖案的判决和后来历次联邦法院的判决内容,可以发现加拿大对赖昌星案的 12 年诉讼主要是围绕对中国体制展开的争论。这种处理模式的后果,是在一定程度上扭曲了案件的性质,将媒体和公众对逃犯的注意力误导到对中国体制的争论上来,实际上掩盖甚至忽略了原本应该是案件基本事实的赖昌星犯罪和赃款问题。这是加拿大处理赖案的主要教训之一。

三、赖昌星难民案的三个争议焦点

由于赖案属于难民案件,诉讼双方在难民裁判庭的争议焦点主要是三个法律问题:(1)提出避难

---

① http://news.xinhuanet.com/newscenter/2004-05/10/content_1461465.htm.

② http://news.163.com/08/1027/23/4PA2TANV0001311U.html.

③ 周宇:"中加博弈 12 年,赖昌星免死内幕",《凤凰周刊》2011 年 8 月号,第 20～27 页。

④ 难民裁判庭 2002 年 5 月 6 日对赖昌星诉移民部长一案做出的判决全文被联合国难民事务高专办在下列网址转发。The full text of the decision of Immigration and Refugee Board on the case of Lai Cheong Sing et al. v. Minister of Citizenship and Immigration, dated May 6, 2002 is available at this UNHCR website: http://www.unhcr.org/refworld/pdfid/468e46e82.pdf.

请求的主要申请人赖昌星是否可信。(2)申请人是否属于《联合国难民公约》规定的难民。(3)申请人是否应当被排除在难民公约规定的难民之外。

对第一个问题,赖昌星律师予以肯定,理由是赖方提出了大量所谓"事实",而且,即使这两个人不一定可靠,也有大量其他"证据"可用。① 第二个问题是赖方律师争辩的主要方面,目的是企图将对赖昌星的审判变成对中国体制的审判。赖方律师认为,赖昌星夫妇是由于他们的政治观点和属于特定的社会群体而在中国遭到政治迫害,因而属于《联合国难民公约》规定的难民。对第三个问题,赖方律师主要是以推理式的争辩予以否定,理由是既然赖昌星夫妇应当具有难民公约规定的难民身份,就不应该因为他们涉嫌犯罪而被排除出难民范畴。赖方律师的基本诉讼策略,是力图证明中国的体制构成对赖昌星的"迫害"(persecution),由此主张赖昌星夫妇要求避难符合加拿大难民法的规定,应该获得难民身份,因为他们在客观上面临在中国遭受"迫害"的威胁,主观上对回国受迫害心存"恐惧"(subjective fear)。有趣的是,赖方主辩律师马塔斯提出的"迫害"包括如果赖昌星回国受审可能面对的"不公正审判"。马塔斯的逻辑是:"如果你得不到公正的审判,犯罪就变成了政治犯罪。"②

马塔斯在庭审中连篇累牍地论证赖昌星回国将会受到种种"司法不公正"的待遇,包括"任意拘留"、"审判不公"、"死刑"、"酷刑"、"缺乏保护能力"和"歧视"。马塔斯在法庭的争辩有的如同唐吉呵德大战风车,看似热闹却不着边际。比如,加拿大移民部代表在法庭出示中国政府保证不判赖昌星死刑的外交承诺,说明赖昌星回国已经不会被判死刑。但是,马塔斯仍然借题发挥地主张:"中国试图对主要申请人判处死刑,这就违背了公民权利和政治权利国际公约的宗旨和目的,因为这部公约规定除最严重的犯罪以外不得判处死刑。"③

当然,马塔斯作为加拿大最成功的难民律师也提出了一些值得重视的观点。比如,他在法庭上质疑加拿大政府"为什么至今没有同中国签署引渡条约"。他认为,即使是根据加拿大的引渡法,在通盘

考虑引渡案件的情况之后,如果加拿大政府认为引渡有可能导致对被告人不公正或压迫性的结果,就可以拒绝请求国的引渡要求。笔者认同这一观点。加拿大最高法院在 2001 年对美国诉伯恩斯一案(United States v. Burns)的判决中,否决了加拿大政府按美加引渡协议的规定和美方请求将在美国涉嫌犯下谋杀罪的伯恩斯等二人引渡到美国受审的行政决定。法院的理由是,美方未做出不判死刑的承诺,而将任何人引渡到一个他可能面临死刑威胁的国家违背了加拿大《权利和自由宪章》第 7 条规定的"基本正义"。④ 因此,即使中加之间签订了引渡条约,在个案引渡时仍不能回避死刑问题,中方对可能被判处死刑的罪犯仍必须向加方做出不判死刑的承诺。

马塔斯为证明中国审判制度完全不公正,还不厌其烦地试图证明中国的审判制度有各种政治问题。他对这些问题的争辩方法基本上是以偏概全、大而化之的推论,其中不乏扭曲的解释。比如,他说中国的刑事起诉是出于政治目的的,中国法院是政治化的,中国法官是不称职的,中国政府做出的对赖昌星不判死刑的外交承诺是不可靠的。马塔斯的失策是他走得太远了,以至到了荒腔走板的地步。比如,他断言赖昌星回国必定会遭到刑讯逼供,全家受到社会歧视,甚至全家都得坐牢。这已经被证明是违背事实的猜测。马塔斯又试图把赖昌星说成是权力斗争的牺牲品,甚至把整个远华案说成是一起"高度政治性"的假案。这种观点因为漏洞百出,在庭审中遭到移民部一方的有力驳斥。他还提出,赖昌星属于成功商人这一特殊社会群体,自然特别容易遭到政治迫害。这个观点在庭审时被斥为过时的描述,完全脱离了中国经济市场化改革之后的现实。⑤ 马塔斯在庭审发言结束时竟提出,中方针对赖昌星夫妇提出的犯罪指控都是政治性的,因为中国的司法制度是政治化的。⑥ 这种观点没有被法庭采纳。

客观地说,在本案审理时,中国诉讼制度的某些明显的缺陷成了马塔斯否定中国体制的借口。比如,他认为在中国的诉讼中,控辩双方是不平等

---

① 同上,判决第 245 页。
② 同上,判决第 237 页。
③ 同上,判决第 239 页。
④ United States v. Burns [2001] 1 S. C. R. 283, 2001 SCC 7.
⑤ 同注 8,判决第 244—245 页。
⑥ 同上,判决第 250 页。

的,审判庭缺乏中立性,审判法官往往要向不参与审判的审判委员会报告案情,在庭审中盘问证人的机会微乎其微,法律上至今不承认无罪推定和沉默权,聘请律师权的权利受到诸多限制,等等。实际上,这些问题也是中国法学界长期以来研究的司法改革和诉讼法改革热点问题。应该说,近年来对中国刑法和刑事诉讼法的大幅修改有助于提高中国刑事司法制度的公正性,也将对今后的追逃合作提供新的法律条件。

马塔斯大量地引述中国发生的酷刑案例和报道,断言中方提供的赖案证据都是通过刑讯逼供和其他非法手段取得的证据,应当全部排除。① 他的策略是将中国发生的酷刑个案无限放大,由此推断“中国政府以使用酷刑、伪造文件、掩盖真实的文件和政治压迫和迫害著称”。因此,他要求,加拿大移民部长的律师必须承担证明责任,证明提供不利于赖方证据的远华案证人没有受到刑讯和迫害,并证明中国政府提供的文件不是伪造的。马塔斯断言,针对赖昌星夫妇的有罪证据“大多是伪造的”。② 他又质疑移民部律师能否证明赖昌星有严重的走私、贿赂和逃税行为,并证明到没有合理怀疑的程度。③ 由于上述主张缺乏事实根据,也不符合在加拿大处理难民案件的证明标准,所以没有被法庭采纳。在加拿大,对难民案件相关事实的证明采用的是双方举证,仅须达到“优势证据”（on the balance of probability）的标准,而无须像在刑事案件中那样,由控方证明被告人有罪并达到超过合理怀疑（beyond reasonable doubt）的程度。

马塔斯还提出赖昌星即使是罪犯,也不应当被排除是难民的荒诞主张。他认为,赖昌星夫妇被指控的走私、偷逃税和行贿等犯罪并非足以否定其难民地位的“严重犯罪”,只有违反国际人权公约的犯罪才是难民公约所说的“严重犯罪”。④ 这种荒诞的主张近乎是自说自话,没有被法庭采纳。

四、双方证人交锋决定胜负

加拿大的诉讼制度是对抗式制度,由双方律师和证人在庭审时的发挥来决定胜负。在法律技术层面,加拿大赖案诉讼最值得重视的经验是,必须有效发挥证人的作用,双方证人的交锋对诉讼结果

具有决定性的意义。

2001 年赖案庭审中加拿大移民部与赖昌星的交锋主要是以双方律师讯问和交叉讯问双方的证人和专家证人的方式展开的。在律师引导下,每位专家证人都被要求不仅发表自己的观点,而且要评价对方律师和专家证人的观点。判决书对每位证人和专家证人的证词都作了详细的归纳和评估。最后,法庭全面采纳了移民部证人的证词,认定这些证词对赖方证人的证词具有压倒性的优势,成为定案的根据。

加拿大移民部派出了 4 名律师。这 4 人都具有办理外国逃犯案件和假冒难民案件的丰富经验。移民部除了从中国传唤了四名参与办理远华案件的证人到庭作证和派人去中国调查取证以外,聘请了四名专家证人。这四人是美国的中国法律权威柯恩（Jerome Cohen）教授、原加拿大驻华大使馆政务参赞布尔登（Charles Burton）教授、加拿大外交部条法司司长（John T. Holmes）和笔者（Vincent C. Yang）。当时,赖方出庭的律师是曾任加拿大律师协会难民法分会会长的著名律师马塔斯（David Matus）和 P. Rankin 律师。他们聘请了前美中法学学者交流委员会美方主席 James Feinerman 教授、“异见人士”以及在中国有多年工作经验的加拿大律师安斯利（Clive Ansley）担任专家证人。

需要说明的是,“专家证人”制度是英美法系采用的制度,在一定程度上与中国法律上的“专家鉴定”制度有相似之处。英美法系国家的诉讼主要靠证据说话,而证人必须当庭作证并接受诉讼双方的当庭询问。在加拿大,“证人”（witness）对案件事实作证,专家证人（expert witness）对处理案件时需要有专家知识才能解答的特殊问题发表意见,包括法律、政治、国际关系、文化等问题,其发表的是“专家意见”（expert opinions）。专家证人发表的意见具有特殊的效力。“专家证人”出庭在程序上与普通“证人”最大的不同,是出庭时先要经过特别的专家资格认定程序由法庭确认专家资格,然后才能发表意见。因此,诉讼双方的交锋往往是先质疑对方的专家证人是否具有专家的资格,最后由法官决定其是否具有这种资格。笔者在 2001 年出庭时,赖昌星

① 同上,判决第 246 页。
② 同上,判决第 246—247 页。
③ 同上,判决第 248 页。
④ 同上,判决第 249 页。

的律师马塔斯没有对移民部四位专家证人的专家资格提出任何质疑,而移民部的律师对赖方聘请的"异见人士"担任专家证人的资格提出强烈质疑。当时,移民部律师提出的质疑主要理由是这些人不是法律专家,对赖案涉及的中国法律制度和实务情况缺乏深入研究和全面了解。

移民部从中国聘请了四名重要证人。他们是来自厦门、参与办理远华案的吴建平警官,李永军检察官、王忠华检察官和赵秉志教授。赵教授现任北京师范大学刑事法律科学研究院和法学院院长,是中国最具有影响力的新一代刑法学家。加拿大移民部对赵教授十分重视。鉴于赵教授曾为远华案重要人物提供辩护,为确保他在出庭作证时不受赖方律师的阻扰,移民部决定请他以证人身份出庭作证,但移民部律师对他的询问的范围远远超出了对一般证人提问的范围。实际上,赵教授在难民裁判庭作证三天的主要内容是专家证人的作证内容,其证词也的确成为重要的专家意见而被法庭所接受。

2002 年 5 月 6 日,难民裁判庭做出判决,认为移民部一方证人,尤其是每位专家证人的证词是具有压倒性的优势证据,其证明力远胜于赖昌星一方所有专家证人的证词。在判决的结论中,两位裁判官一致明确认定:(1)法庭认为赖昌星一家提出的避难请求没有任何可以信赖的根据;(2)根据加拿大移民法附表第 1F 条(b)款,法庭有严重的理由认为赖昌星和曾明娜在加拿大之外犯有非政治性的严重罪行,因此,应当将他们排除在《联合国难民公约》的定义之外;[①](3)赖昌星和曾明娜及其三名子女都不是联合国公约规定的难民。[②]

五、美国许超凡案可供加拿大借鉴

加拿大赖昌星案处理过程给中国民众造成的最大困惑是,为什么明明是逃犯的赖昌星,在加拿大的 12 年诉讼中竟然可以完全逃避刑事制裁,既没有被定罪判刑,也没有被没收财产。实际上,这正是将逃犯案件作为难民案件处理的最大缺陷。相对而言,美国对中银广东开平分行逃犯许超凡等人的处理更符合司法正义的要求和中国民众的期待。

2008 年 8 月 29 日,位于拉斯维加斯的美国联邦法院认定许超凡、许国俊夫妇犯有组织犯罪(racketeering)、洗钱罪、国际间转移赃款罪和护照及签证诈欺罪。2009 年 5 月 6 日,联邦法院菲利浦.普罗(Philip M. Pro)法官判处许超凡(Xu Chaofan,又名 Hui Yat Fai)25 年监禁,许国俊(Xu Guojun,又名 Hui Kit Shun)22 年监禁,二许的妻子 Kuang Wan Fang(Wendy Kuang)和 Yu Ying Yi 各 8 年监禁。同时,判处二许夫妇在刑满后接受 3 年的监督(supervised release),并支付 4.82 亿美元的赔偿。美国政府同期启动了取消二许妻子 Kuang Wan Fang 和 Yu Ying Yi 美国国籍的程序。[③]

判决认定:许超凡、许国俊和已经另案处理的余振东(Yu Zhendong,又名 Yu Wing Chung)三人在担任银行经理时,合谋从国有的中国银行窃取了至少 4.85 亿美元。证据表明,这些人在香港、加拿大和美国等多个国家大肆进行洗钱活动,然后,通过获取虚假的身份文件和同已经归化入籍的美国公民假结婚的方法移民到美国。二许真实的妻子是 Kuang Wan Fang 和 Yu Ying Yi。她们和 Kwong Wa Po 三人不仅协助二许进行洗钱活动,还因为非法入境及使用欺骗性手段获得美国国籍和护照而违反了移民法。二许和上述三人在 1991 年至 2004 年 10 月被捕期间触犯了美国专门针对有组织犯罪的 RICO 法,犯下该法规定的有组织犯罪共谋罪,其有组织犯罪行为包括对赃款进行现金交易、运输赃款、护照诈欺和签证诈欺。证据还表明,二许伙同余振东这三名前银行经理在香港设立了一系列的空壳公司,在其他罪犯的帮助下将银行资金转入这些公司的账户和数量很大的一批私人银行账户和投资账户中。然后,在他们的妻子和亲友们的帮助下,他们将赃款转移到加拿大和美国进行

---

① 加拿大《移民及难民保护法》(S. C. 2001,c. 27)附表关于有关难民地位的联合国公约的第 1 条 F 款的规定是,对有严重的理由认为属于下列三种情况的人士,不适用难民公约的规定:

(a)他犯有有关国际公约规定的反和平罪、战争罪或反人类罪;

(b)他在一国提出避难之前在避难国之外犯有一项严重的非政治性犯罪;

(c)他犯有与联合国的宗旨和原则相抵触的罪行。

② 同注 10,判决第 14 节"结论",第 293—294 页。

③ U. S. v. Xu 02 - 674, U. S. District Court, District of Nevada (Las Vegas). U. S. Department of Justice press release "Former Bank of China Managers and Their Wives Sentenced for Stealing More Than MYM485 Million, Laundering Money Through Las Vegas Casinos". At: www. justice. gov/opa/pr/2009/May/09-crm-446. html.

洗钱活动。证据表明,这些人在拉斯维加斯的赌场中用赃款频繁从事交易活动,大肆投注豪赌,单次投注金额高达 8 万美元。[①]

法庭认定,二许夫妇和 Kwong Wa Po 等五人均在 1998 年至 2004 年 10 月通过赌场和他们开设的众多银行账户,犯下了共谋洗钱罪和共谋运输赃款罪。法庭还认定,二许犯有三项签证诈欺罪,即持有和使用以诈欺方法获得的非移民类美国签证而进入美国和/或在美国逗留。二许的真实妻子犯有三项护照诈欺罪,即使用以不实陈述骗取的美国护照以进入美国或者便利在美国逗留。

美国司法部助理检察长 Lanny A. Breuer 表示:"对于那些违反其本国的金融制度并采用诈欺手段企图在美国挥霍其不法所得的外国人,我们将令他们承担全部责任。""尽管这些被告人费尽心机地试图逃避侦查,他们从中国一家银行骗取近 5 亿美元并在美国隐匿自己和这笔赃款的阴谋最终还是被揭露了出来。这应归功于联邦探员和检察官的不懈努力。"[②]

2009 年 9 月 2 日、9 日和 16 日,内华达区美国地区法院在报纸上连续三次发布通知,宣布法院已经于 5 月 11 日发出初始命令,没收二许夫妇 478,477,056 美元的财产。这包括但不限于以下财产:美元、港币、加拿大元、人民币、澳门币以及越南、马来西亚、新加坡、澳洲、新西兰、南非、日本、印尼、菲律宾等国的大量货币现金,大量名贵手表和珠宝首饰。法院在通知中要求,凡是对上述财产主张法律权利的第三人都可以在收到本通知或者本通知最后发布之日起 30 天内,根据美国法典第 21 章第 853 (n)(3)条和第 28 章第 1746 条向内华达美国地区法院提出主张,并向美国司法部有组织犯罪和有组织欺诈犯罪科 (Organized Crime and Racketeering Section)主诉检察官 Krista Tongring 送达副本。[③]通知并指出,由于在媒体上不能持久刊登此类通知,有关人士还可以在美国政府专门的没收网站(www. forfeiture. gov)上随时查阅。

余振东对美国司法当局予以合作,并于 2004 年 4 月 16 日自愿接受遣返回到中国。2006 年 3 月 31 日,广东江门市中级人民法院作出一审判决,认定余振东犯有贪污罪、挪用公款罪,判处有期徒刑 12 年,并处没收其个人财产 100 万元。[④]

笔者认为,美国对本案的处理是完全不同于赖案的一种模式,比较符合司法正义和反腐败公约的要求,值得加拿大借鉴。本案的可供借鉴之处至少有三点:第一,西方国家的司法机关对中国逃犯在中国犯下的腐败犯罪和经济犯罪等严重罪行,可以视为洗钱罪的上游犯罪,可以同他们在逃到西方国家后犯下的洗钱罪一并处理。也就是说,当地法院应该对这些犯罪行使管辖权。第二,西方国家的法院对这些涉贪逃犯的案件,应该定性为刑事案件,而不是难民案件。对这些案件的处理,应该贯彻有关国际公约规定的"或引渡或起诉"原则,原则上要及时引渡,不能及时引渡的,至少也要按照本国法律对涉案罪犯及时定罪判刑,决不让他们逍遥法外。第三,对这类罪犯判处的刑罚,必须不仅是剥夺自由,还要并处没收赃款或赔偿被害人损失。在认定有非法移民问题时,还要根据移民法取消其公民或者居民的身份,使这些人在刑满之后仍然将被驱逐出境,遣返回国。但是,本案处理的结果尚待进一步研究的是,被美国没收的赃款如何尽快返还给中国,同时,通过中美协商,美方也能从这笔赃款中合理扣除办案的开支和报酬。为鼓励和便利长期合作,同中加正在讨论的赃款分享协议一样,中美也可以探讨签订一项赃款返回和分享协议的可能性。

六、加拿大相关立法和执法动态

应该说,中加在两追合作中都需要改进自己的法律制度。就中国而言,这主要是需要在刑事法制领域全面贯彻国际人权标准,从而化解其他国家,尤其是西方国家对中国法律制度和刑事司法状况的疑虑。就加拿大而言,则需要通过改进自己的法律来提高驱逐外国逃犯的效率,并更加合理地处理和返还在加拿大境内被查获的外国赃款。

---

① U. S. v. Xu 02 - 674, U. S. District Court, District of Nevada (Las Vegas). U. S. Department of Justice press release "Former Bank of China Managers and Their Wives Sentenced for Stealing More Than MYM485 Million, Laundering Money Through Las Vegas Casinos". At: www. justice. gov/opa/pr/2009/May/09-crm-446. html.

② 同上。

③ United States District Court District of Nevada Notice 2:02 - CR - 0674 - PMP (LRL), at: http://statis. cnhi. zope. net/edmondsun/classifields/09-16-2009/9990. html.

④ http://news. xinhuanet. com/newscenter/2006-04-01/content_4371722. htm.

为处理外国罪犯和外国赃款,加拿大已经建立了一套复杂的法律制度。这套法律体系至少包括十部法律,即《加拿大刑法典》《外国官员腐败法》《犯罪赃款(洗钱)和恐怖主义融资法》《引渡法》《刑事司法互助法》《加拿大安全情报局法》《冻结腐败的外国官员资产法》《扣押资产管理法》《没收资产分享条例》和《移民及难民保护法》。

加拿大也建立了若干专门机构来加强这些法律的实施。这包括在联邦司法部下设立了专门负责国际合作的专家小组,由皇家骑警负责调查外国人在加拿大的洗钱和其他犯罪活动,由加拿大边境服务局负责驱逐和遣返外国罪犯。

但是,加拿大现有的制度仍然不能有效地处理、驱逐赖昌星、高山之类富有的外国涉贪逃犯,在返还赃款问题上也困难重重,难以满足《联合国反腐败公约》的要求。

就驱逐、遣返外国逃犯而言,现行的主要法律是 2002 年生效的《移民及难民保护法》。这部法律的宗旨之一是"建立公正而有效地程序",并"通过不使具有安全危险的人以及严重的罪犯进入加拿大领土从而促进国际正义和安全"。[①] 根据这部法律,九类外国人不得进入加拿大,其中有四类是罪犯,包括:(1)对加拿大的安全构成威胁的人;(2)侵犯人权的人;(3)有组织犯罪的罪犯;和(4)犯有严重犯罪的人。但是,加拿大在驱逐这些外国罪犯时仍有很大困难。加拿大公安部部长托维思曾在 2011 年 8 月对媒体表示,仅在大多伦多地区就藏有大约 1400 名犯有严重犯罪的外国罪犯。[②] 此外,令人诧异的是,作为负责驱逐外国罪犯的执行部门,加拿大边境服务局的优先驱逐对象中竟没有列出涉贪的外国罪犯。近年被列为优先驱逐对象的只有(1)犯有反人类罪或战争罪行的人以及(2)被判决认定犯有杀人罪、强奸罪、贩毒和武装抢劫犯罪的人。即便如此,自 2008 年以来,加拿大边境服务局依靠专项预算每年驱逐的外国战犯也只有 20 人左右而已。[③] 该局没有用于驱逐外国涉贪逃犯的常设性的专门预算。

应该说,为处理备受加拿大民众关注的赖昌星案件,加拿大政府做出了全力以赴的安排。在 1999 年到 2011 年期间,加拿大政府处理赖案的资金没有上限,负责此案的政府律师连续办案达十二年之久。显然,这种安排不是一种可持续的办案模式。加拿大只有从制度上提高效率,才能有效处理外国逃犯问题。

七、第 C - 43 号法案分析

为加速驱逐、遣返外国罪犯,加拿大政府于 2012 年 6 月向议会递交了第 C - 43 号法案,即《快速驱逐外国罪犯法》。在法案理由说明中,加拿大司法部列举了几个臭名昭著的外国罪犯案例。这些人在加拿大犯下贩毒、伤害、强奸、诈骗等严重罪行,加拿大政府却不得不花耗时多年才能将他们驱逐出境。

应该说,赖昌星之类中国逃犯的情况更加难办,因而拖延的时间可能更长。这些中国逃犯只是在抵达加拿大之前实施了对中国的犯罪,而在加拿大并没有犯罪。因此,加拿大法院对他们在中国的犯罪没有管辖权,他们也不被视为对加拿大安全的威胁。加拿大的《外国官员腐败法》只适用于加拿大人在海外的腐败行为,不适用于外国人在外国对其所在国家的犯罪。因此,在外国逃犯问题上,加拿大法律上存在明显的漏洞。

加拿大正在试图堵住这个漏洞。根据加拿大移民部长肯尼迪发表的立法说明,第 C - 43 号法案的立法目的是要实现以下变革:

一是在外国被判有罪或者在加拿大境外犯罪而所犯罪行可判处十年徒刑或以上刑罚的外国人,将不得向移民和难民委员会上诉庭提出上诉。

二是因为构成安全危险、侵犯人权或有组织犯罪而不得在加拿大逗留的外国人将不得援引"人道事由"条款得以在加拿大继续滞留。公安部将只考虑国家安全和公共安全事由,不考虑人道事由。

三是移民部长基于公共政策考虑可以取消外国人的临时居民身份,为期 3 年以下。

四是如果外国人的家庭成员中有人因为构成安全危险、侵犯人权或者有组织犯罪而被拒进入加拿大,其本人也不得进入加拿大。

五是申报不实的外国人将在 5 年内不得再次申请入境,或 5 年内不得申请永久居民身份。

六是某些罪犯在加拿大逗留的最长期限将被

---

① 《移民及难民保护法》(S. C. 2001,c. 27)第 1 条。

② http://www.torontosun.com/2011/08/17/ottawa-unveils-a-new-most-wanted-list.

③ 参见对反人类罪和战争犯罪项目的评估报告 http://www.justice.gc.ca/eng/rp-pr/cp-pm/eval/.

压缩至最多不超过 14 个月。①

上述六条将大大提高处理外国逃犯案件的效率。其中，第一条新规定可以解决外国罪犯通过上诉和反复上诉拖延时间的问题。也就是说，赖昌星当年反复缠讼的主要伎俩将失去作用。第二条有助于杜绝外国罪犯在申请难民身份败诉后借口"人道事由"继续滞留。第三条可以防止外国罪犯在案件审理期间因获得加拿大临时居民身份而取得工作许可，有助于限制这些人在加拿大获得进一步缠讼的资源。第四条可以防止外国罪犯以"家庭团聚"为借口进入加拿大。第五条有助于防止有申报不实纪录的外国人混入加拿大及骗取永久居留权。第六条是兜底条款，将外国罪犯可在加拿大滞留的时间一举压缩到 14 个月。这是对外国罪犯在加拿大滞留期限的封顶条文。目前，外国罪犯在加拿大滞留的最长时间是 13 年，由泰国逃犯前银行家萨克西那（Rakesh Saxena）创下。② 此人在 20 世纪 90 年代骗取泰国商业银行 8000 万美元后逃到加拿大，在加拿大缠讼 13 年，于 2009 年被遣返回国，后于 2012 年被泰国法庭判处 10 年徒刑。

目前，议会对这部法案仍未形成一致意见。笔者认为，这部法案确实还有改进的需要。比如，法案所规定的"有组织犯罪分子"并不能完全包括腐败犯罪分子。因此，法案规定的适用对象应明确增加在加拿大境外对外国实施了腐败犯罪的外国人。

八、中加赃款分享的国内法障碍

《联合国反腐败公约》第 57 条规定了资产返还和处分原则。依据这一条的规定，对于来自请求国的腐败犯罪赃款，被请求国应当在予以没收之后，基于请求国的生效判决和提交的所有权合理证明，或者在被请求国承认请求国受到的损害时返还没收财产的依据时，应当按四项原则予以返还：（1）将没收的财产返还给请求国；（2）上述被请求国在考虑所有相关情况后，应当"优先考虑将没收的财产返还给请求国，返还其原合法所有人或者赔偿犯罪被害人"；（3）除非"另有决定"，被请求国在返还财产之前，可以"扣除为此进行侦查、起诉或者审判程序而发生的合理费用"；（4）缔约国可以对没收财产的最后处分逐案订立协定，或者"做出可以共同接受的安排"。

实际上，1994 年订立的《中加刑事司法互助条约》第 17 条早已规定两国可以就追赃问题开展协助，包括协助对方查找赃款下落，冻结、扣押和没收赃款、向对方移交赃款并协助使犯罪被害人得到赔偿。然而，至今没有公开发表的纪录证明中加协定的上述规定得到了实施。从加拿大方面来看，其原因之一显然在于加拿大国内法上的障碍。

根据加拿大的《没收资产分享条例》第 3 条规定的条约原则，除非有关国家同加拿大订有赃款分享协议，不可能同加拿大分享在加拿大境内没收的资产，更不存在加拿大向有关国家全数返还没收资产的可能。同一部法律的第 4 条还规定，在订立赃款分享协议时必须遵循两项原则：一是确保加拿大能够收回相关的办案支出和受到的损失；二是分享协议必须反映出加拿大联邦政府和省政府做出的贡献。该法第 7 条具体规定了基于这种"贡献"对赃款分享的三个比例：一是如果加拿大的贡献在各方所做出的贡献中是"主要的"，加拿大应当获得赃款的 90%；二是如果加拿大的贡献是"重要的"，加拿大应当获得赃款的 50%；三是如果加拿大的贡献是"最小的"，加拿大应当获得赃款的 10%。在实践中，加拿大的执法部门和司法部门必然对查找、扣押、冻结、没收、管理、处分赃款起到决定性的作用，而外国相关部门必然要依靠加拿大的合作。毋庸置疑，按上述规定，加拿大必然能够获得 90% 或者至少 50% 的没收赃款，而有关外国很可能只能收回 10%。实际上，由于携款外逃的罪犯主要由中国逃往加拿大而非相反，中加之间的追赃合作基本是加拿大向中国提供单方面的协助，而不是双向的互惠合作。所以，这部法律不仅不能体现《联合国反腐败公约》第 57 条规定的财产返还原则，而且可能成为中国等相关国家同加拿大开展追赃合作的法律障碍。

九、结语

加拿大赖昌星案是一起受到中加两国政府和民众长期关注的标志性的重大案件。加拿大办理赖昌星案的过程长达 12 年之久，积累的经验教训需要深入的反思。美国许超凡案提供了处理中国逃犯的另外一种模式，值得加拿大参考。在办理这两起案件的过程中，中国与加拿大和美国开展了真诚的合作。中国政府和司法机关尽最大努力对加拿

---

① http://www.cic.gc.ca/english/department/media/speeches/2012/2012-06-20.asp.

② http://www.bbc.co.uk/news/world-asia-18368555.

大和美国的相关部门提供长期而有效的协助,开诚布公,信守承诺,赢得了两国司法机关的信任,为今后同西方各国合作处理其它中国逃犯案件打开了大门。这两起案件提供的经验教训,也值得各国司法部门研究借鉴。

近年来,中国进行了一系列的法律改革,将有助于减少和消除同加拿大和其他西方国家开展追逃追赃合作的障碍。同时,加拿大也正在改进国内立法,以提高办理外国逃犯案件的效率。笔者认为,为进一步贯彻《联合国反腐败公约》规定的赃款返还原则,加拿大有必要检讨现行国内法,消除在这一领域的国内法上的障碍。

目前,中国中加正在谈判的赃款分享协议,对中外追赃合作将具有示范性的意义。笔者呼吁,西方各国要进一步加强与中国的司法合作,切实贯彻《联合国反腐败公约》的要求,更加有效地处理中国逃犯及其赃款的问题,确保西方国家不会成为中国逃犯的避难天堂。

（编辑　陈敬根）

| 第 1 卷 第 1 辑 | 上 大 法 律 评 论 | Vol. 1 No. 1 |
| 2013 年 8 月 | SHANGHAI UNIVERSITY LAW REVIEW | Aug. 2013 |

张晏瑲. 论两岸共同开发南海资源之法制基础[M]//李清伟. 上大法律评论(第 1 辑). 上海:上海三联书店,2013:44 - 52.

论两岸共同开发南海资源之法制基础

张晏瑲

(山东大学 法学院,山东 济南 250100)

摘要:近年来,南海问题呈现复杂化和国际化的趋势,解决这一局面成为中国和平崛起过程中需要解决的当务之急。首先从国际法的角度分析七个主要国家和地区对南海诸岛提出主权要求的依据;接着从"历史性水域"的角度分析南海水域划界问题;最后针对目前局面,提出南海争端解决现存之突破点,即海峡两岸首先搁置争议,合作开发南海资源,可以起到共同压制东南亚其他争议国,维护中国海洋权益的效果。

关键词:南海争端;先占原则;历史性水域;争端解决途径

On cross strait common legal basis of the development of the South China Sea resources

ZHANG Yan-chang

(law School, Shandong University, Ji'nan 250100, China)

Abstract:In recent years, the South China Sea issue is becoming more and more complicated and internationalized. It is the first imperative for China to deal with this situation at the time of peaceful rising. This article firstly analyzes the legal grounds of seven main parties which claim sovereignty over the South China Sea Islands from the perspective of international law. This article then discusses the delimitation of South China Sea based on the principles of 'historic waters'. Finally, this article puts forward a feasible approach to détente the current situation in South China Sea, that is, to promote the cooperation between Mainland China and Taiwan to develop the resources in South China Sea in order to achieve the effect of suppressing the other disputing countries and protecting the marine rights of China.

Key words:South China Sea disputes; occupation; historic waters; dispute-solving approaches

一、引言

南海,亦称南中国海(South China Sea),是太平洋上的一个半封闭的边缘海。它北靠中国大陆和台湾,东临菲律宾群岛,南连加里曼丹岛和苏门答腊岛,西接马来半岛和中南半岛。其周边包括中国、越南、柬埔寨、泰国、[①]马来西亚、新加坡、印度尼西亚、文莱和菲律宾等国家。[②]

南海总面积 350 万平方公里。其间分布了共约 230 个岛、礁、沙、滩,统称为南海诸岛,而根据地域这些岛屿又被划分为四部分:西沙群岛、中沙群岛、东沙群岛和南沙群岛。这些岛屿大都非常狭小,其中最大的为东沙岛,12 平方公里,而南沙最大的太

收稿日期:2013 - 04 - 23

基金项目:上海市政府决策咨询研究项目"中国海洋管理体制改革研究"(2012Z45C)、山东大学自主创新基金"涉两岸的海上侵权争端解决机制之研究"(IFW12065)

作者简介:张晏瑲(1976—),男,台湾辅仁大学法学士,台湾海洋大学海洋法律研究所法学硕士,英国邓迪大学(University of Dundee)法学博士,中国山东大学法学院教授、硕士生导师,海南海洋安全与合作研究院高级研究员,主要研究方向为国际海洋法、国际环境法、海洋政策研究,E-mail:ycchang@sdu. edu. cn。

① 按照广义的地理概念解释,柬埔寨和泰国是南海泰国湾的沿岸国。但是按照狭义的南海定义,并不包括此二国家。在讨论南海争端问题的文章和报告里,习惯上是用狭义的南海,不包括柬埔寨和泰国,而且事实上此二国也确实不是南海争端的当事国。

② 马超. 论岛屿制度与国际海洋划界[D]. 贵阳:贵州大学,2007:28.

平岛，也仅 0.4 平方公里。①

　　南海诸岛领土争端开始于 20 世纪中后期。自 20 世纪 70 年代以来，南海周边各国，如越南、菲律宾、马来西亚等国，就开始在南海诸岛特别是南沙群岛的岛屿上进行活动，并对南沙群岛的岛屿提出主权要求。这一方面是由于南海蕴含了丰富的石油、天然气以及鱼类等自然资源，另一方面是由于南海是连接太平洋和印度洋的战略要道，是连接亚洲和大洋洲以及欧洲和非洲的主要海上通道，对于国防和经济具有十分重要意义。② 1982 年《联合国海洋法公约》(1982 United Nations Convention on the Law of the Sea，简称《公约》)设立了大陆架制度和专属经济区制度，③另根据《公约》第 121 条第(1)的规定，岛屿是四面环水并在高潮时高于水面的自然形成的陆地区域。岛屿具有大陆一样的法律地位，可以拥有相应的大陆架和专属经济区。这一规定无疑可以拓宽一国的管辖范围，扩大其因使用海洋而获取的经济利益，④也加剧了南海周边各国在南海诸岛的活动和对其主权的争夺。

　　近几年来，各国对南海的争夺进一步凸显。此外，越南和菲律宾等南海争端国极力拉拢美、日等大国势力，推动南海问题的国际化，也使南海问题进一步复杂化。⑤ 2009 年 2 月 17 日，菲律宾国会通过"领海基线法案"，将南沙群岛的部分岛礁和黄岩岛划入其"所属岛屿"；2009 年 3 月 5 日，马来西亚总理巴达维登陆弹丸礁，宣誓对该礁及其附近海域的主权；2009 年 3 月 8 日，美国监测船"无暇号"擅自在中国南海专属经济区进行监测活动；⑥2010 年

7 月 23 日，在东盟地区论坛上，美国国务卿希拉里称南海争端的解决"涉及美国的国家利益"，同时，美国也与印尼、马来西亚和越南加强了合作，并先后进行多次军事演习。⑦ 2011 年 7 月 20 日，菲律宾 5 议员登上南沙中业岛，并在岛上插上菲律宾国旗宣誓主权。最近的一次事件是 2012 年 4 月 10 日菲律宾海军企图在南海黄岩岛附近抓扣中国渔民被中国海监船制止，双方随后发生对峙。这一系列的事件都充分表明，南海周边各国将对南海诸岛的争夺视为其主要议题，而如何解决这一局面也成为中国在和平崛起过程中需要解决的当务之急。

　　南海争端主要集中在两个问题上，一是对领土的争夺，二是对南海水域海洋权益的争夺，文章将分别予以讨论。

二、各国对领土主张的依据

　　对南海诸岛提出领土主张的主要有 6 个国家：中国、越南、菲律宾、马来西亚、文莱、印度尼西亚。另外，中国台湾因其特殊政治因素，也同样对南海诸岛主张主权，因此形成了六国七方的局势。"目前东沙群岛由中国台湾军队驻守；中沙群岛主要被菲律宾实际控制；西沙群岛由中国大陆控制；南沙群岛由各国分别控制，其中中国大陆实际控制岛礁 7 个，中国台湾 2 个，越南 29 个，菲律宾 8 个，马来西亚 5 个，文莱 2 个，印度尼西亚 1 个。"⑧

(一) 中国

　　中国对于南海诸岛的主权是基于"先占原则"。"先占是一个国家有意识地取得当时不在任何其他国家主权之下的土地的主权的一种占取行为。"⑨先

　　① 赵理海. 关于南海诸岛的若干法律问题[J]. 法制与社会发展，1995(4)：50；Jianming Shen. International Law Rules and Historical Evidences Supporting China's Title to the South China Sea Islands[J]. Hastings International and Comparative Law Review，vol. 21 (1997 - 1998)：2.

　　② 吕晓伟. 南海争端的现状、原因及对策[J]. 当代社科视野，2009(7/8)：76.

　　③ 《公约》第五部分(第 55 条—第 75 条)规定了专属经济区，第六部分(第 76 条—第 85 条)规定了大陆架。根据《公约》第 57 条规定，专属经济区宽度只有一个标准，就是距离标准，从领海基线量起，不应超过二百海里；根据第 76 条的规定，大陆架宽度有两种标准，首先是自然延伸标准，大陆架宽度可以超过二百海里直到大陆边外缘，有一套非常复杂的公式来计算最终的宽度，并需要提交联合国大陆架界限委员会审查；其次是距离标准，如果沿海国大陆架自然延伸不超过从领海基线量起二百海里距离的，则宽度可以扩展到二百海里.

　　④ 罗国强. 多边路径在解决南海争端中的作用及其构建——兼评《南海各方行为宣言》[J]. 法学论坛，2010(4)：94.

　　⑤ 褚浩. 南海问题的新形势与新发展[J]. 国际资料信息，2010(12)：40.

　　⑥ 张晏瑲. 无暇号冲突事件背后的国际海洋法思考[M]//山东大学法学评论. 2010：161；冯丹，胡利明，周山丹. 南海争端新动向与我国维权之路[J]. 世界地理研究，2010(1)：14.

　　⑦ 彭思旗. 当前南海问题出现的新趋势[J]. 经营管理者，2010(18)：45.

　　⑧ 罗国强. 多边路径在解决南海争端中的作用及其构建——兼评《南海各方行为宣言》[J]. 法学论坛，2010(4)：93.

　　⑨ 王铁崖. 国际法[M]. 北京：法律出版社，1995：171.

占的客体是无主地(*terra nullius*),这些土地可以是以前从未被人类发现的土地,也可以是原属国放弃的土地。① 基于 18 世纪以前传统国际法的观点来看,仅满足"发现"这一要求便可使发现国享有对该无主地的完整主权。② 但是,18 世纪以后,学者主流的观点是,"发现"仅能使一国享有不完全的主权,一国必须对无主地进行有效的占领并通过立法、司法或行政管理行为适当行使或表现其主权才能对无主地享有完全的主权,即"有效占领原则"(effectiveness principle)。③

中国人早在公元前 2 世纪的汉武帝时期,就开始在南海航行,并通过长期的航海和生产实践发现了南海诸岛,在此之前,南海诸岛未曾有人踏足,这完全符合了先占的客体条件,即发现的土地需为无主地。④ 根据 18 世纪以前的国际法观点,以及国际法上的"时际法原则",⑤中国发现南海诸岛即享有对其的完全主权。⑥

另外,根据现代国际法的观点,中国对南海诸岛的主权仍持续存在。中国的历朝历代对南海诸岛的命名、开发经营、测量观测、巡视及驻扎等一系列行为都是中国行使管辖权的表现,完全符合"有效占领原则"。⑦ 值得注意的是,有效占领或控制是一个相对的概念,即它的标准会根据无主地的性质的不同而有所不同,这涉及无主地的大小,是否有人类居住,所处的地理位置以及气候状况。⑧ 例如,对于荒凉无人居住地的有效占领要比对居住有原始部落的土地的有效占领容易得多,对于后者,可能需要一国派兵驻守,而前者则不需要。⑨ 1931 年法国对墨西哥的克利珀顿岛仲裁案(Clipperton Island Arbitration),⑩1933 年挪威对丹麦的东格陵兰岛案(Eastern Greenland Case)⑪以及国际法院对西撒哈拉地位的咨询性意见⑫都体现了一个共同的特点,即国际法对于人口稀少或无人居住无主地之有效占领的要求并不高,一些微小

---

① Jianming Shen. International Law Rules and Historical Evidences Supporting China's Title to the South China Sea Islands [J]. Hastings International and Comparative Law Review,vol. 21 (1997 – 1998):7.

② Gerhard Von Glahn. Law Among Nations [M]. New York:Macmillan Publishing Co. , 1986:311. 转引自 Jianming Shen. International Law Rules and Historical Evidences Supporting China's Title to the South China Sea Islands [J]. Hastings International and Comparative Law Review, vol. 21 (1997 – 1998):10.

③ Robert Jennings, Arthur Watts:Oppenheim's International Law [M]. London:Longman, 1992:686 – 689;王铁崖. 国际法[M]. 北京:法律出版社,1995:171;Jianming Shen. International Law Rules and Historical Evidences Supporting China's Title to the South China Sea Islands [J]. Hastings International and Comparative Law Review, vol. 21 (1997 – 1998):10 – 11;蔡高强,高阳. 论解决南海争端的国际法路径 [J]. 湘潭大学学报,2011(2):40.

④ 顾德欣. 南海争端中的海洋法适用[J]. 战略与管理,1995(6):97;张晓璇. 中菲南海争端与海洋主权的法律保护[J]. 理论界,2010(5):54;蔡高强,高阳. 论解决南海争端的国际法路径[J]. 湘潭大学学报,2011(2):39.

⑤ 时际法原则是在 1928 年的帕尔马斯岛仲裁案中由仲裁员休伯首创的,是指"一项法律事实必须根据与其同时存在的法律,而不是根据有关该事实的争端发生或解决时的有效法律来予以判断"。休伯进一步引申说,在对其主权发生争议时,还应依据演进后的国际法认定该权利在争端发生之时是否持续存在。帕尔马斯岛仲裁案之后,时际法原则成为一项公认的国际法规则。因此认定南海诸岛的主权应根据当时的国际法原则确定,即"发现即占有"原则。孙伶伶. 从国际法角度分析钓鱼群岛主权问题[J]. 日本学刊,2004(2):140—141;黄远龙. 国际法上的时际法概念[J]. 外国法译评,2000(2):74—86.

⑥ 张晓璇. 中菲南海争端与海洋主权的法律保护[J]. 理论界,2010(5):55.

⑦ 此处不详细阐述中国在南海诸岛行使管辖权的具体行为,具体内容可参见:Jianming Shen. International Law Rules and Historical Evidences Supporting China's Title to the South China Sea Islands [J]. Hastings International and Comparative Law Review, vol. 21 (1997 – 1998);顾德欣. 南海争端中的海洋法适用[J]. 战略与管理,1995(6);赵理海. 关于南海诸岛的若干法律问题[J]. 法制与社会发展,1995(4);赵理海. 从国际法看我国对南海诸岛无可争辩的主权[J]. 北京大学学报:哲社版,1992(3).

⑧ George Schwarzenberger, E. D. Brown. A Manual of International Law [M]. Dallas:Stevens, 1976:97. 转引自 Jianming Shen. International Law Rules and Historical Evidences Supporting China's Title to the South China Sea Islands [J]. Hastings International and Comparative Law Review,vol. 21 (1997 – 1998):12.

⑨ Michael Akehurst. A Modern Introduction to International Law [M]. New York:Harper Collins Academic, 1984:143. 转引自 Jianming Shen. International Law Rules and Historical Evidences Supporting China's Title to the South China Sea Islands [J]. Hastings International and Comparative Law Review, vol. 21 (1997 – 1998):11.

⑩ Clipperton Island Arbitration (Fr. v. Mex.), 2 R. I. A. A. 1105, 26 AM. J. INT'L L. 390(1931).

⑪ Legal Status of Eastern Greenland Case (Den. v. Nor.), 1933 P. C. I. J (Ser. A/B) No. 53.

⑫ Advisory Opinion on the Status of Western Sahara, 1975 I. C. J. Rep. 12,43 (Oct. 16);Jianming Shen. International Law Rules and Historical Evidences Supporting China's Title to the South China Sea Islands [J]. Hastings International and Comparative Law Review,vol. 21 (1997 – 1998):13.

的或象征性的主权宣誓行为就可使一国对无主地享有完全的主权，并不要求持续不断的行使主权行为。南海诸岛即存在大量人烟稀少或无人居住的岛礁，即使中国未对其持续性的行使主权行为，但是一系列的命名、巡视等行为足以构成有效的占领。

19 世纪 30 年代到二战结束前，南海诸岛先后被法国和日本侵占。1946 年，中国政府根据《开罗宣言》和《波茨坦公告》的精神，接管了南沙和西沙群岛，并在岛上重竖主权碑。[①] 法国和日本对于南海诸岛的侵占，并不能产生国际法上领土变更的效果，因为根据国际法原则，凡进行武力威胁或使用武力取得或占领的领土均为非法的取得或占领，不能为国际法所承认。[②]

通过以上分析可知，中国对于南海诸岛的主张乃基于"先占原则"对无主地的发现和有效占领原则，并且在南海周边国家提出领土主权要求前，除法国和日本非法的侵占外，未受到任何国家的干预，这构成了中国对南海诸岛主权主张的有力国际法凭证。

（二）菲律宾

菲律宾宣称对黄岩岛和南沙群岛部分岛屿享有主权乃基于以下三点理由：首先，这些岛屿对菲律宾的国家安全和经济发展至关重要；其次，菲律宾是距离这些岛屿最近的国家；其三，这些岛屿为"无主岛屿"。[③]

对于第一和第二项理由，从国际法的角度来讲，完全找不到根据。一般认为国际法上领土的取得和变更的传统方式主要有五种，即先占、添附、时效、割让和征服。[④] 而基于安全或经济发展需要及"邻接原则"并不在以上所述领土主权取得和变更方式之列。关于邻接原则，国际法院在 1969 年北海大陆架案（North Sea Continental Shelf Case）的判决中就曾加以否定，

其指出，"海底区域并不仅仅因其靠近某海岸国而归属于它……"[⑤]

而对于第三项理由，从国际法上来看也不能成立。1948 年，托马斯·克洛马（Thomas Cloma）和他的团队在南海声称发现了南沙群岛上的部分岛屿，并认为这些岛屿为"无主岛屿"。但是，如前所述，中国早在西汉时期就发现了南海诸岛并行使了持续的管辖，同时，中国从未有放弃南海诸岛的意图和举动。因此，菲律宾的理由是不能成立的。对于南沙群岛上一些无人居住的岛屿，特别是一些随着潮涨潮落而出现或消失的岛礁，事实上不可能在其上进行永久驻扎，但这并不意味着主权国对其放弃了主权要求。是否放弃主权要求关键是要看一国是否存在放弃并无意再拥有土地的意图。很显然，中国一直主张其对南海诸岛拥有主权，又怎会有放弃的意图。[⑥] 因此，菲律宾对于南海诸岛上岛屿的主权要求所提出的依据并不能在国际法上得到支持。

（三）越南

越南对西沙群岛和南沙群岛提出的主张主要基于以下两点：一是越南声称对西沙群岛和南沙群岛的历史性控制；二是其继承了法国对南沙群岛的权利。

就越南提出的第一项理由，其宣称其古籍中记载的"黄沙"和"长沙"即指"西沙"和"南沙"。然，根据历史学家考证，它们仅指越南中部沿海一带的岛屿和沙洲，与西沙和南沙群岛相去甚远。[⑦]（详参图 1）

暂且不论这一考证的真实性，即使"黄沙"和"长沙"确指"西沙"和"南沙"，越南也确实最早发现了南海诸岛，但是在中国已有效控制南海诸岛长达两千年后的 20 世纪越南才开始对这些岛屿主张拥有主权，从国际法的角度来讲，其并不能满足"先占原则"的要件，也就无法取得对南海诸岛

　　① 赵理海. 关于南海诸岛的若干法律问题[J]. 法制与社会发展，1995(4)：53；顾德欣. 南海争端中的海洋法适用[J]. 战略与管理，1995(6)：98.

　　② 王铁崖. 国际法[M]. 北京：法律出版社，1995：173.

　　③ Jianming Shen. International Law Rules and Historical Evidences Supporting China's Title to the South China Sea Islands [J]. Hastings International and Comparative Law Review, vol. 21 (1997－1998)：59.

　　④ 王铁崖. 国际法[M]. 北京：法律出版社，1995：171.

　　⑤ 国际法院判决、咨询意见和命令摘要（1948—1991）[EB/OL]. [2011－08－20]. http://www. icj-cij. org/homepage/ch/files/sum_1948-1991. pdf；赵理海. 关于南海诸岛的若干法律问题[J]. 法制与社会发展，1995(4)：55.

　　⑥ Jianming Shen. International Law Rules and Historical Evidences Supporting China's Title to the South China Sea Islands[J]. Hastings International and Comparative Law Review, vol. 21 (1997－1998)：62.

　　⑦ 李金明. 越南黄沙、长沙非中国西沙南沙沙考[J]. 学者论坛，1997(2)：71—79.

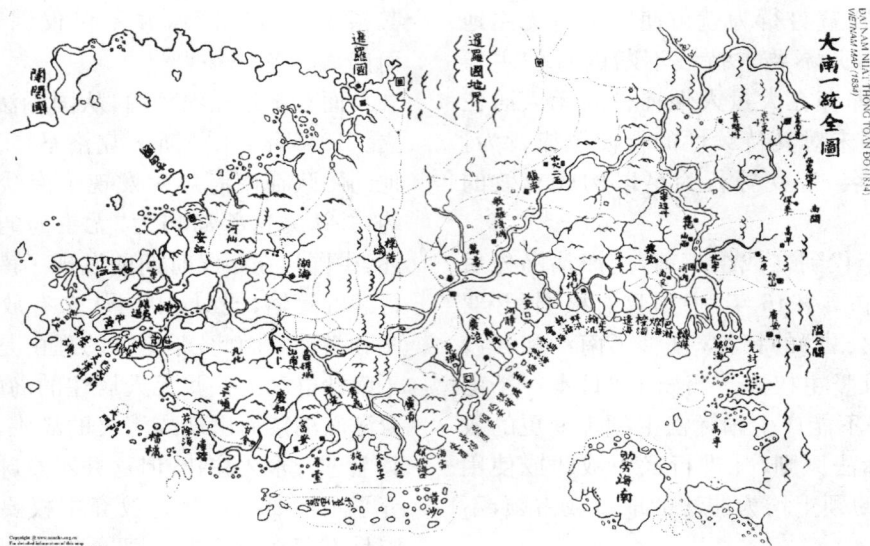

图 1 《大南一统全图》，1834 年，来源：www. nansha. org. cn

的主权。

另外，1975 年越南统一之前，越南也一直确认南海诸岛是中国的领土，由越南国家测绘局出版的《越南地图集》和《世界地图集》均将南海诸岛列入中国版图。① 基此，越南 1975 年以后对南海诸岛主权的主张实则违反了国际法中的"禁止反言原则"（*Estoppel*）。②

而对于越南所主张的第二项理由，如前所述，法国对南沙群岛岛屿的侵占是违背国际法的行为，此非法行为不能使法国获得对于南海岛屿的合法权利，那么对法国权利的继承这一说法就更毫无根据了。更何况，没有任何证据表明法国曾经有过要将这些岛礁"继承"给越南的表示。

（四）马来西亚、文莱和印度尼西亚

这三个国家对南海诸岛岛屿的主权主张都是基于这些岛屿处于其 200 海里专属经济区或大陆架上。

实际上，这种主张是一种本末倒置的说法。《公约》对于专属经济区和大陆架的划定的规定前提是基于一国的陆地领土的，即其中体现的"陆地支配海洋"的原则，而这一原则早在 1969 年国际法院在北海大陆架案（North Sea Continental Shelf Case）的判决中就有明确体现，即"陆地是一个国

家对其领土的向海延伸部分行使权力的法律渊源。"③ 因此，一国不能基于其拥有的专属经济区或大陆架而对某一陆地领土提出主权要求，这不符合国际法的基本原则。

（五）中国台湾

中国台湾基于与中国大陆同样的理由主张对南海诸岛的主权，即"先占原则"。④ 1950 年以前，中国作为一个统一的整体占领并对南海诸岛进行管辖；1950 年以后，在两岸分裂的形势下，形成了两岸在南海分别行使国家功能的局面。中国台湾以其"中华民国"身份继续对南海行使管辖权，如 1956 年设"东沙守备区"及"南沙守备区"，于 1963 年和 1966 年先后派舰巡视南沙群岛，于 1980 年将南沙诸岛交由高雄市政府代管，并成立"区公所"。⑤ 这满足了前文所述的"先占原则"的构成要件。

（六）小结

综上，抛开两岸所面临的政治因素，不论是以中华人民共和国政府为代表的中国大陆还是以中华民国为代表的中国台湾都可基于"先占原则"对南海诸岛行使有力的主权主张。而其他各东南亚国家所提出的领土主张依据，经分析无法在国际法

---

① 顾德欣. 南海争端中的海洋法适用［J］. 战略与管理，1995（6）：98.

② 赵理海. 从国际法看我国对南海诸岛无可争辩的主权［J］. 北京大学学报：哲社版，1992（3）：30—40；Jianming Shen. International Law Rules and Historical Evidences Supporting China's Title to the South China Sea Islands ［J］. Hastings International and Comparative Law Review，vol. 21（1997－1998）：57.

③ 郭渊. 对南海争端的国际海洋法分析［J］. 北方法学，2009（2）：136.

④ Hasjim Djalal. South China Sea Island Disputes ［EB/OL］.［2011－08－19］. http://rmbr. nus. edu. sg/rbz/biblio/s8/s08rbz009-021. pdf.

⑤ http://lg2005. blog. hexun. com/2757179_d. html，最后访问日期：2011 年 8 月 19 日.

上得到支持。

三、南海水域划界问题

《公约》分别在第 3 条、第 57 条、第 76 条确认了各国享有从领海基线算起不超过 12 海里的领海,不超过 200 海里的专属经济区以及最远可延伸至 350 海里的大陆架。无疑,这一《公约》的制定为世界各国在海洋划界问题上提供了权威性的参考,但是也正如学者所言:"海洋法的规定本身已在亚洲引起了类似敌友之间的新争端,在亚洲没有一个国家声称的大陆架界限或划出的 200 海里专属经济区不会与其他国家的声称造成冲突。"[1]同时,正如前文所述,一些国家滥用《公约》中大陆架和专属经济区的相关规定,藉此对南海诸岛声称具有领土主权,加剧了南海诸岛的主权纷争,也使该区域的海洋划界问题更加复杂化。另外,《公约》对于历史性水域和历史性权利并未有过多的涉及,虽然其在第 7 条第 2 款关于直线基线的划定,第 10 条第 6 款关于历史性海湾的例外性,以及第 15 条关于领海界限的划定上等条款中有所提及,[2]但是并未对"历史性水域"这一概念有过多的解释或界定。这些弊端都在一定程度上阻碍了南海问题的解决。

但是,《公约》在其第 74 条和第 83 条中明确规定,海岸相向或相邻的国家间专属经济区和大陆架的界限,应在国际法院规约第 38 条所指国际法的基础上以协议划定,以便得到公平解决。这意味着,虽然《公约》未为海洋划界问题的解决提供具体的方法,但是其指导争端各国在国际法基本原则和规则的基础上解决争端。而"历史性水域"这一法则作为国际法院规约第 38 条所指的国际习惯理应在各国的协商中加以考虑并得到《公约》的承认和支持。[3]"历史性水域"这一概念早在 20 世纪就被提出,1957 年,联合国秘书处发表一份题为《历史性海湾》(*Historic Bays*)的文件,明确提出一个国家的"历史性权利"(historic rights),不仅包括"历史性海湾"(historic bays),还应包括"历史性水域"(historic waters)。所谓"历史性水域",是一个海洋区域,它可以是群岛水域,也可以是群岛与大陆之间的水域,也还包括海峡、河口以及其他类似的海域。[4] 1962 年联合国秘书处发布《历史性水域,包括历史性海湾的法律制度》文件,文件将历史性水域界定为"对一国十分重要并且其主权在历史上长期为一国主张并行使的海洋区域,同时这一区域并不会因一般国际法关于领海划界规定的变化而变化"。[5]该文件还明确提出了成为"历史性水域"的要素是:一国须对其主张的"历史性水域"有效行使权利;该国对该海域有效行使权利应有连续性;该权利的行使须获得外国的默认(acquiescence)或容忍(tolerance)。[6]

中国在南海划界上一贯主张的 U 形疆界线便符合"历史性水域"的要求。[7] 首先,中国自西汉以来就发现了南海并开始行使主权权利;其次,中国对南海的权利行使的持续性也有大量的史实进行佐证,此点在前文已有所提及;再次,《公约》颁布前,长期以来,中国在南海的主权权利未遭到任何国家的反对。因此,中国对南海诸岛以及伴随岛屿

---

　①　George Lauriat. Chaos or Cooperation? [J]. Far Eastern Economic Review, 1983,199(1). 转引自郭渊. 对南海争端的国际海洋法分析[J]. 北方法学,2009(2):136.

　②　贺鉴,汪翱. 国际海洋法视野中的南海争端[J]. 学术界,2008(1):257.

　③　蔡高强,高阳. 论解决南海争端的国际法路径[J]. 湘潭大学学报,2011(2):41.

　④　The UN Secretariat, "Historic Bays," UN doc A/CONF. 13/1, Official Records of United Nations Conference on the Law of the Sea, vol. 1 (30 September 1957), p. 2, http://untreaty. un. org/cod/diplomaticconferences/lawofthesea-1958/docs/english/vol_I/4_A-CONF-13-1_PrepDocs_vol_I_e. pdf, 2011 年 8 月 20 日。原文表述为:Historic rights are claimed not only in respect of bays, but also in respect of maritime areas which do not constitute bays, such as the waters of archipelagos and the water area lying between an archipelago and the neighboring mainland; historic rights are also claimed in respect of straits, estuaries and other similar bodies of water. There is a growing tendency to describe these areas as "historic waters", not as "historic bays".

　⑤　The UN Secretariat, "Juridical Regime of Historic Waters, including Bays," UN doc A/CN. 4. /143, Yearbook of the International Law Commission (1962), vol. 2 (9 March 1962), p. 7, http://untreaty. un. org/ilc/publications/yearbooks/Ybkvolumes(e)/ILC_1962_v2_e. pdf, 2011 年 8 月 20 日。原文表述为:the concept of "historic waters" has its root in the historic fact that States through the ages claimed and maintained sovereignty over maritime areas which they considered vital to them without paying much attention to divergent and changing opinions about what general international law might prescribe with respect to the delimitation of the territorial sea.

　⑥　The UN Secretariat, "Juridical Regime of Historic Waters, including Bays," p. 13 - 19. 原文表述为:These factors are: (1) the exercise of authority over the area by the State claiming the historic right; (2) the continuity of this exercise of authority; (3) the attitude of foreign States.

　⑦　蔡高强,高阳. 论解决南海争端的国际法路径[J]. 湘潭大学学报,2011(2):42.

而衍生的领海拥有主权,而对南海诸岛及其领海以外之 U 形疆界线范围内之水域拥有"历史性权利",而此历史性权利之性质应属主权权利,亦即中国拥有以勘探和开发、养护和管理海床上覆水域和海床及其底土的自然资源(不论为生物或非生物资源)为目的的主权权利,以及关于在该区内从事经济性开发和勘探,如利用海水、海流和风力生产能等其他活动的主权权利。此外,值得一提的是,不论是解放前由当时的中国政府内政部方域司在 1947 年所编绘出版的《南海诸岛位置图》(见图 2),①或是新中国成立后,经政府有关部门审定出版的地图(见图 3),皆有着极高的相似度,只是将原本的 11 段断续线改为 9 段断续线。再次证明中国大陆与中国台湾在南海 U 形疆界线主张上的同质性,近一步为两岸在南海

议题上的合作上提供更多法理与事理的基础。

四、现存困境可能之突破点

通过以上分析可知,从国际法的角度来讲,中国基于"先占原则"享有对南海诸岛的领土主权,并应基于"历史性水域"法则享有对南海的历史性权利。而其他南海周边国家对于南海诸岛和南海水域划界的相关主张则须分成两方面来观察。首先,南海周边国家对于南海诸岛的主权主张在国际法上是没有根据的;其次,它们对于南海海域划界的主张是有《公约》依据的,即专属经济区和大陆架的相关规定。目前存在的问题是南海海域划界的主张与中国对南海海域的历史性权利主张存在重叠,关于此问题则需要通过外交谈判划界解决。由以

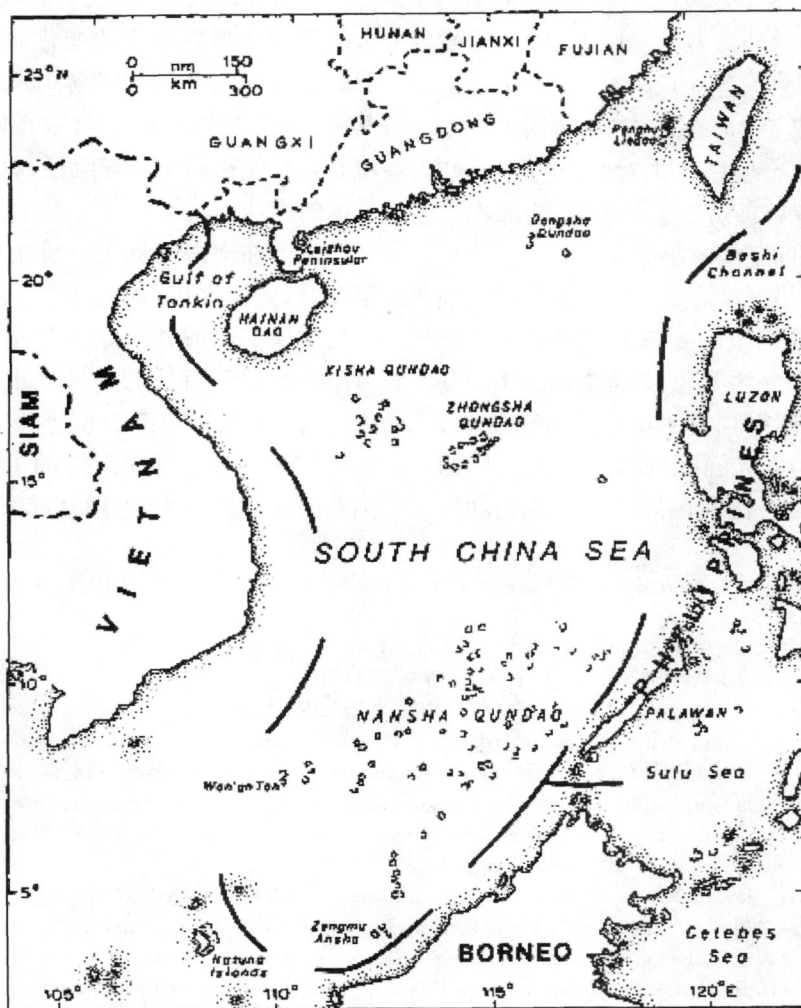

图 2 《南海诸岛位置图》,中国政府内政部方域司,1947 年

---

① 中国台湾到目前为止一直沿用此主张,并未加以改变。

图 3　中国政府目前所主张的南海九段线图

上观察可以得知,一旦争端各国将争议提交国际仲裁机构或国际法院解决,中国是具备极大优势的,而且这种解决方式也是比较公平且彻底的。但是,中国并未接受国际法院的强制管辖,并且中国与其他争端国也没有相关条约予以授权,亦无相关提交仲裁的协议,另外,中国也并不愿意将此问题交由第三方评判,这主要是由于中国一贯主张南海诸岛及其附近海域(即周围的 12 海里领海)拥有主权(或称为固有领土),并不是一个可以加以评判的问题。[①] 这一立场可从中国对菲律宾外长将两国对南沙群岛的争端交由国际海洋法法庭裁决建议的回应中

看出。[②]

中国倾向于通过双边谈判的途径解决南海争端,在 2002 年与东盟签署的《南海各方行为宣言》就是这一态度的体现。[③] 其中第 4 条规定:"有关各方承诺根据公认的国际法原则,包括《公约》,由直接有关的主权国家通过友好磋商和谈判,以和平方式解决它们的领土和管辖权争议,而不诉诸武力或以武力相威胁。"第 5 条规定:"各方承诺保持自我克制,不采取使争议复杂化、扩大化和影响和平与稳定的行动。"但是,从近年来南海争端的日趋复杂化和国际化的现状看,该宣言并未能发挥其最初设想

---

① 赵国材. 从国际法观点论海峡两岸共同合作开发南海油气资源[J]. 军法专刊,2010(5):62.

② 菲建议南海争端提交国际海洋法法庭中方回应[EB/OL]. [2011 - 08 - 20]. http://gb. chinareviewnews. com/doc/1017/6/5/3/101765366. html? coluid=7&kindid=0&docid=101765366&mdate=0713164945.

③ 中国签署该声明的前提是,这个声明是由东盟各个成员国单独身份与中国以单个主权国家之间平等身份签署的,绝不是以东盟这个地区组织为一方,以中国为另一方的模式而签订的。

的作用。这表明在目前南海各争端方矛盾和分歧日益突出的情况下，无论是多边亦或是双边谈判都很难使南海争端各国在南海诸岛领土主权和南海水域划界问题上达成协议，这也是中国一直以来极力主张"搁置争议，共同开发"的原因。然而，根据赵国材教授的分析，共同开发的先决条件是各国必须承认争议的存在，并就争议区的范围达成共识，同时各国必须确认其所占领的岛礁不能视为是对其领土主权的承认。但是就这一点各国很难在谈判中做出让步，例如，越南坚持先划界再谈共同开发。同时各国对于共同开发的方式也有不同的理解。① 因此，要实现与东南亚各国在南海资源上共同开发的目标可谓困难重重，这是一个长期的过程。

但是，值得注意的是，两岸在南海资源开发方面的合作存在极大的空间和可能性。首先，中国大陆和台湾在南海问题上的立场从本质上来说是一致的。如前所述，两方都否认东南亚各争端国的主权主张。这一立场可以为两方避开政治敏感话题，展开合作一致对外打下基础。其次，马英九的"蓝海战略"中所主张之"搁置争议、和平互惠、共同开发"的原则，② 也是与中国大陆政府所主张的"搁置争议、共同开发"原则相吻合的，这也为海峡两岸的合作提供了保证。其三，两岸自 1994 年起便已展开了在台湾海峡的一系列油气探采合作计划，大陆的中国海洋石油总公司和台湾的中国石油公司经历了多次协商，制定了多份协议，并确立了"对等互惠、不谈主权"的原则，③ 这些在台湾海峡的油气合作实践都可以为两岸在南海的合作提供经验。

因此，两岸可充分借鉴其已实行的台湾海峡油气合作机制，回避相关政治因素，共同开发南海资源。具体来说，两岸可将开发资源进行细分，即包含渔业资源在内的可再生资源以及石油、天然气等不可再生资源。两岸可首先从争议较少的渔业资源等可再生资源着手，订立共同合作开发协议，然后再逐步扩展到相对复杂的石油、天然气等不可再生资源的合作开发的协商和谈判中，并订立与渔业资源不同的合作开发协议。这样分别规制的做法可以更好地体现不同资源的特点并加速合作的步伐。中国大陆和台湾在南海的合作从一定程度上讲可以起到一致对外、压制东南亚争端各国的效果，同时也可以更好的争取和维护南海海洋权益。另外，随着两岸合作的进一步深入，两岸也可合作对东南亚各争端国施加压力，促使其尽快开展资源合作共同开发方面的谈判。

五、结语

从国际法的角度来说，中国在宣称南海诸岛及周边海域的主权方面是具有有力的法理依据的。但是面对目前日益激化的南海局势，"搁置争议，共同开发"仍是最符合各国利益的解决方式，然而，要实现这一目标仍困难重重。

通过以上分析可知，两岸基于其在南海问题上的共同利益和立场，在南海共同开发方面存在极大的空间，因此，首先促成两岸之间在南海资源开发方面的合作是应取之道。同时，两岸对东南亚各争端国的双重施压，也可促进各争端国尽快就合作事宜展开谈判，进一步缓和南海局势，实现多赢局面。

（编辑　陈敬根）

---

① 赵国材.从国际法观点论海峡两岸共同合作开发南海油气资源[J].军法专刊,2010(5):64—65.
② 赵国材.从国际法观点论海峡两岸共同合作开发南海油气资源[J].军法专刊,2010(5):66.
③ 赵国材.从国际法观点论海峡两岸共同合作开发南海油气资源[J].军法专刊,2010(5):66.

盛建明.服务贸易补贴法律问题初探[M]//李清伟.上大法律评论(第 1 辑).上海:上海三联书店,2013:53 - 59.

服务贸易补贴法律问题初探

盛建明

（对外经济贸易大学 法学院,北京　100029）

摘要:研究服务贸易补贴法律制度是应对外国政府服务贸易补贴、振兴我国服务贸易和促进服务业可持续发展的客观需要。WTO 框架下可用以应对服务贸易补贴之条款包括 GATS 第 2 条、第 17 条、第 20 条等 5 个条款。在服务贸易领域,实施反补贴措施面临作为边境措施的货物贸易领域的反补贴措施能否成功移植和复制到服务贸易领域、如何界定某一种服务业补贴确实属于具有扭曲效应的服务贸易补贴、如何界定某一服务贸易出口的原产地国等一系列难题,并从增强中国服务业、制定相应法律规则、做好充分法律准备、积极参加和推动 WTO 服务贸易反补贴机制的建立等方面提出中国针对服务贸易现实补贴与潜在反补贴措施的对策。

关键词:服务贸易补贴;反补贴措施;《服务贸易总协定》

Research on the legal system of service trade subsidy

SHENG Jian-ming

（School of Law University of International Business and Economics，Beijing　100029，China）

Abstract: It is a necessity that researching the legal system of service trade subsidy for responding on service trade subsidy from the foreign countries,revitalizing of service trade of our country and promoting sustainable development of the service sector. The terms available for service trade subsidy under WTO framework include Article 2，Article 17，Article 20，etc. Implementing countervailing measures in the field of trade in services will be facing a series of difficulties and challenges,including whether countervailing measures can be successfully transplanted and copied in the field of trade services as the border trade measure,how to identify a certain subsidy is belong to the service trade subsidy with distorting effect and how to identify the original countries of a service trade export. The thesis also proposes the suggestions related to the service trade subsidy and the potential countervailing measures that are enhancing services industry,formulating corresponding rules of law,preparing to legal systems,actively participating in and promoting establishment of the WTO countervailing mechanism of service trade.

Key words: service trade subsidy; countervailing measures; General Agreement for Trade of Service

　　入世 10 年以来,中国服务业开放的步伐和力度是前所未有的,其发展的速度和幅度也是史无前例的。面对我国服务业发展突飞猛进的大好形势和服务业前所未有的全面开放的格局,面对中国服务业发展先天不足[①]和面临发达国家激烈竞争的背景,考虑到外国政府有可能趁多边服务贸易补贴纪律不严明之机而大肆实施政府补贴的发展态势,中国政府和企业必须未雨绸缪,加强对服务贸易补贴及其救济措施的深入研究。这也是本文涉及的课题值得探讨的原因之所在。

来稿时间:2013 - 04 - 15

作者简介:盛建明(1965—),男,江苏苏州人,法学博士,对外经济贸易大学法学院教授,对外经济贸易大学 WTO 法律研究中心主任,中国法学会国际经济法研究会常务理事、中国法学会 WTO 法研究会常务理事。本文系作者在其 2011 年度"中国贸易救济与产业安全研究奖"二等奖获奖科研论文基础上删节而成。

　①　入世前五年,即 1997 年至 2001 年,我国我国服务贸易逆差金额每年超过 50 亿美元,此后,逆差数额节节攀升,入世后,这逆差迅速扩大了一倍,2002 年至 2004 年隔年逆差金额分别为:97.84 亿美元、85.72 和 96.99 亿美元。详见付强.提升我国服务贸易国际竞争力的策略分析[J].集团经济研究,2006(20):38.

一、服务贸易补贴法律制度研究的必要性之论证

（一）研究服务贸易补贴法律制度是应对外国政府服务贸易补贴之需要

研究表明，无论是发达国家，还是发展中国家，世界上许多国家对服务贸易的补贴是客观存在的，不少国家对于一些重点行业的补贴力度还是相当大的。例如，根据 WTO 的贸易政策审议报告，美国就对其服务业实施了范围分布较广的政府补贴，惠及的服务主要集中在金融、海运、空运和视听等四个行业。① 以海运业为例，根据《2003 年海运安全法》，美国海运管理局已批准在 2006 年至 2015 年期间，为 60 艘悬挂美国旗的船舶提供 17.3 亿美元的支持资金。② 再例如，新墨西哥州为发展本州电影业，自 2003 年之后实行 25％ 的减税政策，这拉动了 6 亿美元的经济支出，新增了许多就业机会。如果说发达国家服务业发展的背后有政府补贴的贡献，那么，发展中国家与日俱增的专项服务补贴对于这些国家服务业的蓬勃发展也功不可没。例如，印度政府对旅游业的可观补贴，就是发展中国家对其具有一定优势之产业实施补贴的成功范例。③

这一现实，客观上要求我国必须未雨绸缪，研究应对之策略和措施，否则必将陷于被动之境地。而对服务贸易补贴的多边法律制度进行深入、系统之研究，包括对其最新发展动态之跟踪，无疑是应对策略和措施的重要组成部分。换言之，深入研究服务贸易补贴法律制度，乃是我国应对外国政府服务贸易补贴的需要。

（二）研究服务贸易法律制度是振兴我国服务贸易促进服务业可持续发展的客观需要

众所周知，尽管近年来中国服务贸易之发展十分迅猛，④但是中国服务业的发展的总体水平不高，在全球服务贸易竞争中仍然处于劣势地位。⑤ 与此形成鲜明对比的是，发达国家在服务贸易方面有着巨大优势。总之，我国服务业发展的先天不足，以及发达国家服务贸易的巨大优势，使我国服务业的进一步发展受到实力悬殊的竞争压力和各个方面的重大挑战。

在这一背景下，我国政府应当有所作为，我国应当利用 WTO 法律制度的法律空白，借鉴发达国家服务贸易补贴的经验，对我国服务贸易实施有利有节的政府补贴，加快服务贸易政府扶持力度，因为这是一条促进我国服务业振兴和我国服务贸易可持续发展的有效途径。

为了实现上述目标，有必要对 WTO 及其各成员关于服务贸易补贴的法律制度与规则进行细致深入的研究，否则，若是在摸清规则之前盲目实施政府补贴，滥用目前为 WTO 法律制度所禁止或其后将不被允许的政府扶持手段，就容易遭受他国的法律制裁。这种情形非但不利于实现我国服务业的可持续发展，也不利于我国产业结构的调整和服务贸易的稳定增长。

可见，研究服务贸易法律制度是振兴我国服务贸易促进服务业可持续发展的客观需要。

二、WTO 框架下可用以应对服务贸易补贴之条款的法律分析

作为旨在固定各国开放服务贸易市场成果和约束各个成员对服务贸易实施管制措施法纪的法律框架，《服务贸易总协定》(GATS) 中本身就有不少条款可以作为应对政府对服务贸易实施补贴的应对手段，尽管其初衷并非是为针对服务贸易政府补贴而设计的。这种现象，也可谓是"无心插柳柳成荫"一种写照吧。以笔者之愚钝，梳理结果表明

---

① 谢珵. 服务贸易补贴的特点和各国做法[J]. 国际贸易，2009(10)：23.

② 谢珵. 服务贸易补贴的特点和各国做法[J]. 国际贸易，2009(10)：23.

③ 印度政府鼓励本国和国外投资者对旅游业的投资，优惠政策包括利息补贴、所得税鼓励、进口优惠以及对旅馆业的特别优惠进口许可。印度电力和淡水供应紧张，旅游业对此享有优先权。具体规定如下：(1)在孟买、加尔各答、德里、马德拉斯等中心城市以外的地方建设一、二、三星级宾馆，中央政府对项目贷款提供 3％ 的利息补贴。如果此类宾馆位于旅游线路，或其所在地被国家旅游行动计划确定为重点发展目标，则可享受 5％ 的利息补贴。(2)遗产宾馆可享受 5％ 的利息补贴。(3)宾馆、旅行社以外汇获得的利润的 50％ 免交所得税，其余利润如果继续投资于旅游业也可享受免税待遇。(4)宾馆初建或重大扩建所需进口的特别商品享受优惠关税率。另外，旅游行业还可以根据"扩大出口资本商品计划"享受优惠进口税率。(5)根据 1997/1998 财政计划，位于山区、农村地区、朝圣地的宾馆，或其所在地具有旅游重要性的宾馆，免交 50％ 所得税，免交支出税。其他地区(四大中心城市除外)的宾馆免交 30％ 所得税。董丽丽. 论 GATS 补贴制度的完善及中国的策略[D]. 硕士论文，2003：20.

④ 商务部服务贸易司官员在 2011 年 11 月 28 日的举办的一个新闻发布会指出，从 2006 年至 2010 年的 5 年内，中国服务贸易进出口总额年均增长 17％，从 2006 年 1917 亿美元增至 2010 年的 362.4 亿美元，2011 年的估算额将升至 4100 亿美元。详见《中国日报》2011 年 11 月 28 日第 13 版的新闻报道。

⑤ 仅 2011 年前三个季度，中国交通运输、旅游和保险三个行业的贸易逆差就达 600 亿美元，这从一个侧面反映了民航、高端旅游和保险领域等高端服务业的弱势。详见《中国日报》2011 年 11 月 28 日第 13 版的新闻报道。

GATS 可资利用的法律条款至少有以下 5 个条款。兹略陈如下。

（一）依照 GATS 第 2 条对补贴实施国提起违反最惠国待遇条款之诉

GATS 第 2 条有关最惠国待遇的条款包含了适用于成员所有服务部门的普遍义务，而不必考虑该成员是否在这些部门中做出了承诺。GATS 第 2 条规定："关于本协定涵盖的任何措施，每一成员对于任何其他成员的服务和服务提供者，都应立即和无条件地给予不低于其给予任何其他国家同类服务和服务提供者的待遇。"

尽管最惠国待遇条款对服务补贴有一定的约束作用，但作为外国政府服务贸易补贴的应对措施，这一应对措施的局限性是显而易见的。第一，如果没有外国提供同类服务的公司接受补贴，则该条款不适用。这也意味着，最惠国待遇条款并不适用于一个成员补贴其国内产业并导致进口替代的情况。第二，该条款存在豁免的情况。一旦某一补贴措施被列入某国服务贸易承诺表的《关于第 2 条豁免的附件》，并符合该附件中的条件，那么，即使这一补贴授予了补贴实施国之外的另一成员国，未能享受这一补贴的成员国也无计可施，无法依照最惠国条款实施任何有效的应对措施。

（二）依照 GATS 第 17 条提出违反国民待遇义务之指控

根据 GATS 第 17 条之规定：对列入其承诺表的部门，在遵照其中所列条件和资格的前提下，每个成员在所有影响服务提供的措施方面，给予任何其他成员的服务和服务提供者的待遇不得低于其给予本国相同服务和服务提供者的待遇。

由此可见，GATS 第 17 条要求 WTO 各个成员在服务贸易领域承担国民待遇义务，只不过，这一义务是一种有条件的义务。之所以说它是一种有条件的国民待遇义务，是因为这一义务需受制于某一成员服务贸易承诺表中列明的条件和资格。

（三）依照 GATS 中的市场准入条款对受补贴的外国服务贸易实施一定限制

GATS 第 16 条规定：成员国必须按照他们在加入世界贸易组织时对服务贸易市场开放程度的承诺，保证来自其他成员国的服务贸易和提供服务者的市场准入方面的权利。

从理论上来说，成员国可以通过对外国受政府补贴的服务部门的市场准入加以限制，来达到反击国外对服务贸易实施补贴的不公平贸易行为。但是上述市场准入限制要发挥作用，有一个前提条件，即成员国必须事先在服务贸易承诺表中对于某一服务部门的市场准入明确地设置附加条件，即当某一门类的外国服务业或外国服务提供者受到其所在本国政府非法补贴时，进口国有权在市场准入方面采取限制措施。

（四）利用 GATS 第 20 条相关规定迫使外国政府做出不对某些门类的服务贸易实施政府补贴之额外承诺

GATS 第 20 条第 1 款 C 项允许 WTO 成员对其业已作出具体承诺的行业作出额外承诺。从理论上来说，这一规定为成员就约束、削减、取消或以其它方式规范服务贸易补贴的行为进行要价和出价留出了一定空间。因为成员既可以"要价"（request for offer）方式要求贸易伙伴削减、取消服务贸易补贴，也可以通过在减让表的额外承诺栏目内作标记，以"出价"（offer）方式自行削减、取消扭曲国际贸易的本国政府的服务贸易补贴，以来换取对方国家关于进一步开放该国服务贸易之其他承诺。不过在实践中，尚未有国家对其贸易伙伴提出要求其约束服务贸易补贴的要价，也没有主动地旨在削减此类补贴的主动出价。

（五）依据 GATS 第 15 条第 2 款之规定启动旨在迫使补贴实施国消减某些门类服务贸易补贴的磋商机制

GATS 第 15 条第 2 款之规定如下：

"任何成员如认为另一成员的补贴使其受到负面影响时，可就此事要求与该成员进行磋商。对此种要求应给予积极考虑。"

根据上述条款之规定及整个第 15 条之规定，GATS 在一定程度上认可某些补贴存在的合理性，只不过认为各成员应当对于影响服务的补贴措施以及反补贴措施的必要性继续进行谈判。但是在谈判达成结果之前，当某一成员认为另一成员的补贴使其受到负面影响时，可以就此事与另一成员进行磋商。实施补贴的成员不得无故拒绝这种磋商请求，因为条文明确规定成员国负有对上述磋商请求给予"积极考虑"之义务。

三、针对服务贸易补贴的贸易救济规则之构思

GATS 第 15 条明确规定如下："各成员承认，在某些情况下，补贴对服务贸易可能会造成贸易扭曲效应。各成员应进行多边谈判，以期制定必要的多

边纪律,以避免此类贸易扭曲效应。此类谈判同时应涉及反补贴程序的适当性问题。此类谈判还应承认补贴对发展中国家发展计划的作用,并考虑到各成员尤其是发展中国家成员在这一领域中所需的灵活性。为进行此类谈判,各个成员均应就其提供给本国服务提供者的与服务贸易有关的一切补贴交换相关资料"。

根据上述规定,成员负有"就制定旨在避免对服务贸易政府补贴的造成贸易扭曲效应的必要的多边补贴纪律而展开谈判"之义务。更为重要的是,从上述条款特别提到的"此类谈判同时应讨论使用反补贴程序"是否适当的此类措辞表明,上述规定在原则上不但没有排除将反补贴措施用作纠正上述服务贸易补贴的贸易扭曲效应的法律应对手段,我们甚至可以说,GATS 从某种意义上对此是持赞许态度的。

由此可见,WTO《服务贸易总协定》的上述规定,为服务贸易领域政府补贴纪律的谈判乃至反补贴手段的运用留下了伏笔。

不过,服务贸易毕竟不同于货物贸易。在服务贸易领域实施反补贴措施面临一系列难题,其中包括但不限于下列问题:(1)作为边境措施的货物贸易领域的反补贴措施能否成功移植和复制到服务贸易领域? (2)如何界定某一种服务业补贴确实属于具有扭曲效应的服务贸易补贴? (3)如何界定某一服务贸易出口的原产地国? (4)服务贸易的补贴金额应当如何计算? (5)对接受政府补贴的外国服务实施反补贴措施应当如何实施? (6)如何确保此类反补贴措施的力度与计算出来的补贴金额大致相当?

针对上述问题,笔者试图作出如下粗浅的解答:

(一) 关于货物贸易反补贴措施的复制问题

首先,笔者认为作为边境措施并对货物贸易领域适用的反补贴措施是无法复制到服务贸易领域的。这是因为,货物贸易的成功,必须跨越有形的边界,货物贸易的反补贴措施,是由进口国海关在货物进入该国关境之际加以落实的。但是服务贸易却与此不同,以第 1 种服务提供模式(即跨境提供)为例,服务信息跨越边境点对点传输是瞬间完成的,根本不在海关的监管范围之内,海关的关境对于这种模式的跨境服务来说,几乎形同虚设,鞭长莫及! 即使是对于第二种服务提供模式来说,尽

管消费者进入异国境内进行消费,但是当其离开本国关境之时,消费通常尚未发生,当其回到本国边境时,交易业已完成。但其谎称未在境外进行特定消费时,边境人员是很难查证的。尽管边境执法人员能够对消费者携带出境或入境的货物可以征收关税或免征关税,但是对于疾病治疗或旅游服务来说,作为消费者所在国服务的进口国的海关当局根本无从把握交易本身的出境和入境。由此可见,作为边境措施的货物贸易领域的反补贴措施,在不作修改的情况下,根本无法原封不动地复制到服务贸易领域。

(二) 具有贸易扭曲效应的服务贸易补贴种类之界定

应当指出的是,GATS 第 15 条的关注对象不是所有的服务贸易补贴,而是扭曲贸易之补贴(trade distortive subsidies),也即对国际贸易具有扭曲效应(a distortive effect on international trade)之补贴。尽管目前国际社会对于何谓具有贸易扭曲效应之补贴尚未达成明确的共识,但是研究这一领域问题之大部分文献资料均认为:此种补贴理应包括以下几种补贴:一是出口增进补贴(export-enhancing subsidies);二是进口替代补贴(import-displacing subsidies);三是投资转移补贴(investment-diverting subsidies)。

(三) 关于某一服务贸易的原产地的界定问题

要对受到外国政府补贴的服务有效实施反补贴措施,有一个基本前提,那就是,必须界定哪些服务是外国服务? 换言之,如何识别接受补贴的服务属于外国服务? 如何界定服务贸易的出口国? 这里就涉及服务贸易的原产地国界定这一法律问题。

与货物贸易不同的是,在服务贸易中,服务与服务提供者的待遇通常是联系在一起的。因此,在考虑服务的原产地时,往往会受到服务提供者来源因素的影响。因此,将货物原产地的规则直接适用于服务贸易往往是行不通的。鉴于服务与服务提供者之间密不可分的联系,服务的原产地标准往往基于服务提供者的国籍标准或增值标准(value added threshold)来确定。不过,凭借服务增值标准来确定服务的原产地在理论上似乎说得通,但是在实践中几乎无法识别与操作。于是一些学者建议以服务的来源地来确定服务的原产地,而服务的来源地则通过服务贸易提供者的国籍、所有权和控制因素来加以认定。[①]

---

① Bernard Koekman:"Rules of Origin for Goods and Services-Conceptual Issues and Economic Considerations", 27 J. World Trade 81, 1993, P. 97.

上述学者的建议似乎得到了 GATS 制定者的采纳，因为 GATS 第 28 条之规定，基本上是沿着上述建议的思路进行的。这一条文，事实上确定了服务贸易原产地的若干标准，这些标准包括：自然人的国籍标准、永久居留标准、法人的实际拥有或控制标准等。

（四）服务贸易补贴金额之计算

服务贸易的补贴金额之计算，应当与货物贸易中政府补贴金额的计算保持一致，那就是除了政府直接动用预算资金给予财政资助外，一般可采用"市场基准"。当某一服务提供者获得政府财产、货物时，可以将同样情形下与政府机构或公营机构相独立的交易主体在提供上述同类财产、同类货物时所收取的价格作为计算补贴是否存在或补贴幅度大小之基准价。同样道理，当某一服务提供者向政府机构提供某一服务时，可以将同样情形下向与政府机构或公营机构相独立的交易主体在提供同类服务时所收取的价格作为计算服务贸易补贴是否存在或服务贸易补贴幅度的大小之基准价。

（五）服务贸易反补贴措施之实施

正如上述，在货物贸易领域广泛适用的边境措施，很少能够适用于服务贸易，但是对于服务提供者或消费者的出入境除外。特别是当大量的服务贸易通过电子方式进行提供时，实施反补贴措施会变得更为复杂，这里将按照服务的四种提供方式中的模式 3 为例，分析可能适用的反补贴措施。

在 GATS 第 1 条规定的四种服务提供模式中，对以商业存在（即模式 4）方式提供的服务适用反补贴措施的难度最大。从时间角度来看，对这种模式提供的服务的反补贴措施可以分为两个阶段：一是反补贴措施如何适用于服务提供者设立商业实体（即商业存在）前的阶段，二是如何适用于服务提供者设立商业实体后的阶段。在前者的情况下，反补贴措施可以相对比较容易地予以适用，如果外国服务提供者进入东道国市场的速度过快，使国内的服务提供者面临非常困境，则一国可以援引反补贴措施，在相关行业冻结外国提供者设立新的商业实体，以减少外国服务提供者的市场准入。但是在后一阶段，适用反补贴措施是有争议的。一方面，这会引起到对那些已设立商业实体的外国服务提供者的国民待遇和市场准入的中止或撤销，甚至可能引起撤资的问题。另一方面，这涉及对那些已经设立商业实体的外国服务提供者的既得权的保护问题。如果将反补贴措施仅仅用于阻止新的服务提供者进入市场，则由于那些已建立商业存在的服务提供者的既得权可以获得比较充分的保护，所以实施起来可能更为容易一些。但这样做对那些潜在的服务提供者是不公平的，因为它们本来就不是反补贴措施之所以要采取的原因。①

笔者建议，在后一阶段实施反补贴措施时，可以通过股本比例等指标，区分商业实体是由外国服务提供者控制还是本国提供者控制。实施反补贴措施的目的在一定程度上是为了保护本国服务提供者控制的商业实体。不过从外国服务提供者的观点来看，面临反补贴措施威胁的前景可能会使它们不愿选择在某些成员境内设立商业存在，从而减少对这些成员的投资。因此，这时需要考虑的是，在同一市场上对在同样或类似的条件下经营的商业实体采取不同的待遇是否合理。

四、我国关于服务贸易补贴与反补贴若干问题的政策建议

在谈判取得具体成果之前，我国针对服务贸易现实补贴与潜在反补贴措施的对策应当包括以下四个方面。

第一，对我国一些服务业大胆实施目前尚未为 WTO 所禁止且针对性强的政府补贴，切实增强我国服务业，特别是以证券服务为龙头的高端服务业的综合竞争力。众所周知，目前 WTO 对于服务业的补贴尚未有明确的纪律。理论上讲，只要政府有足够的财力，对服务贸易实施政府补贴在多边贸易体制框架内不会有明确的法律障碍。因此，我国应当按照量入为出的原则，在政府预算允许的范围内大胆实施目前多边贸易体制不予禁止的政府补贴，切实抓好有利于我国服务业长足发展的基础设施建设，不断提高我国服务业的综合竞争力。

笔者的这一设想并非是缺乏事实依据的空中楼阁，事实上，我国政府贸易主管部门与其他主管机构正在出台系列措施。例如，国家将通过有关举措，争取我国旅游服务贸易总额达到全球第五的位置。此外，国家将力争通过对会计服务业的扶持，

---

① 之所以要采取反补贴措施，是因为既有的外国服务对本国同类服务业造成了法定损害。这些损害是业已准入的外国商业实体造成的，不是尚未进来的实体造成的。但是若法定损害涵盖损害威胁，则另当别论。

确保到 2015 年将有三家中国会计师事务所晋升于世界前 30 位的顶级会计师事务所的行列。①

笔者认为：尽管上述措施令人鼓舞，但总体规划仍有缺少抱负之嫌。此外，即使总体规划得当，也不意味着实施的优先顺序和具体举措一定得法。笔者认为：在当前世界经济因美国国债和欧洲的债务危机而变得日益动荡的今天，面对由于种种原因已经到了触目惊心地步的中国 A 股市场，中国政府肩负着在继续大力推动实体经济发展的同时，着力发展虚拟经济的历史重任。在笔者看来，摒弃虚拟经济有害的错误观念的时候已经到来，②中国政府理应以超人的智慧和非凡的果断，正视中国 A 股市场全面失灵的现实，以 A 股市场维稳为契机，全面振兴包括证券服务在内的中国现代服务业。这样做的好处是显而易见的。首先，以稳定 A 股市场为抓手，有利于减缓和化解日益动荡的西方经济对中国经济的直接冲击。外部经济动荡对中国经济的冲击，首当其冲的表现就是通过外部压力迫使中国股票市场节节下跌、外资不断流出国境和证券市场逐步崩溃，其次是迫使中国外贸出口面临四面楚歌和全面下滑的全球环境，最后是中国房地产泡沫的连环爆炸和金融经济体制的全面瓦解。目前西方各界唱空中国的声音可谓不绝于耳，其背后的根据无非就是上述三种潜在趋势悲观分析和预测。因此，以前所未有的系列举措稳定 A 股市场信心，在目前阶段不但是一项刻不容缓的经济与政治任务，而且可以起到四两拨千金的杠杆效应。目前国家只要花费比为应对 2008 年全球金融海啸的 4 万亿人民币少得多的资金，就可以在化解外部动荡对中国金融市场的冲击方面起到立竿见影的显著成效。其次，A 股市场一旦有效维稳，其在全球金融动荡的格局下就或许能保持一枝独秀的景象，甚至促使中国变成全球最有吸引力的金融市场，那么资本外流之类的问题也就迎刃而解了，人民币国际化等问题也就能真正被提上议事日程，建立以中国本土为基地的国际金融中心的梦想也自然有了实现的现实可能。而这一切都将大大缩小我国与西方在证券服务业发展水平方面的差距，大大加速以证券服务为龙头的中国现代服务业的全面复兴的进程。

再次，A 股市场一旦有效维稳，其融资功能将得以有效恢复和发扬光大，那么中国实体经济就有可能以持久的生命力再次得到资本市场的有力支撑，这无疑将有利于中国的产业结构的调整转型，有利于中国国内产品的升级换代，有利于中国自主知识产权战略的落实。而这一切，将大大夯实中国实体经济的发展基础，使得中国经济日益步入良性循环的轨道。最后，A 股市场的维稳和以证券服务业为龙头的中国现代服务业的全面振兴，可以大大提高大学生和海归人员的就业水平，并可以使得 A 股投资者获得持续稳定的投资回报，使这一正在日益扩大的中产阶级阶层真正能够分享到中国经济多年稳步增长的成果，这将大大提高广大民众对社会主义政治体制的满意度和忠诚度，真正使中国特色的社会主义的优越性变成大家看得见和摸得着的东西，从而有效地夯实中国社会的政治稳定的经济之基。

总之，笔者认为中国应当采取切实有效的措施，将美欧债危机转化成大胆扶持和发展证券服务等高端服务业的千载难逢的机遇，以振兴包括证券服务在内的中国现代服务业的一系列举措为重要工作抓手，全面系统地落实经济结构调整的战略决策。目前除了大胆谋划，出台更多更为系统的旨在提振服务业的政策措施外，更为重要的任务是细化和落实关于服务业的扶持措施，并确保这些措施与 WTO 多边贸易规则的兼容性。

第二，制定旨在可以使我国相关服务行业能够适度援引目前不为 WTO 体制所禁止的反补贴措施和其他应对措施的法律规则，为我国服务业健康发展营造一个良好的法制环境和公平贸易秩序。从上述分析中我们不难看出，GATS 其实没有禁止成员国针对他国政府的服务贸易补贴采取旨在加以制裁的反补贴措施。这就是说，在多边贸易体制尚未制定明确的服务贸易反补贴法规则之前，我们有足够的空间制定周密并具有可操作性的法律规则，并适度使用目前包括反补贴措施在内的措施，消除外国政府实施的服务贸易补贴的扭曲效应，遏制并消除服务贸易领域的不公平竞争，为我国的服务业，特别是现代服务业的生存与发展争取更大和更

---

① 详见《中国日报》2011 年 11 月 28 日第 13 版的新闻报道。

② 每当中国股市上升的时候，总有一些大牌的经济学家出来大声疾呼和猛敲警钟，但令人奇怪的是，当中国实体经济依然持续发展的情况下 A 股市场在长达两三年的时间内被不断下跌，导致股民信心跌倒无以复加的地步之时，却没有多少有影响的经济学家出来为中国股市摇旗呐喊。这充分说明股市等虚拟经济有害的错误观念流传甚广。

为有利的政策空间和法制环境。

　　第三,针对可能针对中国服务业的反补贴措施和其它应对措施,做好充分法律准备,以便在上述行动成为现实时坚决应诉和据理力争。值得一提的是,对于我国应对服务业政府补贴来说,GATS条款本身并没有对各个成员采用反补贴措施做出明文禁止这一现实,其实是一把"双刃剑"。一方面,这一事实给中国政府采用反补贴措施制裁外国政府补贴提供了法律空间;但另一方面,也使外国政府对我国政府可能会出台的服务业扶持措施实施反补贴制裁时少了一层多边规则的约束和顾忌。因此,我们应当密切关注其他 WTO 成员的国内法这一方面的最新立法和执法措施,并做到动态跟踪。一旦他国出台服务贸易反补贴的新的立法,则应当立即研究相关的应对措施,以便使我国正在崛起的服务业在面临他国反补贴措施制裁时能够胸有成竹、沉着应对,争取获得最为有利的结果。

　　第四,我国应利用新一轮多边贸易谈判的发言权,继续推动紧急保障措施规则的完善,并积极参加和推动 WTO 服务贸易反补贴机制之建立。众所周知,当面临竞争对手或其所在国政府的不公平贸易行为冲击时,货物贸易中企业和政府可以采用反倾销、反补贴和保障措施来实施贸易救济。与之形成鲜明对比的是,对于服务贸易领域明确为 WTO 允许的贸易救济手段尚付诸阙如。显然,《服务贸易总协定》(GATS)没有提及服务贸易的反倾销措施,GATS 明确的救济手段只有紧急保障措施(ESM)。

　　但是本人的研究揭示:对于外来服务贸易冲击来说,除了 ESM 外,比较可行的救济手段可能就是反补贴措施。这是因为,尽管目前国际上对反补贴是否能够成为服务贸易救济手段之一尚有激烈的争论,但是 GATS 为服务贸易领域的政府补贴纪律的谈判乃至反补贴手段的运用留下了伏笔,并没有禁止各国出台相关的反补贴措施,只是由于上文提及的服务贸易反补贴的诸多法律问题尚未有很好的解决办法,因此尚未有对服务贸易补贴实施反补贴的先例。但是我国学术界和实务界有义务关注服务贸易反补贴这一前沿问题,并力争为上述诸多法律问题的解决献计献策。我国相关主管部门,更是应当做好系统调研工作的组织和协调,力争在不久的将来准备好具有可操作性的相关预案。

　　　　　　　　　　　　　　　　(编辑　陈敬根)

王淑敏，赵蔷. 保护海洋碳汇的法律对策研究［M］//李清伟. 上大法律评论(第 1 辑). 上海：上海三联书店，2013：60 - 69.

保护海洋碳汇的法律对策研究

王淑敏，赵　蔷

(大连海事大学 法学院，辽宁　大连　116026)

摘要：海洋碳汇是利用海洋及其生物吸收、储存二氧化碳，最为关键和高效的碳汇之一，具有重要、有价值的生态系统功能。肇始于气候变化，人类各种活动如毁林、工业污染、过度捕捞、入侵物种侵扰等，以及不可持续的自然资源开采等，导致全球海洋碳汇正以惊人的速度消失。迄今为止，关于缓解气候变化的国际法严重忽视了海洋碳汇的问题，《京都议定书》的清洁发展机制亦不适用海洋碳汇。改变这一现状的必要措施是授予海洋碳汇与森林碳汇类似的碳交易和信用额度，将其融入减排和气候变化的国际法之中。海洋碳汇的国际法保护还须符合保护生物多样性的最低标准。为有效地抑制违法和犯罪活动，国际海洋法法庭的管辖权亟待加强；将"破坏海洋碳汇罪"列入普遍管辖权亦符合全体人类共同利益。对于中国而言，完善保护海洋碳汇的法律体系、构建统一执法机制和实施《温室气体自愿减排交易管理暂行办法》是保护海洋碳汇的有效路径。

关键字：海洋碳汇；破坏海洋碳汇罪；《温室气体自愿减排交易管理暂行办法》

Study on legal countermeasures regarding to the protection of the ocean carbon sinks

WANG Shu-min，ZHAO Qiang

(Law school，Dalian Maritime University，Dalian　116026，China)

Abstract：Ocean Carbon Sinks have the most crucial and effective carbon sink capacity including ocean and vegetated coastal habitats which absorb and restore CO_2 through providing the most important and valuable ecosystem functions. Due to all kinds of illegal activities such as destruction of forests，industrial pollution，excessive fishing，ecosystem immigration，unsustainable development and so on they are experiencing a steep global decline. Unfortunately the international conventions of climate change have ignored the ocean carbon sinks as far as we are concerned. Moreover Kyoto Protocol also excludes blue carbon sinks from the Clean Development Mechanism. Therefore it is necessary for it to provide with the same transaction or credit line as the green carbon sinks and integrate into the international law of climate change，energy conservation and emission reduction. On the other hand，the relative international law shall apply for the minimum requirement for the Convention on Biological Diversity. In addition，it is important to enforce the jurisdiction of ITLOS and add the crime of damage the ocean carbon sinks into the category of universal jurisdiction because of meeting with the coincidence of interests of human beings. Lastly there are three considerable approaches for the Chinese government to protect the blue carbon sinks including remedy for the defect system of legislation，establishment of unified enforcement and carry out the temporary administrative regulation with regard to greenhouse gasses and voluntary emission reduction by the National Development and Reform Commission.

Key words：ocean carbon sinks；the crime of damage the ocean carbon sinks；*The temporary administrative regulation with regard to greenhouse gasses and voluntary emission reduction*

收稿日期：2013 - 06 - 14

基金项目：辽宁省社会科学规划基金项目"碳排放对于海洋生态的损害及其法律责任研究"(LIIBFX0032011)、辽宁省社科联 2013 年度辽宁经济社会发展立项"辽宁省海运温室气体减排及海洋生态法律保护研究"(20131S1Ktifx)

作者简介：王淑敏(1963—)，女，北京人，法学博士，大连海事大学法学院教授、博士生导师，主要研究方向为国际经济法，E-mail：sunnyw@163. com；赵蔷(1987—)，女，大连海事大学法学院硕士研究生，E-mail：zhaoziyang926622@hotmaii. com。

一、引言

根据《联合国气候变化框架公约》第 1 条"定义"的解释，"汇"指从大气中清除温室气体、气溶胶或温室气体前体的任何过程、活动或机制；"源"指向大气排放温室气体、气溶胶或温室气体前体的任何过程或活动。大部分学者认为所谓"碳汇"即指公约所述的"汇"：从大气中移走二氧化碳的任何过程、活动和机制。[①] 天然的碳汇则指通过大自然界森林、土壤和海洋等吸收并储存二氧化碳的能力。由此森林被称之为绿碳，海洋则被称之为蓝碳。蓝碳亦称海洋碳汇，主要是利用海洋生物吸收大气中的二氧化碳并将其固定在海洋中的过程、活动和机制。[②] 45％的绿碳储存在自然陆地生态系统中，其余 55％被浮游生物等海洋生物和海洋的蓝色碳汇捕获。[③] 除了海洋生物之外，海洋有多种固碳方式，包括海洋物理、深海封储、海滨湿地固碳等。森林的碳汇作用早已众所周知，并获取了《京都议定书》的财政支持。相比之下，海洋作为一个巨大的碳库的作用，长期以来却被人们所忽视，而地球上约93％（40 万亿吨）的二氧化碳储存在海洋中，并在海洋中循环往复。[④] 蓝色汇碳对于沿海地区的生产力至关重要，广泛造福于人类社会，包括过滤水源、减少海岸的污染影响、营养负荷、沉积、保护海岸免受侵蚀以及减轻极端气候事件的影响等作用。而人类各种活动，如毁林、农业工业废水中的营养物质和化学品造成的污染、不可持续的海岸发展模式、过度捕捞、入侵物种侵扰、石油泄漏、疏浚、引起沉积物的填地或排水、采矿以及生物多样性减少等，都在影响着全球的沿海生态系统，其影响之大，远远超过了这些生态系统的自然缓冲能力，致使蓝碳的消失速度比地球上任何其他生态系统的消失速度都要快。人类还有不到二十年的时间保护和恢复它们。如何从国际法和国内法双重角度克服上述危机？以下笔者试图结合国际环境保护法理论的创新、国际条约的协调与国际合作机制的建立、国际环境法院的构想，以及相关国内立法体系的完善，统一海上执法机制的探索和实施《温室气体自愿减排交易管理暂行办法》，以求破解海洋碳汇法律保护问题带来的困扰。

二、海洋碳汇面临的环境危机

（一）海洋生物碳汇的消失速度加剧

1. 全球海洋生物碳的消失

根据联合国环境规划署、粮农组织和教科文组织、政府间海洋学委会及部分学者共同编写的《蓝碳：健康海洋的固碳作用》，海洋的植物种群，尤其是红树林、盐沼和海草，覆盖面积不到海床的0.5％，占海洋沉积物中碳储存量的50％以上，甚至可能高达71％，每年都储存了大量的碳，是最强大的海洋生物碳汇。它们埋藏在沉积物中，可以储存千年之久，海草牧场尤为如此，积聚的物质多达一定程度，极大地增高了海底海床，形成厚度超过 3 米的沉积层。统计数据显示，全球约 1/3 的海草区域已消失，且此类消失的速度还在加快，20 世纪 70 年代消失速度还低于每年 0.9％，但自 2000 年以来消失速度超过了每年 7％。全球约 25％的盐沼区域已不复存在，当前的消失速度约为每年 1％—2％。自 20 世纪 40 年代以来，全球约 35％的红树林区域已消失，当前的消失速度约为每年 1％—3％。其全球消失速度是热带森林的 2—15 倍。[⑤] 素有"海岸卫士"盛誉的红树林，通过消浪、缓流、促淤、固土等功能在海岸形成第一道天然屏障，尤其在防御台风、海啸等极端天气灾害方面作用巨大，是众多鸟类、海洋生物孵化后代的乐园，以及净化空气的蓝碳资源。有数据显示，红树林带宽度 100 米，高度 4—6 米，消浪效果可达 80％以上。[⑥]

在所有海洋生物中，有四分之一以珊瑚礁为

---

　① UNEP, FAO and IOC/UNESCO, Blue carbon the role of healthy oceans in binding carbon, Birkeland Trykkeri AS, Norway 2009, p72.

　② the first workshop of the International Blue Carbon Policy Working Group, BLUE CARBON POLICY FRAMEWORK Based on, 2011 International Union for Conservation of Nature and Natural Resources and Conservation International, Publications Services Rue Mauverney 28 1196 Gland Switzerland, p5.

　③ Gabriel Grimsditch. Options for Blue Carbon within the International Climate Change Framework, Sustainable Development Law & Policy Volume 11 Issue 2 Winter 2011: Climate Law Reporter, p22.

　④ UNEP, FAO and IOC/UNESCO, Blue carbon the role of healthy oceans in binding carbon, Birkeland Trykkeri AS, Norway 2009, p6.

　⑤ UNEP, FAO and IOC/UNESCO, Blue carbon the role of healthy oceans in binding carbon, Birkeland Trykkeri AS, Norway 2009, p35.

　⑥ 谢庆裕，董永春. 我国红树林半世纪来丧失 73％[N]. 南方日报，2012-12-21.

家。最近数十年，人类对珊瑚礁的掠夺性开采，致使珊瑚礁出现前所未有的生存危机。另一方面，由于海水温度不断升高，珊瑚褪色的频率和强度日趋增加，如印度洋五彩的珊瑚礁正在慢慢褪色。珊瑚礁被称为"海底热带雨林"和"海上长城"，经历长达 2.5 亿年的演变，是地球上最古老、最多姿多彩、也是最珍贵的生态系统之一，但亦成为工业革命以来不断排放到海水中的二氧化碳的牺牲品。归咎于高于常温的水温以及太阳的强烈辐射，寄生于珊瑚，并赋予其斑斓色彩的微藻（"虫黄藻"）承受着越来越严重的压力。当压力过大时，珊瑚将其驱赶出去，珊瑚呈现出白色钙质骨骼称之为"褪色"。褪色的珊瑚非常脆弱，容易导致疾病、微藻过度生长甚至死亡。全球 2600 名全球顶级海洋科学家发出警告：珊瑚礁正在全球范围内大面积减少。① 在过去的几十年内，全球的珊瑚礁消失十分严重。比如在加勒比海岸，过去 35 年之内损失了 75％—85％ 的珊瑚礁。即使澳洲的大堡礁，作为全球保护最好的珊瑚礁，在过去 50 年内也折损了 50％。当前亚洲珊瑚礁三角区 85％ 的珊瑚礁受到人类活动的直接威胁，这些人类活动包括海岸开发、污染、过度捕鱼等等。亚洲珊瑚礁三角区涵盖印尼、马来西亚等众多区域，占全球珊瑚礁总量的 30％，海域里一共生存着 3000 多种鱼类。

2. 我国海洋生物碳汇所面临的问题

我国海洋生物碳汇方面问题亦令人堪忧。湛江红树林保护区红树林面积 9200 公顷，占全国的 33％，广东省的 79％，是我国面积最大的以红树林为主要保护对象的保护区，保存有中国大陆面积最大、种类最多、分布最集中、生态系统最完整、生物多样性最丰富的红树林。近几年来，非法捕鱼、人鸟争食、围海施工以及建设桥梁等人为因素，导致我国红树林周边陆地植被面积减少，依赖陆地植被生存的昆虫天敌也随之消失，虫害进而殃及红树林。而在高楼大厦、高速公路、工业区和填海工程

的"侵略"下，深圳红树林消失 3/4，珍稀种类减少过半。据"我国近海海洋综合调查与评价"显示，与 20 世纪 50 年代相比，我国红树林面积丧失 73％，由 55 万公顷减至 15 万公顷。②

另外，我国湿地分布广泛，类型也很多，湿地公约中几乎所有的湿地类型都有分布。湿地面积是亚洲湿地面积最大的国家，在世界上也排第四位。目前，我国湿地损失和破坏相当严重，全国滨海湿地丧失面积相当于滨海湿地面积的百分之五十。③

根据国家海洋局的监测④：2012 年，雷州半岛西南沿岸和广西北海珊瑚礁生态系统呈健康状态，海南东海岸和西沙珊瑚礁生态系统呈亚健康状态。海南东海岸和西沙等区域的造礁珊瑚平均盖度处于较低水平，硬珊瑚补充量较低，部分监测区域有长棘海星和核果螺等敌害生物侵害珊瑚的现象。过去 30 年，我国沿海岸礁的珊瑚数量至少减少了 80％。南海离岸环礁和群岛上，珊瑚覆盖率已从平均 60％ 以上下降至大约 20％。我国三亚国家级珊瑚礁自然保护区的衰退最为典型。该保护区有 85 平方公里，但珊瑚覆盖率非常低。近几年由于海洋工程、滨海旅游、渔业活动等的影响，以及敌害物种长棘海星的爆发，大部分珊瑚处于"亚健康"状态，局部海域的珊瑚正面临衰退甚至消亡。三亚湾附近分布着十余家星级酒店以及数个居民小区，排污管接到雨水排水管上，使得部分污水未经处理直排三亚湾海中，每年的污水入海总量以千万吨计，导致三亚湾沙滩的泥化现象日益严重。珊瑚的退化严重影响了螺类、贝类、鱼类种群数量，还使岛礁岸线失去防护，甚至海岸线也会受到严重影响。⑤

2012 年，国家海洋局对重点监测区的河口、海湾、滩涂湿地、珊瑚礁、红树林和海草床等典型海洋生态系统健康状况进行评价。结果表明，处于健康、亚健康和不健康状态的海洋生态系统分别占 19％、71％ 和 10％（见表 1）。⑥

---

① 科学家警告：全球珊瑚礁正快速减少［J］. 环境监测管理与技术，2012(4)：5.
② 谢庆裕，董永春. 我国红树林半世纪来丧失 73％［N］. 南方日报，2012 - 12 - 21.
③ 张晓龙，李培英，刘乐军，等. 中国滨海湿地退化［M］. 海洋出版社，2010：50—55.
④ 国家海洋局. 2012 年中国海洋环境状况公报［EB/OL］.［2013 - 06 - 05］. http://www.coi.gov.cn/gongbao/huanjing/201304/t20130401_26428.html.
⑤ 郑玮娜，张永峰. 排污口隐身珊瑚礁隐退——海水富营养化致三亚部分海域珊瑚消亡［EB/OL］.［2013 - 06 - 05］. http://www.hq.xinhuanet.com.
⑥ 国家海洋局. 2012 年中国海洋环境状况公报［EB/OL］.［2013 - 06 - 05］. http://www.coi.gov.cn/gongbao/huanjing/201304/t20130401_26428.html.

表 1　2012 年重点监测区海洋生态系统基本情况

生态系统类型	监测区名称	所属经济发展规划区	监测海域面积（平方公里）	健康状况
河口	双台子河口	辽宁沿海经济带	3000	亚健康
	滦河口-北戴河	河北沿海经济区	900	亚健康
	黄河口	黄河三角洲高效生态经济区	2600	亚健康
	长江口	长江三角洲经济区	13668	亚健康
	珠江口	珠江三角洲经济区	3980	亚健康
海湾	锦州湾	辽宁沿海经济带	650	不健康
	渤海湾	天津滨海新区	3000	亚健康
	莱州湾	黄河三角洲高效生态经济区	3770	亚健康
	杭州湾	长江三角洲经济区	5000	不健康
	乐清湾	浙江海洋经济发展示范区	464	亚健康
	闽东沿岸	海峡西岸经济区	5063	亚健康
	大亚湾	珠江三角洲经济区	1200	亚健康
滩涂湿地	苏北浅滩	江西沿海经济区	15400	亚健康
珊瑚礁	雷州半岛西南沿岸	广东海洋经济综合试验区	1150	健康
	广西北海	广西北部湾经济区	120	健康
	海南东海岸	海南国际旅游岛	3750	亚健康
	西沙珊瑚礁	海南国际旅游岛	400	亚健康
红树林	广西北海	广西北部经济区	120	健康
	北仑河口	广西北部经济区	150	亚健康
海草床	广西北海	广西北部经济区	120	亚健康
	海南东海岸	海南国际旅游岛	3750	健康

（二）海洋酸化的严峻后果

1. 全球性问题

工业革命以来,海水表层 pH 值从 1960 年的 8.15 下降到 8.05,海水中氢离子浓度增加了 30%。[①] 海洋吸收过多的热量和二氧化碳,对大气变化的缓冲能力会减弱,大气和陆地生态系统会因此面临气候变化的全部后果。在高纬度地区,高密度的水下沉,将碳转移到深海。变暖的海洋表层会抑制这种下沉过程,从而降低二氧化碳运输和储存的效率。而且,当水变暖时二氧化碳的溶解度会下降,因此可以储存在海水中的气体会减少。由于酸化、变暖以及环流和混合流的减少,海洋中的浮游生物生产力发生了显著变化,减少了一部分原本可以运送到深海底并储存在沉积物中的碳预算。

遭遇人为活动的威胁,海洋正从大气中吸收过量的二氧化碳,致使海洋的生物地球化学碳酸盐平衡发生变化,从而造成海水的严重酸化。海洋中 pH 值和碳酸钙饱和度水平的降低对于海洋生物的影响无比重要,这些生物的生长过程以及外壳和骨骼的形成都需要碳酸盐。酸化将破坏海洋生物的多样性,甚至导致物种灭绝。总之,由于海水变暖以及海洋的化学成分有所变化,维持着海洋生物多样性的脆弱平衡将被破坏。全球升温趋势以及二氧化碳和其他温室气体的增加正影响着海洋乃至全球的环境条件和生物群。

2. 我国面临的困境

根据国家海洋局 2011 年和 2012 年的监测结果[②],监测海域总体吸收大气 CO_2,全年表现为大气

---

① 甘晓. 海洋酸化带来生态系统新隐忧[N]. 中国科学报,2012 - 04 - 30.

② 国家海洋局. 2012 年中国海洋环境状况公报[EB/OL]. [2013 - 06 - 05]. http://www.coi.gov.cn/gongbao/huanjing/201304/t20130401_26428.html.

CO_2 的弱汇。渤海冬、春季从大气吸收 CO_2，夏、秋季向大气释放 CO_2；黄海冬、春和夏季从大气吸收 CO_2，秋季向大气释放 CO_2；渤、黄海海域水深较浅，易与大气充分交换，全年对大气 CO_2 的吸收/释放接近平衡。东海冬、春季从大气显著吸收 CO_2，夏、秋季则向大气释放 CO_2，冬、春季吸收的量明显大于夏、秋季释放的量，因此全年表现为显著吸收大气 CO_2；东海冬季水温较低，以及春季初级生产力水平整体较高、夏季长江冲淡水区域的生物吸收显著，是该海域全年显著吸收大气 CO_2 的重要原因。南海北部冬季从大气吸收 CO_2，春、夏季向大气释放 CO_2；由于水温较高、初级生产力低等因素，南海北部在各个季节与大气交换 CO_2 的强度均不大。在共同开发和富营养化等多重环境压力的共同作用下，近海海域成为响应全球大气二氧化碳升高及其次生趋势性海水酸化现象的敏感区。2011—2012 年渤海黄海海域海水酸化状况试点性监测结果表明，大部分监测海域连片出现底层海水文石饱和度小于 2.0 的海水酸化现象，其中秋季（11 月份）最为严重。在黄海中部，底层海水文石饱和度的最低值仅为 1.0，达到生物钙质骨骼和外壳溶解的临界点。而在黄海北部西侧海域，表层水体甚至也出现文石饱和度小于 2.0 的现象，最低可达 1.5，表明黄海北部的海水酸化现象已经相当突出。

三、国际法保护海洋碳汇面临的挑战及对策

（一）创新应对全球气候变暖的国际环境法学理论

1. 传统理论的局限

本文撷取的是近来国际法和环境法所面临的一个新领域，可以借鉴的学术成果较少，前人的研究尚停留在海洋环境保护和气候变化的国际法、环境法等基础领域。传统的国际环境法学理论发端于国际公法"公海自由与合理利用"的习惯法，逐渐形成以《联合国海洋法公约》为基础、以国际海事组织（IMO）《国际防止船舶造成污染公约》等为核心的理论体系，既有国际公法、国际私法，又有国际经济法的法律渊源。直面问题，《内罗毕宣言》所宣称的"以可持续性发展为目标的国际环境法"，以及《联合国气候变化框架公约》、《京都议定书》和"巴厘路线图"、《生物多样性公约》等多边协定的新理念，揭示了国际海洋环境法不仅

是海洋自身的问题，更与全球温室效应有着利益攸关的联系，依赖单纯的某一公约已无法解决海洋的生态劣化，亟待向水陆空一体化的立体方向发展。

另一方面，现有的国际法环境法学理论更多关注如何控制碳源，忽视了对碳汇的激励机制。洞察碳源与碳汇对立统一关系，双方相互依存、相互渗透、相互贯通，这种矛盾的统一性是相对的。双方之间具有相互排斥，相互否定的性质，这种矛盾的对立性则是绝对的，不仅存在于每一起并购的始末，而且存在于温室气体减排活动的过程中。最终，对立的结果导致双方的相互转化、相互过渡。

2. 新理论体系的构建

不揣浅薄，创新应对全球气候变暖挑战下的保护海洋碳汇的国际环境法学理论，立足于海洋与全球气候变化的内在联系，吸收"以可持续性发展为目标的国际环境法"的新理念，跨越海洋生态学、海洋生物学与国际环境法学三大学科的界限，促进三大学科的交叉、渗透与融合。新理论的研究基础是海洋生态学和海洋生物学。通过追踪海洋固碳能力及其变化，分析海洋碳汇的内涵与外延，揭示海水变暖以及海洋的化学成分的变化，维系海洋生物多样性的脆弱平衡，以及海洋生态系统和地球气候之间的内在关系，论证全球升温趋势以及二氧化碳和其他温室气体的增加正影响着海洋乃至全球的环境条件和生物群。新理论的核心部分是国际环境法学。涉及国际公法、国际经济法和国际私法在内的法律渊源，立足于国际应对气候变化的基本法——《联合国气候变化框架公约》、《京都议定书》和"巴厘路线图"、《生物多样性公约》等基本规则，与特别法——《联合国海洋法公约》、《1972 年防止倾倒废物及其他物质污染海洋公约》（伦敦倾废物公约）及其《1996 年议定书》等国际海洋环境保护公约，以及 IMO 减少或限制国际海运界的温室气体排放的公约相衔接，从中分析上述公约之间的联系与冲突。

（二）建立全球海洋碳汇保护基金

1.《京都议定书》清洁发展机制的不足

2010 年 6 月，在挪威首都奥斯陆召开的气候与森林大会上，50 个发达国家与发展中国家签署了《削减森林砍伐与森林退化造成的温室气体排放》（Reducing Emissions from Deforestation and Forest Degradation，REDD）协定，一致承诺拟在今

后三年内共投入 40 亿美元以用于减少森林砍伐活动造成的温室气体排放，其中美国承诺在未来三年内投入 10 亿美元用于实施该协定。相对于森林碳汇，人类目前难以控制海洋碳汇，因此尚未将其列入《京都议定书》清洁发展机制（Clean Development Mechanism，CDM）碳减排规则之中，CDM 列举的项目名单之七"碳汇项目"特别注明仅适用于造林和再造林项目。

2. 对策

为了应对保护海洋碳汇的挑战，联合国教科文组织、政府间海洋学委员会、联合国发展计划组织、国际海事组织以及联合国粮食和农业组织五大机构发布了《海洋及沿海地区可持续发展蓝图》，五大机构计划与现有的国际碳市场合作，制定和实施一个蓝色碳市场计划。① 该计划最引人瞩目的建议是借鉴 REDD 机制的经验，成立一个保护蓝碳的国际基金会。众所周知，国际社会已有一个全球性基金会——保护国际基金会（Conservation International），尽管该基金会的声望与日俱增，但其主要宗旨是保护地球上尚存自然遗产和全球的生物多样性，覆盖面广泛，并未针对蓝碳资源的保护资金。而海洋碳汇作为海洋吸收碳重要资源，在全球海洋生态平衡中起着重要作用，为了争取将其纳入上述机制和规则，实现海洋与海岸资源整体开发目标之间的和谐统一，效仿 REDD 机制不失为理想的方案。也就是说，建议蓝色碳汇与雨林等绿碳采用相同的交易和处置方法，并与其他碳固定生态系统一起纳入减排和气候缓解协议，用以保护和管理海洋与沿海的生态系统和海洋碳固存。

（三）协调气候变化与生物多样性国际公约的冲突

1.《马拉喀什协定》的缺陷

1971 年《关于特别是作为水禽栖息地的国际重要湿地公约》、1972 年《世界遗产公约》和 1979 年《保护野生迁徙动物物种公约》等在保护生物多样性方面的贡献毋庸质疑，但并未反馈与气候变化的需求。1992 年在巴西里约热内卢召开的"地球峰会"上，与会国代表签署两项具有约束力的协议：气候变化公约和生物多样性公约，但两套国际法制之间彼此独立。直到 2001 年 10 月 29 日至 11 月 9 日，在摩洛哥马拉喀什举行了《联合国气候变化框架公约》第七次缔约方会议，达成一揽子解决方案，统称为《马拉喀什协定》（Marrakesh Accord），这一协定首次将森林碳汇与保护生物多样性联系起来，即采取的森林碳汇措施不得有损于保护生物多样性作为缔约方义务。例如，"通过严格确定森林管理的外延，避免缔约方以森林管理为名，破坏自然林，以人造林取而代之"。② 令人遗憾的是，该协定并不适用海洋碳汇。再者，《马拉喀什协定》下的环境影响评估程序的启动前提是以项目参与方或项目所在缔约方的意愿为基础，并非强制程序，对有损于生物多样性的碳汇行为，缺乏具体的惩罚措施。③

2. 对策

《海洋及沿海地区可持续发展蓝图》试图通过立即启动有效海岸生态管理系统，紧急保护至少 80% 尚存的海草牧场、盐沼和红树林，从而促进蓝色碳汇的自然再生能力。东南亚大规模的红树林恢复项目已付诸实施。规模最大的当数越南湄公河三角洲的植树造林项目。由于 20 世纪 70 年代橘色剂的使用，该地区的红树林几乎完全被毁，后重新种植。恢复盐沼项目也在进行，欧洲和美国已开始大规模实施。相对而言，海草恢复将是一个缓慢的过程。④ 另一方面，有学者主张：近海生物固碳主要包括浮游植物的自然固碳和近海藻类、贝类养殖的人为固碳。近海养殖的藻类、贝类可吸收包括碳在内的多种生源要素，经采收后在陆地上被利用，从而从海水中"取出"大量的碳。⑤ 笔者认为，上述活动，尤其是近海养殖业均需以保护自然生物状态为背景，绝不能破坏本地的海洋生物链。鲍、牡蛎、扇贝、虾、鱼类、藻类等外来物种进入自然海域，不仅与当地土著生物争夺生存空间、食物，并且传播

① 贺娇.联合国五机构提出"全球蓝色碳市场"计划[N].中国海洋报,2011-11-25.
② 范铭超.与熊掌,可得兼乎——气候变化国际法制下森林碳汇与生物多样性的矛盾与协调[J].前沿,2010(1):95.
③ 范铭超.与熊掌,可得兼乎——气候变化国际法制下森林碳汇与生物多样性的矛盾与协调[J].前沿,2010(1):94.
④ UNEP, FAO and IOC/UNESCO, Blue carbon the role of healthy oceans in binding carbon, Birkeland Trykkeri AS, Norway 2009, p62.
⑤ 许冬兰.蓝色碳汇:海洋低碳经济新思路[J].中国渔业经济,2011(6):46.

疾病、与土著生物杂交导致遗传污染，降低土著生物的生存能力，甚至濒于灭绝的经验教训不胜枚举。为此建议通过未来修订《马拉喀什协定》或全球制定新的协定将海洋碳汇纳入生物多样性保护范畴。进而言之，应当制定一系列强制适用于海洋碳汇的保护生物多样性的最低标准。这些标准应当排除对生物多样性产生严重威胁的近海养殖业和渔业管理行为。在气候变化与生物多样性两套国际法制相互割裂的现状下，最大限度地实现两者的合作与协调是十分必要的。

（四）完善域外管辖与普遍管辖权

1. 国际司法机构管辖权的局限

虽然国际法院（ICJ）仅在理论上对环境争议享有司法管辖权，迄今为止从未处理过此类争端，其管辖权被严格限定在以国家为当事人提出的争议范围。事实上，国际刑事法院（ICC）的规约（《国际刑事法院罗马规约》）第8条针对故意损害环境行使的普遍管辖权限定于"战争罪"的一种，即故意发动攻击，明知这种攻击将附带造成平民伤亡或破坏民用物体或致使自然环境遭受广泛、长期和严重的破坏，其程度与预期得到的具体和直接的整体军事利益相比显然是过分的行为。国际刑事法院管辖权不仅体现在犯罪构成，而且反映在起诉资格方面，其局限性毋庸讳言。笔者亦赞同某些学者的分析："国际刑事法院对规约所述犯罪的管辖权并不是国际法上的普遍管辖权。普遍管辖权是指国家对于危害国际和平与安全以及全人类的利益的犯罪行为，不论犯罪行为发生于何地和罪犯的国籍如何，均有权对其罪行实施管辖。普遍管辖权是国家按照国际法的规定对某些特定的国际犯罪行使的刑事管辖权。它的主体仅是国家……国际刑事法院的管辖权只能来自其成员国签订的组织章程的授权，它只能在成员国的授权的范围内活动，所以，不可能拥有像国家那样的普遍管辖权。"[①]

另一专门审理海洋法案件的国际组织——国际海洋法法庭（ITLOS），自1996年成立以来审理的11宗案件主要是关于船只、船员迅速释放和临时措施等案件，其影响力饱受质疑。不过2003年9月，

法庭审理了第12起诉讼引起轰动[②]：马来西亚诉新加坡围海造地案（请求临时措施）。岛国新加坡40多年来实施填海计划让国土面积增加了20%。2002年初，新加坡又在柔佛海峡填海扩建新机场，引起了对岸马来西亚的强烈抗议。马来西亚认为，由于海峡变窄，影响了船舶的航行、海域的水质和海洋生态环境。2003年7月，马来西亚向新加坡提交了一份单方面评估报告，并寻求国际仲裁。同年9月5日，马来西亚诉至国际海洋法法庭，要求裁决新加坡立即停止填海工程。法官们针对新加坡填海工程的规模、危害程度等展开调查。经过审理，2003年10月8日，23名法官一致驳回了马来西亚的请求。尽管如此，法庭下令双方联合成立专家团，在1年内调查填海工程可能对马来西亚造成的影响，并寻求解决方案。最终，针对马来西亚提出的57项影响诉求，专家团的一致结论是有40项只属于轻微的影响，影响之微、甚至无法在现有的环境中探测出来；其余的17项对环境和航道所造成的冲击，也属于温和或轻度的。2005年4月26日，新加坡和马来西亚签署双边协议，新加坡将对马来西亚渔民因填海工程所遭受的损失给予一定金额的赔偿，并对填海工程作出一些调整；马来西亚则从国际海洋法法庭撤回案件。

2. 对策

针对普遍管辖权限于灭绝种族罪、危害人类罪、战争罪、侵略罪、海盗罪，建议增加破坏海洋碳汇罪。笔者不赞同某些学者观点：目前，公海的管辖权制度不仅导致管辖上的盲区、无法防止"公地悲剧"的发生，而且，仅有利于少数海洋大国。这种制度无法实现海洋法公约所规定的"将照顾到全人类的利益和需要，特别是发展中国家的特殊利益和需要"。[③] 毋庸质疑，破坏海洋碳汇的犯罪行为危害国际和平与安全以及全人类的利益，因此在理论上，不论犯罪行为发生于何地和罪犯的国籍如何，各国均有权对其罪行实施管辖；尤其是船旗国对发生在公海或其他国家领海的船舶污染和非法捕鱼不行使或无能力有效地在行使管辖权。另一方面，有学者提出尽快建立一个有效的国际司法机制——国际环境法院建议，遏制全球性破坏环境的犯罪活动，[④]

① 侯蕾. 国际刑事法院的管辖权与非缔约国[J]. 法商论坛,2011,(2).177.
② 黄晓云. 直挂云帆济沧海——记国际海洋法法庭法官许光建[J]. 中国审判,2007(7):22—27.
③ 焦传凯. 试论公海管辖权面临的问题[J]. 南方论刊,2007(5):58.
④ 帕特莎·波尼,埃伦. 国际法与环境[M]. 2版. 那力,等,译. 北京:高等教育出版社,2007:213.

笔者认为,这一举措难度较大,需要国际条约授权。具有可操作性的方案是扩大国际海洋法法庭(ITLOS)的影响力,将其改革为一个具有法定管辖权、监控权和有法律拘束力的执行权威的国际司法法庭。

四、中国法律保护海洋碳汇所面临的挑战与应对措施

(一) 现有立法体系的缺陷与完善

1. 立法体系的缺陷及完善

恢复与保护海洋碳汇的工作尚未纳入我国立法规划的当务之急。尽管颁布了《中华人民共和国防治船舶污染海洋环境管理条例》、《中华人民共和国海洋环境保护法》(以下简称《海洋环境保护法》)、《中华人民共和国海域使用法》(以下简称《海域法》)、《中华人民共和国固体废物污染环境防治法》等法规,形成初步的法律保障体系的框架,覆盖红树林、珊瑚礁、滨海湿地、海岛、海湾、重要渔业水域等具有典型性、代表性的海洋生态系统,以及具有重要经济价值的海洋生物生存区域,使其免受污染和破坏,而且针对海洋自然保护区制度、海洋特别保护区创设了有效的海洋生态保护制度和措施,严格了对破坏海洋生态违法者的制裁措施。中国正在开展一项全国湿地养护行动计划,预计可增加碳固存 65.7 亿克/年。① 但仅有这些是远远不够的,还应将渔业法、碳汇市场交易法和碳捕获法的法学研究纳入其中。

2.《海洋环境保护法》和《海域法》的修订

在我国现有的、以《海洋环境保护法》为核心的立法体系之中,对于海洋蓝碳的专门保护十分薄弱。依据《海洋环境保护法》第三章第 20 条规定:国务院和沿海地方各级人民政府应当采取有效措施,保护红树林、珊瑚礁、滨海湿地、海岛、入海河口、重要渔业水域等具有典型性、代表性的海洋生态系统,珍稀、濒危海洋生物的天然集中分布区,具有重要经济价值的海洋生物生存区域及有重大科学文化价值的海洋自然历史遗迹和自然景观。第 75 条规定,违反本法规定,造成珊瑚礁、红树林等海洋生态系统及海洋水产资源、海洋保护区破坏的,由依照本法规定行使海洋环境监督管理权的部门责令限期改正和采取补救措施,并处一万元以上十万元以下的罚款;有违法所得的,没收其违法所得。除

此之外,2001 年 10 月 27 日发布、2002 年 1 月 1 日起施行的《海域法》,是我国政府为全面强化国家海洋权属、彻底解决海域使用及其资源开发中长期存在的"无序、无度、无偿"状态,强化海洋综合管理的关键举措,是海洋综合管理走向法制化轨道的重要标志。该法第 46 条规定:"违反本法第二十八条规定,擅自改变海域用途的,责令限期改正,没收违法所得,并处非法改变海域用途的期间内该海域面积应缴纳的海域使用金五倍以上十五倍以下的罚款;对拒不改正的,由颁发海域使用权证书的人民政府注销海域使用权证书,收回海域使用权。"以己之见,以上两部法律的罚款力度过轻。因为,海洋生物捕获的碳以来自红树林、盐沼和海草的沉积物的形式储存,其储存时间不是热带雨林数十年或数百年,而是数千年。海洋碳汇一旦遭到破坏,其修复与补救是一项长期渐进而又十分艰难的工程,数十万元的罚金显然不足以弥补其造成的损害。

3. 公益诉讼的漏洞与补救

2012 年新修订的《中华人民共和国民事诉讼法》(以下简称《民事诉讼法》)在环境保护公益诉讼方面取得了实质性的进步,第 55 条规定:"对于污染环境、侵害众多消费者合法权益等损害社会公共利益的行为,法律规定的机关和有关组织可以向人民法院提起诉讼。"毋庸讳言,保护环境的公共利益是人类生存和发展下去的一种可持续性长期的利益,这种利益在时间和空间上的跨度非常之大,以致于当这种利益暂时遭到破坏时,很难立即被民众所获知。以此类推,如果一旦海洋蓝色碳汇资源被损害,经历了漫长时间后才被公众所获悉,这种公共利益受损而产生的侵权结果该有多久的时效保护期呢? 另外,法律虽然规定了相关的机关和有关的组织可以提起诉讼,但针对海洋碳汇的保护,究竟由谁提起诉讼并不明确。目前我国针对海洋碳汇的监管,存在着部门职责重叠、交叉,行政效率低下等问题。国家海洋局是海洋环境监测的综合监管部门;国家环境部负责对陆地环境影响进行监测,制订环境影响或风险评价方法,并将其结果作为陆地项目申请、核准和颁发许可证的重要指标,以及设计完善的泄漏事故应急方案等。此外科技部、发改委气候变化司、工业与信息化部、国土资源部、水利部分别负责监测、评估、产业政策制定等监管。

---

① UNEP, FAO and IOC/UNESCO, Blue carbon the role of healthy oceans in binding carbon, Birkeland Trykkeri AS, Norway 2009, p62.

为此建议最高人民法院尽快出台司法解释，明确在海洋碳汇纠纷中哪些监管部门或社会组织可以提起公益诉讼。

（二）统一海上执法机制的探索

1. 借鉴外国的经验

欧盟成员国和美国等很多国家已采取行动，加强导致全球蓝色碳汇消失的各种违法行为，如海岸带填海、红树林砍伐、陆地作物过量施肥、城镇有机垃圾过量投入、陆地毁林引发的淤泥淤塞、渔业的不可持续性运营以及通过海岸开发修复海岸线的执法。尽管美国国家海洋和大气管理局（NOAA）负责船舶管理、海洋生物保护和栖息地和渔业管理，并实施渔业保育管理法、海洋哺乳动物保护法、濒危动物保护法等法规，但事实上美国海岸警卫队实行"海上一把抓，回去再分家"的统一执法模式。鉴于我国"五龙治海"海域管理格局弊端，海域管理权分散在海监、渔政、海关、海事、边防武警等五个部门，无法应对大面积海域维权执法的复杂情况和海上大规模突发事件的应急反应能力，重新组建的中国海警局对加大海洋执法力度、减少管理重叠、提高海洋维权效确实意义深远。

2. 我国构建统一海上执法机制的问题及对策

"五龙"整合为国家海洋局和海事局"二龙"后依然遗留以下问题：其一，管理职责的重叠。2013 年重新组建国家海洋局，以中国海警局名义开展海上维权执法，接受公安部业务指导。其主要职责之一是承担保护海洋环境的责任。按照国家统一要求，会同有关部门组织拟订海洋环境保护与整治规划、标准、规范，拟订污染物排海标准和总量控制制度；组织、管理中国海洋环境的调查、监测、监视和评价，发布海洋专项环境信息，监督陆源污染物排海、海洋生物多样性和海洋生态环境保护，监督管理海洋自然保护区和特别保护区。海事局则负责行使国家水上安全监督和防止船舶污染、船舶及海上设施检验、航海保障管理和行政执法，并履行交通运输部安全生产等管理职能。由此看来，"两龙"对于海洋污染的监管分工主要是：海洋局负责静态，如海上钻井平台的污染监管；海事局则负责动态，如船舶的污染的监管。而事实上，动和静很难区分，尤其是遭遇海上钻井平台事故、需要实施海上搜救时，海事局的指挥和调动是顺理成章的共识。其二，管理模式的冲突。"二龙"面临着传统的巡航执法向信息化的智能执法转化的挑战。这方面，国家海事局占有优势。尽管海事局的飞机相对

较少，但舰艇数量和吨位相对较多。更重要的是，海上信息网的控制权由交通运输部掌握，如卫星定位、雷达定位等。令人瞩目的是，"9.11"事件以后，美国政府为了防范海上的潜在恐怖袭击，敦促国际海事组织（IMO）通过了《国际船舶和港口设施保安国际规则》（International Ship and port Facility Security, ISPS），于 2004 年 7 月 1 日生效，提出了构建船舶远程跟踪系统（Long Range Identification and Tracking of Ships, LRIT）设想，以加强缔约国沿海、港口安全及船舶搜救而提出的全球范围的船舶识别与跟踪。2006 年 5 月，IMO 海上安全委员会（MSC）第 81 次会议通过经修订的 1974 年《国际海上人命安全公约》（Convention on the Safety of Life at Sea, SOLAS）公约修正案，增加了强制实施船舶远程识别与跟踪（LRIT）系统的相关内容。通过该系统，国际海事组织各缔约国可在国际海事卫星覆盖范围内识别和跟踪船舶，用于反恐、防盗、环保、搜救和航行安全等领域。2009 年我国实施"中国 LRIT 系统"建设工程，由海事局负责系统工程的建设、运行和管理。基于海上信息网由中国海事局掌控这一事实，解决上述问题的根本出路在于，将"二龙"进一步整合，即在不远的未来将中国海警局并入中国海事局，组建统一的中国海岸警卫队，实现"二龙"对外动态与静态的执法一体化，对内分工协作，异曲同工、相互呼应，相辅相成、相得益彰。

（三）实施《温室气体自愿减排交易管理暂行办法》

1. 中国碳汇交易现状

由于《京都议定书》的生效，使得碳汇在满足一定的条件下，可以作为一种碳信用指标进行交易。尽管如此，中国政府目前尚未给企业设定碳减排指标，亦缺乏真正意义上的碳交易。中国真正意义上的碳市场正在筹建之中。2012 年 6 月 22 日，国家发改委出台了《温室气体自愿减排交易管理暂行办法》，对我国开展碳交易做出了相关规定，并明确了二氧化碳（CO_2）、甲烷（CH_4）、氧化亚氮（N_2O）、氢氟碳化物（HFCs）、全氟化碳（PFCs）和六氟化硫（SF_6）等六种温室气体可进入交易，为林业碳汇进入碳市场提供了法律依据。事实上，早在 2010 年 7 月 19 日，国务院批准建立了中国首家以增汇减排为主要目标的全国性公募基金会——中国绿色碳汇基金会，业务主管单位是国家林业局。该基金会是中国第一家以增汇减排、应对气候变化为目的的全

国性公募基金会。企业可以通过捐资造林的方式购买碳汇,在中国绿色碳汇基金会网上进行公示,同时展示企业的社会责任。

　　2. 实施海洋碳汇交易的建议

　　前文已述,联合国教科文组织、政府间海洋学委员会、联合国发展计划组织、国际海事组织以及联合国粮食和农业组织五大机构建议蓝色碳汇可与雨林等绿碳采用相同的交易和处置方法,并与其他碳固定生态系统一起纳入减排和气候缓解协议,建立一个全球蓝色碳汇基金,用以保护和管理海洋与沿海的生态系统和海洋碳固存,对海洋与海岸生态系统的碳捕获和有效储存使用碳信用额度。与之对应,建议国务院批准成立中国蓝色碳汇基金会,业务主管部门是国家海洋局。企业捐资到该基金会,通过造海草牧场、盐沼和红树林,获得通过规范计量的碳汇(信用指标),记于企业的社会责任账户,并在中国绿色碳汇基金会上网上进行公示。

五、结语

　　由于当前国际气候变化大会讨论的焦点是减排,极大地忽视了海洋和海洋生态系统的重要作用,以及海洋碳汇日趋触目惊心的现实,对此国际法和国内法均须作出调整。当务之急是弥补《京都议定书》清洁发展机制的不足,建立一个全球蓝色碳汇基金,给予海洋碳汇与森林碳汇相同的交易地位和资金支持,并纳入减排和气候缓解国际法之中。不仅如此,在实施修复海洋碳汇的活动过程中需要兼顾气候变化与生物多样性两套国际法制的独立性与牵连性。以马来西亚诉新加坡围海造地案为契机,强化国际海洋法法庭(ITLOS)的管辖职能,尤其突出海洋碳汇争议的管辖亦是亟待解决的问题。从国际刑法的视野,扩展国际犯罪的普遍管辖权外延,增设"破坏海洋碳汇罪"的建议并非遥不可及。对于我国而言,追根溯源,我国立法的缺失是最大的"瓶颈",而建立健全以海洋环境保护法为核心,以渔业法、碳汇市场交易法和碳捕获法为辅助的法律体系,才是突破"瓶颈"的基本良策。展望未来,组建统一的中国海岸警卫队,是加强惩治损害海洋碳汇各种违法行为的必由之路。另辟蹊径,尽快批准并启动中国蓝色碳汇基金会,有益于催生真正意义的中国碳交易市场,进而为缓解二氧化碳排放和应对气候变化作出中国应有的贡献。

　　　　　　　　　　　　　　(编辑　陈敬根)

第1卷 第1辑
2013年8月

上 大 法 律 评 论
SHANGHAI UNIVERSITY LAW REVIEW

Vol. 1　No. 1
Aug. 2013

刘俊敏,王秀玲.海峡两岸农业碳标签法律合作机制的构建[M]//李清伟.上大法律评论(第1辑).上海:上海三联书店,2013:70-76.

海峡两岸农业碳标签法律合作机制的构建

刘俊敏[1],王秀玲[2]

(1. 上海大学 法学院,上海　200444;2. 对外经济贸易大学 法学院,北京　100029)

摘要:碳标签是将产品/服务在整个生命周期内所累计排放的温室气体排放量在产品标签上用量化的指数标示出来,以标签的形式告知消费者产品或服务的碳含量信息,消费者可以据此了解产品的碳排放足迹,从而选择低碳产品。随着碳减排意识在全球范围内的普及,碳标签制度已为越来越多的国家/地区所推崇,成为评估企业碳排放的重要指标,实力强的企业可借以提升企业的环保形象,提升低碳经济下企业的国际竞争力。如何在 ECFA 下构建农业碳标签法律合作机制已成为海峡两岸面临的重要问题,两岸可以在建立统一的碳足迹标签核算标准、碳标签监管合作及联合执法等方面加强合作。

关键词:气候变化;低碳农业;碳足迹;碳标签

The construction of strait agricultural carbon label legal cooperation mechanism

LIU Jun-min[1] , WANG Xiu-ling[2]

(1. Law School of Shanghai University, Shanghai　200444, China; 2. Law School of University of International Business and Economics, Beijing　100029, China)

Abstract: The Carbon Label refers to a quantitative index links to the cumulative emissions of greenhouse gas from a product/service during its entire life cycle, from which, customers could be informed of product carbon footprint and then choose low-carbon products. With the popularity of carbon reduction awareness on a global scale, carbon-labeling system is highly praised by increasing number of countries/areas as an important mechanism to assess enterprise carbon emissions, and is highly respected by strong enterprises to improve enterprise's image of environmental protection and to promote the international competitiveness under low-carbon economy. How to construct an agricultural carbon-label legal cooperation mechanism under ECFA has become an important issue between Taiwan straits. A unified carbon foot-print calculation criterion needs to be established and the cooperation of carbon-label regulatory and joint law enforcement need to be strengthened.

Key words: climate change; low-carbon agriculture; carbon footprint; carbon labeling

气候变化问题关乎一个国家/地区经济的可持续发展,已成为国际社会最为紧迫的问题之一。气候变化既是环境问题,也是发展问题,但归根结底是发展问题。当前,为了有效缓解气候变化,作为既能直接影响消费者和生产者的消费行为和生产决策,又能透视碳排放来源的碳标签已备受国际社会关注。

一、气候变化下的农业碳标签制度

联合国粮农组织指出,农业耕地排放出的温室气体超过全球温室气体排放总量的30%,是全球温室气体的第二大来源,因而农业生产又被公认为全球气候变化的推动者。同时,农作物通过光合作用吸收大量的二氧化碳,是最为广泛的固碳主力军,

收稿日期:2013-06-17
基金项目:国家社会科学基金一般项目"气候变化与国际粮食贸易中的法律问题"(10BFX100)
作者简介:刘俊敏(1964—),女,法学博士,上海大学法学院教授,主要研究方向为国际经济法、环境法,E-mail:ljmuibe@163.com;王秀玲(1969—),女,对外经济贸易大学法学院国际法学博士生,主要研究方向为国际法。

对于发展低碳经济具有举足轻重的作用。农业是国民经济的基础，且极易遭受气候变化的影响，随着低碳经济概念内涵的发展，低碳农业被作为一项新型农业发展模式而提出。低碳农业以高效率、低排放、低能耗为主要特征，旨在减少农业二氧化碳排放量。而发展低碳农业，离不开政策制度的创新和发展，研究碳足迹计算方法、建立碳标签制度等被认为是构建气候变化政策体系的一项重要内容，如何在海峡两岸经贸合作中发挥农业碳标签的节能减排作用，将是未来两岸低碳农业发展的关键所在。

（一）碳足迹与碳标签的涵义

碳足迹概念源自"生态足迹"，主要是指人类在生产及生活过程中所排放的与气候变化相关的气体总量，体现了人类在温室气体中留下的"痕迹"。它包括两个层面的含义：一是指产品或服务在生产、提供和消耗整个生命周期过程中释放的二氧化碳和其他温室气体的总量，又叫做产品碳足迹。二是仅指公司生产过程中导致的温室气体的排放，又称为公司碳足迹。[①] 企业和个人通过确定自己的"碳足迹"，了解自己的碳排放量，进而去控制自己的行为以减少碳排放。所谓碳标签，是指将产品或服务从原料的取得、生产、制造、储运、最终消耗及回收的全过程中所排放的温室气体排放量在产品标签上用量化的指数标示出来，以标签的形式告知消费者产品或服务的碳含量信息。通过在商品上加注碳足迹标签，使消费者了解产品在整个生命周期过程中释放的温室气体总量进而选择较低碳排放的商品。

碳足迹记录了人类在地球日益增多的温室气体中留下的"痕迹"，碳标签通过对产品全生命周期碳排放的计算分析，亦即"碳足迹计算"，标示某产品全生命周期中造成的温室气体排放，因此说，碳标签即产品碳足迹的量化标注。碳消耗的多，二氧化碳也制造的多，碳足迹就大，标注在产品上的碳标签也就越大；反之，碳标签就越小。[②] 由于二氧化碳等温室气体的排放是造成气候变化的主要因素，因而碳排放的量越大，对环境造成的损害也就越大。

碳标签制度的施行，可促使碳排放来源透明化，其标示的碳足迹信息既可以直接引导消费者的市场购买行为，又可以影响生产者的生产决策行为，推广低碳排放技术，从而达到减少温室气体排放、缓解气候变化的目的。具体而言，消费者通过碳标签可以了解产品或服务的碳排放足迹，直观地获知产品或服务的碳含量信息，促进其消费环节低碳生态消费模式的树立，以消费模式的转变带动产品/服务向低碳乃至经济发展向低碳的转变；在企业层面，通过对碳足迹的评估能够使企业清晰地看到每一环节的碳排放量大小，进而有针对性地在排放量大的环节采取技术改进措施，激励企业低碳生产技术的研发和创新，从而减少碳排放，保护生态环境的平衡，实现人类社会的可持续发展。

（二）农业碳标签制度

农产品在生产过程中会大量排放碳。粮食作物在生长中排放较少数量的氮氧化物和甲烷，而在运输和包装过程中会产生大量的二氧化碳，因而减少食物生产的链条也将大大减少碳排放量。

实际上，碳标签概念源自于 20 世纪 90 年代关于"食物里程"的探讨。所谓"食物里程"，指的是消费者饮食消费与食物原产地之间的距离，是评估食物对环境造成影响的其中一个方面。[③] 食物里程越远，运输路程中用于保存和包装食物的消耗、运输工具燃料消耗和排放的温室气体等废气量就越大，对环境的影响也越大。它其实是以食物消费的方式评价资源消耗对环境产生的影响。确切地说，碳足迹标签的概念从"食物里程"理论发展而来，但又不仅仅局限于产品运输及包装过程中的碳排放。

结合上述碳足迹标签的概念，农业碳标签可以表述为，一项农产品从原料收集、种植耕作，到被消耗、废弃，乃至回收的整个生命周期所产生的二氧化碳排放量，亦即农产品"从摇篮到坟墓"的碳足迹，经换算以二氧化碳当量表示，并以碳标签的形式呈现出来。农业碳标签制度，可以系统地标示和评价农业生产过程中人为因素引起的碳排放，对实现低碳农业具有重要的指导意义。

二、国外农业碳标签制度的实践及其经验

据不完全统计，目前世界已有日本、美国、法国、瑞典、加拿大、韩国等十几个国家/地区立法要

① 许蔚. 碳标签：国际贸易壁垒的新趋势［J］. 经济研究导刊，2011(10)：170.
② 许蔚. 碳标签：国际贸易壁垒的新趋势［J］. 经济研究导刊，2011(10)：170.
③ 裴晓东. 各国/地区碳标签制度浅析［J］. 轻工标准与质量，2011(1)：43—44.

求企业实行碳标签制度,全球有 1000 多家著名企业要求供应商提供碳标签。

(一) 外国农业碳标签制度的实践

最早对产品推出碳标签制度的国家是英国,英国设立专门的碳标签管理机构,出台了统一的标准规范。2008 年 10 月,英国标准化协会(BSI)发布了统一适用于商品和服务的碳足迹测量核算标准 PAS2050,[①]该规范规定了各种商品与服务在生命周期内碳排放量的要求,以及一整套的碳足迹信息评价核算体系,根据该标准测算出商品或服务的碳排放量。为了配合与跟进 PAS2050,英国还颁布了促进碳足迹与碳减排信息交流与管理的条例法案,作为碳足迹机制实施的配套措施。2007 年 3 月,英国试行推出全球第一批标示碳标签的产品,目前英国碳标签适用范围已经扩展到食品等领域。[②]

日本农林水产省宣布 2011 年 4 月开始实施农产品碳标签制度,要求摆放在商店的农产品通过碳标签向消费者显示其生产过程中排放的二氧化碳量。日本贸易部以薯片为例,公布了其碳足迹细节,即“碳足迹”为 $75gCO_2$,其中 44% 来自种植、30% 来自制造、15% 来自包装、9% 来自运送及 2% 来自抛弃包装袋,以提醒消费者每包薯片的碳排放量。日本国内最大的超市万古(Aeon),首先在大米、胡萝卜和洋葱等 7 种产品上试用碳标签,经过在 10 个店试行后,已经扩大到 43 种农产品和消费用品,并且已经涉及进口商品。[③]

瑞典碳标签制度首先开始于食品领域。2005 年的一项研究成果显示,瑞典 25% 的人均碳排放可最终归因于食品生产,为此瑞典农民协会、食品标签组织等开始给各种食品的碳排放量做标注,若产品达到 25% 的温室气体减排量,将在每一类食品类型中加以标注;2009 年,智利农业部开始实施食品碳足迹方案。由农业研究所负责开发基本的碳足迹方法,研究重点是出口农业食品。由农业创新基金会和 15 个主要出口行业的协会研究决定扩大碳标识的适用范围。[④] 在美国,由 Carbon Label California 公司推出的碳标签主要在食品中使用。

美国的许多知名品牌包括吉百利、百利、康纳,2010 年已经开始在产品中引入“碳标签”,让顾客在食品购买中支持环保,但韩国的碳足迹标签目前尚不适用于农渔牧产品。

(二) 外国实施碳标签制度的经验启示

1. 碳标签制度的发展采取政府主导与企业自愿相结合方式

上述国家采取的碳标签制度均以政府推动、自愿形式为主导。作为一种生态标志制度,碳标签也可以遵循强制标注的发展轨迹,然而目前多数国家采取自愿标注碳标签的模式。原因在于,碳标签的实施,离不开检测检验、核查、管理等环节,若这些环节所需成本作为额外负担强行加诸于企业,会一定程度上减低其市场竞争力,挫伤企业的积极性,因此实践中,大多采取由政府出面成立专门的碳标签管理和服务机构,由国家颁布碳标签核算标准和管理体制。由企业自愿选择,实力较强者可借以提升企业形象,增进核心竞争力,而实力较弱者也不致于因增加额外成本引致对碳标签制度的抵制和滥用,给碳标签市场带来混乱。碳标签制度只有依靠国家推动、企业自愿才能取得实质效果。

2. 统一的碳足迹核算标准与规范

碳标签信息的交流是实施结果公正的保障。碳足迹标准制定的目的在于使碳足迹排放信息具有可比性,纵观碳标签实施情况,各国无不重视碳足迹的评价标准,颁布统一的碳足迹计算规范。如英国和日本在碳标签上标注碳足迹具体排放详细数值,韩国则采取分步、分阶段的渐进发展模式,第一步标注碳足迹排放量,第二步强调碳排放减少量,待发展成熟后再进一步完善。

统一的核算标准与规范是实施碳标签制度的前提。目前使用最广泛的是 BSI 的 PAS2050,它公告后即成为国际上推动碳足迹计算的主要蓝本。国际标准组织(ISO)制定的产品碳足迹的国际标准 ISO14067,其内容架构即以 PAS2050 为主要参考依据,该标准旨在为产品碳足迹的量化、通报和核查制定更确切的要求,提供清晰和具有一致性的叙

---

① PAS2050 即《商品和服务生命周期温室气体排放评估规范》(Specification for the assessment of the life cycle greenhouse gas emissions of goods and services),是 BSI 发布的产品碳足迹标准,针对某个企业的一个具体产品,从摇篮(原材料)到坟墓(产品报废进入垃圾场)整个生命周期所排放的二氧化碳总量。

② 鉴于农产品与食品的联系,本文将用于食品的碳标签视为适用于农产品,进而将其归为农业碳标签。

③ Yuichi Hayashi, Stephen Wixom. Japan Begins Voluntary Carbon Footprint Labeling Scheme [EB/OL]. [2013 - 06 - 17]. http://www.fas.usda.gov/gainfiles/200901/146327006.pdf.

④ 杜群,王兆平. 国外碳标识制度及其对我国的启示[J]. 中国政法大学学报,2011(1):76.

述方式；日本以英国的试行碳标签规划为蓝本，同时结合本国环保产品标识和生命周期分析的执行经验，实施本国碳标签制度；德国产品碳足迹测量方法以 ISO14040/44 为基础，同时参考 PAS2050；韩国、泰国等碳足迹计算标准也都主要参考 ISO 系列标准和 PAS2050。目前，ISO14067 还是草案版，定稿将在 2013 年年内发布，一旦正式版推出，其它计算准则将可能终止或依据 ISO 标准修订，如此，ISO14067 可能迅速成为一项有关碳足迹的评估、监测、报告和核查的国际通行标准。

3. 分步、分阶段的渐进模式

在所有种类的产品和服务的生命周期中，不可避免地会产生碳排放，留下"碳足迹"，从理论上讲，一切产品或服务都可纳入到碳标签标注的范围。但就各国实践的经验来看，大多采取分步发展的渐进模式。根据气候变化对产品的影响程度、国内市场与国际市场竞争力、与民众生活密切度等进行分级，对影响程度大而迫切的产品先行先试，再根据碳标签市场的发展情况进一步扩大实施力度。一般是从食品、日用品等消费类产品入手，让碳标签进入大众视野，为消费者所接纳后，再逐步扩大碳标签的影响力。

4. 消费者环保意识的提高是碳标签制度的驱动因素和推行基础

碳标签是督促企业节能减排的一种工具，是产品/服务提供者向消费者证明其碳减排承诺的最有价值的方式之一，它为消费者提供了产品/服务一整套完整的量化碳排放信息，使得消费者在碳信息获取对称的情况下，完全有能力据以自愿选择与处置不同碳排放量的产品，碳标签可以成为通过消费者市场选择自下而上倒逼企业减排、提高自身竞争力的一种手段。但碳标签的实施需要核定生产过程中导致的温室气体排放量，会给产品生产商或服务提供者增加额外成本，消费者也要因此承担一部分的加价，在此情况下，碳标签的实施取决于消费者环保意识的高低和低碳责任感的强弱，只有消费者自愿选择了碳排放量较低的产品或服务，碳标签制度才有市场发展空间。以消费者的需求刺激商家的配合，是推进碳标签发展的有效途径。因而，作为碳标签的消费驱动，消费者低碳消费意识是碳标签制度得以发展的基础。

三、海峡两岸农业碳标签法律合作机制的构建

（一）海峡两岸碳标签制度的发展现状

台湾是全球第十一个推出碳标签的地区，其碳足迹标签推动计划始于 2008 年。2008 年 6 月，台湾"行政院永续发展委员会"通过《永续能源政策纲领》，提出"一人一天减少一公斤碳足迹"的目标。同年 10 月，"永续会"秘书处召开碳足迹标签推动研商会，制定了《台湾碳足迹标识及碳标章建置规划》，确定台湾碳足迹标签的实施步骤。[①] "环保署"也开始着手推动产品碳足迹，相继完成碳标签甄选、碳足迹计算标准建立、碳足迹标签申请等措施。2010 年 4 月，自愿性产品碳足迹标签在相关产品上试用。台湾碳标签依据"环保署"推出的"碳足迹计算准则"进行产品碳足迹评价，该准则参考了 PAS2050 和 ISO14067（草案），同时借鉴日本、韩国和英国的碳标识制度的做法，[②] 吸收了国际上现有的各碳足迹计算准则的精华。它要求标明产品从原料到废弃处置、从摇篮到坟墓的整个生命周期的碳排放信息，计算则采取与国际接轨的核算标准。台湾碳标签首先在聚酯瓶装饮料、蜡烛、光盘和饼干类产品上适用，之后逐步扩大使用范围。

同样，中国大陆也在积极开展借鉴国际经验与交流的碳足迹标签发展计划，2008 年中国标准化研究院与英国 BSI 开展"气候变化和能源"合作项目，将 PAS2050 标准引入中国，2010 年 9 月，又将 PAS2060 标准引入中国。PAS2050 是产品碳足迹的盘查标准，而 PAS2060 则是证实碳中和的规范。环保部也积极推进低碳产品认证和研究工作，环境认证中心制订了《环境认证中心开展低碳产品认证》规划，作为开发和实施碳足迹标签制度的先驱指导文件。具体内容是将低碳产品认证工作分为三个阶段："中国环境标志——低碳产品"阶段、产

---

① 具体为：第一阶段（2009—2010 年）为自愿标识及能力建置阶段，以设立和确定碳足迹计算标准和方法、建立碳标签制度为目标，并对自愿性申请碳标签者给以奖励；第二阶段（2011—2012 年）为证明标签及推广阶段，目标任务为推广与普及产品碳标签，接轨国际碳足迹核算标准，搭建碳足迹信息交流数据库，进一步完善碳标签制度。http://www.51e-online.com/News/NewsV11940.html。

② Two Carbon Footprint labels to reach the Taiwanese market soon，www.pcf-world-forum.org/wp.../pcfworld-forum-news2_march-2010.pdf.

品碳足迹标志阶段和产品碳等级标志阶段。环境认证中心颁布了《中国环境标志低碳产品标识使用管理暂行办法》，自 2011 年 2 月 1 日起实行，标志着低碳标识开始正式使用。根据该办法，环保部环境认证中心负责建立健全中国环境标志低碳产品标识的发放和监督管理制度，并向社会公开。同年 9 月 27 日，环保部发布了首批 4 项中国环境标志低碳标准，11 家企业的 292 种型号的产品经严格审查、评定通过了首批中国环境标志低碳产品认证。大陆越来越多的企业亦开始关注并尝试碳足迹认证。2010 年 10 月，大连獐子岛渔业集团通过 SGS 集团①对其虾夷扇贝产品的碳足迹计算，并获得 SGS 全球首个碳标签，国内食品行业首个碳标识认证食品——獐子岛虾夷扇贝诞生。

其实，早在国民经济和社会发展"十一五"规划纲要中，大陆就已提出推行强制性能效标识制度和节能产品认证制度，"十二五"规划纲要更是明确规定了探索建立低碳产品标准、标识和认证制度，建立完善温室气体排放统计核算制度，以及倡导文明、节约、绿色、低碳消费理念，推动形成与我国国情相适应的绿色生活方式和消费模式。2013 年 2 月 18 日，国家发展改革委、国家认监委制定并印发《低碳产品认证管理暂行办法》。办法规定，大陆将建立统一的低碳产品认证制度，实行统一的低碳产品目录，统一的标准、认证技术规范和认证规则，统一的认证证书和认证标志，以提高全社会应对气候变化意识，引导低碳生产和消费，规范低碳产品认证活动，促进大陆低碳产业顺利发展。该办法还对从事低碳产品认证、检测活动的机构及人员的资质条件作了明确规定，规定了实施程序、监督管理要求和相关法律责任。该办法的印发实施，使低碳产品认证活动有章可循，为低碳产品的生产、消费和政府监管提供了科学的评价与采信依据，对于规范和监管大陆低碳产品认证活动，确保认证结果的科学、公正和透明有着积极意义，同时，对提升我国在国际碳排放领域的话语权也有很大助益。

（二）海峡两岸农业碳标签合作的必要性与可行性

1. 碳标签制度是发展低碳农业的战略所需

能源的稀缺使低碳经济发展模式上升成为一种发展战略，全球范围内将迎来一场以低碳经济为核心的产业技术革命，低碳经济将主导未来经济发展，成为各国经济增长和抢占国际政治格局制高点的关键。在农业领域，低碳农业即是要求在农业生产与经营过程中以最小的二氧化碳排放量获取最大收益的农业发展模式。作为一种充满活力的新的生产方式，低碳农业需要不断地升级，农业碳标签制度正是对低碳农业向纵深发展的推手。

农业是海峡两岸交流与合作的重点领域之一，在低碳农业发展方面有着巨大的合作与发展空间。绿色、低碳、高效，既是现代农业发展的要求，也是两岸谋求农业合作的新突破点，两岸农业在各自长期的发展过程中形成了不同的特色与模式，而在低碳农业领域中各有优点与不足。台湾碳足迹标签制度起步较早，而内地在环境标志认证方面有着丰富的实践经验，两岸合作能够相互借鉴，取长补短，实现双赢。因此，加强海峡两岸农产品碳足迹标签合作研究与实践，正是低碳农业的合理诉求。

2. 农业碳标签是两岸农产品贸易合作与发展的新机遇

ECFA 的签署与生效，为两岸农业有序开展交流合作以及良性互动提供了良好的开端。内地为台湾农产品进入大陆市场创造了诸多便利条件，如对台湾农产品进一步放开市场、对台湾农产品实行"零关税"优惠等，而内地巨大的市场潜力一直为台湾的优良农产品提供产业优化升级的市场支持。台湾农民创业园业已发展成为台湾农业资金、优良品种、技术、设备、管理经验以及人才进入大陆的持久、稳定的高效合作平台，国家级台湾农民创业园分布在大陆 14 个省区市。两岸农业一直以优势互补的方式在发展，台湾农产品进入大陆市场也有效地促进了内地农产品品种改良，提高了内地农业的综合竞争力，促进内地农业的现代化发展。制度创新始终是推动两岸农业合作发展的最重要因素，ECFA 的签署与生效为两岸农业的合作与发展提供了更好的政策与制度环境，两岸农业碳标签合作机制将更进一步促进两岸农产品贸易的发展。

3. 两岸农业碳标签合作是共同应对国际贸易新壁垒的策略选择

碳标签作为促进人类社会向低碳经济转型的重要工具之一，其推广应用已是国际大势所趋，继英、美、日等国出台碳标签实施和管理的法律法规及认证标准后，越来越多的国家/地区要求在相关产品或服务上加注碳标签以显示其碳足迹信息，碳

---

① SGS 通标标准技术服务有限公司，简称 SGS，是国内首家提供产品碳标识服务的第三方机构。

标签制度也将由自愿执行走向强制遵守。目前很多国家,如法国、日本等已经开始对商品实施低碳准入,加注碳标签的商品将更易进入国际贸易领域。碳标签是产品背后碳减排技术水平的体现,可能会助推消费者优先选择本国低碳产品,从而使进口产品处于竞争劣势。目前发达国家掌握着低碳核心技术,控制着碳足迹测算标准,还将继续致力于完善碳标签体系,并通过国际经济秩序、贸易格局、金融体系等在全球范围推行,碳标签极易演变为国际贸易中的新型贸易壁垒。

两岸主要农产品品种相同,且出口市场相同。据悉,台湾蔬菜、水果、毛竹、茶叶等重要农产品主要以日本、中国香港及美国为出口目标市场,而大陆类似农产品的出口外销市场也首推这三者。开展两岸农产品碳标签合作,推动两岸低碳农业新技术的交流与应用,提升两岸农业竞争力,能够提高两岸联合抵制贸易壁垒的能力,有效跨越发达国家的低碳技术壁垒,同时也可避免两岸碳足迹标签引发的贸易摩擦。两岸应抓住契机,本着市场导向、优势互补、合作共赢、协调发展的原则,多层次、多方位推动农产品碳标签制度的合作与发展。

(三) 构建两岸农业碳标签法律合作机制的具体设想

1. 建立两岸统一的碳足迹标签核算标准

构建碳标签认证法律机制的核心在于制定统一且符合实际的碳足迹核算标准。核算标准是碳标签认证中最重要的环节,核算的方法及计算的标准将直接决定着核算结果的认证,也决定着产品碳足迹的统计信息。目前国际上通行的碳足迹核算标准都是发达国家制定的,且标准不统一。台湾现行的碳足迹核算标准主要是采用国际标准,目前内地标准化研究所也在参考国际上已有的核算方法和体系的基础上,研究适用于企业需求的核算、管理、减排、报告方法,双方也都在积极关注国际核算标准的发展动态,这为制定符合两岸实情的碳标签核算标准的技术研究方案,形成统一的碳标签核算体系提供了有力条件。海峡两岸农业碳标签制度合作可以先从制定统一的、符合两岸实际情况的碳足迹核算标准入手,而且,不仅要统一核算标准,还要尽量简化计算方法,以减少在推广应用中遇到的困难和阻碍。

2. 加强两岸农业碳标签监管合作

在碳标签的监管方面,台湾碳足迹标签发展的

经验和内地体系较为完备的环境标志认证管理经验,均为完善两岸碳标签合作的监管机制提供借鉴。台湾碳标签建制较早,通过政策的积极引导与宣传,使产品制造商或服务提供商详细盘查产品/服务生命周期各阶段所产生的温室气体排放量,并能在各阶段或供应链中找出减量的机会,以标签方式标示,提升了消费者对低碳产品的选购意愿,也方便其了解产品碳足迹,并在使用、废弃阶段配合降低碳排放。内地的绿色食品标志制度发展时间久,制度完备,对碳标签认证制度的立法完善和实施具有较强的借鉴意义。在管理方式上,绿色食品标志有两种管理模式:依据现有和国际通行的绿色产品认证标准来管理、基于绿色产品的商标法律性质依据商标法进行管理。海峡两岸碳标签制度的监管与合作,可以在借鉴绿色食品标志的管理经验基础上,采取认证标准管理与法律规范管理并行的模式,以碳足迹标签认证标准来衡量和规范碳标签认证秩序,同时将碳标签纳入到《商标法》、《产品质量法》及《反不正当竞争法》的保护范围内,防范和制裁假冒碳标签认证的行为,扩大对碳标签的法律保护范围。

为有效监管碳标签的实施,两岸碳标签法律合作还应借鉴绿色食品标志有效使用期限的规定。一般绿色食品标志的使用期限为 3 年,期满后依照企业的重新申请再次进行审批和许可。大陆《低碳产品认证管理暂行办法》第 25 条也规定低碳产品认证证书的有效期为 3 年,"有效期届满前,应当依据低碳产品认证规则的规定进行再认证"。对于经核算给予认证的产品或服务规定碳标签使用期限限制,企业有责任在有效使用期限内保证碳标签认证产品或服务的碳信息的真实性,并且在规定的使用期内,由核算认证机构对已获得碳标签标注权限的产品或服务进行不定期检验和测评,一旦发现碳信息超标或标注不真实者,应立即对其碳标签指数标注进行更新和变更,实现对产品或服务的碳信息的实时监控。此外,加强海峡两岸的碳足迹标签合作还需要建立两岸碳足迹标签信息与产品生命周期盘查数据库,实现资源共享,以保证核算标准和认证标准的适用统一。

3. 建立两岸农业碳标签责任对接机制

尽管目前农业碳标签制度采取自愿标注形式,但随着其推广应用以及人类环保意识的进一步增强,终将会实行强制标注模式,而加强执法亦将成为实现碳标签制度的保证。在碳标签执行合作方

面,应逐步规范和完善两岸碳标签责任对接机制。明确碳标签认证机构和碳标签第三方辅助机构的责任,对碳标签认证机构在产品或服务的碳信息核算过程中,以及碳足迹标签咨询服务机构在辅助企业完成申请碳标签认证的前期准备工作和向企业提供碳足迹核算的专业咨询过程中的违法行为,规定其应承担的法律责任,严格执法,从而切实保障碳标签认证制度的实施效果。当然,这是一个渐进的过程,还有很长的路要走。

总之,农业碳标签制度作为发展低碳农业的制度保证,将政府、企业和个人三者的环保责任与利益机制结合起来。政府通过制定政策加以引导,企业通过自愿申请标注碳标签提升自己的核心竞争

力应对低碳经济挑战,践行企业的低碳责任,而个人则通过选择低碳排放产品和降低使用及处置该产品过程中的碳排放为环保尽力。在海峡两岸农业碳标签合作中,政府应站在战略的高度制定两岸农业合作与发展路线,加快两岸农业碳足迹标签认证与核算标准等规范的制定和出台,建立和完善碳标签法律体系;加强两岸政府层面监管合作,将农业碳标签制度作为政府低碳农业工作的重要内容;加大财政和金融政策上的倾斜与支持,积极培育低碳农产品市场,促进海峡两岸农业碳标签制度向纵深发展。

（编辑　陈敬根）

第1卷 第1辑
2013年8月

上 大 法 律 评 论
SHANGHAI UNIVERSITY LAW REVIEW

Vol. 1　No. 1
Aug. 2013

兰跃军. 2012年刑事诉讼法"总则"部分修改若干争议问题述评[M]//李清伟. 上大法律评论（第1辑）. 上海：上海三联书店，2013：77 - 90.

2012 年刑事诉讼法"总则"部分修改若干争议问题述评

兰跃军

（上海大学 法学院，上海 200444）

摘要：2012年刑事诉讼法修正案已经全国人民代表大会审议通过并生效实施。该修正案有许多亮点和进步，但部分条款也存在争议，有的至今尚未平息。对"总则"部分修改曾经出现的主要争议问题进行总结评析，有助于更好地理解和准确执行新刑事诉讼法，及时化解实施过程中遇到的各种问题。

关键词：2012年刑事诉讼法；总则；争议问题

Review on some controversial problems of the general provisions of criminal procedure law in 2012 to modify

LAN Yue-jun

（Law School of Shanghai University，Shanghai 200444）

Abstract：Criminal procedure law amendment（2012）is examined and approved by the National People's Congress and effective implementation. The amendment has many highlights and progress，but some provisions are controversial，and some have not yet subsided. To summarize evaluation for the main issues of the "general" section to modify appears once，it is helpful to better understand and accurately perform the new criminal procedure law，and in a timely manner to resolve various problems encountered in the implementation process.

Key words：criminal procedure law in 2012；the general provisions；controversial problems

2012年3月14日，第十一届全国人民代表大会第五次会议审议通过了《全国人民代表大会关于修改〈中华人民共和国刑事诉讼法〉的决定》，并已于2013年1月1日起施行。刑事诉讼法修正案有许多亮点和进步，但部分条款存在争议，有的至今尚未平息，以至于有媒体概括此次刑事诉讼法修改使用的标题是："聚焦刑事诉讼法修改：亮点多争议大"、"刑事诉讼法修改：顶着争议进步"等，还有人称"中国人大通过有争议的刑事诉讼法修改草案"、"刑事诉讼法草案勉强通过不如暂不交付表决"等。其中，"总则"部分的争议问题主要包括七个方面。

一、指定居所监视居住问题

在刑事诉讼法修正案（草案）第一稿于2011年

8月公布后，第73条规定的指定居所监视居住制度在社会上引起争议最大，至今仍未平息。[①] 因为它被指扩大侦查权，造成公权挤压私权。根据该条规定，对于涉嫌危害国家安全犯罪、恐怖活动犯罪、特别重大贿赂犯罪的犯罪嫌疑人、被告人，如果在其住处执行监视居住可能有碍侦查时，经上一级检察机关或公安机关批准，也可以在指定的居所执行。指定居所监视居住的，在"无法通知"的情形下，可以不通知被监视居住人的家属。该条争议焦点集中在如何规范"指定居所监视居住"，以及如何判断"有碍侦查"、"无法通知"的情形。部分全国人大代表、法律界人士及许多公众担心该条款可能被滥用，使指定居所监视居住演变成变相羁押，从而导

收稿日期：2013 - 02 - 03

作者简介：兰跃军（1970—），男，湖南东安人，法学博士，博士后，上海大学法学院副教授、硕士生导师，上海市宝山区人民检察院副检察长，主要研究方向为刑事诉讼法、证据法、被害人学，E-mail：yj8426018@163.com。

① 苏晓明. 刑事诉讼法修正案表决通过第73条未作修改[EB/OL].［2012 - 08 - 16］. www. stcn. com.

致"长期法外拘禁"和秘密拘捕，"为刑讯逼供留下几乎无限空间"。全国人大代表、西昌学院法学教授王明雯在微博中写道："强烈建议取消监视居住中关于'指定居所'的规定。因其没有类似于规范看守所侦查活动的规定，可能给刑讯逼供提供场所与条件，非常危险，完全可能导致关于禁止刑讯逼供及非法证据排除所作的一切努力化为乌有！"① 由于监视居住期间最长可达 6 个月。有人认为，指定居所监视居住对犯罪嫌疑人的人身自由类似于羁押，但是因其不受《看守所条例》约束，可能导致刑讯逼供大量发生或者"黑监狱"合法化。还有人认为，该条暗含将实践中的纪委"双规""双指"纳入法制轨道之意。② 但中国政法大学陈光中教授认为，1996 年刑事诉讼法就规定有指定居所的监视居住，而没有通知家属的规定，当时立法上考虑监视居住就在家里执行，不需要通知家属，漏掉了指定居所监视居住的情况。现在立法明确规定，除无法通知的情形外，都要通知家属，更加规范化、法制化，与之前相比显然进步了。与修正案一稿相比也有变化。一稿还规定"通知可能有碍侦查的情形"也不通知。对于外界提出的各种担心，他认为有一定道理，也有可能在实践中发生。对于"指定居所监视居住"的适用，他主张通过司法解释加以规范，从严掌握，慎重使用。③ 中国人民大学陈卫东教授对第 73 条规定有另一种解读，他认为，"指定居所监视居住"的"居所"一定不是一个秘密的居所，不是一个家属、律师都不知道的居所，但怎么指定、在哪里指定是下一步必须明确的，应当通过司法解释来明确规定。④ 在中国刑事诉讼法研究会 2011 年年会上，有学者认为，"指定居所监视居住"本身适用的对象是"符合逮捕条件"，从立法目的上来说是为了与取保候审的适用条件相区别，因此，它从本质上来说对犯罪嫌疑人是有利的。⑤

　　还有学者认为，刑事诉讼法第 73 条规定立足于我国的基本国情和阶段性特征，既与时俱进又未超越现阶段的实际，没有盲目照搬外国的相关规定，是一种理性务实的立法选择。理由有三：一是刑事诉讼法必须兼顾惩治犯罪与保障人权的双重目标。一方面当前我国正处于社会转型期和矛盾凸显期，刑事案件发案率居高不下，刑事诉讼法修改必须有利于保证准确及时地查明犯罪事实惩治犯罪分子，而惩罚犯罪也是为了更好保护人权。另一方面应当尊重和保障人权，保障无辜的人不受刑事追究，保护公民的诉讼权利和其他合法权利。二是该条对不通知家属的规定作了严格限制。较之 1996 年刑事诉讼法规定有较大改进。对采取指定居所监视居住措施的，除了无法通知的以外，一律都要在 24 小时内通知家属。也就是说，通知是原则，不通知仅仅是一种例外，这是严重刑事犯罪案件侦破的客观要求，同时也兼顾了对人权的重视，体现了立法的科学化和人性化。三是该条规定并不存在秘密拘捕。实际上，不管是 1996 年刑事诉讼法规定还是 2012 年刑事诉讼法修订，我国都不存在秘密拘捕问题，2012 年刑事诉讼法采取多种措施遏制刑讯逼供。根据第 73 条规定，在绝大多数情况下采取指定居所监视居住措施后都必须在 24 小时内通知家属，不予通知的涉及面极小，时间极短。至于有人认为该条可能导致随意泛滥的秘密拘捕，笔者认为，这不是法律规定本身的问题，而是在司法实践中的权力滥用问题，对策是针对突出问题，通过细化司法解释和严格执法程序解决，以进一步保障司法机关准确及时惩罚犯罪，保护公民诉讼权利和其他合法权利。⑥ 笔者基本赞同这种看法。对于监视居住制度的存废，学界和司法实务界一直存在较大争议。2012 年修改后的刑事诉讼法第 72 条将监视居住定位于减少羁押的替代措施，并规定了与取保候审不同的适用条件。指定居所监视居住作为监视居住的一种特殊执行方式，有利于解决特殊情形和特定

　　① 解敏．刑事诉讼法修订草案第 73 条监视居住条款引发争议［EB/OL］．［2012 - 08 - 16］．news. eastday. com/c/2012lh/u1a6423285. html.

　　② "双规"一词出于《中国共产党纪律检查机关案件检查工作条例》，要求有关人员在规定的时间、地点就案件所涉及的问题作出说明。贺信．指定居所监视居住："双规"曲线入法［EB/OL］．［2012 - 08 - 16］．economy. caixin. com/2012-03-12/100367091. h.

　　③ 王丽娜．陈光中解读刑事诉讼法争议条款：两种拘留不通知不过分［EB/OL］．［2012 - 08 - 16］．news. ifeng. com/mainland/special/xingshisu.

　　④ 沈泽玮．刑事诉讼法修正案："秘密拘捕"合法化引巨大争议［EB/OL］．［2012 - 08 - 16］．www. zaobao. com/zg/zg120314_001_1. shtml.

　　⑤ 张洋．刑事诉讼法学年会聚焦刑事诉讼法修改［EB/OL］．［2012 - 08 - 16］．www. fyfzw. cn/shandong/hot/2011/1104/16012.

　　⑥ 郝保明．刑事诉讼立足国情不盲目照搬外国司法和诉讼制度［EB/OL］．［2012 - 08 - 16］．news. cn. yahoo. com/ypen/20120308/911295. ht.

案件犯罪嫌疑人的监视居住问题,从而满足公安机关和检察机关办案需要,具有一定合理性。至于它可能出现的问题,立法者在修改过程中已经充分听取社会各界意见,并且做了明确规范。一方面,与一稿相比,立法已经将"重大贿赂犯罪"限定为"特别重大贿赂犯罪",并且在第 2 款中取消了"涉嫌危害国家安全犯罪、恐怖活动犯罪通知可能有碍侦查的情形"可以不通知被监视居住人的家属的规定。另一方面,第 73 条不仅将指定居所监视居住的适用对象严格限制为社会危害性极大的三类案件——它们在司法实践中数量本来就很少,而且要求适用必须经上一级人民检察院或公安机关批准,并且不得在羁押场所、专门的办案场所执行,还明确规定"人民检察院对指定居所监视居住的决定和执行是否合法实行监督",而且第 74 条规定指定居所监视居住的期限应当折抵刑期。这样可以最大限度地减少该制度对被监视居住人权利的侵害。至于如何监督该制度的执行与实施以防止其被滥用,有关司法解释和规范性文件已经做了细化规定,[①]学者们还可以继续讨论。此外,刑事诉讼法增设了非法证据排除规则、不得强迫自证其罪权利、讯问同步录音录像等一系列遏制刑讯逼供的机制,被监视居住的犯罪嫌疑人、被告人还可以委托或指定辩护人维护自己合法权益,侦查机关通过违法指定居所监视居住获得口供的动机大大减弱。为此,笔者认为,该条规定是可行的。

二、秘密拘捕问题

刑事诉讼法除了在第 73 条第 2 款规定指定居所监视居住在"无法通知"的情形下可以不通知家属外,第 83 条第 2 款规定:"拘留后,应当立即将被拘留人送看守所羁押,至迟不得超过二十四小时。除无法通知或者涉嫌危害国家安全犯罪、恐怖活动犯罪通知可能有碍侦查的情形以外,应当在拘留后二十四小时以内,通知被拘留人的家属。有碍侦查的情形消失后,应当立即通知被拘留人的家属。"第 91 条第 2 款规定:"逮捕后,应当立即将被逮捕人送看守所羁押。除无法通知的以外,应当在逮捕后二十四小时以内,通知被逮捕人的家属。"据此,有人认为,这三款规定意味着,"无法通知"或者"涉嫌危害国家安全犯罪、恐怖活动犯罪通知可能有碍侦查"的情形,可以成为对当事人实施指定居所监视居住、刑事拘留、逮捕等强制措施后在 24 小时内不通知家属的理由,从而引发"秘密拘捕"合法化的争议。他们认为,一方面,"无法通知"和"通知可能有碍侦查"等情形,完全可能成为适用于一切案件的"口袋"理由,导致侦查机关可以随心所欲地决定是否通知家属,从而导致"秘密拘捕"泛滥成灾。另一方面,对当事人采取强制措施而不通知家属,这不利于当事人合法权益的保障,也不符合人权保障的法治原则。当时有人担心,刑事诉讼法修正案一旦通过,过去被采用的秘密拘押和"被失踪"等手段将合法化,导致更多政治异见人士和人权律师"被失踪"。[②]第 83 条只要通过,将来可能出现无数"危害国家安全罪犯"和"恐怖主义"分子。为此,人权组织也警告,异见人士和外国商人在中国遭秘密拘捕的可能性将大大提升。[③]北京大学贺卫方教授认为:"对于 24 小时内不通知家属者,何时通知,法条不著一字。是否意味着可以是几个月或几年? 关键还在于,整个立法都贯穿着一个可怕倾向:对公安等行政权力缺乏司法审查。建议:对是否构成不通知,应由法院审查。"他后来又认为,通知家属不应有例外,"思来想去,这条还是废除为好。试想,一个人被拘留了,政府居然不告知其家人,家人也只好满世界找——是自杀了,走失了,还是……通知家人在极个别情况下会给侦查带来某些妨碍,但是相对政府秘密逮捕和监禁带来的不正义,得不偿失。"[④]有律师认为,秘密逮捕在法制健全的国家是不允许的,秘密逮捕入法将严重损害中国国际形象。而在中国刑事诉讼法研究会 2011 年年会上,针对涉嫌严重犯罪可不通知家属是否会造成秘密拘

①　最高人民法院、最高人民检察院、公安部、国家安全部、司法部、全国人大常委会法制工作委员会 2012 年联合发布修订后的《关于实施刑事诉讼法若干问题的规定》第 15 条规定:"指定居所监视居住的,不得要求被监视居住人支付费用。"最高人民检察院 2012 年修订后的《人民检察院刑事诉讼规则(试行)》第 110 条至第 120 条对指定居所监视居住的决定、执行和监督作了细化规定,不仅明确界定了"固定住处"、"有碍侦查"、"无法通知"等条件和具体监督部门、监督措施,还将检察机关指定居所监视居住的审批权上提一级。公安部 2012 年修订后的《公安机关办理刑事案件程序规定》第 107 条至第 109 条也细化了"固定住处"、"有碍侦查"、"无法通知"等条件,以便于司法实践中执行和监督。

②　沈泽玮. 刑事诉讼法修正案"秘密拘捕"合法化引巨大争议[EB/OL]. [2012 - 08 - 17]. www. zaobao. com/zg/zg120314_001. shtml 2012 - 03 - 14.

③　吉密欧. 中国新刑事诉讼法"对在华外籍人不利"[EB/OL]. [2012 - 08 - 17]. http://bbs. pinggu. org/forum. php? mod = viewthread&tid=1391842&page=1.

④　贺卫方. 这样的立法违背了政府的承诺[EB/OL]. [2012 - 08 - 17]. www. newsmth. net/nForum/article/Law/41766.

捕,有代表指出,刑事诉讼法修正案草案规定可不通知家属的两种情形是"无法通知"和"涉嫌危害国家安全犯罪、恐怖活动犯罪等严重犯罪通知可能有碍侦查",这比起以前的"无法通知"和"有碍侦查"是一种进步。因为它增加了"涉嫌危害国家安全犯罪、恐怖活动犯罪等严重犯罪"的限制,此前有些民众将"通知可能有碍侦查"和"危害国家安全犯罪、恐怖活动犯罪等严重犯罪"分解为不予通知的两种情形理解,显然是误读,造成这是实施"秘密拘捕"的恐慌。此外,有代表认为,何谓"无法通知",法律有必要在程序上进行严格的限制,必须是"穷尽一切手段"都无法通知。同时必须对侦查机关制定严格的问责条款,必须在事后对当事人家属和检察机关作出合理解释,并承担举证责任。还有代表认为,这两种情形不能成为以后都不通知的条件。不能因为存在这两种情形就根本不通知,这在人权保障上存在严重的缺陷,应当规定在 3 日或者是 7 日内予以通知。①

第十一届全国人大常委会委员、全国人大常委会法制工作委员会副主任郎胜在全国两会新闻中心就刑事诉讼法修改举行的记者会上回答记者提问时指出:"刑事诉讼法修正案草案提请大会审议后,网络上出现一些说法,认为危害国家安全犯罪可以秘密拘捕。这种说法是不准确的。因为在我们国家没有秘密拘捕,法律也没有这样的规定。"针对有记者担心这些条款会否被滥用,郎胜说,我国刑法对危害国家安全犯罪和恐怖活动犯罪有明确的规定。不通知家属的情形是极个别的例外情况:一是这两种犯罪,如果不妨碍侦查也都需要通知家属。只有在有碍侦查的情况下才可以不通知。二是一旦有碍侦查的情形消失,也需要立即通知家属。第三,这种措施是临时的、紧急的措施。② 中国政法大学樊崇义教授赞同郎胜同志观点,他也认为,不管是 1979 年、1996 年刑事诉讼法规定还是 2012 年刑事诉讼法修正案,我国都不存在"秘密拘捕"。何为"秘密拘捕",通俗地说,就是人被抓走以后,几个月、半年或更长的时间找不到人了,蒸发了。刑事诉讼法修正案草案规定,在绝大多数情况下采取强制措施后都必须在 24 小时以内通知家属,不予通知的限制涉及面极小,时间极短。根本谈不

上所谓的"秘密拘捕"。根据我国 1996 年刑事诉讼法的规定,对于被采取拘留和逮捕措施的犯罪嫌疑人,除有碍侦查或无法通知的以外,应当在拘留或逮捕后 24 小时内通知犯罪嫌疑人的家属。这些规定主要是考虑到办案的需要,防止犯罪嫌疑人串供,不通知家属的面规定得较大。此次刑事诉讼法修改就这个问题解决得比较科学、民主和人性化。第一,对于指定居所的监视居住,除无法通知外,必须 24 小时以内通知家属;第二,拘留后,草案对不通知家属的情况限制了很小的范围,除两种犯罪如有碍侦查外,其他都应在 24 小时以内通知家属;第三,批准逮捕后,除无法通知外,24 小时以内都必须通知家属。草案对不通知家属的情形限制得很小很小。危害国家安全犯罪、恐怖活动犯罪性质比较严重,立法采取非常措施也是必要的。这两类严重刑事犯罪有碍侦查会造成极其严重的社会危害,但即便是这两类犯罪,如果不是有碍侦查,或者有碍侦查的情形消失后,也必须立即通知家属。拘留是在情况紧急之下采取的短时间限制人身自由的措施,而这两种犯罪大部分情形下都要转成逮捕,一旦逮捕被批准后,除无法通知外,24 小时内就必须通知家属,时间很短。③ 刑事诉讼法不仅要保障人权,而且要控制犯罪,保障刑法的正确实施。笔者赞成郎胜同志和樊崇义教授的观点,新修订的《公安机关办理刑事案件程序规定》第 109 条第二款和第 123 条第三款分别对"无法通知"和"有碍侦查"情形进行了严格限制,新修订的《人民检察院刑事诉讼规则(试行)》也分别在第 110 条、第 114 条和第 133 条,采取列举方式就指定居所监视居住"有碍侦查"、"无法通知"和拘留后"无法通知"情形作了明确规定。笔者认为,如果当事人及其近亲属对此提出异议,检察机关应当要求公安机关作出合理解释或者自行作出说明,并承担相应的程序性证明责任,证明标准只要达到优势证据程度即可。

三、不得强迫自证其罪与沉默权关系问题

"不得强迫自证其罪"是国际通行的一项刑事司法准则,是对人权的保护,也是无罪推定原则的

① 张洋. 刑事诉讼法学年会聚焦刑事诉讼法修改[EB/OL]. [2012-08-17]. www.fyfzw.cn/shandong/hot/2011/1104/16012.
② 陈菲,崔清新. 中国没有秘密拘捕[EB/OL]. [2012-08-17]. www.people.com.cn/h/2012/0310/c25408-2... 2013-07-31.
③ 李吉斌. 专家表示我国根本没有秘密拘捕[N]. 法制日报,2012-03-13.

必然要求。联合国《公民权利与政治权利国际公约》《儿童权利公约》等国际公约,都将"不得强迫作不利于他自己的证言或强迫承认犯罪"列为被追诉人应当享有的"最低限度的保证"之一。2012 年刑事诉讼法第 50 条在取证禁止性规定中增加了一句,规定:"严禁刑讯逼供和以威胁、引诱、欺骗以及其他非法的方法收集证据,不得强迫任何人证实自己有罪。"其中新增加的"不得强迫任何人证实自己有罪"是这次修改刑事诉讼法取得的一个标志性进步。但人们对它的理解——特别是它与沉默权的关系——尚存在分歧,中国是否确立了沉默权制度也成为刑事诉讼法修正案草案公布后的争议问题之一。中国人民大学何家弘教授认为,无论立法者是否自觉,他们将"不能强迫任何人证实自己有罪"写进《刑事诉讼法》,就标志着中国法律确认了犯罪嫌疑人和被告人的沉默权,这是一种默示的沉默权制度。他认为明确这一点是至关重要的。一方面,这彰显了中国刑事诉讼立法的进步;另一方面,这明确了犯罪嫌疑人和被告人在接受讯问时有权保持沉默。同时他也主张立法删除犯罪嫌疑人"如实回答"义务,这是因为,《刑事诉讼法》一方面规定侦查人员不能强迫犯罪嫌疑人做出有罪供述,另一方面又规定犯罪嫌疑人必须如实回答侦查人员的所有提问。前面的含义是可以保持沉默,后面的含义是不许保持沉默,这是自相矛盾的。他认为,对于上述规定的合理解释是:犯罪嫌疑人对侦查人员的提问,可以选择回答,也可以选择沉默,但如果选择回答,那就要如实陈述。换言之,犯罪嫌疑人有沉默权,但是没有说谎权。[1] 全国人大常委会法制工作委员会副主任郎胜同志对此解释持基本相同的立场,他在辽宁省检察论坛的讲座中指出:"应当如实回答"显然是犯罪嫌疑人的供述义务,但是这一义务并非"回答",而是"如实回答"。"它要求犯罪嫌疑人如果你要回答问题的话,你就应当如实回答。"换言之,对于侦查人员的提问,犯罪嫌疑人仍然具有回答或者不回答的选择权利,但如果犯罪嫌疑人选择了回答,则必须如实回答,如果犯罪嫌疑人选择了拒绝回答,则享有不被强迫的权利。[2] 但

侦查机关对此反应十分强烈,他们认为,沉默权入法,法规超前,难以驾驭和执行,对惩治犯罪将造成妨碍。拥有侦查权的公安机关、检察机关,承担着查办案件的巨大责任和巨大风险。沉默权入法,无疑让侦查机关办案成本大幅提高,现有侦查方式面临巨大挑战。侦查机关的担忧不无道理。侦查机关行使侦查权,目的是找出犯罪真凶、惩治犯罪。一旦犯罪嫌疑人有权沉默,不回答侦查人员提问,有可能导致一部分犯罪嫌疑人逃脱法律制裁,给社会生活带来更大的不稳定。因此,他们认为,犯罪嫌疑人应当如实回答侦查人员提问,不能享有沉默权。对此,许多专家不予认同。陈光中教授认为,如实供述不应该是犯罪嫌疑人的义务,刑事诉讼法第 117 条应当删除"犯罪嫌疑人对侦查人员的提问,应当如实回答"的规定。对"不得强迫任何人证实自己有罪"应当完整地表述为"不得强迫任何人证明自己有罪或者做不利于自己的陈述"。他认为,"证明"与"证实"涵义有别,"证实"是指证明到属实。因此,为了进一步保护犯罪嫌疑人的正当权利,这里用"证明"更为恰当。[3]

目前主流观点认为,刑事诉讼法第 50 条规定只是赋予包括犯罪嫌疑人在内的所有作证者不被强迫自证其罪的权利,并非沉默权。正如全国人大常委会委员任茂东指出,刑事诉讼法第 50 条新增"不得强迫任何人证实自己有罪"的规定,同时第 93 条仍然规定"犯罪嫌疑人对侦查人员的提问,应当如实回答","这说明沉默权仍然没有被我国法律明确认可。只有有条件地确立沉默权制度,才能有效遏制刑讯逼供。"[4]在中国刑事诉讼法研究会 2011 年年会上,有代表指出,"不得被强迫自证其罪"并非真正意义上的沉默权。它只是表明在讯问犯罪嫌疑人时不得采用强制手段;主张犯罪嫌疑人有罪的证明责任在控方,犯罪嫌疑人没有证明自己有罪的义务;犯罪嫌疑人、被告人的口供仍然是法定证据之一,在正常讯问下,犯罪嫌疑人仍需如实回答,无权保持沉默。在我国现在的司法大背景下,要实行真正意义上的沉默权,条件并不成熟。"从草案来看,不得强迫证实自己有罪未作为证据的基本原则加以规定,而是作为禁止刑讯逼供的保障性规定,

①　何家弘. 中国已确立沉默权制度[EB/OL]. [2012 - 08 - 18]. blog. sina. com. cn/s/blog_ac7152ad01016r14.
②　杜萌. 从不得强迫自证其罪到沉默权[EB/OL]. [2012 - 08 - 18]. www. 52lawyers. net/news/17482616. html.
③　宋伟. 聚焦刑事诉讼法修改:是否明确"沉默权"存争议[EB/OL]. [2012 - 08 - 22]. www. chinanews. com/fz/2011/09-14/3324814. s.
④　宋伟. 聚焦刑事诉讼法修改:是否明确"沉默权"存争议[EB/OL]. [2012 - 08 - 22]. www. chinanews. com/fz/2011/09-14/3324814. s.

更多是一种宣示意义。"刑事诉讼法第 93 条规定,犯罪嫌疑人要如实供述自己罪行,没有拒绝的权利,更没有保持沉默的权利。要想真正贯彻不得强迫自证其罪,就不能要求犯罪嫌疑人如实供述,这两种规定明显是冲突的。①

笔者赞同主流观点,认为刑事诉讼法增设的"不得强迫自证其罪"规定并非沉默权。关于沉默权与不得强迫自证其罪原则的关系,学界有不同认识,有的学者将两者视为一体,有的学者强调不得强迫自证其罪原则具有独立的含义,有的学者则认为两者互为表里,沉默权实际上是以消极形式反对自证其罪的行为。应该说,沉默权与不得强迫自证其罪原则在内涵和外延上确实存在着一些差别,但两者在保障人权问题上有着共同的价值基础:排斥自我弹劾。真实诚可贵,人权价更高。在刑事诉讼中,按照有的学者的说法,如果"公权力强迫被告承认犯罪,无异强迫被告在自己头上戴枷锁。"这显然违反人类理性,属于过于残酷而不人道的行为。沉默权与不得强迫自证其罪原则尊重和保障人权以及在遏制这种不人道行为方面发挥着同等的作用,它能够有效防止犯罪嫌疑人、被告人遭受肉体摧残和精神折磨等不人道或有损人格尊严的待遇,避免沦落为协助警察、检察官追诉犯罪的工具,能够有效地维护犯罪嫌疑人、被告人作为人的基本权利,包括"我们不愿意让那些尚未确认有罪的人屈从于自我控告、伪证或不体面的三难选择的痛苦所带来的折磨"。②刑事诉讼法第 50 条增加规定"不得强迫任何人证实自己有罪"这句话表述了一个牵动诉讼格局或全局的原则,它讲明如何对待犯罪嫌疑人和被告人,其中具有多重意义:首先,你在讯问犯罪嫌疑人的方法上不得采用强制手段;其次,你主张他有罪,由你来举证,证明责任在控诉方;第三,这是一项权利。既然是权利,被告人可以享用,也可以放弃而选择坦白交代;第四,如果他坦白交代了,你要从宽处理,这实际上强化了自首原则和坦白从宽的刑事政策。由此看来,诉讼格局会发生重大变化。这句话写入刑事诉讼法修正案,体现了我们诉讼制度的民主和进步。我们在刑事诉讼法修正案中没有规定沉默权,不得强迫自证其罪不等于就有了沉默权的规定。所谓"默认"只是一种理解,法律

的标准是要给出"明示",既然没有明确规定,就不能说"默认"了沉默权。③为此,笔者认为,根据刑事诉讼法这种规定方式,立法目前仅仅赋予犯罪嫌疑人、被告人"不得强迫自证其罪"的权利(还不完整),并不等于赋予沉默权。但我们应当看到,立法确认"不得强迫自证其罪"权利,承认和尊重犯罪嫌疑人、被告人的诉讼主体地位,并公开否定强迫认罪的非正当性,已经是一项重大进步。它必将推动我国长期奉行的与"如实供述义务"一脉相承的"坦白从宽、抗拒从严"刑事政策做出重大调整,促使我国现有的职权主义刑事诉讼结构转向以平等对抗为基础的当事人主义诉讼,并为从"口供本位"转向"物证本位"、"由供到证"转向"由证到供"的侦查模式改革提供契机,进一步完善和发展我国刑事证据制度,从而在不久的将来完全实现从"应当如实回答"到"不得强迫自证其罪"的转变,将"不得强迫自证其罪"原则确立为刑事诉讼法乃至宪法的一项基本原则。当然,"不得强迫自证其罪"权利的实现需要相应的程序保障。《刑事诉讼法》在增设"不得强迫自证其罪"权利的同时,还补充完善了相应的保障机制,主要包括五个方面:一是确立和完善了非法证据排除规则;二是规定了讯问全程同步录音录像制度;三是将律师介入刑事诉讼的时间提前到侦查阶段,并且明确了侦查阶段律师的辩护人地位,保障律师的会见权、通信权、阅卷权;四是建立了程序性裁判机制,规定了侦查人员出庭作证制度,当事人及其辩护人、诉讼代理人对证据收集的合法性提出异议并且提供相关线索或证据,启动非法证据排除程序后,法院可以通知侦查人员出庭作证,侦查人员应当出庭,而不能再出示书面的情况说明应付;五是明确限制了讯问地点和讯问时间,规定拘留后 24 小时内应当将被拘留人送看守所,讯问必须在看守所进行。传唤、拘传持续的时间一般不得超过 12 小时。只有案情特别重大、复杂,需要采取拘留、逮捕措施的,传唤、拘传持续的时间才可以延长到最长 24 小时。而且在传唤、拘传期间,公安司法机关应当保证犯罪嫌疑人饮食和必要的休息时间。这些规定对于保障"不得强迫自证其罪"权利,遏制刑讯逼供具有重要价值,但还不够。笔者认为,针对我国司法实践,立法还需要继续解决看守所中立

① 张洋.刑事诉讼法学年会聚焦刑事诉讼法修改[EB/OL].[2012 - 08 - 17].www.fyfzw.cn/shandong/hot/2011/1104/16012.
② 樊崇义.从"应当如实回答"到"不得强迫自证其罪"[J].法学研究,2008(2).
③ 杜萌.专家解刑事诉讼法大修:不得强迫自证其罪并非沉默权[N].法制日报,2011 - 09 - 19.

问题、赋予犯罪嫌疑人的近亲属在侦查阶段拒绝作证权,以及原则上禁止夜间讯问等问题,彻底消除国家追诉机关变相对犯罪嫌疑人、被告人施加压力的可能性,从而保障他们自白的任意性。同时,适当借鉴域外恢复性、协商性司法理念,结合我国国情,通过立法确认各种鼓励自愿供述机制,减少强迫自证其罪的可能性。

四、拘传时限延长问题

1996 年刑事诉讼法第 92 条规定:"传唤、拘传持续的时间最长不得超过十二小时"。刑事诉讼法修正案草案一稿新增"案情重大、复杂,需要采取拘留、逮捕措施的,传唤、拘传持续的时间不得超过二十四小时。""传唤、拘传犯罪嫌疑人,应当保证犯罪嫌疑人必要的饮食、休息时间。"这样就将拘传最长时限从 12 小时延长到 24 小时,引起部分专家学者质疑,并被认为拘传时限延长,是警察权力扩张的表现。中国社会科学院法学研究所研究员王敏远表示,羁押时间拖长,无疑等于变相的刑讯逼供。但有不少基层办案人员认为,延长拘传时限,是现实的需要。他们认为,很多案件由于情况复杂,时间有限,导致办案困难。在案件的侦查阶段,犯罪嫌疑人拘传到案后,侦查人员要开展讯问犯罪嫌疑人、询问证人、勘验检查、搜查等工作。在讯问阶段,犯罪嫌疑人绝大多数首先会选择抗拒而不是配合调查。拘传时限延长至 24 小时既有利于打击犯罪,也有利于减少和杜绝刑讯逼供。第十一届全国人大代表、江苏省扬州市公安局广陵分局副政委陈先岩坦言,在个别地方,由于基层司法人员程序意识不强,有时会通过篡改拘传时间、放了再拘、换个理由再拘,规避 12 小时拘传期限,导致因非法拘传被起诉,从而影响司法机关的形象与公信力。陈卫东教授认为,拘传本身是一种强制限制犯罪嫌疑人、被告人到案接受调查的行为,多年实践说明 12 小时基本合理。但是,刑事诉讼法修正案草案将部分案件的拘传时间从 12 小时延长至 24 小时,也是侦查部门现实需求的反映。① 与此次刑事诉讼法修改切实解决司法实践中困难的指导思想相符。同时,拘传时限的适度延长,无疑有利于有效地惩治犯罪。在一些影响重大、案情复杂、共同犯罪的案件中,延长拘传时间有利于侦查人员深入了解案

情,全面调查,避免出现明知犯罪嫌疑人犯罪却不得不"放虎归山",任其逍遥法外的情况。据了解,检察机关在查处职务犯罪时,经常出现取证难、突破难的情况,往往导致虽然犯罪嫌疑人存在经济问题,但是苦于短时间内没法获得口供,只好放人。犯罪嫌疑人一经放出,便有可能立即销毁、转移证据,从而不利于侦查人员破案,罪犯也得不到应有的惩罚。针对有律师认为拘传时限延长是公权力扩大的问题,陈卫东教授承认这实际上是一种妥协和平衡,但他强调时限的延长是以"案情重大、复杂"为前提。"刑事诉讼法修改在制度、原则、方法上的调整,本身就是一种选择与平衡,是对哪一种更有利、利大于弊的选择,是立法机关对打击犯罪与保障人权的平衡。警察权的扩充是为了更好的侦查案件,打击犯罪。打击犯罪才能保证社会稳定,社会稳定是获得人权保障的必要前提。社会不安定,人权保障也无法实现。"与此同时,本次刑事诉讼法修改中新增规定"拘传期间应当保证犯罪嫌疑人必要的饮食、休息时间",这也充分体现了保障人权的原则。② 在中国刑事诉讼法研究会 2011 年年会上,就刑事诉讼法修正案草案是否有必要将拘传最长时限从 12 小时延长到重大复杂案件的 24 小时,学者们也存在争议。有代表认为,草案这一规定是办理重大案件的现实需要。但也有代表认为,这是警察权力扩张的体现,与中国刑事司法现代化的目标相悖。刑事诉讼的现代化要求"人证时代"向"物证时代"转型,要求刑事诉讼法限制以口供定案。③ 为了回应各界争议,立法者对拘传时限延长做了进一步限制,将一稿中的"案情重大、复杂"改为"案情特别重大、复杂",同时将"传唤、拘传犯罪嫌疑人,应当保证犯罪嫌疑人必要的饮食、休息时间。"改为"传唤、拘传犯罪嫌疑人,应当保证犯罪嫌疑人饮食和必要的休息时间。"这样更便于实践把握,避免 24 小时拘传时限普遍化。

笔者赞成立法适当延长拘传时限,并且在此期间充分保障犯罪嫌疑人的饮食和必要的休息时间,这样在满足司法实践中侦查特别重大、复杂案件需要的同时,又能充分保障犯罪嫌疑人人权。但是,侦查破案不能仅靠延长拘传时限。从 12 小时到 24 小时,不仅仅是简单的时间延长,更是对公安、检

① 杨园.拘传时限延长拟改为 24 小时[EB/OL].[2012 - 08 - 22].news.xkb.com.cn/zhongguo/2011/1020/164992.
② 马恺.刑事诉讼法修改:拘传时限延长引起各界争议[EB/OL].[2012 - 08 - 19].news.longhoo.net/2012-03/12/content_87061.
③ 张洋.刑事诉讼法学年会聚焦刑事诉讼法修改[EB/OL].[2012 - 07 - 07].www.fyfzw.cn/shandong/hot/2011/1104/16012.

察、法院系统工作机制、工作效率的考验。不管是实务界，还是学术界，都希望立法机关进一步明确细化"案情特别重大、复杂"。刑事诉讼法修正案草案增加规定"案情特别重大、复杂，需要采取拘留、逮捕措施的，拘传时间不得超过 24 小时。""案情特别重大、复杂"的标准是什么，该如何认定，刑事诉讼法修正案并没有作出明确说明，还是一个模棱两可的界限。这不仅让司法人员在办案过程中没有具体的把握标准，也容易造成司法机关滥用新规定，任何案件均以重大、复杂为由，无条件延长拘传时间至 24 小时，限制犯罪嫌疑人的人身自由。据陈卫东教授透露，在最初的讨论中，为避免出现变相刑讯逼供，有两个"二选一"的明确限定性条款：一是 24 小时以内，累积讯问时间不得超过 12 小时；二是犯罪嫌疑人连续休息的时间不得少于 6 个小时。但是在最终的草案中不知为何没有体现这一点。这样规定更加明确、具体、可操作性较强，可以减少认识上的分歧。① 既然立法没有该处具体的判断标准，期待司法解释和公安部规章能够总结司法实践经验作出细化规定，便于实践操作和执法统一。令人遗憾的是，2012 年新修订的《公安机关办理刑事案件程序规定》和《人民检察院刑事诉讼规则（试行）》都没有对此作出解释或规范。这是其一。其二，12 小时的延长虽然给了侦查部门更多的时间调查特别重大、复杂案件，但办案人员不能因为时间的延长而掉以轻心，更应杜绝刑讯逼供、变相拘禁的违法行为。侦查机关既要规范执法行为，打破 12 小时突破案件的传统模式，将 12 小时仅仅视为与犯罪嫌疑人第一次交锋，了解犯罪嫌疑人的底细，为下一步的侦查奠定基础。与此同时，对于特别重大、复杂的案件在延长的 12 小时里要合理分配，充分利用有限的时间有所突破。警方在案件调查、取证的过程中，需要办理一批法律文书，还要上传网络，因此，精简程序也是有限时间内提高办案效率的重要一环。其三，侦查人员应不断加强自身素质，提高办案效率。拘传时间的适度延长，对公、检、法部门都是一个挑战。虽然在时间压力上小了些，但作为执法人员还要不断苦练"内功"，提高自身业务能力，弄清每个案件的具体特性，尤其是选

准案件的突破口，确保犯罪嫌疑人到案后，执法人员能迅速有效的开展工作，否则即使延长 48 小时、72 小时也不够用。其四，侦查机关应当进一步增加侦查技术的科技含量，在法律允许的范围内充分运用现代科技手段收集更多的科技证据来侦破案件。

五、公安机关定位问题

"司法机关"一词的外延在我国一直存在不同理解。1996 年刑事诉讼法仅有第 17 条和第 38 条两个条文使用该词，而刑事诉讼法修正案草案一稿中曾有九个条文（第 17、33、42、46、51、61、62、114、272 条）使用过该词，其中许多条文中的"司法机关"明显包含"公安机关"。立法将公安机关定位于司法机关问题，立即引起社会各界热议。全国人大内司委委员戴玉忠认为，刑事诉讼法草案中"司法机关"含义不明确："有的人认为司法机关就是法院，有人认为在中国司法机关是法院和检察院，也有人觉得包括公安机关都算广义的司法机关。"司法机关到底是指法院、检察院、公安机关，还是只算法院和检察院？他建议明确表述。陈光中教授表示，这是刑事诉讼法中第一次出现这种公安机关可能是司法机关的表述，公安机关属于政府部门，在世界范围内，并没有将公安或者警察部门列入司法机关的做法。② 他认为，在我国政治体制下，公安机关属于行政机关，其在刑事诉讼中所进行的侦查活动属于司法活动，从这个意义上说，警察是一种重要的刑事司法力量，但不能因此把负责侦查任务的公安机关定位为司法机关。我国司法体制改革的方向是应当使法院和检察院这两个司法机关越来越能依法独立、公正地行使审判权、检察权，而不是让公安机关与法院、检察院三者合为一体都成为司法机关。因此，刑事诉讼法修改将公安机关定性为司法机关应当慎重考量。③ 为此，他还专门撰文对此问题进行了分析。④ 华东政法大学童之伟教授从宪法学的角度分析了该问题，他认为，"司法"是个外来词，一般从 judicial 或 judicature 翻译过来，司法权、司法机关也无外乎是从 judicial power 和 judicial branch 等外来语翻译过来的。与"司法"对应的外语词汇，原意都是审判、裁判，绝不包括警察或公

① 徐俊.刑事诉讼法拟延长拘传时限被质疑变相刑讯逼供[N].人民日报,2011 - 10 - 19.
② 张鑫.人大常委会委员建议刑事诉讼法写明保护人权[N].新京报,2011 - 08 - 26.
③ 朱磊.将公安机关定位为司法机关应慎重考量[N].法制日报,2011 - 12 - 22.
④ 陈光中.刑事诉讼中公安机关定位问题之探讨——对《刑事诉讼法修正案(草案)》规定司法机关包括公安机关之质疑[J].政法论坛,2012(1).

安,也不包括中国的检察权、国家法律监督机关的内容。"司法机关"在中国不是一个宪法概念,此概念的外延及是否包括"公安机关"的问题,只能依据宪法精神和法理、学理来解决。为此,他认为,公安不是司法机关,而是行政部门。公安部门的宪法位阶低于法院。① 刑事诉讼法修正案草案二稿适当吸收了学者建议,删除了三个条文中使用的"司法机关"一词,但仍然有六个条文(第 17、42、46、63、115、275 条)保留了该词汇,而且这六条中的"司法机关"从本意上说都包括"公安机关"。

关于我国法院、检察院、公安机关三机关是否定性为司法机关的问题,法学界主要有三种观点:第一种是一机关说,认为司法机关仅指法院,这是一种传统的观点,但现在仍有学者主张此说。第二种是两机关说,认为司法机关指法院和检察院,公安机关是行政机关,持这种观点的学者比较多。第三种是三机关说,认为司法机关包括法院、检察院和公安机关。此外,还有的学者认为,检察机关是国家法律监督机关,公安机关是国家行政机关。② 从宪法及有关法律规定和中央有关重要文件来考量,第二种观点是主流观点,也符合司法实践一贯做法。笔者赞同这种观点,认为刑事诉讼法有关条文将公安机关定位为司法机关欠妥,与域外立法规定和司法实践不符,也不利于我国刑事司法职能的有效配置与履行。根据《公安机关组织管理条例》规定,公安机关是人民民主专政的重要工具,人民警察是武装性质的国家治安行政力量和刑事司法力量,承担依法预防、制止和惩治违法犯罪活动,保护人民,服务经济社会发展,维护国家安全,维护社会治安秩序的职责(第 2 条)。公安部在国务院领导下,主管全国的公安工作,是全国公安工作的领导、指挥机关。县级以上地方各级人民政府公安机关在本级人民政府领导下,负责本行政区域的公安工作,是本行政区域公安工作的领导、指挥机关(第 3 条)。该条例明确地将公安机关界定为行政机关,而非司法机关。这是其一。其二,我国宪法虽然没有使用"司法机关"一词,但其第三章规定的"国家机构"包括七节,其中第三节是"国务院",第七节是"人民法院和人民检察院"。公安部长是国务院组成人员,领导和管理公安工作是国务院的职权之一。公安机关作为国家重要的刑事司法力量,虽然是国家主要的侦查机关,但仍然是各级政府的组成部门,其负责人由同级人大及其常委会根据政府首脑提名任命,而不像法院院长和检察院检察长一样必须经同级人大选举产生,检察长任命还要经上一级人民检察院检察长提请其同级人大常委会批准。其三,我国公安机关实行双重从属领导体制,无法满足国际刑事司法准则规定的司法机关应当具有的独立性、中立性、裁判性等基本属性的要求。为此,无论英美法系还是大陆法系国家(地区),都没有将公安或者警察部门列入司法机关的做法,因为这样不利于他们有效履行刑事侦查职能。我国刑事诉讼法第 3 条明确规定,公安机关负责刑事案件的侦查、拘留、执行逮捕和预审职能。国家安全机关、军队保卫部门、海关缉私部门、监狱办理刑事案件时,行使与公安机关相同的职权(第 4 条和第 290 条)。正如学者指出,在中国的语境下,把诉讼理解为司法活动是合理的,因为侦查不仅是刑事诉讼中的重要组成部分,而且是按刑事诉讼法规定的法定程序来进行的,把它与一般行政机关的行为一样定位为行政性质是不合适的。总体而言,侦查活动还是属于诉讼活动即司法活动的范畴。然而绝不能由此得出这样的推论:凡是在刑事诉讼中从事侦查或者其他诉讼活动的机关都是司法机关。侦查活动不同于公诉和审判,它既是诉讼活动,也明显带有行政活动的特征,如要求迅速及时、基本上不公开及受行政首长领导等。③ 其四,应当承认,刑事诉讼法将公安机关定位于司法机关,在一定程度上受到刑法规定的影响。我国刑法第 94 条明确地将履行侦查、检察、审判、监管职责的工作人员统称为"司法工作人员",第 247 条规定的暴力取证罪、第 399 条规定的徇私枉法罪、第 400 条规定的私放在押人员罪和第 401 条规定的徇私舞弊减刑、假释、暂予监外执行罪等犯罪主体都包括履行刑事侦查职能的刑事警察。但笔者认为,我们不能据此就将刑事诉讼中公安机关定位于司法机关。刑事诉讼法第 17 条、第 42 条、第 46 条、第 63 条、第 115 条和第 275 条中规定的"司法机关"都包括公安机关。对

---

① 童之伟.刑事诉讼法修改搞准公安的宪法定位[N].南方周末,2011-09-02.
② 陈光中.刑事诉讼中公安机关定位问题之探讨——对《刑事诉讼法修正案(草案)》规定司法机关包括公安机关之质疑[J].政法论坛,2012(1).
③ 王琳.刑事诉讼法修改争议焦点:公安机关定位为司法机关[EB/OL].[2012-08-20].www.52lawyers.net/news/14641072.html 2012-08-22.

此问题的解决，笔者认为，只能由全国人大常委会通过立法解释加以明确，目前暂时将刑事诉讼法这六条中规定的"司法机关"解释为包括人民法院、人民检察院和公安机关，与刑法第 94 条规定一致，明确"司法"一词在中国语境中的特殊含义。但待将来条件成熟时，笔者还是主张对刑法、刑事诉讼法相关规定统一修改规范，将"公安机关"从"司法机关"中分离出去，使其完全回归行政机关序列，从而与域外做法和我国司法实践一致，以免引起歧义。

六、非法证据界定问题

2010 年"两高三部"出台"两个证据规定"尤其是《非法证据排除规定》后，作为遏制刑讯逼供等非法取证手段之一的非法证据排除规则入法问题备受关注。刑事诉讼法修正案草案一稿公布后，如何界定非法证据成为社会各界争议的焦点。修正案草案第 53 条第 1 款规定："采用刑讯逼供等非法方法收集的犯罪嫌疑人、被告人供述和采用暴力、威胁等非法方法收集的证人证言、被害人陈述，应当予以排除。违反法律规定收集物证、书证，严重影响司法公正的，对该证据应当予以排除。"针对该款删掉了 1996 年刑事诉讼法第 43 条中的"以威胁、引诱、欺骗"的内容，全国人大常委会委员金硕仁在审议草案时指出，草案修改导致法条规定过于笼统，缺少针对侦查人员滥用侦查权的限定，建议继续保留原有的"以威胁、引诱、欺骗"内容。有学者认为，刑事诉讼法修正案草案对非法取证方法的规定，仅仅表述为"采用刑讯逼供等非法方法收集的犯罪嫌疑人、被告人供述和采用暴力、威胁等非法方法收集的证人证言、被害人陈述，应当予以排除；违反法律规定收集物证、书证，严重影响司法公正的，对该证据也应当予以排除。"这显得过于笼统，应该通过明确和详细的列举，才可能在一定限度内遏制刑讯逼供。还有学者主张，采用暴力、威胁、引诱、利诱、欺骗、体罚、限制休息和饮食等其他心理、生理上的强制方法，都应明确写入非法取证条文中。律师界也对草案规定提出异议，田文昌律师认为："司法实务中，非法证据的取得往往不是通过暴力殴打，多数是威胁、引诱、欺骗，如果把上述表述删除，'以威胁、引诱、欺骗'收集的证据不被排除，则等于是给变相逼供留下非常大的口子，这将是这次修法最大

的一个倒退。"[①]为此，上海律协刑委会还提出了具体的修改建议和修改理由。他们建议将该款修改为："采用刑讯逼供、威胁、引诱、欺骗、体罚、虐待、限制休息等心理、生理上的强制方法以及其他非法的方法取得的犯罪嫌疑人、被告人供述和证人证言，据此收集和以其他违反法律规定的方法收集的物证、书证、犯罪嫌疑人、被告人供述和证人证言，也应当予以排除，不能作为定案的根据。"修改理由包括：（1）为何删除"严重影响司法公正"。因为刑讯逼供等非法取证手段的危害性不仅仅在于影响公正，更体现在对犯罪嫌疑人、被告人合法权益的剥夺，以及对司法权威和公信力的蚕食。因此，非法证据排除的范围不应当加以"严重影响司法公正"的限制，而应当实行"零容忍"。（2）为何采用列举加概括的立法模式。只有通过用更加明确、详细、具体的列举方式来表述刑讯逼供的具体形式，才有可能最大限度地抑制刑讯逼供的发生。1996 年刑事诉讼法第 43 条规定"严禁刑讯逼供和以威胁、引诱、欺骗以及其他非法的方法收集证据"，修正案草案的列举尚不如原法条。（3）为何规定"毒树之果"应予排除。1996 年刑事诉讼法对于刑讯逼供取得的口供有无证明效力，对通过该口供而查获的其它相关证据是否具有法定效力，并没有作出明确的排除性规定。而在实践中，侦查人员为了破案，常常采用刑讯逼供的手段逼取犯罪嫌疑人供认有罪或者罪重的事实、情节。1996 年刑事诉讼法没有对上述证据作出明确的排除性规定是导致刑讯逼供的原因之一。因此，有必要增加和补充相应的规定，以消除可能导致刑讯逼供的程序立法漏洞。其一，只有如此才能根治刑讯逼供；其二，当程序公正与实体公正相冲突时，唯有牺牲实体、保留程序，这样才能实现真正的司法公正；其三，唯有如此，才能使侦查机关彻底改变现有侦查过程中过分倚重于犯罪嫌疑人供述来寻求案件突破的局面，也才能促使侦查机关自觉运用先进的科技手段来提高取证能力，使司法证明的手段逐步走向发达。[②]

刑事诉讼法学专家对此提出了不同意见。中国政法大学教授顾永忠认为："威胁、引诱、欺骗与一些侦查讯问技巧和手段有重合，笼统规定未尝不可。"陈卫东教授认为，侦查人员对犯罪嫌疑人做出

---

① 张培鸿. 刑事诉讼法修改草案是警察系统的全面胜利［N］. 新快报，2011 - 09 - 05.

② 上海律协刑委会. 关于中华人民共和国刑事诉讼法修正案（草案）的意见［EB/OL］.［2011 - 09 - 23］. www. chineselawyer. com. cn.

特别恶劣、严重的威胁、引诱、欺骗应当被禁止。为此，他建议增加一条：如果威胁、引诱、欺骗已严重地侵犯了当事人的权利、严重影响司法公正的，应该属于非法证据加以排除。至于谁来界定威胁、引诱、欺骗是否"严重"，他认为属于法官自由裁量权范围，可以通过司法解释或者通过最高人民法院发布的判例来确定，而不能完全凭法官的主观判断。对于非法收集的实物证据，新刑事诉讼法允许侦查机关"补正"或者"作出合理解释"。"如此规定，可能会导致非法实物证据在实践中难以排除，甚至使非法实物证据排除规则沦为非法实物证据不排除规则。"陈光中教授对此表示忧虑。"'补正'有时会比较困难，但是'合理解释'会容易些，很少有既不能补正，又不能作合理解释的情况。"他表示，这样规定主要是考虑实物证据来之不易，而且对定案关系重大，所以即使是取证程序有瑕疵，也还是尽量要用。① 如何界定非法证据也是中国刑事诉讼法研究会 2011 年年会争议的焦点之一。针对刑事诉讼法草案一稿规定非法收集的犯罪嫌疑人、被告人供述、证人证言、被害人陈述应当排除，严重影响司法公正的物证、书证，也应当排除。有代表认为，非法收集的鉴定结论、勘验检查笔录等也应当排除。还有代表认为，对刑讯逼供等非法方法应当加以列举，对"严重影响司法公正"的标准应予明确，对于非法证据排除，应规定"作出排除该证据的裁定"，而不只是规定"对该证据应当予以排除"，以增加可操作性。②

学界和实务界的争议和修改建议显然已经引起立法者的重视，2012 年刑事诉讼法虽然没有明确规定"毒树之果"问题，但对非法实物证据排除做了补充规范，第 54 条第 1 款规定："采用刑讯逼供等非法方法收集的犯罪嫌疑人、被告人供述和采用暴力、威胁等非法方法收集的证人证言、被害人陈述，应当予以排除。违反法律规定收集物证、书证，严重影响司法公正的，应当予以补正或者作出合理解释；不能补正或者作出合理解释的，对该证据应当予以排除。"这样，对非法言词证据实行绝对排除，

对非法实物证据实行相对排除，使得非法证据排除规则尤其是非法实物证据排除更加科学、理性，符合我国刑事司法实践需要。笔者认为是合理的。因为我国刑事侦查的科学技术手段和秘密侦查手段，无论从立法还是科学技术的发展程度，还远远落后于同刑事犯罪斗争的实际需要，落后于刑事犯罪智能化水平。所以，我们对非法证据排除的范围还不能像英美一些国家那样，实行绝对排除，对非法实物证据只能实行有限、附条件地排除。这是其一。其二，至于以"等非法方法"界定非法言词证据的范围问题，我们习惯于把"非法"界定为"刑讯逼供"和暴力、威胁等。其实这种界定与我国参加并批准实施的一些国际条约对"非法"所规定的内容相比，仍不够明确。综合一些国际条约关于"非法"的界定，一般包括：①暴力取证；②精神折磨的方法取证；③用不人道的方法所获取的证据；④使用药品取证等等。立法采取列举的方式将犯罪嫌疑人、被告人供述的非法取证手段界定为"刑讯逼供等非法方法"，而将证人证言、被害人陈述的非法取证手段界定为"暴力、威胁等非法方法"，一方面使用了不同的标准界定两类不同的非法言词证据，体现了对这两类、三种不同法定证据种类特征的认识，违法取得这两类不同言词证据对诉讼结局造成的影响是有区别的。另一方面，这里都使用"等"字，而没有具体列举相应的取证手段，在司法实践中可能导致不同理解，这需要公安司法人员具有较高的证据法理念和人权保障意识，准确理解立法的意图，否则就可能造成同案不同判。笔者建议刑事诉讼法生效并实施一段时间后，有关部门及时总结司法实践出现的问题和先进做法，通过司法解释或其他规范性文件，将"等非法方法"予以细化规定，以便于实践操作。对此，新修订的《人民检察院刑事诉讼规则（试行）》第 65 条第 2 款、第 3 款和第 66 条第 3 款分别对"刑讯逼供"、"其他非法方法"和"可能严重影响司法公正"、"补正"、"合理解释"作出了解释。③ 最高人民法院《关于适用〈中华人民共和国刑事诉讼法〉的解释》第 95 条第 1 款、第 2 款分别就

---

①　谢文英. 以"威胁、引诱、欺骗"删除了[N]. 检察日报，2012 - 05 - 14.

②　张洋. 刑事诉讼法学年会聚焦刑事诉讼法修改[EB/OL]. [2012 - 08 - 17]. www. fyfzw. cn/shandong/hot/2011/1104/16012... 2012 - 07 - 07.

③　根据该两条规定，"刑讯逼供"是指使用肉刑或者变相使用肉刑，使犯罪嫌疑人在肉体或者精神上遭受剧烈疼痛或者痛苦以逼取供述的行为。"其他非法方法"是指违法程度和对犯罪嫌疑人的强迫程度与刑讯逼供或者暴力、威胁相当而迫使其违背意愿供述的方法。"可能严重影响司法公正"是指收集物证、书证不符合法定程序的行为明显违法或者情节严重，可能对司法机关办理案件的公正性造成严重损害；"补正"是指对取证程序上的非实质性瑕疵进行补救；"合理解释"是指对取证程序的瑕疵作出符合常理及逻辑的解释。

"刑讯逼供等非法方法"、"可能严重影响司法公正"的认定作了明确规范。① 其三，至于"刑讯逼供"，它是我国三部刑事诉讼法明确规定的一个法律术语，但没有立法解释。一般认为，它是指侦查人员运用各种让人的精神和肉体产生痛苦的方式进行调查取证的行为。这在西方国家和国际公约中又被称为"酷刑"。但也没有国家在法律条文中明文列举刑讯逼供的种类，立法只是抽象规定为刑讯逼供或者酷刑，具体行为需要通过司法实践经验逐步界定。联合国《禁止酷刑和其他残忍、不人道或有辱人格的待遇或处罚公约》对非法取证方法采取了较宽的解释。该公约第 1 条规定："'酷刑'是指为了向某人或第三者取得情报或供状，为了他或第三者所作或涉嫌的行为对他加以处罚，或为了恐吓或威胁他或第三者，或为了基于任何一种歧视的理由，蓄意使某人在肉体或精神上遭受剧烈疼痛或痛苦的任何行为。"根据我国司法实践，以下行为属于刑讯逼供：②（1）用暴力手段折磨肉体，如拷打、用警棍电击。（2）折磨人的精神，让人痛不欲生，及其它使人疲劳、饥渴的变相肉刑，如"传染病逼供"、"亲情逼供"，以及让被讯问人受酷热、冷冻、饥渴煎熬、固定蹲姿等不会留下明显伤害痕迹的手段等。（3）服用麻醉药品或动用催眠术，让人丧失精神自由。（4）其他残忍、不人道和有辱人格的方法。在实践中最为常见的是侦查人员使用车轮战术，长时间不间断地讯问犯罪嫌疑人、被告人，剥夺他们的睡眠和饮食，这也属于酷刑的一种。我们通常还可以在以下情况中发现酷刑：（1）讯问时间超出了人的生理极限，如在"中国非法证据排除第一案"——浙江宁波章国锡案中，侦查人员四次几天几夜不间断的疲劳审讯；（2）被告人的身体受到了伤害，如法庭依据章国锡提供的线索到看守所提取到体表检查登记表，发现被告人确实存在体表伤痕，而检察机关无法做出合理解释。为此，笔者主张对"非法言词证据"作扩大解释，使之包括采用刑讯或其他残酷、不人道、有辱人格等侵犯精神自由的方法取得的犯罪嫌疑人、被告人供述，以及采用暴力、威胁及其他不人道、有辱人格等侵犯精神自由的方法取得的证人证言、被害人陈述。其四，至于"毒树之果"问题，待非

法证据排除规则实施一段时间积累了一定经验后，再通过立法或司法解释予以补充更加适宜。在非法证据排除规则实施都步履维艰的情况下，讨论所谓的"毒树之果"问题很难取得成效。英美等国非法证据排除规则在实施过程中不断出现一些新的例外规定，值得我们检讨、借鉴。

七、行政执法证据与刑事证据转换问题

我国 1979 年和 1996 年刑事诉讼法及其司法解释都没有规定行政执法证据与刑事证据转换问题，但刑法第 402 条规定了徇私舞弊不移交刑事案件罪，要求行政执法机关必须将那些依法应当追究刑事责任的案件移交公安司法机关。为此，刑事诉讼法修正案草案一稿第 51 条第 2 款增加规定："行政机关在行政执法过程中收集的物证、书证等证据材料，经过司法机关核实，可以作为证据使用。"这样，行政执法中取得的物证、书证等证据材料，允许在刑事诉讼中采纳。该规定得到公安、检察机关的一致赞同。这意味着行政处罚证据在刑事诉讼中的法律地位得以明确，对侦查机关的影响很大。第一，在刑事审判中，很多案件从行政执法中转化而来。现实中，行政执法机关往往"大权在握"，处于惩治违法犯罪的第一线。但由于刑事诉讼和行政诉讼的权利义务不同，行政执法机关掌握的大量违法犯罪一手材料不能作为刑事案件的证据被采用，需要侦查机关重新收集整理，无疑造成侦查机关人力物力的巨大浪费。第二，有望消除以往由于侦查机关重新取证存在的隐患，即犯罪嫌疑人很可能在行政执法后消灭或者隐藏涉案物证、书证。但是，除了物证、书证外，哪些证据还属于可转换的范围，即该款中"等证据材料"如何界定，成为各界争议的问题。陈卫东教授认为，物证、书证与证人证言、犯罪嫌疑人陈述不同，物证、书证具有很强的客观性，不因调取证据的执法机关不同而发生改变。但他对该款规定也提出了自己的担心，在"行政机关在行政执法过程中收集的物证、书证等证据材料"中，行政机关收集的录音、视频资料、行政机关做出的鉴定意见和处罚结论是否属于可以被侦查、审判机关采纳的证据？草案中并没有明确规定。而来自基层公安、检察机关工作人员呼声更强烈：行政执法

---

① 根据该条规定，使用肉刑或者变相肉刑，或者采用其他使被告人在肉体上或者精神上遭受剧烈疼痛或者痛苦的方法，迫使被告人违背意愿供述的，应当认定为刑事诉讼法第五十四条规定的"刑讯逼供等非法方法"。认定刑事诉讼法第五十四条规定的"可能严重影响司法公正"，应当综合考虑收集物证、书证违反法定程序以及所造成后果的严重程度等情况。

② 陈瑞华.非法证据排除规则的理论解读[J].证据科学,2010(5):560.

机关面临的社会经济环境本来就很复杂,如果不能以立法的形式明确哪些证据在刑事诉讼中不能使用,恐怕实践中混乱的局面难以免除。① 立法者显然意识到这一点,考虑到视听资料、电子数据这两类证据的客观性也比较强,往往不因取证主体不同而发生改变,所以在修正案草案二稿中增加"查办案件"的情形②和"视听资料、电子数据"这两类证据,并且取消了"经过司法机关核实"一句,规定:"行政机关在行政执法和查办案件过程中收集的物证、书证、视听资料、电子数据等证据材料,在刑事诉讼中可以作为证据使用。"

　　对于该款中"等"字,有学者认为,这里的"等"字应当做"等内等"理解,即在刑事诉讼中可以作为证据使用的,仅仅包括条文中明确列举出来的物证、书证、视听资料、电子数据这四种证据,而不包括《刑事诉讼法》第 48 条中列举的其他证据。也就是说:证人证言、鉴定意见、勘验、检查等笔录这几种证据不能直接作为刑事诉讼证据使用。这里不提被害人陈述和犯罪嫌疑人供述、辩解这两种证据,是因为行政机关不可能获得这两种证据。③ 笔者对此持不同意见。立法采用列举的方式明确规定物证、书证、视听资料、电子数据这四种实物证据,因为它们客观性、稳定性比较强,证据信息在短时间内很难改变,只要依法取得,一般就可以直接移送在刑事诉讼中作为证据使用。但这并不否定其他证据材料的转换,"等证据材料"应当包括除刑事诉讼所特有的被害人陈述、犯罪嫌疑人供述、辩解、辨认、侦查实验等笔录以外的所有证据材料,包括言词证据和勘验、检查笔录、询问笔录、会议记录等笔录类证据。证人亲笔证词、被告人亲笔供词等,因系当事人本人亲自书写,只要被告人自己确认,也可以直接提交法庭使用。对于行政执法机关出具的鉴定意见、扣押清单等,如果其系行政执法机关在法律规定的范围内依法定程序收集的证据,可以提交司法机关作为证据材料使用。而对于证人证言、被害人陈述、犯罪嫌疑人或被告人供述和

辩解这一类调查笔录,特别是对证人所作的询问笔录等,这类证据材料在获取时难以排除提取人的主观因素,不同人提取可能会出现不同的内容,具有相当的不确定性。所以,对于此类证据只要有条件重新提取的,原则上要求重新提取后才可以使用,这样也有利于法庭审理、质证的顺利进行。在重新提取不可能的情况下,如果该调查笔录对案件定罪量刑确实很重要,也可以确认其证据能力,直接将其拿到法庭质证,结合其他证据判定是否予以采信。④ 事实上,早在 2011 年初,最高人民法院、最高人民检察院、公安部联合出台的《关于办理侵犯知识产权刑事案件适用法律若干问题的意见》就明文规定,行政执法部门依法收集、调取、制作的物证、书证、视听资料、检验报告、鉴定结论、勘验笔录、现场笔录,经公安机关、人民检察院审查,人民法院庭审质证确认,可以作为刑事证据使用。笔者认为,修改后刑事诉讼法实施后,至少行政机关依法制作的勘验笔录、现场笔录可以作为刑事证据使用。因为有相当一部分勘验笔录、现场笔录如果统一由司法机关重新制作,不仅会在很大程度上增加侦查机关的负担,而且实际上因为时过境迁,重新收集此类证据,既不现实也不可能。当然,并非任何行政执法证据都可作为刑事诉讼证据使用。《关于办理侵犯知识产权刑事案件适用法律若干问题的意见》规定:"行政执法部门制作的证人证言、当事人陈述等调查笔录,公安机关认为有必要作为刑事证据使用的,应当依法重新收集、制作。"刑事诉讼法第 50 条规定:"审判人员、检察人员、侦查人员必须依照法定程序,收集能够证实犯罪嫌疑人、被告人有罪或者无罪、犯罪情节轻重的各种证据。"行政执法部门所作的证人证言,原则上应当由侦查机关重新收集、制作笔录后才能转换为刑事证据。但依据刑事诉讼法第 52 条第 2 款规定,刑事诉讼过程中侦查机关也没有必要自缚手脚,完全排除行政机关收集的证人证言的效力。在特殊情形下,仍然可以利用行政机关收集的证人证言。如有的证人作证以后下

　　① 宋伟.刑事诉讼法证据制度重修:亮点多争议大[EB/OL].[2012 - 09 - 14].www.people.com.cn/h/2012/0310/c25408-2... 2013 - 07 - 31.

　　② 刑事诉讼法修正案草案最初只规定了"行政执法"一种收集证据的情形,讨论刑事诉讼法修正案草案一审稿时有的部门提出,我国监察部门对于国家工作人员违法违纪案件也有权进行调查,但此种查处行为并非"行政执法"。立法部门后来在草案中加入的"查办案件"的情形,主要是针对这种情形。

　　③ 刘丽梅,何辉.行政执法证据作为刑事诉讼证据使用几个问题初探[EB/OL].[2012 - 05 - 23].news.xinhuanet.com/lianzheng/2012-05... 2012 - 5 - 23.

　　④ 杨惠新,李长冲.刑事诉讼中转化与使用行政执法机关移送的证据[N].人民法院报,2011 - 07 - 13.

落不明或是失去作证能力、死亡等，无法再找其当面核实。侦查机关应对行政机关调查程序进行严格审查，尤其注意审查行政执法证据与犯罪嫌疑人供述、书证、物证等是否能形成完整的"证据链"。此类证据经过侦查机关、公诉机关的严格审查，再在法庭上经过公诉人、被害人和被告人、辩护人双方质证并且查实以后，也应该作为定案根据。① 对此，新修订的《公安机关办理刑事案件程序规定》第60条、②《人民检察院刑事诉讼规则（试行）》第64条第一款、第二款、第三款，③以及《关于适用〈中华人民共和国刑事诉讼法〉的解释》第65条第一款作了一定补充，④不仅扩大了可以转换使用的证据种类，而且明确了证据转换程序和适用主体，进一步增强了该制度的可操作性。

此外，各级纪律检查委员会并不属于"行政机关"的范畴，其在查处贪污贿赂犯罪案件中收集的实物证据能否在刑事诉讼中使用？这也是个绕不开的问题。专学和学者们对此都产生过质疑，但最终基本达成一致意见：各级纪律检查委员会和监察部门实际上是合署办公，"两块牌子一套人马"，各级纪律检查委员会在查处具体案件时，从行政权行使的角度，可以视为监察部门的行政机关在行使职权，所以其收集的实物证据可根据本条的规定作为刑事证据使用。⑤ 笔者赞同此观点。鉴于纪委作为党的纪律检查机关，在我国查办职务犯罪案件中发挥着特殊的作用。而且纪委办案人员素质普遍都较高，办案程序也比较规范，他们与监察部门合署办案过程中收集的证据材料，应当适用刑事诉讼法第52条第2款规定，从而加强国家预防和打击职务犯罪的力度，提高诉讼效率。为此，《关于适用〈中华人民共和国刑事诉讼法〉的解释》第65条第2款规定，根据法律、行政法规规定行使国家行政管理职权的组织，在行政执法和查办案件过程中收集的证据材料，视为行政机关收集的证据材料。《人民检察院刑事诉讼规则（试行）》第64条第4款规定，根据法律、法规赋予的职责查处行政违法、违纪案件的组织属于本条规定的行政机关。

除了上述七个问题，在2012年刑事诉讼法修正案草案公布后，学者们就辩护制度、强制措施、附带民事诉讼、非法证据排除程序等进行过充分讨论，并就其中许多方面发生过争议，这些争议对刑事诉讼法修改也产生过不同影响，值得肯定。

（编辑　潘传表）

---

① 杨维立.刑事诉讼中如何使用行政执法证据[N].检察日报,2012-08-20.

② 根据该规定,公安机关接受或者依法调取的行政机关在行政执法和查办案件过程中收集的物证、书证、视听资料、电子数据、检验报告、鉴定意见、勘验笔录、检查笔录等证据材料,可以作为证据使用。

③ 根据该条规定,行政机关在行政执法和查办案件过程中收集的物证、书证、视听资料、电子数据证据材料,应当以该机关的名义移送,经人民检察院审查符合法定要求的,可以作为证据使用。行政机关在行政执法和查办案件过程中收集的鉴定意见、勘验、检查笔录,经人民检察院审查符合法定要求的,可以作为证据使用。人民检察院办理直接受理立案侦查的案件,对于有关机关在行政执法和查办案件过程中收集的涉案人员供述或者相关人员的证言、陈述,应当重新收集;确有证据证实涉案人员或者相关人员因路途遥远、死亡、失踪或者丧失作证能力,无法重新收集,但供述、证言或者陈述的来源、收集程序合法,并有其他证据相印证,经人民检察院审查符合法定要求的,可以作为证据使用。

④ 根据该条规定,行政机关在行政执法和查办案件过程中收集的物证、书证、视听资料、电子数据等证据材料,在刑事诉讼中可以作为证据使用;经法庭查证属实,且收集程序符合有关法律、行政法规规定的,可以作为定案的根据。

⑤ 谢文英.行政执法与刑事司法"证据"实现对接[N].检察日报,2012-05-14.

薛培,麦苗. 交易型受贿犯罪的类型与法律适用[M]//李清伟. 上大法律评论(第 1 辑). 上海:上海三联书店,2013:91 - 98.

交易型受贿犯罪的类型与法律适用

薛　培[1],麦　苗[2]

(1. 四川省成都市人民检察院,四川　成都　610041;
2. 四川省成都高新产业技术开发区人民检察院,四川　成都　610041)

摘要:为逃避刑事追究,以商品交易的方式掩盖贿赂犯罪事实成为当下贿赂犯罪的基本手段。"两高"于 2007 年 7 月 8 日联合颁布的《关于办理受贿刑事案件适用法律若干问题的意见》虽然为司法实践提供了相应的适用法律解释,但《意见》只是解决了部分技术性问题,司法机关运用《意见》处理一些交易型受贿案件时仍然碰到不少难题。因此,对交易型受贿犯罪法律适用中争议较大的明显低于或者高于市场价格如何予以认定、以优惠价格购买商品与交易型受贿的界限以及如何追缴交易型受贿违法所得等问题进行探讨,具有重要价值。

关键词:交易型受贿;查证;追缴违法所得

The type of transactional bribery crime and the applicable law

XUE Pei[1], MAI Miao[2]

(1. The People's Procuratorate of the Chengdu city, Sichuan Province, Sichuan　610041, China;
2. The People's Procuratorate of the Chengdu Hi-tech Industry and Technical
Development Zone, Sichuan Province, Sichuan　610041, China)

Abstract: To escape the criminal investigation and conceal bribery facts in the form of commodities trading as the basic means of bribery crime, *Two above on July 8*, 2007 jointly issued *on the handle criminal cases of bribery opinions on some issues of applicable law* although for applicable law in the judicial practice to provide the corresponding explanation, but the opinion is just to solve some technical problems, the judicial organs apply advice to deal with some transactional bribery cases still encounter many problems. Therefore, this article in the dispute applicable to law of transactional bribery crime larger significantly lower or higher than the market price how to found, with preferential price to purchase goods and the boundaries of transactional bribery and how recovered, transactional bribery, illegal income and other issues are discussed in this paper.

Key Words: transactional bribery; investigate and verify; recovered the illegal income

为逃避刑事追究,以商品交易的方式掩盖贿赂犯罪事实也就是所谓的"以购代贿",早在 20 世纪 80 年代就被司法机关所关注,最高人民法院、最高人民检察院于 1985 年出台的《关于当前办理经济犯罪案件中应用法律若干问题的解答(试行)》就对此进行了规定。[①] 近些年来,这种形式的贿赂犯罪呈愈演愈烈之势。为此,两高又于 2007 年 7 月 8 日联合颁布了《关于办理受贿刑事案件适用法律若干问题的意见》(简称《意见》)。在司法实践中,一些国家工作人员利用职务上的便利,为请托人谋取利益时,主动提出或应允通过低价买、高价卖等方式,与请托人进行房屋、汽车等物品的商品交易,通过与

收稿日期:2013 - 03 - 24

作者简介:薛培(1967—),男,四川省成都市人民检察院检察员,一级检察官,全国检察理论研究人才,全国检察业务专家,四川省社会科学院研究生院法律硕士研究生导师(兼职),E-mail:hsuepear@163. com,地址:四川省成都市菊乐路 216 号成都市人民检察院法律政策研究室,邮编:610041;麦苗(1982—),男,四川省成都高新产业技术开发区人民检察院书记员,E-mail:ansuremm@qq. com。

① 孙国祥. 以交易形式收受贿赂的方式与界限解读[N]. 人民检察,2007(16).

请托人的交易赚取请托人的财产，并且数额较大，对此种形式的受贿，刑法理论上一般称之为"交易型受贿"。笔者对自 2007 年《意见》颁布以来司法实践中办理的交易型受贿犯罪案件进行了调查分析，发现虽然《意见》的出台在一定程度上弥补了立法的模糊性，也使司法人员在认识上存在的一些分歧得到了解决，但《意见》毕竟只是技术性的，司法机关运用《意见》处理一些交易型受贿案件时仍然碰到不少难题，因此，从理论和实践两个方面对这类犯罪进行分析和探讨具有非常重要的现实意义。

一、交易型受贿犯罪之现状——据以研究的问题

交易型受贿是目前司法实践中查办职务犯罪中一个较为突出的问题，其因在当下市场经济环境下作为"权钱交易"时极易发生的一种重要而隐蔽的违法犯罪方式，往往易得到行受贿双方的认可和默许，因而其发生的概率较大。由于交易型受贿选择的行受贿形式相对比较隐蔽、行受贿数额较大、查证相对复杂多变、适用法律较难、对抗辩解理由众多等等，因而成为了困扰司法机关的一个重要难题。就此，笔者就自身条件选取司法实务中交易型受贿犯罪之现状及法律适用进行梳理，以期为司法实践提供镜鉴。

交易型受贿犯罪在司法实践中一般为低价购买房屋的形式。此类交易型受贿的主要特征是发生在房地产开发商与对其开发经营行为具有管理、评估、监督等制约关系的国家机关及其工作人员之间。行贿方相对固定，为房地产开发商，受贿方多为对建设工程具有主管、监管等职能部门的国家工作人员，如建设部门分管规划办、建设工程管理等工作的人员，可以为房地产开发公司联系、协调建委、规划等部门，或者给质监和安监等相关职能部门打招呼，给予其关照，使公司能够尽快、顺利的完成各项手续的关键人士。房产公司开发项目过程中，地块上的公房拆迁，需经房管所办理拆迁的相关手续，为使公房的拆迁工作尽快完成，开发项目得以够顺利开工，房管所工作人员也可能成为行贿对象。还有就是地税局基层税务所工作人员，直接负责辖区内企业以及个体的地方税收征管等工作，对房地产开发企业税收优惠、减缓缴税款等具有审批权。另外，银行高管也可能卷入交易受贿，如某房产公司每年向某银行支行贷款民币 1000 多万元作为流动资金周转使用。2006 年初，央行明确规定

减少对房地产企业贷款的投放，压缩对现有的房地产开发贷款，因该房产公司的规模不大，也成为被压缩贷款的公司之一。为不让银行压缩房产公司原贷款额度，该公司同意某银行支行负责人以明显低于市场价格购买公司开发的 2 套住房，共计优惠 30 余万元。

司法实践中交易型受贿案件在所有受贿案件中所占的比例极小，究其原因，应该是与发案领域局限、查证难度等具有很大的关系。由于国家工作人员低价买房涉及房产开发、市场交易、资金流向、价格测算等多个环节，相关事实的查证工作较为复杂且具有争议。另外，在低价购房交易型受贿中，为了掩盖行贿人与受贿人的犯罪目的和犯罪行为，行贿人与受贿人往往采取形式上的市场交易方式和程序，例如双方签订房屋买卖合同，约定付款时间与付款方式，到房地产管理部门进行房屋产权变更登记等。这种市场交易程序在形式上是合法的，但背后却隐藏着受贿人与行贿人之间的权钱交易。形式上的市场交易与实质上的权钱交易，使得低价购房交易型受贿的认定存在着一定的复杂性。

二、交易型受贿案件之定性困境——以查证核心事实为中心

（一）判断罪与非罪的界限

1. 交易型受贿的定性标准

通过对两高《意见》第一条的解读，以明显低于（或高于）市场价格向请托人购买（出售）房屋、汽车等物品的行为，构成受贿，但是根据商品经营者事先设定的各种优惠交易条件以优惠价格购买商品的，不属于受贿。也就是说，在市场竞争日益激烈的情况下，经营者为了推销商品，在事先设定一定的优惠价格，行为人以优惠价购买汽车、房屋的，其主观上不具有贪利的动机，客观上是按正常的优惠条件及手续进行交易，虽然实质上也是低于市场价格，但应当属于正常交易行为，不宜认定为犯罪。

判断是交易形式收受贿赂还是正常交易，关键在于"明显"二字。有学者指出：交易型受贿并非只要达到普通受贿犯罪数额起点标准，就要简单地按犯罪处理。在购买房屋、汽车等大宗贵重物品时，往往价格基点增降几个点，差额就可能达到几万元甚至更多。其间，只有差额达到"明显"的程度，并且差额巨大的，才能定罪判刑。至于明显到什么程度，差额多少，当前应结合实际情况，具体案件具体

分析,待积累经验后,才能确定出适当的标准。① 因此,对于低价购买房屋受贿案件"明显低于市场的价格"标准,实践中就有了以下几种代表性观点:相对比例说、绝对数额说、数额比例结合说、交易成本说②等判断规则。

(1)相对比例说。该观点认为,"明显低于或高于市场价格"应当设定一定的比例,国家工作人员向请托人进行低买高卖超过一定比例的交易行为,应当定性为受贿行为。③ 实践中,相对比例说可能过于机械,不易于操作。一般的房产价格决定因素包括建筑面积、地理位置、座落朝向、销售单价和总价等,是否"明显低于或高于市场价格"不能只看价差的比例。如,面积较小的房屋,虽然相差的金额不多,却容易达到一定的比例。面积较大的,却需要价差达到很大的金额才能满足"比例"。因此,房屋面积大小会造成定罪上的不平等,处理案件难免失了偏颇。

(2)绝对数额说。该观点认为,"明显低于或者高于市场价格"主要是那些以很低,甚至是象征性的价格收受请托人价值巨大的房屋或者汽车的行为,一般的以略低于正常价格购买的,尽管其数额可能较大,也不宜作为犯罪追究。"④笔者认为,绝对数额说人为地割裂了交易型受贿与其他受贿的联系,单方面强调交易型受贿中房屋、汽车的特殊性,对于"数额可能较大"的交易型受贿不作为犯罪追究,实质上是缩小了刑法受贿罪法条的外延。要求房屋或汽车差额价值达到"巨大",不符合我国现行的受贿罪追诉标准,也会对打击以交易形式收受汽车、房屋的贿赂犯罪失之于宽。两高出台"意见"的初衷是对实践中打击交易型受贿作出明确的指导,如果按绝对总额说的观点处理案件,在犯罪成本不变的情况下,以交易形式收受贿赂要相对隐蔽、安全得多,风险较低,司法解释反而成了规避法律的工具。

(3)数额比例结合说。⑤ 有的学者又提出了"数额比例结合说"的观点,作为绝对数额说与相对比例说的综合,似乎为"明显低于或高于市场价格"提

供了可操作性的依据,但该观点仍然不能彻底解决问题。如有学者提出的比例上可考虑掌握在低于(高于)最低(最高)市场价的 10%以上,总额上应获得"优惠"5 万元以上。之所以采取 10%的幅度,主要考虑一般商品的盈利幅度也就是 10%左右,商人基于趋利本能,正常情况下一般人是无法得到如此幅度优惠的;而 5 万元的总额,主要考虑此种形式的贿赂还是要与直接收受款物的行为有所区别,对已经达到了现行刑法规定的受贿数额巨大标准,具有了"明显"特征。⑥ 按这一观点,交易型受贿收受 5 万元才构成犯罪,那么交易型受贿量刑的数额标准也就与刑法关于普通受贿量刑的数额标准不一致,也就意味着交易型受贿的构成要件不同于普通受贿。然而,交易型受贿属于受贿罪的一种类型,与普通受贿的区别只是手段不同,就犯罪的实质而言,交易型受贿与其他受贿犯罪的本质并无多大区别,都是权钱交易。

(4)交易成本说。该观点认为,国家工作人员以低于或者等于成本价格的方式向请托人购买商品的,属于明显低买;国家工作人员向请托人出售商品,须计算市场价格与成本价格的差额,国家工作人员在成本价格的基础上附加高于该差额 2 倍利润的,属于明显高卖。⑦ 这种观点在司法解释的基础上,进一步缩小了交易型受贿的涵盖范围,现实中房屋的成本价格相对于销售价格往往有巨大的空间,特别是在我国房地产市场存在暴利且房地产企业利润普遍不透明,公布的销售利润与实际平均利润存在差距。就交易型受贿而言,"明显低于市场的价格"购房,不一定要低于成本价,以高于成本价但低于市场价、销售价的价格向国家工作人员行贿的情况也不少,如果要低于成本价才能认定,势必会放纵犯罪。

对"明显低于或者高于市场价格"的解读应当以受贿罪权钱交易的本质为视角,离开这一本质探讨什么是"明显",划定某种比例或者某个数额为界限,犹如无源之水、无本之木。⑧ 因此,在判断什么

①　刘玉安.关于新型受贿认定的几个问题[J].山东审判,2007(6).
②　张玉娟.交易型受贿"明显偏离市场价格"的司法认定[N].检察日报,2007-08-26(3).
③　夏思扬.对交易型受贿有必要规定价格比[N].检察日报,2007-08-10(3).
④　韩耀元,邱利军.适用"两高意见"须注意十二个问题[N].检察日报,2007-07-17(3).
⑤　刘志远.新型受贿犯罪司法指南与案例评析[M].北京:中国方正出版社,2007:10—11.
⑥　孙国祥.以交易形式收受贿赂的方式与界限解读[J].人民检察,2007(16).
⑦　张玉娟.交易受贿"明显偏离市场价格"的司法认定[N].检察日报,2007-08-26(3).
⑧　于天敏,么宁.对"明显低于或者高于市场价格"的解读[J].西南政法大学学报,2008(4).

是交易型受贿中的"明显低于或高于市场的价格"，对交易行为进行定性时，首先应当判明是否有权钱交易的前提。

　　2. 交易型受贿的定量标准

　　在权钱交易成立的前提下，进一步明确交易型受贿的定量标准也是判断罪与非罪、刑事违法行为与其他违法行为的界限。笔者认为，构成交易型受贿的起刑数额应以受贿罪法定的追诉金额为准。刑法规定受贿罪的追诉金额表明，法律认可只有达到一定社会危害程度的才需要予以刑罚处罚，并非所有的权钱交易行为都构成受贿罪。对这个"量"的重要标准的界定，刑法已经明确了这个数额标准，也就是立法者综合了整体经济发展水平、人民群众的收入状况等各种因素后，规定权钱交易行为只有达到这种"量"才具有社会危害性。交易型受贿与普通受贿是特殊和一般的关系，理应适用这一定量标准，无须再设置"明显低于或者高于市场的价格"的界定数额标准。

　　因此，交易型受贿中的"明显低于或者高于市场的价格"，首先应明确在权钱交易前提下，达到受贿罪追诉数额标准的交易差额。有学者担心如果将交易型受贿达到刑法所规定的受贿犯罪的定罪数额起点都认定为受贿犯罪，打击面可能过宽的问题，因为"在购买房屋、汽车等大宗贵重物品时，往往价格基点增降几个点差额就可以达到几万元甚至更多"。① 以一套价值 50 万元的房屋为例，如果简单地按照受贿数额达到 5000 元就构成受贿罪的标准判断，让利 1％即可构成犯罪。然而我们应该分析的不是让利的大小，而应该首先认定让利 1％是否与职权行为有关联，如果有关联，让利 1％达到起刑数额，就应该追究刑事责任；如果没有关联，哪怕让利 10％、20％，也不构成犯罪。要办理好此类案件，避免将正常的市场经济活动与交易型受贿的犯罪行为加以错误打击，最重要的是准确把握、收集固定权钱交易的证据体系，而不是机械地上调交易型受贿的数额标准。

　　（二）实践中准确认定"明显低于或者高于市场价格"应注意的问题

　　1. 市场价格的认定

　　对于与低价购买房屋受贿案件定性与定量密

切相关的市场价格认定，理论界与实务部门并未予以太多关注。有观点认为：房屋的市场价格可由价格事务所进行评估，司法机关可以直接将估价结果作为基点，判断实际交易价格是否存在明显偏离及其与市场价格之间的差额，故市场价格的认定并不存在困难。② 然而，实践中往往忽略了交易型受贿犯罪借助房产交易掩盖权钱交易的独立性特征。低价购房型受贿案件市场价格认定不单纯是一个估价技术问题，更大程度上是运用刑法原理确立犯罪定罪处罚量化基点的实体法适用问题，房产交易具有不同的表现形式，司法机关应区分不同情况确立市场价格的判断规则。笔者拟结合对四川省成都市办理的低价购房受贿案件的调查分析，对市场价格认定进行探讨。

　　（1）低价购买新商品房受贿案件中市场价格的认定

　　实践中确定商品的市场价格一般是通过专业的评估机构进行，评估所依据的参照对象应当和被评估对象具有同一性，如没有相同参照物，应当选取近似或相似对象作为参考。房屋估价，应选取相同时间成交的相同地段、位置、朝向、面积、结构的房屋作为参考。以新商品房作为交易受贿的对象，房屋的市场销售价通常仅具有参考价值，不能以此计算确定犯罪数额。如果低价购买新商品房受贿案件以基准地价、标定地价、房屋重置价、市场标价等指标作为依据评估市场价格，将会与真实的市场价格存在较大偏差，也与《意见》第一条第三款"市场价格包括商品经营者事先设定的不针对特定人的最低优惠价格"不相吻合。开发商或销售公司一般会按照公司规定，根据经办人员的职务高低设定新商品房交易折扣幅度、优惠权限，因此，应当查证新商品房销售方的"最低优惠价格"，以此作为"市场价格"标准来判断国家工作人员的受贿数额。以查实的"最低优惠价格"作为定性与定量的基点，不仅能够避免后续诉讼过程中控辩双方对于市场价格的鉴定结论是否正确合理的技术性争论，而且充分考虑了新商品房交易价格的实际操作惯例，不会引发打击面失控问题。③

　　为避免因新商品房折扣不规范，导致司法认定

　　① 刘玉安. 关于新型受贿认定的几个问题［J］. 山东审判，2007(6).
　　② 薛进展，谢杰. 对"两高"最新受贿司法解释的反思［J］. 法学，2007(10).
　　③ 谢杰. 探究低价购房受贿案件核心事实的查证思路［J］. 中国检察官，2010(11).

客观性与公正性缺失的问题,反贪部门在查证"最低优惠价格"时,应注意查实交易时销售方内部最低优惠价格的明文规定,如果没有书面的明文规定,要提取公司经办人员口头陈述最低优惠价格的证言,如果有同期、同质、同地段新商品房的最低优惠价格,也能强化上述证言。

(2)低价购买二手房受贿案件中市场价格的认定

《意见》第一条第二款规定,受贿数额按照交易时当地市场价格与实际支付价格的差额计算。低价购买二手房受贿过程中存在两个"交易",即行贿人购买房屋的第一次交易和受贿人购买的第二次交易,两次交易存在时间差,房屋价格受市场影响发生波动。反贪部门应该查证哪次交易时间并以此确定市场价格的时间基点?

办理低价购房受贿案件伊始,实践中普遍认为:应当以受贿人购买房屋的时间作为"交易时"评估市场价格;以受贿行为发生时的财物价值认定市场价格,符合主客观一致的刑法原理,亦能准确反映受贿犯罪的社会危害性。[①] 但是,现阶段有不同意见认为:不能机械理解《意见》第1条第2款的"交易时"而将之局限于受贿时;应当首先考虑直接以行贿人购进房屋的价格认定市场价格;只有在行贿人购进价格证据明显不足或市场行情明显变化时,才有必要以受贿行为发生时作为市场价格的评估基点。[②] 1998年最高人民法院《关于审理盗窃案件具体应用法律若干问题的解释》第5条规定,被盗物品的价格,应当以被盗物品价格的有效证明确定;对于不能确定的,应当区别情况,根据作案当时、当地的同类物品价格计算。盗窃罪司法解释确定的价值认定方法——以购进价格为依据,以行为时的市场价格为补充——对于受贿犯罪司法实践也是基本适用的。

笔者认为,行贿人购进房屋的价格代表的仅是行贿成本,而不是行贿犯罪给国家工作人员的实际利益,行贿成本可能高于也可能低于受贿数额。由于市场波动会影响房屋价格,在行贿人购进房屋价格与行受贿双方交易时市场价格不具有内在一致性的前提下,不能直接将购进价格作为市场价格。

否则,行贿人可以请中间人以不合理的低价购买房屋,然后仅以此价转手给受贿人,既达到行受贿目的,又逃避了法律惩罚。盗窃罪司法解释的财物价值认定规则以被害人的实际财产损失为核心计算盗窃数额,能正确反映盗窃行为的社会危害性。但是,贿赂犯罪是对合犯,应当以行贿人与受贿人主客观方面相一致的财物价值认定犯罪数额。受贿人低价购买二手房时意味着行贿人低价出售二手房,以贿赂双方买卖房屋的时间界定"交易时",并以此为依据评估市场价格,最能体现贿赂犯罪双方的主观恶性程度。

(3)低价购买特殊房产受贿案件中市场价格的认定

请托人通过拍卖、债务抵销等方式合法取得价格低廉的房屋、商铺等不动产所有权后,加价转让国家工作人员,但该实际转让价格明显低于请托人与受托人交易时的市场价格。这种情况下,有办案人员认为:应当严格按照贿赂双方交易时的市场价格判断受贿性质、计算犯罪数额。也有人指出:请托人以合法途径获取廉价不动产,符合市场规律,应当以购进价格认定市场价格;国家工作人员以高于购进价格受让房屋的,不属于"明显低于市场价格"。

笔者认为,在处理请托人通过拍卖、债权债务抵销等方式购进不动产后,转让给国家工作人员,是特殊房产的交易型受贿,应与低价购买二手房有所区别,其市场价格的认定应当遵循独立的判断标准。直接以请托人购进价格确定市场价格,可能放纵部分故意转让和接受他人应得财产利益的贿赂犯罪。机械地按照请托人与受托人交易时的市场价格进行司法认定,亦可能将部分贿赂性质并不明显的交易行为纳入刑法规制的范围。这势必与《意见》第1条打击交易型受贿重点性、准确性、谦抑性原则的要求相悖。[③] 所以,应当在特殊房产受贿案件市场价格确定过程中,加入对公平交易因素与风险变动因素的考量:一是国家工作人员虽然以明显低于市场的价格购得房屋,但因买卖标的属于拍卖、债务抵销所得,这类特殊房产相对于一般的新商品房、二手房,它有部分的市场流通性受到限制,

① 谢杰,王振栋,李伟. 如何界定交易型受贿犯罪数额计算的基准时间[N]. 检察日报,2007-11-05(3).
② 黄祥青. 如何认定低价购房类受贿犯罪[J]. 上海审判实践,2007(12).
③ 刘为波. 关于办理受贿刑事案件适用法律若干问题的意见的理解与适用[M]//张仲芳.刑事司法指南(总第31集). 北京:法律出版社,2007.

请托人转卖他人需要附加寻找交易对象的额外成本，实际交易价格超过请托人购进价格，应认为是公平的。以行为双方交易时的市场价格衡量国家工作人员的实际支付价格并不合理。二是有的请托人与受托人明知特殊房产购进价格与当前市场价格存在较大差异，且该宗房产以市场价格甚至更高的价格转手没有实际障碍，请托人基于行贿目的，将不存在交易风险或者附加成本的财产性利益转移给受托人，受托人利用职务便利为他人谋利，以此享受实际支付价格与当前市场价格之间差额利益的，请托人在房屋交易中从受托人处获取部分利益的同时让渡了部分利益，此次"加价买卖"仍具有权钱交易的本质，应该以交易时的市场价格定性与定量。

2."交易时"的认定。《意见》第 1 条规定，交易型受贿案件的犯罪数额应当按照交易时当地市场价格与实际支付价格的差额计算。"交易时"作为计算交易型受贿犯罪数额的时间基准，对受贿人的量刑具有决定性作用，准确判断"交易时"这一时间节点，对评估市场价格，公平公正处理案件意义重大。

（1）应依据物权法关于物权合同与物权变更生效的规定，区分动产和不动产贿赂，来具体认定"交易时"。刑法解释是对现行法律规定的内涵和外延进行适用性解释，须符合法律本身的规定。对交易型受贿进行解释尤其需要强调解释的合法性，因为收受房屋、汽车等财物以及进行产权交易，这一系列民商事行为应受既有的民法、商法、行政法的规制，只有按照非刑事法律规范判断后与法律事实或客观行为效果完全脱节的情况下，才能适时适量加以突破，以求得刑事司法的公正。

（2）国家工作人员低买高卖房屋的不动产受贿案件，应将买卖合同成立时界定为"交易时"。房屋等不动产的交易，需要经历签订合同、交付房屋、产权登记等过程，这几个核心环节转换要经历一定的时间，过程中房屋价格会发生实质性变化，因此，分别以合同签订时、房屋交付时和办理产权登记时评估市场价格，其与实际支付价格的差额计算结果会有很大的不同。实践中对于"交易时"有具体确定有以下认识：一是以办理不动产权属登记为"交易时"的节点。因为只有当不动产产权登记转移后，受贿人才取得房屋完全的所有权，受贿行为才完成。二是以不动产交付作为判断"交易时"的基点，

认为不动产交付使用后，受贿人才得以在事实上占有，才能认为行贿人与受贿人的权钱交易完成。交易型受贿案件中的腐败交易，集中表现为行贿人与受贿人之间的犯罪意思联络，犯罪合意以买卖合同为表面形式，以贿赂实质为内容，所以应从买卖合同的角度剥离权钱交易的犯罪流程。物权法第十五条规定，当事人之间订立有关设立、变更、转让和消灭不动产物权的合同，除法律另有规定或者合同另有约定外，自合同成立时生效；未办理物权登记的，不影响合同的效力。因此，买卖合同的成立，即意味着行受贿双方具备了犯罪意思表示，合同成立时应认定为"交易时"。

（3）国家工作人员低买高卖汽车等动产，应以动产交付时为"交易时"。《物权法》第 23 条、24 条规定，动产物权的转让自交付时发生效力，但法律另有规定的除外；机动车等物权的转让，未经登记不得对抗善意第三人。对于汽车等特殊动产，物权变更登记仅是对抗要件，而非生效要件，物权是否发生变更以交付为标准，国家工作人员接受汽车等动产，交付行为即完成，物权发生变更，国家工作人员取得完整的财产权。因此，应以交付时间作为"交易时"计算当地市场价格与实际支付价格的差额。

（三）以优惠价格购买商品与交易型受贿的界限

《意见》第 1 条明确指出"根据商品经营者事先设定的各种优惠交易条件，以优惠价格购买商品的，不属于受贿"。这一规定应视为注意规定，强调保护正常的市场交易，不要把市场交易混同为权钱交易，错误扩大打击面。低买高卖的交易型受贿发生在商品购销环节，查证交易行为是以优惠价格购买商品还是以交易形式收受贿赂，必须落位于市场交易的核心，即价格。以优惠价格购买商品对应于优惠交易价格，以交易形式收受贿赂对应于贿赂型交易价格。这两类价格的特征大致可归纳为以下三个方面。

一是优惠型交易价格事先设定，贿赂型交易价格见机调整。优惠型交易价格一般是按经营者事先确定的折扣，遵循规范程序执行，通常会以书面文件、会议纪要等方式固定，主管人员照章办事而不是根据情况灵活操作。贿赂型交易价格具有较大的随机性和任意性，基本上由经营者根据国家工作人员的具体情况灵活调整价格折扣幅度、付款时间与结算方式，如四川省成都市办理的房产交易型

受贿案中,行贿人事先向受贿人询问能拿出多少钱买房,以此来确定优惠的幅度。

二是优惠型交易价格不特定或相对特定,贿赂型交易价格绝对特定。贿赂型交易价格明显偏离市场价格,优惠型交易价格也可能明显偏离同类商品市场价格,然而这两种价格的交易相对人是不同的。对于不特定的优惠交易价格,凡是愿意支付相关对价者均可购买商品、享受优惠待遇;对于相对特定的优惠交易价格,相对特定的受众群体在优惠幅度内进行合法交易。国家工作人员不具有享受优惠的身份或不符合优惠条件而享受优惠价格的,应认定为以贿赂价格进行腐败交易。对于虽然属于相对特定性优惠价格的受众群体,但超出最低优惠价格进行交易的国家工作人员,在符合利用职务便利为他人谋取利益的前提下,应将超出最低优惠价格的部分计入受贿数额。[①] 一般受众并不能享受贿赂型交易价格,其享受者局限于经营者认为需要依托其权力谋取经济利益的国家工作人员及其亲属、情妇(夫)或是指定的其他人员。享受贿赂型交易价格的对象及折扣幅度,往往需要公司高级管理人员决定,如四川省成都市办理的房产交易型受贿案中,联络人均表示要请示上级才能决定能否给予优惠,而最后的优惠价格突破公司规定优惠金额不超过合同总价 10% 的规定时,也只能由高层来决定。

三是优惠型交易价格的有因性,贿赂型交易价格的无因性。优惠是商品交易中的让利,是经营者在销售商品时,以明示并如实入帐的方式给予购买方优惠的价格竞争手段,是经营者采取的价格营销策略,通过让利达到促销,符合市场价值规律。而贿赂型交易价格违背了市场规律及诚实信用,是非法价格行为,通过暂时的亏本买卖换取权力腐败。从形式上分析,价格优惠普遍发生在符合商业惯例的经营活动中,基础性原因或事实包括:(1)买方当期付款,缩短卖方资金回流周期;(2)降价处理积压商品,收回部分成本;(3)买方承担运输、仓储费用,或者承诺缩减部分售后服务,节省卖方附随性开支。[②] 贿赂型交易价格不存在优惠的合理合法原因,买卖合同权利义务不对等、缺乏商业惯例依据、违反价格法律法规。从商品市场流转的角度看,贿

赂型交易价格的无因性恰好证明了国家工作人员与经营者之间形成腐败交易的对价关系。

三、追缴交易型受贿违法所得的制度设计

受贿犯罪数额确定的,赃款追缴在刑法适用上不存在问题,但交易型受贿犯罪中,交易对象多数是房屋,价格随市场波动较大,交易时至案发时贿赂物品价格上涨,或者受贿人将其用于出租获利,将会产生违法所得。是否应当追缴以及如何判定交易型受贿违法所得,以及退赔赃款后交易型受贿对象的所有权归属,实务部门存在认识分歧。

(一) 追缴交易型受贿违法所得的范围

刑法第 64 条规定,犯罪分子违法所得的一切财物,应当予以追缴或者责令退赔。在实施交易型受贿后,行为人因对贿赂财物行使收益权而获取犯罪增值利益,是否属于“犯罪分子违法所得”? 实践中有观点指出:国家工作人员以交易形式收受贿赂的犯罪行为直接指向实际支付价格与市场价格之间的差额,对财物增值利益仅具有模糊预期;司法机关难以证明受贿人对交易后不确定的增值利益存在犯罪故意。因此,交易型受贿后物品增值收益不属于“犯罪分子违法所得”。笔者认为,应充分考虑交易型受贿与增值利益之间的因果关系,分析“犯罪分子违法所得”在贿赂案件中的涵盖范围。刑法明文规定追缴受贿人的“违法所得”,而不仅仅是犯罪所得。也就是说追缴范围不仅是犯罪行为所指向的贿赂财物,还应当包括与犯罪行为具有因果关系的增值利益。基于刑法解释的正义诉求,司法机关应当从刑法第 64 条关于犯罪物品处理的语义中准确界定因果关系范围,追缴行为及于“一切”财物,原则上受贿犯罪交易后因财产增值、租金孳息、加价转卖而获取的收益,没有超出“一切”的限度,应当纳入“犯罪分子违法所得”的范围给予否定性评价。

(二) 交易受贿违法所得的判定

实践中有观点指出:交易型受贿后的物品增值利益应当全部予以追缴。主要理由在于:一是“交易形式”只是贿赂双方规避法律制裁的途径,受贿

---

①　孙奕军. 交易型受贿若干疑难问题的司法认定[J]. 中国刑事法杂志,2008(5).

②　关于法定特殊优惠价格,参见《中华人民共和国反不正当竞争法》第 11 条。

人虽有个人财产支出，但实际上是为权钱交易作掩护。二是增值利益并非受贿人的善意取得，不符合"善意取得不予追缴原则"。三是整体剥夺受贿犯罪全部经济收益，符合从严惩治腐败犯罪的现实需要。① 笔者认为，该意见适用应限制在一定范围内。国家工作人员收受贿赂可能包含一部分合法成分与对价成本是交易型受贿区别于普通受贿的独立特征。司法机关应针对受贿犯罪的权钱交易本质，贯彻宽严相济的刑事司法政策，结合实际情况进行个案分析。象征性支付房屋或汽车对价的，应追缴交易型受贿后物品全部增值利益；支付相当数量对价却仍明显低于市场价格的，应当根据"控制力"规则核定追缴数额。

1. 资金控制力

从客观方面看，受贿犯罪对交易后房产等的增值具有影响力，当然，受贿人支付的部分资金对价会产生收益，其实际支付的这部分资金对对应的收益具有控制力，受贿行为的犯罪性不能直接推导出增值利益在整体上具有纯正的违法性，对这部分收益不能全盘予以否定。如四川省成都市案例，2001 年，房产公司开发项目过程中，因地块上的公房拆迁，需经房管所办理拆迁的相关手续，为使公房的拆迁工作尽快完成，开发项目得以够顺利开工，房产公司以 8 万元的价格出售给房管所所长董某一套价值 17 万元的商铺。2011 年案发时，商铺增值为 40 万，产生增值利益 23 万元。明显低于市场价格的 8 万元购房款具备纯正的交易因素，是房屋增值的部分资金基础，应当按比例（47%）计算其对应的增值数额（10.82 万元），在追缴总额中予以扣除。因此，交易型受贿物品经过一定时间后市场价格自然增值的，追缴数额应

为增值数额乘以受贿数额在交易时市场价格中所占的比例。

2. 运作控制力

交易型受贿物品除了可以基于时间因素产生自然增值，还可因受贿人将贿赂物品加价转卖或出租收取孳息而产生交易型增值。如情形一，请托人以 10 万元的价格出售给国家工作人员一套自己开发的住宅，当时市场价格为 50 万元，房屋质量、户型朝向、地理位置、交通状况在当时同类房产中没有很大优势，受贿人经过商业运作，转手以 55 万元的价格将房屋转让给第三人，再度交易所获得经济收益共计 45 万元。情形二，国家工作人员以 6 万元购买市场价格为 8 万元的进口限量版名牌皮包，转手以 10 万元的价格出售，获利 4 万元。在这两种情形下，45 万元和 4 万元能否全部认定为交易受贿违法所得予以追缴？笔者认为，应正确区分交易型增值是受控于受贿人的介入运作还是行贿物品的特殊性。首先，受贿人商业运作能力较强，通过其推销展示而使交易物品派生了增值利益的，也就是说受贿人付出了劳动及努力，中途切断了受贿行为与增值利益的近因关系，不能计入追缴数额，情形一中应追缴 40 万元。其次，请托人选择市场稀缺物品进行贿赂，如限量版的名牌包，属于想买买不到的状况，根本不愁没有买家，直接就有增值空间，不需要受贿人介入运作，因此这部分交易型增值应计入追缴数额，情形二中获利的 4 万元应全部追缴。最后，实践中可能出现难以辨别的情形，这时以有利于被告人的原则，不予追缴。

（编辑　兰跃军）

① 李振奇，朱平. 赃款赃款没收追缴程序初探[J]. 人民司法，2003(5).

第 1 卷 第 1 辑
2013 年 8 月

上 大 法 律 评 论
SHANGHAI UNIVERSITY LAW REVIEW

Vol. 1 No. 1
Aug. 2013

裴兆斌. 论追缴腐败犯罪违法所得司法协助中外国刑事判决的承认与执行[M]//李清伟. 上大法律评论(第 1 辑). 上海:上海三联书店,2013:99 - 106.

论追缴腐败犯罪违法所得司法协助中
外国刑事判决的承认与执行

裴兆斌

(华东政法大学,上海 200042)

摘要:外国生效刑事判决的承认和执行是国际刑事司法协助的重要制度,在追缴腐败犯罪所得过程中发挥着重要作用。而受制于司法理念和国情,我国目前还没有真正确立外国生效刑事判决的承认与执行制度。从发展的角度看,确立外国生效刑事判决的承认与执行是大势所趋。对《联合国反腐败公约》中规定的外国生效刑事判决的承认与执行的概念、性质、特征、内容等进行论述,以为中国确立外国生效刑事判决的承认与执行制度奠定基础。

关键词:腐败犯罪违法所得;司法协助;外国刑事判决;承认;执行

Recognition and enforcement of foreign effective criminal sentence to recover the illegal proceeds of corruption crime in international judicial assistance

PEI Zhao-bin

(East China University of Political Science and Law,Shanghai 200042,China)

Abstract:Recognition and enforcement of foreign effective criminal sentences is an important international judicial assistance system,which plays an important role in the recovery of corruption proceeds. Subject to judicial philosophy and national conditions,China has not yet truly established the recognition and enforcement of foreign effective criminal sentences. From a development perspective,to establish such system is the general trend. Therefore,this paper aims to introduce the concept,nature,characteristics and the content of characteristics,content in the United Nations Convention against Corruption to lay the foundation for Chinese foreign recognition and enforcement of criminal judgments.

Key words:Foreign Effective Criminal Sentences;Recognition;Enforcement

外国生效刑事判决的承认和执行是国际刑事司法协助的重要制度,在追缴腐败犯罪所得过程中发挥着重要作用。但是外国生效刑事判决的承认和执行又不同于一般的司法协助制度:如果一个国家的刑事判决在其他国家得到承认和执行,表明其他国家认可了判决国审判的公正性、合法性以及定罪量刑的标准,其他国家实际上是承认了该国的司法主权在其本国领域内的效力,用一句话概括,外国生效刑事判决的承认和执行直接关乎一国的司法主权,而主权问题在当今国际社会对任何一个国家来讲都是根本性的重大问题。正因为如此,世界各国对承认和执行外国生效刑事判决的态度十分谨慎,有的国家目前还没有确立和执行外国生效刑事判决,即使确立了这一制度的国家对该制度的适用也规定了严格的条件和范围。但无论如何,外国生效刑事判决的承认与执行对于追缴腐败犯罪违法所得意义重大。而受制于司法理念和国情,我国目前还没有真正确立外国生效刑事判决的承认与

收稿日期:2013 - 04 - 20

基金项目:中国博士后科学基金资助项目(2012M520864)、辽宁省社会科学规划基金项目(L11DFX024)、辽宁经济社会发展立项课题(2013lslktzifx - 07)

作者简介:裴兆斌(1968—),男,辽宁沈阳人,华东政法大学博士后研究人员,辽宁省公安厅治安管理总队副总队长,主要研究方向为治安学、侦查学、司法鉴定制度、行政法学、国际刑法学,E-mail:peizhaobin110@vip. 163. com。

执行制度。从发展的角度看，确立外国生效刑事判决的承认与执行是大势所趋。因此，本文旨在对《联合国反腐败公约》中规定的外国生效刑事判决的承认与执行进行论述，以为中国确立外国生效刑事判决的承认与执行制度奠定基础。

一、外国生效刑事判决的承认与执行基本概念和特征

（一）外国刑事判决的界定

要厘清承认和执行外国生效刑事判决的概念，首先要对外国生效刑事判决进行界定。本文所称的生效的刑事判决是指主权国家的审判机关代表国家依照法定程序对刑事案件进行审理所做出的具有法律效力且已经发生法律效力的判决和裁定。生效的刑事判决既是国内法执行刑事案件的前提和基础，也是主权国家之间协助执行外国生效刑事判决的前提和基础。

要正确界定外国生效刑事判决的范围必须弄清以下几个问题：

第一，外国的含义。此处所指的外国是指法律意义上的概念，是法律意义上的国家，而非政治意义上的国家。比如，在英国，政治意义上的"外国"是指大不列颠及北爱尔兰联合王国之外的所有国家和地区。但从法律角度来说，英格兰、苏格兰和北爱尔兰之间都是互称"外国"的。

第二，生效刑事判决的内容。生效刑事判决的内容，它不仅包括自由刑（即剥夺自由的刑罚）、财产刑（如刑事判决中的罚金和没收财产），还包括资格刑（如刑事判决中的剥夺政治权利）。

第三，审判机关的范围。审判机关必须是主权国家的对刑事案件具有管辖权、有权行使刑事审判权的机关。在国外，除了刑事审判权的机关外，还有诸如行政法院、宪法法院等审判机关，但是这些机关管辖的案件不是刑事案件，行使的也并非刑事审判权，因此，其虽然也统称为外国法院，但是并不是本文所指称的外国法院。

（二）承认与执行外国刑事判决的基本概念

主权国家的具有刑事案件管辖权的审判机关对某一刑事案件进行审理后做出刑事判决，该判决经过法定程序后发生法律效力，该主权国家将以公共权力执行该判决。这是一国做出的刑事判决得到执行的正常程序，但一国做出的生效刑事判决并不总是在其本国由其本国来执行，当一国把在本国国内得到承认的有效刑事判决提请另一国承认或

执行时，被请求国依照法定程序审查后表示认可该刑事判决的效力，这在法律上就叫做外国生效刑事判决的承认。外国生效刑事判决的执行，是指一国的主管机关，根据国际条约或者互惠原则以及国内法的有关规定，在本国境内执行他国对其本国公民或特定关系人在他国领上内的犯罪所做出的生效刑事判决。

外国生效刑事判决的承认与执行有紧密联系，承认外国生效刑事判决是执行外国生效刑事判决的前提，如果被请求国不承认请求国做出的生效刑事判决，那也就根本不会涉及对该判决的执行问题。而且，从程序上来看，承认外国刑事判决是执行外国刑事判决的开始，在这种情况下可以将承认视为执行程序的一个环节。此外，二者的前提和适用条件基本相同，但二者又相互区别，不能画等号。外国生效刑事判决的执行以对外国生效刑事判决的承认为前提，但是对外国生效刑事判决的承认并不必然导致执行外国的生效刑事判决。比如，有的情况下，不仅需要对外国的生效刑事判决进行承认，还需要对外国的生效刑事判决进行执行。而在有的情况下，只需要承认外国生效刑事判决，无须执行外国生效刑事判决，比如关于无罪判决，除了在被告被关押的情况下由请求国立即释放之外，并不需要其他执行程序。因此，这时候的承认并不导致执行，二者是脱节的。本文论述的追缴腐败犯罪所得国际司法协助中的外国生效刑事判决的承认和执行问题，重点在执行，而执行的前提就是承认，或者暗含了承认这一前提，因此，本文对外国生效刑事判决的承认和执行不做区分。

（三）承认与执行外国刑事判决的特征

一般我们提到的承认和执行外国判决主要是承认和执行外国的生效民事判决。与刑事判决中的国家公权力对被告人的私权利不同，民事判决解决的是平等主体之间的民事权利义务关系。正是由于民事判决主体的平等性，一般来讲，国际司法实践中，民事判决的当事人可以执行向被请求国提出承认和执行的请求。就此，有的国家甚至不要求对等原则和互惠原则。外国刑事判决的承认与执行则是一种宣告，它表示被请求国承认请求国刑事判决的合法性和有效性。具体而言，这种宣告与承认具有以下特点：

第一，承认和执行外国刑事判决的依据不仅包括国际法，也包括国内法。承认和执行外国刑事判决的依据包括国际法。在主权国家已经参加的国

际公约或双边、多边条约已经对承认和执行外国生效刑事判决有规定或约定的情况下,根据条约必须遵守的原则,这些条约的成员国必须遵守这些规定或约定。《联合国打击跨国有组织犯罪公约》、《联合国反腐败公约》中都涉及承认和执行外国刑事判决的问题。目前,就承认和执行外国刑事判决问题,比较有代表性的是欧盟成员国之间的条约。在国际法没有规定的情况下,主权国家的国内法承认其承认和执行外国刑事判决的唯一依据。承认和执行外国刑事判决的国内法依据和国际法依据不是非此即彼的关系。在既有国际法规定,又有国内法规定的情况下,如果二者的规定不一致,按照条约必守的原则,应该以国际法为依据。当然,"承认和执行外国刑事判决的国内法依据和国际法依据并不总是矛盾的,实际上二者是相互补充、相互协调的关系。即使在有国际法规定的情况下,有些问题也必须依照国内法来处理。"①

第二,承认与执行外国生效刑事判决的主体为主权国家。刑事判决是一国基于对本国整体利益的维护,以国家的名义对于破坏本国统治秩序的行为给予的处罚。要实现这种惩罚必然要对已经做出的刑事判决进行执行。而当今国际社会主要是由主权国家组成的,腐败犯罪的被告人或者腐败犯罪所得不是在其本国领土范围内,就是处于其他主权国家的领土范围内,在本国领土范围内时由本国自行执行刑事判决即可;当不在本国领土范围内时,由于主权原则的存在,本国不能到其他国家去执行本国的刑事判决,只能向其他主权国家申请执行本国的刑事判决,其他国家承认和执行别国的刑事判决是主权原则的具体体现。因此,请求国提出的承认和执行本国生效刑事判决是一国针对另一国刑事判决所采取的国家行为,它不是某个团体或某个人的行为,被请求国因其承认而要承担起某种法律上的责任,如保护被判刑人合法权利的义务、合作执行判决的义务等。

第三,承认与执行外国生效刑事判决对象的特定性。一个主权国家做出的生效刑事判决可能是剥夺自由的刑罚、剥夺财产的刑法、剥夺某种资格的刑罚和无罪判决。但是,刑事判决的承认和执行,只是针对某个具体的刑事判决的承认和执行。这种承认有明确的对象,一般是承认和执行外国刑事判决中的自由刑、财产性或者资格刑,宣告无罪

的判决,除了被告处于羁押状态而在判决做出后应立即予以释放外,基本上不涉及由其他国家执行的问题。

第四,承认和执行外国刑事生效判决的对象是刑事判决,而且必须是已经发生法律效力的刑事判决。承认和执行的对象必须是刑事判决,其他判决如民事判决、行政判决要遵循其他的程序和机制,而非适用承认和执行刑事判决制度的条件和机制。而且,请求被承认和执行的判决必须是已经发生法律效力的判决,如果被告就某一刑事判决仍得以上诉,说明这一刑事判决并未发生法律效力,其在法律上除了表明原审法院对此案的态度和观点之外,不具有被执行的效力,因此,这样的判决不能作为承认和执行的对象。

第五,承认与执行外国生效刑事判决附有一定的条件。由于承认和执行涉及一国的司法主权在另一国得到承认和执行的问题,因此,出于对本国司法主权和对被告的人权保护,在国际司法实践中,一国对另一国刑事判决的承认和执行均不是无条件的,而是必须满足一定的条件,我们在下文中会涉及。

(四) 承认和执行外国刑事判决的内容

承认和执行外国刑事判决的内容取决于刑事判决本身的内容。一般来讲,刑事判决的内容包括自由刑、财产型以及资格刑等。因此,承认和执行外国刑事判决的内容基本上也涵盖了刑事判决本身的内容。

1. 承认和执行剥夺自由刑的判决。自由刑即剥夺刑事诉讼被告在特定时期内的自由的刑罚。我国刑法中的管制、拘役、有期徒刑和无期徒刑都属于自由刑的范围。承认和执行剥夺自由刑是比较常见的国际刑事司法协助内容,具体的实施制度是被判刑人移管。本文论述的是追缴腐败犯罪所得国际司法协助问题,一般不涉及被判刑人移管,因此,不对此问题作进一步论述。

2. 承认和执行关于资格刑的判决。资格刑也是刑事判决中常见的一种刑法,是指剥夺被告从事某种职业或开展某种活动的资格。比如,我国刑罚中的剥夺政治权利就是一种资格刑。本文论述的是追缴腐败犯罪所得国际司法协助问题,一般不涉及被判刑人资格的剥夺问题,因此,不对此问题作进一步论述。

① 贾宇.国际刑法学[M].北京:中国政法大学出版社,2004:473.

3. 承认和执行关于财产刑的判决。财产刑是以剥夺犯罪分子的财产为惩罚内容的刑种,包括罚金刑和没收财产刑。承认和执行财产刑直接关系到腐败犯罪所得的追缴。

此外,一般认为,承认和执行外国刑事判决前科的问题,即通过认定累犯等方式加强某些惯常犯罪人的惩处力度,关于这方面的合作,《联合国反腐败公约》第41条特别指出:"各缔约国均可以采取必要的立法或者其他措施,按其认为适宜的条件并为其认为适宜的目的,考虑一国以前对被指控罪犯做出的任何有罪判决,以便在涉及根据本公约确立的犯罪的刑事诉讼中利用这类信息。"[①]

(五) 承认和执行外国刑事判决的种类

虽然仍然有国家目前仍未明文确立承认和执行外国刑事判决制度,但是在各国的司法实践和国际合作中,承认和执行外国司法判决已经逐渐成为一种趋势。但是,各国在承认和执行外国刑事判决上的具体做法并不完全相同,根据这些具体做法,我们可以对承认和执行的外国刑事判决进行归类。概括地来看,有如下分类方法。

一是从启动形式来看,承认和执行外国刑事判决可以分为积极承认和执行外国刑事判决和消极承认和执行外国刑事判决。所谓积极承认和执行是指只要其他国家做出的刑事判决符合本国参加的国际公约或者本国国内法规定的条件,在需要时,本国即承认和执行其他国家做出的刑事判决,这种承认和执行并不需要做出判决的国家的请求。消极承认和执行与积极承认和执行是相对应的概念,指的是即使外国做出的刑事判决已经符合本国参加的国际条约或者本国国内法规定的条件,本国也不会自动承认和执行该刑事判决,除非经做出刑事判决的国家的请求。当前,在国际司法实践中,积极承认和执行外国刑事判决的国家还是少数,多数国家仍然通过消极方式承认和执行外国刑事判决。

二是从承认和执行的范围来看,承认和执行外国刑事判决可以分为全部承认和执行和部分承认和执行。所谓全部承认和执行是指本国对其他国家做出的刑事判决所依据的事实、适用的法律以及

判决的结论,表示全部承认并执行判决中的刑罚。部分承认是指仅承认判决所依据的事实部分、法律部分或者做出的结论,或者对判决中所依据的事实有的承认,有的不承认,或者对判决做出的结论有的承认并执行,有的不承认不执行。[②] 究竟是全部承认和执行还是部分承认和执行取决于一国加入或缔结的国际条约及本国国内法的规定,在其他情况下则取决于本国的意愿。

三是从承认和执行的形式来看,可以分为默示的承认和执行以及明示的承认和执行。所谓默示的承认和执行是指虽然本国承认和执行其他国家的刑事判决,但是这种承认和执行是通过默示的、非公开的方式进行。通常来讲,在默示的情况下,本国不对其他国家已经做出刑事判决的刑事案件再行启动刑事诉讼程序。正因为如此,默示承认和执行也被称为实际上的承认和执行。明示承认和执行外国刑事判决也称为法律上的承认和执行。"这种形式的承认和执行,本国不仅需要通过正常的渠道通报判决做出国其愿意承认该刑事判决的效力,而且还需要履行相应的法律程序。"[③]

二、承认与执行外国刑事判决的基本原则

承认和执行外国生效刑事判决是追缴腐败犯罪所得一项重要制度。这项制度是主权国家之间的国家行为,关乎主权国家之间的关系、关系到被告人人权的保护,因此,外国生效判决的承认与执行应当遵循一定的原则,这在国际司法实践和理论界已经达成共识。但应该遵循何种原则仍存在分歧,主要有以下观点:"第一种观点认为,应得到尊重的原则有四项:一是有利于被判刑人原则;二是不加重刑罚原则;三是一罪不再罚原则;四是互相尊重主权和管辖权原则。"[④]"第二种观点认为,应遵循的原则有三项:一是互相尊重国家主权和管辖权原则;二是双重犯罪原则;三是有利于被判刑人原则。"[⑤]笔者认为,在承认和执行外国生效刑事判决过程中,双重犯罪原则、公共秩序保留原则、一事不再理原则应得到遵守。

① 黄风,凌岩,王秀梅. 国际刑法学[M]. 北京:中国人民大学出版社,2007:342.
② 贾宇. 国际刑法学[M]. 北京:中国政法大学出版社,2004:474.
③ 贾宇. 国际刑法学[M]. 北京:中国政法大学出版社,2004:475.
④ 黄肇炯. 国际刑法概论[M]. 成都:四川大学出版社,1992:245—247.
⑤ 邵沙平. 现代国际刑法教程[M]. 湖北:武汉大学出版社,1993:344—349.

（一）双重犯罪原则

双重犯罪原则简单地讲就是请求国刑事判决针对的行为不仅在请求国被认为是犯罪并且应接受刑事处罚,在请求国也被认为是犯罪且也应受到刑事处罚。只有在这种情况下,被请求国才会承认和执行请求国提出的承认和执行请求。如果被请求国不认为请求国刑事判决针对的行为是犯罪或者不认为应当受到刑事处罚,其会拒绝承认和执行请求国的请求,否则无疑是自践主权。

就双重犯罪原则而言,目前有两种观点。第一种观点要求比较严格,其要求对犯罪的构成要件根据请求国和被请求国两国的法律的规定进行逐项对比,只有比较的结果完全一致的情况下才构成双重犯罪。有学者将这种观点成为客观说。第二种观点则比较宽松,该观点不要求请求国和被请求国的法律完全一致,而应当从主观立场审查行为的犯罪性。在审查某一行为是否构成犯罪时,其应审查的范围又有三种不同的主张:第一种主张是只审查该行为是否可予控诉,而不考虑是否可予起诉;第二种主张认为,不仅应当审查该行为是否可予控诉,还应当审查该行为是否可予起诉;第三种主张认为,该行为不仅可予控诉且可予起诉,并应予以定罪。由于第一种观点要求的过于严格,而每一国家由于法律理念和国情的不同,立法不一定完全相同,这样规定,实际上很难符合双重犯罪原则。因此,在实践操作中,一般都采用主观说来判定是否构成双重犯罪。此外,一个刑事判决可能会针对多个犯罪行为进行制裁,而就这些多个犯罪行为,被请求国的法律未必全部规定为犯罪或者全部应接受刑事处罚,因此,在这种情况下,请求国需要说明哪个或哪些犯罪符合双重犯罪的原则。

（二）公共秩序保留原则

公共秩序保留原则在美国被称为公共政策原则,在德国被称为保留条款,我国台湾地区也成为善良风俗原则。这一原则是指对外国刑事判决的承认与执行,不得违反本国的公共秩序,如果违背本国的重大利益、基本政策,法律和道德的基本理念或基本原则就不承认与执行外国的刑事判决。一些国际公约与条约的规定肯定了公共秩序保留的原则。如1970年《关于刑事判决的国际效力的欧洲公约》规定:"当执行判决违反被请求国的法律制度的基本原则时,被请求国可以拒绝请求国提出的执行判决的请求。"

（三）一事不再理原则

一事不再理(ne bis in idem)原则在刑事领域也被称为"禁止双重危险规则"(the rule against double jeopardy)。在国际刑事司法合作问题上贯彻这一原则,就要求各国充分尊重和承认其他国家司法机关已做出的裁决,不得因同一行为,针对同一人再次进行审判、定罪和判罚。这一原则已经得到国际社会和各国立法的普遍接受。联合国《公民权利和政治权利公约》第14条第7款明确规定:"任何已依一国的法律及刑事程序被最后定罪或宣告无罪者,不得就同一罪名再予审判或惩罚。"[1]这也就是说一个犯罪行为如果已经受过国内或国外的审判,则不再对该行为再次进行审判。对外国刑事判决的承认本身就意味着其承认了请求国对刑事判决涉及的刑事案件具有管辖权,也意味着被请求国承认了请求国司法机关做出的刑事判决的效力。在这一前提下,只要被请求国承认了请求国做出的刑事判决,就不能再行启动本国的刑事诉讼程序对刑事判决的被告进行再次起诉和审理。

一事不再理原则已经被诸多国际公约所明确肯认,如1970年《关于刑事判决的国际效力的欧洲公约》第12条规定:"被请求国主管机关一旦知道因赦免、大赦、申请复判或任何其他决定而不能再执行制裁时,应当停止执行判决。同样,当被判刑人已经向请求国的主管机关交付了罚金,被请求国也不再执行罚金的判决。"1969年《关于实现比一荷一卢经济联盟宗旨以及在行政和司法法规方面合作的公约》第13条规定:"在缔约国一国已被宣告规定无罪,或已定罪服刑,或处以缓刑,或因时效已过未执行刑罚的人,在其他缔约国内不得以同样的罪名提起诉讼。"除国际公约对一事不再罚做出了规定之外,多数国家的国内法对此也有明确的规定,如《意大利刑事诉讼法典》第773条(6)项和(7)项规定:"针对同一行为并针对相同的人在意大利已经做出不可撤销的判决,或者,针对同一行为并针对相同的人在意大利正在进行刑事诉讼,则不得承认

---

① 　http://hi.baidu.com/ewang77/blog/item/c369a524d4133b034c088d83.html.

和执行有关的外国刑事判决。"①

三、承认和执行外国刑事判决的条件

外国刑事判决的承认和执行是一项涉及国家主权和利益的重大问题，国际上几乎所有国家均对承认和执行外国刑事判决保持非常慎重的态度，承认和执行外国刑事判决一般都要求满足一定的条件，否则不予承认和执行。笔者认为，承认和执行外国刑事判决必须同时具备四个条件，即原判决国法院必须对案件具有管辖权、原判决是在充分保障和尊重案件当事人的权利基础上做出的、外国刑事判决已经生效以及外国刑事判决是合法取得的。

（一）原判决国法院必须对案件具有管辖权

对案件具有管辖权是对案件进行审理和判决的前提。国际司法实践中，一国在承认和执行另一国的刑事判决时都将管辖权列为一项前提性条件，因为管辖权涉及当事人权利的保护，更涉及国家主权，在这一问题上几乎没有国家提出疑义。但是与依据何种标准判定原判决对案件是否拥有管辖权不同，目前，多数国家和国际条约均通过承认判决执行地国家的国内法来进行判定。英国、德国等国家均采取此等标准。随着社会的发展和打击腐败犯罪的需要，这一标准应该得到修正，除专属于执行地国法律管辖和与执行地国国民重大利益相关的案件外，应该以判决做出国的国内法来确定其是否对案件具有管辖权。

（二）原判决是在充分保障和尊重案件当事人的权利基础上做出的

从保护当事人的合法权益来讲，如果发现一国的刑事判决是不公正的，即案件当事人的合法权利没有在诉讼过程中得到尊重和保障，那么，该国就可以拒绝承认该判决。因为这种情况下做出的判决是不公正的，比如案件当事人未被通知、未被告知诉讼权利、当事人的辩护权被剥夺等情况下做出的判决一般得不到承认和执行。对此，一项基本的原则是当事人的合法权利未能得到保障是由于当事人以外的原因造成的，则据此做出的判决一般不会等到承认和执行，如果是当事人自身的原因，则不影响判决的承认和执行。

（三）外国刑事判决已经生效

待承认和执行的外国刑事判决必须是已经生效的判决，如果判决还未生效，则其法律效力处于不确定状态，任何国家都不会承认和执行，这一点似无争议。但对于何为生效判决确存在不同的意见。在《公约》制定过程中，很多国家坚持使用最终判决的概念，即这一判决做出后，不存在继续上诉的可能性。实际上，在我国法律上，生效判决在经过两审终审后发生法律效力，也是不可以上诉的。虽然可以申请再审，但是再审期间并不停止原判决的执行。

（四）外国刑事判决是合法取得的

大多数国家的国内法和国际条约均将外国刑事判决的合法取得作为承认和执行外国刑事判决的一项条件。如果该判决是通过欺诈行为获得，那么就会被拒绝承认。通常认为的欺诈行为包括向案件当事人发送写有错误开庭时间和地点的传票，贿赂法官、证人或者隐匿证据等等。

上述四个条件是从正面角度要求承认和执行外国刑事判决需要满足的要求，从反面来看，如果出现如下情形，被请求国可得拒绝承认和执行外国的刑事判决："1. 承认和执行外国刑事判决将违反请求国的法律制度的基本原则；2. 被请求国认为被请求的刑事判决中的罪行具有政治性质，或者是单纯的军事犯罪；3. 被请求国认为有足够的理由相信判刑或加刑是基于种族、宗教、民族或者政治观点的考虑；4. 执行判决将违法被请求国的国际承诺；5. 被请求国已经对该犯罪行为提起诉讼或已决定对该行为起诉；6. 被请求国主管机关已经决定对该犯罪行为不起诉或者已经撤销起诉；7. 犯罪行为是在请求国领土以外发生的；8. 被请求国无法执行制裁；9. 被请求国认为请求国能够执行该判决；10. 按照被请求国的法律，因时效已过，处罚不能再予执行。"②

在此，应注意的是，承认和执行外国刑事判决中的财产刑除了满足承认和执行外国刑事判决的一般性条件之外，还需满足一些特别条件。一是满足了对善意第三人的保护。《联合国反腐败公约》第 55 条"没收事宜的国际合作"一条的最后一款规定："不得对本条规定做损害第三人权利的解释。"同时，在本条第 3 款中要求："发出没收令的缔约国应当向被请求国提交关于请求国缔约国为向善意第三人提供充分通知并确保正当程序而采取的措

---

① 黄风,凌岩,王秀梅. 国际刑法学［M］. 北京:中国人民大学出版社,2007:355.
② 贾宇. 国际刑法学［M］. 北京:中国政法大学出版社,2004:478.

施的具体陈述。"①不仅如此,承认和执行外国刑事判决中的财产刑还要求被判刑人在被请求国境内没有应该清偿的债务,以防止债权人无法得到清偿。二是被请求国的法律规定对请求承认和执行的刑事判决中的犯罪行为也可以科处财产刑。也就是说,即使被请求承认和执行的刑事判决中的犯罪行为在被请求国也构成犯罪,但是被请求国的罚则中并未规定对此行为可以判处财产刑,那么,被请求国则可拒绝关于财产刑的承认和执行请求。关于这一条件,1990 年缔结的欧盟《关于清洗、搜查、扣押和没收犯罪收益的公约》第 18 条第 4 款规定:"如果根据被请求国的法律,未规定对请求涉及的犯罪类型适用没收的,可以拒绝执行有关的没收裁决。"②此外,在此种情况下,被请求国也可以决定承认和执行财产刑,在国际上,没有任何行为是完全既定的,任何行为都是国家间利益衡平的结果。三是财产刑的金额不得超过被请求国法律对同样的犯罪科处的财产刑的最高金额。也就是说请求国刑事判决的财产刑的金额高于被请求国关于该等犯罪判处的财产刑的最高金额,被请求国可以拒绝执行所高出的金额。

四、外国生效刑事判决的承认与执行程序

1970 年《关于刑事判决的国际效力的欧洲公约》不但规定了可拒绝承认与执行外国刑事判决的情况,同时也对外国刑事判决承认与执行的程序进行了规定,可资借鉴。

(一) 承认和执行刑事判决请求的提出

承认和执行外国刑事判决的提出是刑事判决的做出国通过何种形式或途经向被请求国提出承认和执行其做出的刑事判决。在这一问题上,有两个问题相对比较重要,即提出请求的需要的材料,以及材料通过何种程序提供给被请求国。就提交的材料而言,除提交请求书之外,请求国还需提供生效刑事判决的原本,如果提供的是副本,请求国必须证明副本与原本是一致的。如果被请求国要求请求国提交刑事判决所涉案件的全部或部分档案,请求国应当提供这些档案的原本或者经证明无误的副本。综合相关其他公约和国际司法实践,承认和执行外国刑事判决一般是通过请求书的形式来提出,请求书的内容一般包括:"1、做出刑事判决和提出请求的机关名称;2、被判刑人的姓名、年龄、健康情况以及是否处于关押状态等;3、证明被判刑人身份的证件或文件;4、执行请求所依据的犯罪事实概述和必要的证据;5、请求国法律中规定该行为构成犯罪的条文以及必要时对条文的解释;6、已经发生法律效力的刑事判决书副本。"③就请求书提交的途径而言,如果请求国或者被请求国之间存在双边协定或者是某一公约的共同成员国,而双边协定或者国际公约对此有规定,则依照协定或公约规定的程序提交。如果无双边协定或公约可以适用,则可以由请求国的有关机关直接送交被请求国的有关机关。送回途径应与送出途径相同。而按照1970 年《关于刑事判决的国际效力的欧洲公约》,如果情势紧急,请求书可以通过国际刑警组织提交。即由本国的警务机构提交给国际刑警组织,再由国际刑警组织提交给给被请求国的警务机构。这一规定考虑了承认和执行外国刑事判决可能存在时效性的要求,值得考虑和借鉴。

(二) 执行前的准备

被请求国接收了请求国提供的请求书以及其他材料之后,承认和执行外国刑事判决就会进入到准备阶段,相关的预备性工作在这一阶段进行。(1)首先要对请求国提供的材料进行形式审查,审查请求国提供的材料是否齐备,如果不齐备可以要求请求国继续补充缺失的材料。其次,在材料齐备的情况下,要对请求是否合法、有效,是否具备承认和执行该外国刑事判决的条件,是否存在应予拒绝的情形,执行该外国刑事判决是否可行,是否存在某种障碍进行审查。(2)允许被告人陈述对执行判决发表意见,允许其聘请律师提供帮助。如果被告人处于羁押状态,他应被拘传到庭进行陈述;如果被告人没有被羁押,那么被请求国应当按照本国刑事诉讼程序通知被告出庭。(3)在前述行动的基础上,被请求国必须做出是否接受承认和执行外国刑事判决的答复,该等答复应通过与承认和执行外国刑事判决请求相同的途径递交给请求国。如果决定承认和执行,对被告人或者财产

①　黄风,凌岩,王秀梅. 国际刑法学[]. 北京:中国人民大学出版社,2007:357.
②　黄风,凌岩,王秀梅. 国际刑法学[M]. 北京:中国人民大学出版社,2007:356.
③　贾宇. 国际刑法学[M]. 北京:中国政法大学出版社,2004:482.

采取强制措施。

（三）具体判决的执行

被请求国经过审查决定承认并执行请求国的生效刑事判决后，就应该采取措施启动执行程序，并解决和处理由此而产生的一系列法律问题，从而进入刑罚执行阶段。因为本文主要涉及的是追缴腐败犯罪所得国际司法协助，因此自动将自由刑和资格刑的执行排除在外，只涉及执行外国刑事判决中的财产刑问题。财产刑的执行比较复杂，因为它涉及财产的查封、扣押、没收及财产权转移问题。欧洲共同体各国在解决这个问题上似乎比较彻底。《关于刑事判决国际效力的欧洲公约》专门规定了执行与罚金和没收财产的制裁特别有关的条款，这些条款的内容涉及罚没金额转换，财产刑的执行决定，罚金或没收财产的处理及罚金刑的替代。当然，如何执行外国刑事判决需要被请求国依据国内法规定的程序进行，是一国国内规定的事项。

（编辑　兰跃军）

第 1 卷　第 1 辑
2013 年 8 月

上 大 法 律 评 论
SHANGHAI UNIVERSITY LAW REVIEW

Vol. 1　No. 1
Aug. 2013

侯国跃,朱怀琼. 饲养动物致害责任与建筑物坠落物致害责任的选择适用——从"藏獒坠楼伤人案"的法律适用谈起[M]//李清伟. 上大法律评论(第 1 辑). 上海:上海三联书店,2013:107 - 112.

饲养动物致害责任与建筑物坠落物致害责任的选择适用
——从"藏獒坠楼伤人案"的法律适用谈起

侯国跃[1],朱怀琼[2]

(1. 西南政法大学 民商法学院,重庆　401120;2. 关岭县人民法院,贵州　关岭　561300)

摘要:藏獒坠楼伤人案引发饲养动物致害责任与建筑物坠落物致害责任的法律适用争议。从物的法律属性来看,藏獒从建筑物坠落砸伤行人并非以饲养动物本身危险实现的方式致人损害,因而不具备饲养动物致害责任的品格;从建筑物上坠落的藏獒,与从建筑物坠落的花盆、外墙砖等并无实质区别,它们致人损害的机理也完全相同,即基于其重力所致。从规范意旨来看,骑马践踏庄稼、驱使狗咬人、用蛇鞭打人等均不应归入饲养动物致害责任的规范对象;同理,藏獒从建筑物上坠落伤人也不应被认定为饲养动物致害,而应当归入建筑物上的坠落物致害。藏獒坠楼伤人的案件选择适用建筑物坠落物致害责任制度,更有利于实现法律利益之平衡。

关键词:饲养动物;致害责任;建筑物;坠落物

The choice of the responsibility of damage caused by animals and the responsibility of damage caused by the objects
from the practical study of falling injury case of Tibetan mastiff

HOU Guo-yue[1], ZHU Huai-qiong[2]

(1. Southwest University of Political Science and Law, Chongqing
401120; 2. Guanling People's Court, Guizhou　561300)

Abstract: The injury case caused by a falling Tibetan mastiff led to a discussion concerning the choice of the responsibility of damage caused by animals and the responsibility of damage caused by the objects. From the aspect of its legal attribute, the injury caused by a falling Tibetan mastiff is different from the injury caused by an animal. Therefore, it does not apply to the liability for damage caused by the feeding animals. The Tibetan mastiff from the building in its nature is of no essential difference from the chopping board or tile dropped from a high construction. The mechanisms that they caused damage by gravity are identical. From the aspect of its norms, since the cases of tramping the crops on a horse, ordering a dog to bite people and whipping people with a snake cannot be included into the responsibility category of damage caused by animals, the damage caused by a falling Tibetan mastiff from the building should not be sorted as damage caused by animal following the same logic. Practically, to classify this sorted of case into the category of damage caused by an object falling from the building can balance the interests of all parties in a better way.

Key words: feeding; responsibility of damage; construction; falling objects

收稿日期:2013 - 06 - 01
作者简介:侯国跃(1974—),男,四川广元人,法学博士,西南政法大学民商法学院教授、硕士研究生导师,西南政法大学市场交易法律制度研究基地研究员,主要从事民法学研究,E-mail:523827198@qq.com;朱怀琼(1987—),女,黎族,贵州安顺人,硕士研究生,贵州省关岭县人民法院法官,E-mail:458275106@qq.com。

一、"藏獒坠楼伤人案"引出的法律适用争议

被告晏某某与被告戴某某系夫妻。2007 年 6 月 3 日上午 8 时许，晏某某与戴某某饲养的藏獒从九楼上坠落到地面，致使途经此地的原告张某某受伤。原告随即被送往重庆市九龙坡区第一人民医院治疗，并于当日转入重庆医科大学附属第一医院，后于 2007 年 7 月 27 日出院，共计住院 54 天、医疗费 146192.79 元。经重庆医科大学附属第一医院出院诊断，原告伤情为：T4、5 椎体骨折伴完全截瘫，C2 椎体附件骨折，左 3、4、5 肋骨骨折，双侧血气胸，脑震荡，胸骨柄骨折。经鉴定，原告张某某所受伤害为一级伤残。

原告要求法院判决二被告共同赔偿医疗费、误工费、护理费、交通费、住院伙食补助费、营养费、残疾赔偿金、残疾辅助器具费、精神损失费、鉴定费等各项损失，共计 1579440 元，扣除二被告已支付的 100000 元，二被告还应赔偿原告 1479440 元。被告晏某某、被告戴某某辩称，自己饲养的藏獒从九楼坠落是事实，但原告的伤残是否为自己的藏獒所致并不清楚。从原告的伤情和现实的客观情况，被告自愿承担原告 20% 的费用，拒绝接受原告的其它诉讼请求。

重庆市九龙坡区人民法院认为，饲养动物造成他人损害的，动物饲养人或管理人应承担民事责任。至于二被告所饲养的藏獒坠落砸伤原告的事实，可由原告出具、被告晏某某签名的收条之内容，以及九龙坡区公安局劳动村派出所的询问笔录、辨认笔录等证据加以证明。被告虽表示质疑，但并未提供相应的证据予以证明，故不予采纳。被告戴某某与被告晏某某系夫妻，应认定致伤原告的藏獒系二被告共同饲养，依法应由二被告共同承担赔偿责任。

我们注意到，一审法院在判决主文虽未引用《民法通则》第 127 条关于动物致害责任的规定，而是以《民法通则》第 106 条第 2 款作为裁判依据，但是一审法院在说理部分（"本院认为"部分）指出该案属于动物致人损害。在二审阶段，重庆市第五中

级人民法院虽对赔偿数额略有调整，但仍适用《民法通则》第 127 条关于饲养动物致害责任的规定，维持一审被告应当承担赔偿责任的判决。[①] 本案的裁判引发一个法律适用的问题，即本案是饲养动物致害还是建筑物坠落物致害？对于建筑物坠落物致害责任和饲养动物致害责任，我国《民法通则》分别在第 126 条、第 127 条对其作出了规定。《侵权责任法》则专门在第十一章和第十章予以规定。有观点认为，无论是饲养动物本身的攻击对他人造成损害，例如狗咬伤人、马踢伤人，还是被非常凶猛的动物外相吓倒而摔伤，甚至因饲养动物砸坠落等原因伤人，都应适用饲养动物致害责任，由动物的饲养人或管理人承担赔偿责任。但笔者认为，由于饲养动物自身的危险实现而对他人造成损害的，应适用饲养动物致害责任制度；但是，如果饲养动物从建筑物上坠落，并由于重力原因对他人造成损害，则应成立建筑物坠落物致害责任。

二、从物的法律属性考虑，建筑物上坠落伤人的藏獒系物件而非动物

（一）动物在物之分类中的地位：动产

民法上的"物"，通常是指除自然人身体之外，能够满足人们某种需要的，具有可支配性的有体物。根据《物权法》第 2 条第 2 款的规定，物包括不动产和动产。因此，民法上的物之体系乃动产与不动产之二元结构。单从文义上解释，动物无疑属于物中的动产。但是，动物有生命，对人类而言具有特殊价值与伦理意义，因而是一种特殊的物。基于其特殊性，动物应当适用特别法的规定，没有规定的才适用普通法上关于物的规定。正如王泽鉴教授所言，在民法上，动物仍然属于物，只是对物的支配，应当有特别的规范，受到相应的限制。[②]

（二）物件致害责任和动物致害责任的分与合

近现代民法均承认，物致人损害时应由物的"照管人"承担责任。在法国，"由物引起的责任"是指对无生命之物负有"照管"义务的人，因该物给第三人造成损害，依据不可反驳的法律推定而应当承担的侵权责任。[③] 这属于对物致害承担责任，属于

---

① 参见重庆市第五中级人民法院（2008）渝五中民终字第 3374 号民事判决书。

② 王泽鉴. 民法总则[M]. 北京：中国政法大学出版社，2001：209.

③ 法国民法典（下册）[M]. 罗结珍，译. 北京：法律出版社，2005：1097.

特殊侵权责任,故各国民法一般设置特别规则。这里所称的"物",包括动产也包括不动产,本来也应包括动物在内。但需注意的是,《法国民法典》第1384条第一款(被解释为"由物引发的责任")所指的"物",是指无生命之物,原本不包括动物在内,但后来法律解释多将其扩张至动物。

我国在制定《侵权责任法》的过程中,多数学者均主张,为满足法律体系科学性之要求,应将动物致害责任及物件致害责任进行统一规定。譬如,张玉敏教授、侯国跃教授等建议:物致人损害的侵权责任之制度射程,除了一般规定外,还应包括动物致人损害、建筑物致人损害、树木致人损害、堆放物致人损害、废弃物和抛弃物致人损害、危险物致人损害。① 梁慧星教授、张新宝教授等起草的民法典建议稿则将饲养动物致害责任、建筑物致害责任、地上物致害责任、树木致害责任、危险物品致害责任、危险作业致害责任、环境污染责任等规定于"物造成的损害"一节。② 王利明教授等则建议,不再考虑过错责任还是无过错责任的问题,凡是物件造成损害的侵权责任,均规定于"物件责任"之中。③ 但是,《侵权责任法》并未采纳这些见解,而是将"物件损害责任"(包含建筑物坠落物致害责任)和"饲养动物损害责任"并列,同时另在"高度危险责任"部分规定"危险物致害责任"。这种立法模式基本沿袭了《民法通则》分别规定物件致害责任、动物致害责任、危险物致害责任的传统。据此,在我国的民事法律体系中,饲养动物致人损害时一般不能适用物件致害责任制度,而应适用饲养动物致害责任制度,这已逐渐成为理论界与实务界几乎一致的观点。

(三) 从建筑物上坠落伤人的藏獒:物件而非动物

但是,在《侵权责任法》中,"饲养动物损害责任"所调整的对象并非一切动物致害事件。王胜明等指出,法律对动物饲养人或管理人责任进行特别规定的原因,在于动物具有令人难以估量的行为和因此而对他人的生命、健康和财产造成损害的危险,因此,动物饲养人或管理人必须对所有由于这种动物的难以估量而发生的损害承担责任。④ 可见,所谓饲养动物致害责任,是指动物自身固有危险实现引发损害所导致的赔偿责任。察《侵权责任法》之规定,其中不乏"未对动物采取安全措施"(第79条)、"禁止饲养的烈性犬等危险动物"(第80条)等用语。从这些用语获取的法律条文之文义,也进一步说明法律所调整的动物致害仅指以动物固有危险实现的方式致人损害的"危险事件"。

然而在本案中,重达40公斤的藏獒从建筑物坠落砸伤行人,与饲养动物致害的特点完全不同。相反,本案中坠落的藏獒与从高楼建筑物掉下的烟灰缸、菜板、外墙砖等并无实质区别。在司法实践中,从建筑物上坠落的烟灰缸、菜板、外墙砖致害等案件中虽有关于建筑物所有人、使用人与管理人是否应当承担责任的争议,但所有争议均围绕物件致害责任制度而展开,或者说,应当适用物件致害责任制度并无争议。《侵权责任法》实施后,根据该法第85条和第87条的规定,建筑物、构筑物或者其他设施及其搁置物、悬挂物发生脱落、坠落造成他人损害的,所有人、管理人或者使用人不能证明自己没有过错的,应当承担侵权责任;从建筑物中抛掷物品或者从建筑物上坠落的物品造成他人损害,难以确定具体侵权人的,除能够证明自己不是侵权人的外,由可能加害的建筑物使用人给予补偿。在本案,藏獒自九楼坠落,本质上应为"建筑物的搁置物发生坠落",由此造成他人损害的,应当由建筑物的所有人、使用人、管理人承担侵权责任。

三、从规范意旨考虑,藏獒坠落伤人系物件致害而非动物致害

(一) 动物致害责任的制度生成

动物致害责任与物件致害责任的发展历史皆非常悠久。在罗马法时期,立法者就将动物致人损害与物件致人损害作为"准私犯"的具体形式予以规定。中世纪的日耳曼法也对动物致害的责任形式有所规定。此后,法国《民法典》设有动物致害规则,其中还包括"弃猫"、"弃狗"致害责任。德国《民法典》以两个条文规定了动物占有人的责任和动物管束人的责任。在英美法系国家或地区,动物致人损害的责任乃严格责任,动物的占有人无论有无过失,都须承担赔偿责任。

---

① 张玉敏,侯国跃. 当前中国侵权法草案之比较研究[J]. 现代法学,2010(1).
② 梁慧星. 中国民法典草案建议稿附理由(侵权行为编·继承编)[M]. 北京:法律出版社,2004:81-98.
③ 王利明. 中国民法典草案建议稿及理由[M]. 北京:法制出版社,2004:503-504.
④ 王胜明. 中华人民共和国侵权责任法释义[M]. 北京:法律出版社,2010:391.

就我国而言，在《秦简·法律答问》中对动物致害的赔偿问题即有相应记载，大意为动物因他人惊扰而逃逸，吃了别人的庄稼，动物的主人应当赔偿谷物失主的损失。[①] 唐宋以后各代律令，对动物致害大致有三种赔偿责任的方式：一是"畜主备所毁"，即动物毁食公私之物，畜主负全部赔偿责任；二是借用畜产者，对畜产所致损害承担赔偿责任；三是动物互致损害，各偿所减价之半。清末变法时，动物致害责任制度借鉴《日本民法》的规定，内容上虽不乏创新，但制度架构上多有相似。譬如，在归责原则上，当时的规定与德国和日本法的规定一样，采中间责任主义，即以过错推定原则归责。[②] 但后来，社会普遍认为动物饲养人责任意识淡薄，动物致害现象严重，甚至动物在一定程度上威胁到人类自身的安危。因此，应当建立更为严格的动物致害责任制度，并最终自《民法通则》开始采纳无过错责任原则。《民法通则》第 127 条的规定是："饲养的动物造成他人损害的，动物饲养人或者管理人应当承担民事责任；由于受害人的过错造成损害的，动物饲养人或者管理人不承担民事责任；由于第三人的过错造成损害的，第三人应当承担民事责任。"《侵权责任法》则通过抗辩事由的调整进一步强化了动物饲养人的责任，该法第 78 条规定："饲养的动物造成他人损害的，动物饲养人或者管理人应当承担侵权责任，但能够证明损害是因被侵权人故意或者重大过失造成的，可以不承担或者减轻责任。"

（二）物件致害责任的制度生成

物件致害责任，在古罗马时期就已出现。大法官为了维护通行的安全，规定只要有人在房屋堆置或悬挂物件，即使尚未造成损害，任何市民都有权告发。只要有堆置和悬挂的事实，就可以判处房屋的居住者向告发者付一万银币以下罚金。[③] 此即"堆置和悬挂物件之诉"。后又出现"落下物或投掷物致害"与"放置物或悬挂物致害"责任，但并没有产生"物引起的损害"的一般规则，因为在当时物件致害并不是常见的法律现象。近现代法律关于建筑物责任的规定，是以罗马法为基础发展而来的。在英国，涉及的物引起的损害，主要包括房产的占有人对入侵者的责任、房产的所有人对建筑本身

引起的责任，也包括动产物引起的责任。在美国法，主要涉及与房产有关的占有者、所有者以及出租者的责任。

物件致害在中国古代就已存在，只是当时物件的范围很有限，并且由于建筑的结构与现在完全不同，一般不会发生高空坠落物致害的不幸事件。但随着社会的发展，物件致害案件却时有发生，为回应现实的需要，《民法通则》在第 127 条正式规定物件致害责任——建筑物或者其他设施以及建筑物上的搁置物、悬挂物发生倒塌、脱落、坠落造成他人损害的，它的所有人或者管理人应当承担民事责任，但能够证明自己没有过错的除外。《侵权责任法》第十一章专章规定"物件损害责任"，将物件致害责任制度予以发展和完善，在制度上涵盖建筑物、构筑物或者其他设施及其搁置物、悬挂物、抛掷物、坠落物，堆放、倾倒、遗撒妨碍通行的物品，林木等。其中，建筑物上的搁置物、悬挂物，是指搁置或悬挂于建筑物上而又非建筑物的有机组成部分的物；建筑物上的搁置物、悬挂物发生脱落、坠落造成他人损害的现象，应归属物件致害责任制度调整。

（三）物件致害责任与动物致害责任的规范意旨

物件致害与动物致害，赔偿义务人都应当承担侵权责任，这是古老的法律规则。但是物件致害责任与动物致害责任的立法意旨存在明显差异。如前所述，法律所调整的动物致害责任并非一切动物致害事件，而是基于以动物固有危险实现的方式致人损害，并且是"动物的独立动作所致损害"。[④] 如果经人强制动物或抛掷动物，并因此致他人损害的，并不属于动物本身危险的实现，而是人的行为，如骑马践踏庄稼、驱使狗咬人、用蛇鞭打人等。在这种情况下，动物仅仅是侵权人的工具，此时的动物与侵权人手中的一把匕首或手枪并无实质区别，因此，行为人应承担一般侵权责任。物件致害责任须有物件致害事实，这种事实，法律规定有倒塌、脱落、坠落，这是主要方式。建筑物或其他设施表面陷落，也是致害方式之一。物件只要具有以上致害行为之一的，即构成此要件。[⑤] 由此可见，法律调整的物件致害，是指在物件处于倒塌、坠

① 杨立新. 侵权损害赔偿[M]. 吉林：吉林人民出版社，1988：31.
② 曾龙兴. 现代损害赔偿法论[M]. 台北：台北泽华印刷公司，1988：142.
③ 周枏. 罗马法原论[M]. 北京：商务印书馆，1994：805.
④ 马俊驹，余延满. 民法原论[M]. 2 版. 北京：法律出版社，2005：1093.
⑤ 王利明. 民法——侵权行为法[M]. 北京：中国人民大学出版社，1993：467-468.

落、脱落等状态时，基于物件的重力或其他原因而致人损害的现象。

（四）从规范意旨考虑，藏獒坠落伤人系物件致害而非动物致害

考察制度的规范意旨，可以说，法律所调整的动物致害并非一切动物致害事件，而是基于以动物固有危险实现的方式致人损害；与此不同，法律所规范的物件致害，不是建筑物固有危险实现（譬如新装修的建筑物释放甲醛致人肾衰竭等），而是基于法律推定的人之过错行为致使建筑物的倒塌、脱落、坠落等原因。

从规范意旨来看，骑马践踏庄稼、驱使狗咬人、用蛇鞭打人等均不应归入动物致害责任的规范对象。如果动物带有某种传染病菌而致人损害，则是以动物为媒介所致的损害，不属于动物独立动作致人损害，[①] 亦不归动物致害责任所规范。同理，藏獒从建筑物上坠落伤人也不应被认定为动物致害，而应当归入物件致害。本案中，致人损害的藏獒正是从建筑物上坠落，无论它是跃出阳台围栏坠落，还是在行走过程中"不慎失足"而掉落，自其开始坠落的那一刻起，它就是仅在重力的作用下进行自由落体运动的"物体"，并处于"自身难保"的状态，成为与坠落中的一个烟灰缸甚至一块狗肉别无二致的"坠落物"，其生命及动物固有的风险于其可能造成的损害而言，早已毫无意义。同时，自其开始坠落的那一刻起，藏獒的落地具体位置即已确定，坠落中的藏獒对于它将落于何处以及落地后是否发生砸中物或人的结果，既"无法知晓"，也"无意"且不能决定或改变。

四、"藏獒坠楼伤人案"适用物件致害责任制度的意义

（一）归责原则和举证责任

关于动物致害归责原则，各国法律有不同的规定。根据《德国民法典》第 833 条、《日本民法》第 718 条以及《法国民法典》第 1385 条可知，德国、日本采取的是"相对的无过错责任"或严格责任，而法国采取的是"严格的无过错（责任）原则"。[②] 在美国

侵权法中，动物致人损害与高度危险作业一样，是"严格责任"（strict liability）侵权行为的重要组成部分。[③] 因而可以说，对饲养动物致人损害适用无过错责任或者严格责任的归责原则，是比较法上的基本潮流。[④] 在我国，《侵权责任法》出台以前，《民法通则》对动物致害已有明确规定，但在当时对于动物致害之归责原则尚有争论。有学者认为动物损害责任是无过错责任，但是认为这种无过错责任应该分为两类，一是相对无过失责任，如果动物占有人已尽到相当注意义务，而仍发生致害，可成立其免责事由；二是严格无过错责任，即无论动物占有人是否尽到相当的注意，都要承担赔偿责任。也有学者认为，我国《民法通则》包括两种性质的责任，一是动物的饲养人或管理人对动物致人损害的无过错责任，二是第三人对动物致害的过错责任。前者是主要的，后者是例外。[⑤]

在《侵权责任法》制定之时，经过二十几年的实践和理论讨论，对动物致害赔偿责任适用无过错责任，已成一致意见。就理由方面，一般是基于动物本身所具有危险性而言的，即无论任何动物由其本性决定，都或多或少存在可能致人损害的危险性。同时，由于动物的饲养人或管理人对动物负有管束的义务，因而也就必须对动物的这种危险性负责。然而一旦这种危险性真正造成实质的损害，动物的饲养人或管理人就应该承担民事责任，除具有法定的抗辩事由外，不能以证明自己没有过错而免责。[⑥] 对受害人来说，由于不需要证明动物所有人或管理人的过错，因而极大减轻了其证明责任。

关于物件致害的归责，《民法通则》及《侵权责任法》均采过错推定责任原则。因为"物件等同于人的手臂的延长"，所以物件致人损害等同于人实施了某种行为致害，[⑦] 故而推定物件的所有人、使用人或管理人存在主观过错，并令其承担不利后果。过错推定责任适用的基本方法，是法律首先推定物件的所有人、管理人或使用人存在过错，以此来实现举证责任的倒置，然后由物件的所有人、管理人或使用人证明自己无过错。如果能够证明自己无

① 马俊驹，余延满. 民法原论[M]. 2 版. 北京：法律出版社，2005：1095.
② 谢邦宁，李静堂. 民事责任论[M]. 北京：法律出版社，1991：379.
③ 张新宝. 侵权责任法原理[M]. 北京：中国人民大学出版社，2005：411.
④ 侯国跃. 中国侵权法立法建议稿及理由[M]. 北京：法律出版社，2009.
⑤ 熊裕武. 动物致人损害赔偿责任问题[J]. 法学，1991(9)：6.
⑥ 房绍坤. 侵权行为法案例教程[M]. 北京：北京大学出版社，2004：283.
⑦ 杨立新. 侵权行为法专论[M]. 北京：高等教育出版社，2005：211.

过错,则不需要承担任何责任;相反,如果最终不能证明自己没有过错,便以此认定物件的所有人、管理人或使用人存在过错。根据归责原则可知,在物件致害责任领域,受害人不需证明物件的所有人、管理人或使用人主观上存在过错,而只需要证明物件致人损害的事实即可。

(二) 免责事由

动物致害的免责事由受害人有过错、不可抗力及特殊情形下的免责约定。(1)受害人过错。依据《侵权责任法》的规定,当事人能够证明损害是由于被害人的故意或者重大过失所造成的,则可以不承担责任或者减轻责任。需要注意的是,动物致害免责事由中的受害人过错,应当是损害完全由受害人的过错所致,而动物的饲养人或管理人完全没有责任,只有这样,才能完全免除饲养人或管理人的赔偿责任。否则,最多也只能减轻责任。(2)不可抗力。在民事领域中,除了法律规定的少数情形不可抗力不能免责外,其余的均可免责。如某动物是动物饲养人或管理人维持生计或营业所必须的,因不可抗力造成动物致害,则可以免除动物所有人或管理人的赔偿责任。(3)免责约定。动物占有人与兽医、驯兽员以及为动物服务的专业人员共同达成协议,进行驯养、服务、医疗等一系列活动,可以明示或默示的方式免除动物占有人的责任。主要原因是,上述这些人员本来就是专业人员,在签订协议的时候,就表示其已经接受了动物致害的危险,如果被该动物造成损害的,应免除动物所有人、管理人的赔偿责任。除此之外,不存在任何免责条件,例如,在公园,提供骆驼给游人骑坐,骆驼致游人伤害,这种情况下不能免责。

物件致害的免责事由有无过错、不可抗力、受害人过错。(1)无过错。依据《侵权责任法》的规定,所有人、管理人或使用人能证明自己无过错的,

免除其赔偿责任。(2)不可抗力。如果物件致害是因不可抗力造成的,免除其所有人、管理人或使用人的赔偿责任。在此,应严格区分不可抗力和一般自然力原因的区别。例如,建筑物上的搁置物因风大吹落致害他人,一般不应免责,但如台风等原因所致,则应免责。(3)受害人过错。根据《侵权责任法》第 26 条和第 27 条的规定,如果损害完全是由于受害人故意造成的,则物件的所有人、管理人或使用人无需承担责任;如果受害人存在过失,而建筑物的所有人、管理人、使用人又不能证明自己无过错的,则建筑物的所有人、管理人、使用人应当承担减轻的民事责任。

(三) 利益平衡

此类案件选择适用物件致害责任制度,更有利于实现法律利益之平衡。侵权法不能偏废民事权益保障与行为自由维护的平衡保护原则。所谓平衡保护,指的是对受害人的民事权益与致害人的行为自由给予平衡的、适当的保护。就受害人而言,其损害在满足归责原则与构成要件的大前提下,大致能够得到相应的赔偿;就致害人而言,通常要对自己的加害行为造成的损害承担赔偿责任,但是归责原则、举证责任、抗辩事由等制度也能为侵权人减轻责任留出通道。尽管学者们对法律价值的理解各不相同,但是利益和自由作为法律基本价值并无争议。① 对于受害人利益的保障,是侵权法的主要功能,它很容易被人们认识到,但同时也容易被舆论夸大;对于行为人行为自由的维护,是侵权法的隐形功能,它常常被忽略。侵权法在充分保护民事主体权利的同时,也应该要有力尊重一般人的行为自由。正如王利明教授所言,侵权法应当以保护人们的行为自由和安全作为基本的功能。②

（编辑　李立新）

---

①　孙国华,朱景文.法理学[M].2 版.北京:中国人民大学出版社,2004:61 - 64.
②　王利明.侵权行为法研究(上卷)[M].北京:中国人民大学出版社,2004:90.

第 1 卷 第 1 辑
2013 年 8 月

上 大 法 律 评 论
SHANGHAI UNIVERSITY LAW REVIEW

Vol. 1 No. 1
Aug. 2013

何晓航,何志. 多重买卖合同的效力解读及债法救济[M]//李清伟. 上大法律评论(第 1 辑). 上海:上海三联书店,2013:
113 -122.

多重买卖合同的效力解读及债法救济

何晓航[1],何　志[2]

(1. 西南政法大学 刑事侦查学院,重庆　401120;2. 河南法官进修学院南阳分院,河南　南阳　473000)

摘要:买卖合同是所有有偿合同的典范,是社会经济生活中最典型、最普遍、最基本的交易形式。但因见利忘义、诚信缺失,多重买卖合同现象司空见惯。对多重买卖合同的效力认定,应当以《合同法》第 52 条的规定作为判断标准。当然,多重买卖合同亦涉及无权处分买卖合同效力的认定,而对无权处分买卖合同的效力素来存在合同无效说、效力待定说、合同有效说,最高法院司法解释采纳了合同有效说,统一了裁判依据。纵观多重买卖抑或无权处分,均涉及未能取得标的物的买受人法律救济问题,当事人可以选择追究出卖人的违约责任;亦可请求变更或撤销合同或者请求确认买卖合同无效;亦可行使债权人的撤销权。只有结合个案情形,衡平当事人利益,准确适用法律,制裁恶意违约,保护守约利益,才能维护买卖市场健康发展。

关键词:多重买卖;无权处分;效力认定;债法救济

Interpretation to the validity and relief in contract law of multiple sales contract

HE Xiao-hang[1], HE Zhi[2]

(1. School of Criminal Investigation, Southwest University of Political Science and Law,
Chongqing　401120, China;2. Nanyang Branch of the Judge Advanced Study
Institution in Henan, Nanyang　473000, China)

Abstract: The sales contract is model of all onerous contract, which is also the most representative, most widespread and most fundamental form of transactions. However, because of the venality and lack of honesty, multiple sales contracts are very common. The *article 52 of the contract law* should be the principle to define the legal validity of multiple sales contract. This also involves in the definition to the sales contract of unauthorized dispose. There are several theories to the validity of unauthorized dispose contract including the invalid contract theory, pending validity theory and valid contract theory. The theory of valid contract has been confirmed by the Supreme Court's judicial interpretation. Both the multiple sales and unauthorized dispose involve in the relief to the buyer who could not acquire the subject matter. The parties can call to account the buyer's liability for breach of contract, request to change or revoke the contract, request to confirm the contract to be invalid, or exercise the cancellation right of oblige. The sound development of sale and purchase market needs us to combine the individual cases, balance the benefit of parties, apply the law accuracy, punish the malicious breach, and protect the benefits of observant party.

Key Words: Multiple Sales and Purchase; Unauthorized Dispose; Define to the Validity; Relief by the Contract Law

收稿日期:2013 - 04 - 12
作者简介:何晓航(1992—),男,西南政法大学刑事侦查学院学生,主要从事刑事侦查学、民商法学研究,E-mail:313512592
@qq. com;何志(1968—),男,河南法官进修学院南阳分院副院长,西南政法大学兼职教授,全国首批审判业务专家,主要
从事民商法学研究,E-mail:nyfyhezhi@126. com。

一、问题的提出

买卖合同是所有有偿合同的典范，是社会经济生活中最典型、最普遍、最基本的交易形式。人民法院司法统计数据显示，历年来民商事纠纷案件中，买卖合同纠纷案件的数量位居首位。① 由于见利忘义，由于诚信的缺失，在现实生活中不乏多重买卖。诸如：甲、乙、丙均系某企业职工，1994 年该企业的家属楼进行房改时，甲将其 70 平方米的住房以房改的价格 4000 元转让给了乙，由于当时的家属楼均没有办理房屋产权登记手续，故未要求办理产权过户手续，乙即搬入该房居住。2008 年，乙突然接到法院送来的一纸诉状，原告丙以 2007 年 10 月已与甲签订房屋买卖合同（6 万元的价格购买）、并办理了产权过户手续（甲后补办了房产证）为由认为乙构成侵权，诉请法院判令乙搬出该房。一审法院裁判认为，甲与乙、丙分别签订了房屋买卖合同，第一个合同有效，第二个合同因履行不能而无效，判决驳回了丙的诉讼请求。二审法院认为，甲与乙、丙所签订的房屋买卖合同均为有效合同，由于房屋系不动产，丙办理了产权过户登记手续而取得该房产。据此，撤销原判，支持了丙的诉讼请求。至此，该案的乙进入了漫长的诉讼之路，经过申诉，撤销一、二审判决，发还重审……，至今仍在诉讼中。

上述案例，涉及多重买卖合同，又称一物数卖合同，或者一物多卖合同，即出卖人就同一标的物订立数个买卖合同，分别出售给数个买受人。一审法院和二审法院对多重买卖合同的效力认定是截然相反，导致处理结果大相径庭。那么，本案的多重买卖合同效力究竟如何？甲在 10 年后又将卖给乙的房屋卖给丙，甲显然属于无权处分，能否依据《最高人民法院关于审理买卖合同纠纷案件适用法律问题的解释》（简称《买卖合同解释》）第 3 条的规定确认该房屋买卖合同有效？如果认定第二个房屋买卖合同有效，那必然该房屋归丙所有，即为二审的结果，那裁判的社会效果能否让人满意？可否认定甲与

丙之间系恶意串通而导致第二个买卖合同无效？由于甲的背信弃义，乙、丙的权利如何救济？

二、多重买卖合同效力的司法认定

在一物多卖时，只能有一个合同的当事人取得合同标的物的所有权。在此情形下，其他没有达到物权变动效果的买卖合同的效力如何？这涉及物权变动模式的立法规定问题。大陆法系国家，比较有代表性的物权变动模式有三种：以《法国民法典》为代表的债权意思主义②的物权变动模式；以《德国民法典》为代表的物权形式主义③的物权变动模式；以《奥地利民法典》为代表的债权形式主义④的物权变动模式。通说认为，根据《民法通则》第 72 条、《合同法》第 133 条、《物权法》第 9 条和第 23 条的规定，我国现行法律关于物权变动模式采取的是债权形式主义的物权变动模式。⑤ 即物权发生变动时，除了当事人之间签订债权合同之外，还需要履行登记或者交付的法定方式。该模式的特点为：（1）基于法律行为转移物权，事先需要有当事人之间的合意，合意是依法律行为变动物权的基础。但此种合意不是所谓的物权合同，而是债权合意，即当事人是否设定物权以及物权内容等方面达成的协议。（2）在合意基础上，还需要履行一定的公示方法（登记或者交付）才能达到物权变动的效果。⑥（3）该模式区分债权变动与物权变动的法律事实基础，认为当事人之间生效的债权合同仅能引起债权变动的法律效果。生效的债权合同结合交付或者登记手续的办理，方能发生物权变动的法律效果。因此，债权合同的效力是独立的，是否登记或者交付，影响到物权变动的效果，但对债权合同的效力不产生影响，对债权合同效力的判断法律依据是《合同法》第 52 条等相关规定。对此，《物权法》第 15 条规定："当事人之间订立有关设立、变更、转让和消灭不动产物权的合同，除法律另有规定或者合同另有约定外，自合同成立时生效；未办理物权登记的，不影响合同效力。"该原则统称为不动产物权变动的原因与结果

---

① 奚晓明. 最高人民法院关于买卖合同司法解释理解与适用[M]. 北京：人民法院出版社，2012：1.
② 所谓债权意思主义，是指仅凭当事人的债权意思（如当事人达成合意）就发生物权变动的效力，不需以登记或交付为其成立或者生效要件。谢哲胜. 财产法专题研究[M]. 北京：清华大学出版社，2005：83.
③ 所谓物权形式主义，是指物权变动法律效果的发生，除了债权意思外，还必须有物权变动的意思表示，并履行登记或交付的法定方式。谢哲胜. 财产法专题研究[M]. 北京：清华大学出版社，2005：85.
④ 所谓债权形式主义，是指物权变动法律效果的发生，除了债权意思外，还必须履行登记或交付的法定方式，但是不需要作出物权变动的意思表示。谢哲胜. 财产法专题研究[M]. 北京：清华大学出版社，2005：85.
⑤ 王利明. 关于债权合同与物权及合同无效与撤销权的关系[J]. 判解研究，2001（4）.
⑥ 王利明. 物权法研究[M]. 北京：中国人民大学出版社，2007：273.

的区分原则。①

在债权形式主义物权变动模式之下,当出卖人与第一买受人订立买卖合同后,如标的物未交付(动产)或未办理过户登记手续(不动产),标的物的所有权就不发生转移。在此情形下,出卖人再与后续买受人订立买卖合同,由于出卖人此时出卖的仍为其享有所有权的标的物,只要不具有《合同法》第52条规定的无效情形,出卖人此后所订立的数个买卖合同应为有效的买卖合同。其实,最高人民法院在个案裁判时早已认可了多重买卖合同的效力。如最高人民法院在审理浙江金华市自来水公司与江西三清山管委会联营建设索道纠纷案[最高人民法院(2001)民二终字第197号民事判决书]认为,当事人以同一标的先后与他人签订两个合同,两个合同内容均不违反法律、行政法规的强制性规定,依法符合合同生效条件的,不能因前合同有效而认定后合同无效,或认定前、后合同在效力上的差异。当事人因履行其中一个合同而对另一个合同中的对方当事人构成违约的,应当承担违约责任。② 本案的裁判意见表明,双重买卖合同的效力不应当存在差异,而效力应当是一致的,即均为有效合同。

就笔者前述的案例,甲在1994年就将其住房卖给了乙,十余年后,甲将房屋又卖给了丙,属于典型了多重买卖合同。依据《最高人民法院关于〈中华人民共和国合同法〉若干问题的解释(二)》(简称《合同法解释(二)》)第15条关于"出卖人就同一标的物订立多重买卖合同,合同均不具有合同法第五十二条规定的无效情形,买受人因不能按照合同约定取得标的物所有权,请求追究出卖人违约责任的,人民法院应予支持"的规定,甲与乙签订的房屋买卖合同当然有效,没有疑问。问题是,甲与丙所签订的房屋买卖合同是否有效? 若有效,因为丙办理了房屋产权过户登记手续,丙自然就是房屋的所有权人。若无效,由于我国物权法不承认物权行为的无因性,则丙就不能取得该房屋的所有权,依据《合同法》第58条关于"合同无效或者被撤销后,因该合同取得的财产,应当予以返还"的规定,丙依据其与甲所签订的房屋买卖合同因无效而应当恢复到合同订立前的状态,即丙不是该诉争房屋的所有权人,其诉请自然不能得到支持。司法实践中涉及

民生案件的处理,既要考虑办案的法律效果,更要考虑办案的社会效果,努力实现两者的统一。就本案而言,第一个房屋买卖合同发生在1994年,当时的房屋没有产权登记,乙如何也不会想到居住了十几年的房屋成了第三人丙的房屋,能够在该房屋一直居住的乙的经济条件肯定不会太好,对乙来说房屋太重要了。因此,在乙和丙之间进行利益平衡的话,保护乙的利益要比保护丙的利益会更好。裁判要有法律依据。那么,依据《合同法解释(二)》第15条的规定,在本案中适用《合同法》第52条所规定的合同无效情形只有"恶意串通损害国家、集体、第三人利益的"合同无效,本案能否认定甲与丙之间是否存在恶意串通行为就成了定案的关键。

所谓恶意串通,是指当事人为实现某种目的,串通一气,共同实施订立合同的民事行为,造成国家、集体或者第三人的利益损害的违法行为。恶意串通而订立的合同,其构成要件是:一是当事人在主观上具有恶意性。即明知其行为会造成国家、集体或者第三人利益的损害,而故意为之。二是当事人之间具有串通性。串通是指相互串连、勾通,使当事人之间在行为的动机、目的、行为以及行为的结果上达成一致,使共同的目的得到实现。在实现非法目的的意思表示达成一致后,当事人约定互相配合或者共同实施该种合同行为。三是双方当事人串通实施的行为损害国家、集体或者第三人的利益。恶意串通的结果,应当是国家、集体或者第三人的利益受到损害。法律并不禁止当事人在合同的订立和履行中获得利益。但是,如果双方当事人在谋求自己的利益的同时而损害国家、集体或第三人的利益的时候,法律就要进行干预。就本案而言,甲、乙、丙同为一个企业的职工,相互熟悉,甲第二次出卖给丙的房屋应该说是出于恶意,丙在购买该房屋时应当尽到一些必要的注意义务,诸如看看房屋、询问房屋的主人等等,虽然办理了过户登记,亦不能认定丙属于善意取得。"两利相衡取其大,两害相较取其轻"。因此,可以认定丙系出于与甲串通(钻了乙没有办理房屋产权登记手续的漏洞,此时的串通是根据甲与丙达成合意和乙的疏忽进行推定)损害了乙的利益,认定第二个房屋买卖合同无效,社会效果和法律效果会更好些。

① 沈德咏,奚晓明.最高人民法院关于合同法司法解释(二)理解与适用[M].北京:人民法院出版社,2009:115.
② 最高人民法院.浙江金华市自来水公司诉江西三清山管委会联营建设索道纠纷案[J].最高人民法院公报,2005(4).

三、无权处分买卖合同效力的司法认定

就前述案例而言，甲在 1994 年卖房时该房没有房屋产权证书，自然就不能办理产权过户登记。十几年后，即使甲办理房屋产权证书后又将该房卖给就丙，应该说甲是没有处分权的，仍属于无权处分，系无权处分中的一个特例。《合同法》第 132 条第 1 款规定，"出卖的标的物，应当属于出卖人所有或者出卖人有权处分"。由此可见，买卖合同的当事人应该是买卖标的物的所有权人，或者为有处分权人。一般而言，出卖人对标的物享有所有权，则出卖人即为所有权人。但法律同时还规定，依法享有处分权人的人，也可成为出卖人。

一般而言，作为买卖合同的出卖人应该是标的物的所有权人或者说有处分权人。但在司法实践中遇到买卖合同的出卖人既非标的物的所有人，又非有权处分人，即出卖他人之物的买卖合同。该合同效力如何？成为理论界和司法实务界争论的一个焦点，主要有三种观点：第一种观点"合同无效说"。该说以给付不能理论为基础而认为：由于出卖人对标的物没有所有权或处分权，因此属于以不能履行的给付为合同标的的情形，应认定合同无效。如《法国民法典》第 1599 条规定："出卖他人之物，无效。"法国民法之所以认定出卖他人权利之契约无效，主要是因为其对买卖标的物所有权之移转，采意思主义，认为所有权因契约之成立，即移转于买受人之故。① 第二种观点"效力待定说"。该说认为，对《合同法》第 132 条采取反对解释，出卖他人之物，并不发生买卖合同的效力，属于无权处分行为。依《合同法》第 51 条之规定，在权利人追认或处分人嗣后取得权利之后，该合同的效力为有效；在权利人拒绝追认或处分人嗣后未取得权利的情形下，该合同无效。这里说的无效，不是处分行为无效，而是无权处分的合同无效，即买卖合同无效。但为了保障交易安全，在无权处分合同无效的情形，判断权利人可否从买受人处取回标的物，应当依据善意取得制度。② 第三种观点"合同有效说"。该说认为，买卖合同的出卖人既非标的物的所有权

人，又非标的物的有处分权人，出卖他人之物的买卖合同仍是生效合同。③《买卖合同解释》第 3 条规定："当事人一方以出卖人在缔约时对标的物没有所有权或者处分权为由主张合同无效的，人民法院不予支持。出卖人因未取得所有权或者处分权致使标的物所有权不能转移，买受人要求出卖人承担违约责任或者要求解除合同并主张损害赔偿的，人民法院应予支持。"由此，该解释采纳了合同有效说。其实，出卖他人之物的买卖合同效力之争，涉及《合同法》第 132 条第 1 款属于强制性规范还是倡导性规范。王轶教授认为：强制性规定必然是法律上的裁判规范，能够成为法官据以对合同纠纷作出裁判的依据，它应当对当事人之间的利益关系作出安排。但考量《合同法》第 132 条第 1 款，它并未对当事人之间的利益关系作出安排，根本就不是裁判规范。因而第 132 条第 1 款并非属于合同法上的强制性规定，而是属于《合同法》上的倡导性规范。④ 既然是倡导性条款，在法律适用时，属于法律规范中的"僵尸"条款，不属于强制性规定中的"效力性"条款，即使有违，并不影响买卖合同的效力。⑤

我们认为，出卖他人之物，并不影响买卖合同的效力，即买卖合同依然有效。《买卖合同解释》第 3 条的规定更科学、更合理、更合法。主要是基于下述理由：

1.《合同法》第 51 条中"处分"应当定位为处分行为，而不包括负担行为。依据民法理论，作为民法基本概念的处分，其意义有最广义、广义和狭义之别：(1) 最广义的处分包括事实上的处分和法律上的处分。所谓事实上的处分，是指就原物体加以物质的变形、改造或毁损的行为。所谓法律上的处分，包括负担行为和处分行为。其中，负担行为是指发生债法上的给付义务效果的法律行为，也称债权行为，一般体现为合同或者单独行为。处分行为是指直接使权利发生得丧变更的法律行为，可分为物权行为（诸如所有权的转移、抵押权的设定，所有权的抛弃）和准物权行为（诸如债权转让和债务免除等）。(2) 广义的处分仅指法律上的处分，而不包括事实上的处分。(3) 狭义的处分仅指法律处分中

---

① 王泽鉴. 民法学说与判例研究（第一册）[M]. 北京：中国政法大学出版社，1998：409.

② 梁慧星. 如何理解合同法第 51 条[N]. 人民法院报，2000 - 01 - 08(3)；孙鹏. 再论无权处分[J]. 重庆大学学报：社会科学版，2004(4).

③ 韩世远. 无权处分与合同效力[N]. 人民法院报，1999 - 11 - 23.

④ 王轶. 论倡导性规范——以合同法为背景的分析[J]. 清华法学，2007(1).

⑤ 最高人民法院民事审判第二庭从六个方面阐释了了出卖他人之物的买卖合同有效的理由。奚晓明. 最高人民法院关于买卖合同司法解释理解与适用[M]. 北京：人民法院出版社，2012：77—81.

的处分行为。① 那么，我国《合同法》第 51 条规定的"处分"是仅指处分行为，还是也包括负担行为在内？笔者认为，应将《合同法》第 51 条中的处分定位为处分行为，而不包括负担行为。虽我国学界通说并未完全接受德国法上的物权行为独立性和无因性理论，但是已经接受了处分行为与负担行为的概念。以买卖为例，负担行为表现为买卖合同，是债权债务的发生原因；处分行为被视为合同履行的当然结果，将导致标的物所有权的得丧变更。如《合同法》第 135 条关于"出卖人应当履行向买受人支付标的物或者交付提取标的物的单证，并转移标的物所有权的义务"之规定，便是实际接受了区分物权变更的原因与结果的区别的具体体现。因此，在解释《合同法》第 51 条时，应特别注意区分负担行为与处分行为，区分物权变动的原因与结果，区分合同的效力与履行，区分合同与无权处分。简单地说，无权处分与合同效力并非必然有相同的结果。

2. 从比较法解释看，出卖他人之物，并不影响合同的效力。1994 年国际私法统一协会（UNIDROIT）制定的《国际商事合同通则》第 3.3 （2）规定："合同订立时一方当事人无权处置与诸合同相关联之财产的事实本身，不影响合同的效力。"其理由之一就是：签约人的确经常在合同订立后获得对财产的合法权利或处分权，如果签约人事后未获得这些权利，则可以适用有关不履行的规定，使其承担违约责任。②《欧洲合同法》第 4.102 条规定："仅仅由于合同成立时所负债务的履行不能或由于一方当事人无权处分合同关涉的财产，合同并不无效。"

3.《合同法》第 51 条规定"……，该合同有效，"实际上应为"……，该处分行为有效"，而《合同法》之所以如此规定，是因为无权处分的表现形式是多样的，而《合同法》关注的却是以合同形式处分他人财产的行为。根据民法理论对负担行为和处分行为的区分意义，以及我国立法采纳的区分物权变动的原因与结果的原则，应将《合同法》第 51 条作如下

限缩解释：《合同法》第 51 条规定的"处分"和"合同"，仅指处分行为即标的物所有权的转移变更，而不包括负担行为即买卖合同在内。在出卖他人之物情形，买卖合同效力并非未定，而是确定有效；真正效力未定的应当是出卖人履行合同的行为以及履行合同的结果，即无权处分行为效力未定。如此解释，不仅能够使民法基本理论的演绎获得肯定，而且能够妥当地平衡所有权安全与交易安全。

4. 用利益衡量的方法来分析，确认出卖他人之物的买卖合同为有效合同，要比确认为无效合同，更有利于保护买受人的利益，制裁出卖人。我们知道，将出卖他人之物的买卖合同确认为无效合同，出卖人对买受人要承担缔约过失责任，而缔约过失责任的赔偿范围主要包括三项内容，即缔约费用、利息损失、丧失缔约机会的损失。该三项内容一般在赔偿数额的计算上，均不及违约损失的赔偿，因此说，从利益衡量的角度看，让合同生效从而让出卖人对买受人承担违约责任，比让合同成为效力待定而让出卖人对买受人承担缔约过失责任，更有利于平衡当事人的利益，更有利于买受人，特别是善意的买受人更能得到保护。

5. 出卖他人之物的买卖合同认定为有效，符合我国现行法律关于物权变动模式的相关规定，符合《物权法》关于不动产变动的原因与结果进行区分的规定。其实，最高人民法院早在 1984 年 8 月 30 日的《关于贯彻执行民事政策法律若干问题的意见》第 56 条规定："买卖双方自愿，并立有契约、买方已交付了房款，并实际使用和管理了房屋，又没有其他违法行为，只是买卖手续不完善的，应认为买卖关系有效，但应着其补办房屋买卖手续。"该条规定关于房屋买卖合同有效的的条件是契约、付款并实际使用和管理，至于"买卖手续不完善"，并不影响合同效力。之后的复函，③再次确认了该司法观点。《最高人民法院关于〈中华人民共和国合同法〉若干问题的解释（一）》（简称《合同法解释（一）》）第 9 条规定："依照合同法第四十四条第二款的规定，

---

① 王泽鉴. 民法学说与判例研究（第四册）[M]. 北京：中国政法大学出版社，1998：136 - 137.
② 国际私法统一协会. 国际商事合同通则[M]. 北京：法律出版社，1996：53.
③《最高人民法院关于李杰与符文海房屋买卖纠纷案如何处理的复涵》（1993 年 2 月 17 日）广东省高级人民法院：
　你院粤高法民（1992）206 号关于李杰与符文海房屋买卖纠纷如何适用有关规定的请示报告收悉。从报告材料看，此案双方当事人买卖房屋出于自愿，李杰交付了房屋价款，有符文海所立具有房屋买卖内容、收取房屋价款的字据，符文海将产证交给了李杰，由李杰实际管理使用该房屋多年，只是由于"文革"期间，当地房管部门停办私房买卖登记业务等原因，未能及时办理产权转移登记手续。据此，我们研究认为，依照最高人民法院一九八四年《关于贯彻执行民事政策法律若干问题的意见》第五十六条的规定和有关法律规定精神，以认定符文海与李杰的房屋买卖关系有效为宜。

法律、行政法规规定合同应当办理批准手续，或者办理批准、登记等手续才生效，在一审法庭辩论终结前当事人仍未办理批准手续的，或者仍未办理批准、登记等手续的，人民法院应当认定该合同未生效；法律、行政法规规定合同应当办理登记手续，但未规定登记后生效的，当事人未办理登记手续不影响合同的效力，合同标的物所有权及其他物权不能转移。"该条规定，区分了债权合同与物权变动结果，是《物权法》实施之前关于合同效力与登记手续之间关系最为准确完整的规定。①

6. 出卖他人之物的买卖合同认定为有效，也符合合同效力的理论。合同效力的认定，应当依据合同签订时的情形来判定，即合同效力自其签订之日便已确定，不能以合同是否得以履行来判定合同的效力。买卖合同中，标的物所有权能否发生移转，是出卖人能否依约履行合同的问题，不能因为出卖人无法履行合同义务，就否认出卖人与后续买受人间订立的买卖合同的效力。② 同时，买卖合同为诺成性合同，而诺成性合同除法律另有规定或当事人另有约定外，合同自依法成立时生效。因此，出卖他人之物的买卖合同，自当事人达成一致合意时即生效，不违反效力性规定的即为有效。《买卖合同解释》第 3 条第 1 款关于"当事人一方以出卖人在缔约时对标的物没有所有权或者处分权为由主张合同无效的，人民法院不予支持"的规定，明确了出卖他人之物的合同应当认定为有效合同；但该出卖的标的物所有权是否发生转移，则处于效力待定状态。③

一般而言，出卖他人之物的买卖合同为有效合同，但该合同若存在《合同法》第 52 条所规定的合同无效情形时，自然属于无效合同。就前述案例而言，若认定甲将其出卖给乙的房屋又卖给了丙属于无权处分的话，则因为甲与丙存在恶意串通损害乙的利益而导致第二个买卖合同属于法定无效的情形，故应当认定第二个买卖合同无效。因此说，并不是所有的出卖他人之物的买卖合同都是有效合同，只有不违反合同无效情形的买卖合同才有效。

四、多重买卖合同买受人的债法救济

在合同法领域，违约责任处于核心地位。从宏观上看，正是因为违约责任的存在，合同秩序才得

以顺畅、高效、有序地运行和发展。整个社会的经济秩序才可能正常流转，合同的社会价值目标才能得以实现。从微观上看，《合同法》保护当事人合法权益的基本目的，正是通过违约责任来最终保障。因此说，《合同法》若无违约责任的规定，则依法成立的合同将难以保障履行，市场交易秩序将混乱不堪。在多重买卖情形下，标的物的所有权只能有一个买受人取得，其他未取得该标的物所有权的买受人可以援用合同法关于违约责任的规定来维护自身合法权益。具体而言：

（一）追究出卖人违约责任

多重买卖情形下，由于各个买卖合同均为有效合同，故未取得标的物所有权的买受人完全可以依据有效合同来追究出卖人的违约责任。关于违约责任承担形式，《合同法》第 107 条规定：当事人一方不履行合同义务或者履行合同义务不符合约定的，应当承担继续履行、采取补救措施或者赔偿损失等违约责任。

1. 合同可否实际履行。实际履行，也称强制履行、依约履行、继续履行，作为一种违约后的补救方式，实际履行是指一方违反合同时，另一方有权要求其依据合同的规定继续履行。继续履行作为违约救济的方式之一，一直为我国合同法律所确认。《合同法》第 109 条、第 111 条分别对金钱债务和非金钱债务两种情况中的实际履行作出了规定。实际履行作为违约补救方式具有其他方式所不能替代的重要作用，但这种补救方式在法律上的适用受到《合同法》第 110 条规定的限制，即法律上或者事实上不能履行、债务的标的不适于强制履行或者履行费用过高、债权人在合理期限内未要求履行。《最高人民法院公报》在新宇公司与冯玉梅商铺买卖合同纠纷案中指出，当继续履行也不能实现合同目的时，就不应再将其作为判令违约方承担责任的方式。"履行费用过高"，可以根据履约成本是否超过各方所获利益来进行判断。当违约方继续履约所需的财力、物力超过合同双方基于合同履行所能获得的利益时，应该允许违约方解除合同，用赔偿损失来代替继续履行。在本案中，如果让新宇公司继续履行合同，则新宇公司必须以其 6 万余平方米的建筑面积来为冯玉梅的 22.50 平方米商铺提供服

---

① 沈德咏，奚晓明. 最高人民法院关于合同法司法解释（二）理解与适用[M]. 北京：人民法院出版社，2009：115—116.
② 沈德咏，奚晓明. 最高人民法院关于合同法司法解释（二）理解与适用[M]. 北京：人民法院出版社，2009：116.
③ 奚晓明. 最高人民法院关于买卖合同司法解释理解与适用[M]. 北京：人民法院出版社，2012：81.

务,支付的履行费用过高;而在 6 万余平方米已失去经商环境和氛围的建筑中经营 22.50 平方米的商铺,事实上也达不到冯玉梅要求继续履行合同的目的。一审衡平双方当事人利益,判决解除商铺买卖合同,符合法律规定,是正确的。冯玉梅关于继续履行合同的上诉理由,不能成立。① 本案的裁判意见表明,有违约行为的一方当事人请求解除合同,没有违约行为的另一方当事人要求继续履行合同,当违约方继续履约所需的财力、物力超过合同双方基于合同履行所能获得的利益,合同已不具备继续履行的条件时,为衡平双方当事人利益,可以允许违约方解除合同,但必须由违约方向对方承担赔偿责任,以保证对方当事人的现实既得利益不因合同解除而减少。②

2. 赔偿损失的确定。赔偿损失,是违约责任中的一种重要形式。赔偿损失,根据不同的划分标准可分为:约定赔偿损失和法定赔偿损失;信赖利益与期待利益③;直接损失和间接损失④。因此,在违约损害赔偿方面,合同法确立的是完全赔偿原则,包括积极损失的赔偿和可得利益的赔偿。积极损失是当事人现有财产的损失,包括为准备履行合同义务支出的费用、守约方应得到的与其实际得到的履行之间的价值差额、守约方采取补救措施以及因违约造成的其他财产损失。可得利益损失是指在合同得到履行后,当事人利用合同标的从事生产经营可以获得的利益的丧失,通常包括生产利润损失、经营利润损失、转售利润损失等。之所以在积极损失之外还要赔偿可得利益损失,是因为如果只赔偿积极损失而不赔偿可得利益损失,就只能使守约方的利益恢复到合同订立前的状态,对守约方不公平,而且也纵容了违约方。⑤

人民法院在计算和认定可得利益损失时,应当综合运用可预见规则、减损规则、损益相抵规则以及过失相抵规则等,从非违约方主张的可得利益赔偿总额中扣除违约方不可预见的损失、非违约方不当扩大的损失、非违约方因违约获得的利益、非违约方亦有过失所造成的损失以及必要的交易成本。存在合同法第 113 条第 2 款规定的欺诈经营、合同法第 114 条第 1 款规定的当事人约定损害赔偿的计算方法以及因违约导致人身伤亡、精神损害等情形的,不宜适用可得利益损失赔偿规则。⑥

总的说来,在具体案件中,确定可得利益损失赔偿额一般要经过如下步骤:第一步,确定受害人的可得利益损失额,受损人对此负举证责任;第二步,确定这些可得利益损失哪些是违约方在订约时可以预见的,对此法院可酌情裁量;第三步,确定受损人对损失是否有过错,对此违约方负举证责任,如果受损人有过错,则应承担相应的责任;第四步,确定受损人是否因违约而获有不当得利,如有,则应从损失中扣除;第五步,确定受损人有没有采取合理措施减少损失,对此,违约方负举证责任;第六步,考察受损人获取可得利益的能力和条件,确定合理的赔偿额,对此法院有自由裁量权。⑦

在实践中,一房多卖通常涉及标的物价格上涨的情况,出卖人签订买卖合同后房价看涨,遂以高于原合同价款的一定金额将房屋出售给后续买受人。第一个合同签订后房价上涨的部分,应当是第一个合同买受人在合同实际履行情形下的可得利益,但由于二次买卖而无法获得,在计算赔偿数额时应当考虑不能取得该标的物所有权的买受人的这一可得利益损失。至于差价的计算方式,一种是按照前后两个买卖合同约定的差价计算,这种计算方法考虑到可预见原则,但在标的物价格飞涨时难以充分保护非违约方的利益。该方法计算差价的时间点依据合同签订时约定的价格恐与立法规定不符;另一种方法是非违约方有权请求出卖方给付合同的价格和违约时标的物的公正的市场价格之间的差价,该方法计算差价的时间点是违约时标的

---

①　详见《最高人民法院公报》,2006 年第 6 期。

②　详见《最高人民法院公报》,2006 年第 6 期。

③　最高人民法院在审理武汉建工第三建筑有限公司与武汉天恒置业有限责任公司建筑安装工程施工合同纠纷上诉案[最高人民法院(2004)民一终字第 112 号民事判决书]认为,违约方履行合同义务不符合约定,给非违约方造成损失的,赔偿额应当相当于因违约给非违约方造成的损失,包括合同履行后可以获得的利益。本案中"合同履行后可以获得的利益"即为期待利益。

④　最高人民法院在审理雷彦杰与鞠自全、鞠炳辉股权转让纠纷再审案[最高人民法院(2009)民提字第 45 号民事判决书]认为,《合同法》第 113 条中规定的"合同履行后可以获得的利益"既包括直接损失,亦包括间接损失,且应当是以违约方可以见为前提。本案采用了直接损失与间接损失的划分方法。

⑤　宋晓明.最高人民法院商事审判裁判规范与案例指导[M].北京:法律出版社,2010:90.

⑥　宋晓明.最高人民法院商事审判裁判规范与案例指导[M].北京:法律出版社,2010:80.

⑦　宋晓明.最高人民法院商事审判裁判规范与案例指导[M].北京:法律出版社,2010:91.

物的市场价格，更符合《合同法》第 113 条的立法本意。①

值得注意的是，最高法院根据《消费者权益保护法》第 49 条和《合同法》第 113 条所确立的惩罚性赔偿原则精神，对商品房买卖合同中的某些出卖人恶意违约和欺诈的行为可有条件地适用惩罚性赔偿。《商品房买卖合同解释》第 8 条明确规定了商品房买卖合同订立后，出卖人又将该房屋出卖给第三人，适用惩罚性赔偿责任，买受人除可请求出卖人返还已付购房款及利息、赔偿损失外，还可以请求出卖人承担不超过已付购房款一倍的赔偿责任。

3. 支付违约金。《合同法》第 114 条等规定已经确定违约金具有"补偿和惩罚"双重性质，但系以赔偿非违约方的损失为主要功能，而非旨在严厉惩罚违约方。② 违约方承担违约金责任应当具备以下条件：(1)当事人一方违反合同的行为存在。只有在一方当事人违反合同的情况下，另一方当事人才能有权要求其支付违约金。当事人违反合同行为具有不同的形态，如不履行、不适当履行、迟延履行等等，这些违约行为都导致违约金的支付。但如果合同当事人所约定的违约金仅限于某种违约行为的，则该种违约金责任适用于这种情况，如果没有发生这种行为，则无权要求对方支付违约金。(2)有违约金责任的约定。我国《合同法》确定的违约金责任为约定违约金责任。违约金责任产生的前提条件是合同当事人之间必须有违约金责任的约定。如果合同当事人在合同中没有关于违约金责任的事先约定，当合同一方当事人违约时，另一方当事人无法要求违约方支付违约金。同时，合同当事人之间对违约金责任的约定必须是合法有效的，不合法或无效的违约金责任的约定，不产生违约金责任的适用效力。(3)当事人违反合同行为不具有免责事由。我国《合同法》主要采用严格责任原则，合同当事人有违约行为，只要该行为不具有免责事由，合同违约方就应当承担违约责任。如果合同当事人的违约行为具有免责事由，合同违约方可以不承担包括违约金责任在内的违约责任。

(4)对违约金责任的限制。为了体现公平、诚实信用原则，我国《合同法》对违约金责任作了必要的限制。《合同法》第 114 条第 2 款规定，约定的违约金低于造成的损失的，当事人可以请求人民法院或者仲裁机构予以增加；约定的违约金过分高于造成的损失的，当事人可以请求人民法院或者仲裁机构予以适当减少。例如，最高人民法院在审理青岛市光明总公司与青岛啤酒股份有限公司啤酒买卖合同纠纷案[最高人民法院(2004)民二终字第 125 号民事判决书]认为，违约金在合同法中主要体现为一种民事责任形式，因此，不能将违约金条款完全留待当事人约定，尤其是对数额过高的违约金条款，更是如此。如果任由当事人约定过高的违约金且以意思自治为由予以支持，在有些情况下，无异于鼓励当事人通过不正当的方式取得暴利，也可能促使一方为取得高额违约金数额进行调整，以维护民法的公平和诚实信用原则，并使违约方从高额且不合理的违约金责任的束缚中解脱出来。③ 本案的裁判意见表明，违约金责任是以补偿性为主、惩罚性为辅的原则，因此，应当有所限制。

审判实务中，关于认定违约金过高的标准亦是见解各异。有观点认为，应当参照合同的总标的。有观点认为，应参照合同未履行部分的标的。还有观点认为，应参照合同违约造成的损失额，诸此等等。《合同法解释(二)》第 29 条规定："当事人主张约定的违约金过高请求予以适当减少的，人民法院应当以实际损失为基础，兼顾合同的履行情况、当事人的过错程度以及预期利益等综合因素，根据公平原则和诚实信用原则予以衡量，并作出裁决。当事人约定的违约金超过造成损失的百分之三十的，一般可以认定为合同法第 114 条第 2 款规定的"过分高于造成的损失。"该条规定了认定违约金过高的标准。该条规定的标准是以参考相关司法裁量重要因素为主，以一定的比例为辅构成的。主要标准是指该条第一款规定的标准，即以实际损失为基础，兼顾合同的履行情况、当事人的过错程度以及预期利益等因素；所谓次要标准是指该条第二款，即当事人约定的违约金超过

---

① 沈德咏，奚晓明. 最高人民法院关于合同法司法解释(二)理解与适用[M]. 北京：人民法院出版社，2009：119.
② 最高人民法院副院长奚晓明在全国民商事审判工作会议上的讲话——《充分发挥民商事审判职能作用为构建社会主义和谐社会提供司法保障》(2007 年 5 月 30 日)
③ 王闯. 当前人民法院审理商事合同案件适用法律若干问题[J]. 法律适用，2009(9).

造成损失的 30％的，一般可以认定过分高于造成的损失。①

（二）请求变更或撤销合同或者请求确认买卖合同无效

在买卖合同订立过程中，如果出卖人隐瞒其就同一标的物已经与其他人签订买卖合同或已办理登记或交付手续，便已构成欺诈，后续买受人可以依据《合同法》的有关规定请求人民法院或者仲裁机构变更或者撤销其与出卖人签订的买卖合同，并由出卖人承担缔约过失责任。对此，《合同法》第 54 条规定：一方以欺诈、胁迫的手段或者乘人之危，使对方在违背真实意思的情况下订立的合同，受损害方有权请求人民法院或者仲裁机构变更或者撤销。该法第 42 条还规定：当事人在订立合同过程中故意隐瞒与订立合同有关的重要事实或者提供虚假情况，给对方造成损失的，应当承担损害赔偿责任。《商品房买卖合同解释》第 8 条针对商品房买卖合同纠纷一房多卖情况作出了类似规定。如果买受人与出卖人订立的买卖合同具有《合同法》第 52 条规定的无效情形，不能取得标的物所有权的买受人此时也可以请求人民法院确认其与出卖人订立的买卖合同无效。

由于出卖人的过错导致其与不能取得标的物所有权的买受人签订的合同被撤销或者无效，应承担缔约过失责任。缔约过失责任与违约责任损害赔偿不同，缔约过失责任的范围应以信赖利益作为赔偿的基本范围。缔约过失责任的损害赔偿一般只赔偿信赖利益损失，通过对受害人的赔偿使受害人的利益处于合同未订立时的状态。

此外，不能取得标的物所有权的买受人可否请求确认出卖人与第三人（取得标的物所有权的买受人）签订的买卖合同无效？对此，《商品房买卖合同解释》第 10 条规定："买受人以出卖人与第三人恶意串通，另行订立商品房买卖合同并将房屋交付使用，导致其无法取得房屋为由，请求确认出卖人与第三人订立的商品房买卖合同无效的，应予支持。"该条规定突破债的相对性而赋予不能取得标的物所有权的买受人获得债权法上的救济权，请求可以确认出卖人与第三人订立的商品房买卖合同无效。其实，第三人恶意串通签订合同，损害第三人利益的，第三人是否有权向人民法院提起确认合同无效

之诉，一直是合同法理论和司法实践中的疑难问题，实务中存在争议和不同的认识与做法。对此，最高人民法院审理的陈全、皮治勇诉重庆碧波房地产开发有限公司、夏昌均、重庆奥康置业有限公司合同纠纷案［最高人民法裁定书（2009）民申字第 1760 号民事裁定书］认为，恶意串通签订合同，表面上损害自身利益，实质上损害第三人利益的，第三人有权提起确认合同无效之诉。② 本案裁判中所持的意见，并以《最高人民法院公报》的形式予以刊登公布，表明了最高法院的司法态度，对司法实践中处理恶意串通行为引发的第三人提请确认合同无效之诉的第三人适格问题，具有重要的指导意义。

（三）行使债权人撤销权

多重买卖情形下，出卖人与先买受人签订买卖合同后未办理标的物登记或交付手续，而后又与后续买受人签订买卖合同但办理了标的物登记或交付手续，不能取得该标的物所有权的先买受人可否行使撤销权，请求撤销出卖人与后续买受人签订的买卖合同，从而使标的物物权也回归到变动前的原始状态？理论上存在这种可能。但根据《合同法》第 74 条的规定，债权人行使撤销权限于以下情形：一是债务人放弃其到期债权；二是债务人无偿转让财产；三是债务人以明显不合理的低价转让财产，对债权人造成损害，并且受让人知道该情形。《合同法解释（二）》第 19 条对于"明显不合理的低价"作出规定："应当以交易当地一般经营者的判断，并参考交易当时交易地的物价部门指导价或者市场交易价，结合其他相关因素综合考虑予以确认。转让价格达不到交易时交易地的指导价或者市场交易价百分之七十的，一般可以视为明显不合理的低价；对转让价格高于当地指导价或者市场交易价百分之三十的，一般可以视为明显不合理的高价。"

从合同法的规定来看，债权人无效请求权和撤销权的行使范围均应当以符合法律规定的债权范围为限，也就是不能超出债权保全的必要限度，否则，就会构成对债务人正当行为自由权的不当干涉。因为撤销之诉的证明义务只限于结果证明，无须当事人主观恶意的证明。从民法通则的实践来看，证明恶意串通是非常困难的，鲜有当事人胜诉之实例，合同法之所以引进撤销之诉，就是为当事人提供一个更为简明有效的方法。由

---

① 沈德咏，奚晓明.最高人民法院关于合同法司法解释（二）理解与适用［M］.北京：人民法院出版社，2009：212 - 214.

② 详见《最高人民法院公报》，2010 年第 10 期。

于上述两项选择权都是法律明文规定的，故法院应当尊重当事人的选择，无须再向当事人释明利害。①

就笔者所举的案例来说，"罪魁祸首"当属于出卖人甲，因甲的缘故上演了"一女二嫁"的诉讼。房屋只能一个人取得所有权，基于前面的阐述，和一审判决第二个房屋买卖合同无效的既判力（当然，无效的理由不妥），应当认定后一个合同无效，房屋归乙所有。在本案中，乙可以提起反诉，请求确认甲与丙的买卖合同无效，来维护自身的合法权益。在丙未提起本案的诉讼之前，丙知道了甲早已把房屋卖给了乙时，可以以甲存在欺诈行为而请求撤销买卖合同，也可以以买卖合同有效而不能履行时追究甲的违约责任。当丙起诉后而被法院确认合同无效，则丙只能要求甲承担缔约过失责任。

五、结语

审判实践中，多重多卖的情形是复杂多变的。合同标的物存在着动产和不动产的区别，相应的物权变动规则也会不同。出卖人在一物多卖时，由于办理登记或交付的时间顺序方面的不同，也直接影响着买受人对标的物的所有权取得方面的千差万别，由此引发对不能取得标的物所有权的买受人所签订的买卖合同的效力的多种观点分歧。只有正确理解掌握《物权法》关于债权形式主义物权变动模式以及公示方法和区分原则的相关规定，才能正确认定多重买卖合同的效力以及多重买卖情形下标的物所有权的归属，继而依法保护不能取得标的物所有权的买受人的合法权益。②

（编辑　李立新）

---

① 胡仕浩. 中国长城资产管理公司武汉办事处诉湖北峰源集团有限责任公司、湖北鸿骏经贸发展有限公司确认房产转让合同无效纠纷上诉案——债权人诉债务人房产转让合同无效的处理原则［M］//最高人民法院民事审判第一庭. 民事审判指导与参考（2004 年第 1 辑）. 北京：法律出版社，2004：284 - 285.

② 沈德咏，奚晓明. 最高人民法院关于合同法司法解释（二）理解与适用［M］. 北京：人民法院出版社，2009：117.

第 1 卷 第 1 辑
2013 年 8 月

上 大 法 律 评 论
SHANGHAI UNIVERSITY LAW REVIEW

Vol. 1 No. 1
Aug. 2013

彭辉. 体育运动员形象权商业价值保护研究[M]//李清伟. 上大法律评论(第 1 辑). 上海:上海三联书店,2013:123-130.

体育运动员形象权商业价值保护研究

彭 辉

(上海社会科学院 法学研究所,上海 200020)

摘要:运动员形象权是一种形象商品化的产物,是一种新型的财产权,但在不同的项目、不同的运动员身上表现不同。本文研究结果表明:各国关于运动员形象权尚未形成一个成熟的立法体例,而是通过不同方式加以保护;运动员形象权归属于运动员本人所有;投资者有权分享运动员形象权的使用权和收益权;运动员形象商业利益的分配规则存在各主体法律意识不强、收益提取统一比例不可取、利益分配期限不合理等不足。基于此,提出了三点政策意见:加强运动员形象权立法保护研究;完善运动员形象权商业化运作规则;优化运动员商业活动管理方式和形象权开发模式。

关键词:运动员形象权;立法保护;形象权归属;利益分配规则

Research on the legal protection of athletes' right of publicity

PENG Hui

(Institute of Law, Shanghai Academy of Social Sciences, Shanghai 200020, China)

Abstract: Athletes' right of publicity is a product of the commercialization of athletes' image and a new kind of property rights. However it presents quite differently in different events and different individual behavior. The outcomes of this paper show: It exists only several protections methods of athletes' right of publicity instead of a whole mature legislative system all over the world; Athletes himself or herself are the ownership of athletes' right of publicity; The investors are entitled to share in the usage and interest of athletes' right of publicity; Existing commercial interest allocation rules of athletes' publicity have several disadvantages, for instance, weaker legal subjects' awareness, undesirable unified allocation of extracted revenue, and irrational benefits distribution period. Based on this, three policy advice are put forward: To strengthen the legislation research on the protection of athletes' right of publicity; To perfect the commercialization rules of athletes' right of publicity; To optimize the commercial activities management styles and development mode of athletes' right of publicity.

Key words: Athletes' right of publicity; legislative protection; ownership of publicity; rules of benefits distribution

一、问题的提出

过去,囿于体系的束缚和观念的保守,竞技运动员的生活几乎处于一种全封闭的状态,除了钻研如何提高训练成绩以外,他们几乎无暇顾及比赛以外的其他事务,因此,自然也就没有引起法律界对于运动员商业利益的关注和讨论。随着近年来体育市场环境的不断优化,我国优秀运动员不断增加,尤其是中国军团笑傲 2012 年伦敦奥运,获得 38 枚金牌、27 枚银牌,打破 6 项世界纪录和 6 项奥运会纪录,这也是中国代表团在境外参加奥运会的最好成绩。越来越多的商家意识到,运动员、特别是知名运动员在群众心目中长期形成的健康形象和偶像地位,可以像好莱坞影星一样引人关注,帮助其占领市场、提高知名度、扩大广告效应,这使得更多的商家对体育名人效应趋之若鹜。

目前,对大牌运动员形象利益的争夺日趋白热化,著名运动员的形象权商业价值实际上远远高于其比赛的出场费和薪金。如李娜的澳网冠军收入

收稿日期:2013-03-16
基金项目:2012 年度上海体育社会科学研究课题"我国运动员形象权的法律保护研究"(TYSKYJ2012104)
作者简介:彭辉(1978—),男,博士,上海社科院法学所副研究员,主要研究方向为知识产权与知识管理,E-mail:penghui@sass.org.cn。

119 万美元,法网冠军 165 万美元,WTA 年终总决赛收入 22 万美元,马德里和罗马两战杀入四强,让其年度奖金收入达到 370 万美元。但与形象权商业价值相比,这些收入显然相形见绌,李娜通过梅赛德斯-奔驰、三星电子、耐克、劳力士、哈根达斯、泰康人寿、伊利牛奶等 13 个顶级品牌代言,且大多是一签三年,折合到 2011 年,给李娜带来的广告收入高达 1700 万美元,这使其傲居国内各大运动员明星收入排行榜的榜首。随着后伦敦奥运时期的到来,又一批运动明星冉冉升起。根据业内人士分析,孙杨在伦敦奥运会后,身价可与当年雅典奥运会后的刘翔相比,著名杂志《游泳世界》官网近日评估了孙杨的"钱"途潜力,预计他 2013 年的广告代言费将接近2000 万美金。孙杨目前已经与可口可乐公司,361 度和伊利签约,单是这三项合约就可以为他带来 1800 万美元的收入。由此可见,运动员形象权的商业开发,对拓展运动员经济价值具有十分重要的作用。

但与此同时,由于我国对形象权概念界定的模糊性、法律的不健全、体育管理体制的局限等,国家队相继出现了多起运动员因各种形式的商业活动与运动队产生纠纷的事件,如"田亮被中国跳水队开除"、"罗雪娟被下放"、"孙杨公开跟国家游泳管理中心交恶"等。运动员形象权权属归谁？权利范围有多大？相关利益主体如何分享形象权商业化带来的利益？分配依据又是什么？如何充分利用市场环境使运动员形象利益最大化？对这些问题进行科学、合理的回答是目前学界关注的重点。为此,借鉴国外的先进经验,结合我国的体育实践,制定适合我国国情并行之有效的运动员形象权保护制度是当务之急。

二、运动员形象权的理论分析

(一) 基本命题

1. 形象权的内涵与外延

形象权(Right of Publicity)一词起源于美国,在 1953 年,由 Jerome Frank 法官在 Hae-len Laboratoties, Inc, v. Topps Chrming Cam 一案中,首次提出了"形象权"的概念。在该案中,一些原告因其姓名或肖像被用于推销玉米片或洗发水而感到窘迫和羞辱,而另一些原告则因他们的姓名或肖像被投入商业使用但未得到任何报酬而感到愤怒。Frank 法官将一个人控制其姓名或肖像商业使用的权利称为"Right of Publicity",即形象权。事实上,该权利是在隐私权不足以保护时产生的,但迄今为止仍然是一个未定型、处于发展的权利形态。

目前,国内学界对于运动员形象权的界定见仁见智。如郑成思教授认为:"所谓形象,包括真人的形象、虚构人的形象、创作出的人及动物形象、人体形象等。这些形象被付诸商业性使用的权利,我把它统称为形象权。"[①] 杨立新教授则认为:"形象权是指民事主体对标表其人格特征的形象人格利益独占享有、使用以及获取相应利益的具体人格权。"[②] 吴汉东教授认为"所谓形象权是指主体对其知名形象进行商品化利用并享有利益的权利。"[③] 王利明和杨立新教授认为"形象权是对自己的姓名、肖像和角色拥有、保护和进行商业利用的权利。"[④]综合以上观点,我们认为,运动员形象权是指运动员将表现其身份的个性特征用于商业使用的权利。从权利主体来看,权利主体应该限定于著名运动员,对于非著名运动员而言,其形象并不具有太高的商业价值,此时其形象权利益往往较低,故此时只需通过人格权保护方式即可,不必运用形象权加以保护,对此,著名的奥塔根公司的运动员管理负责人克利福德所言,"企业还像过去那样愿意花钱找运动员做形象代言人,但这些钱全部集中在最好的 5% 身上,而对另外的 95% 的运动员来说,他们的知识产权对经纪人来说不是可开发的资产,而是负担";[⑤]从权利对象来看,所有能表征该主体身份的要素都应被视为形象权的对象,不仅包括肖像[⑥]、姓名[⑦]、绰号[⑧]、签名、

① 郑成思.知识产权法[M].北京:法律出版社,1997:32-33.
② 杨立新,林旭霞.论形象权的独立地位及其基本内容[J].吉林大学社会科学学报,2006(2):53-60.
③ 吴汉东.形象的商品化与商品化的形象[J].法学,2004(10):77-89.
④ 王利明,杨立新.人格权与新闻侵权[M].北京:中国方正出版社,1995:427-431.
⑤ 赵豫.运动员形象权的法律保护[J].体育科学,2005(2):17-20.
⑥ 如 2004 年 10 月 21 日刘翔在奥运会上"飞翔"的照片被等在《精品购物指南》第 80 期的封面上,封面下方有中友百货第 6 期购物节的广告,此照片是奥委会下属官方结构拍摄的,精品购物指南报社购买了该照片用于杂志封面,刘翔认为精品购物指南报社等 4 家单位未经其同意而商业化使用其肖像的行为侵犯了自己的肖像权,向法院提起了诉讼。
⑦ McCarthy on Trademark and Unfair Competition (Third Edition), Chapter 28. 03(1), 1995.
⑧ 在美国的"赫斯克"一案中,法院就利用形象权保护了一个绰号为"疯狂之腿"的橄榄球运动员,认定一家化妆品厂商使用"疯狂之腿"的名字侵害了橄榄球员的形象权。具体论述参见 280N. W. zd129 (Wis 1979).

嗓音,也包括形体特征①、象征意义的物品②,甚至特定的用语③等;从使用方式来看,包括自己的商业性使用和许可他人的商业性使用,如许可他人在商品上或广告上使用自己的姓名和肖像等。

2. 形象权的法律属性

目前学界普遍承认形象权的法律属性是一种新型的财产权,但其具体属于哪种类型的财产权,却有很大的分歧,主要形成了三种观点。

第一种观点:商事人格权说。 形象权的保护起源于隐私权,因此这一制度与人格权法有不解之缘。传统人格权制度的主要功能在于保障人格的完整性和不可侵犯性,即强调维护非财产性的人格利益。然而,随着历史的不断变迁,在一般的人格利益的基础之上,又演化形成了一种包含物质利益在内的具有相对独立的人格利益——商事人格利益。为了适应商业运作需要,商事人格权需要具有一定的可转让性与继承性。该观点认为,形象权即是商事人格权的权利形式之一种,而自然人的姓名、肖像乃至声音等人格标识用于商业目的时产生的人格利益即是商事人格利益。④ 我们认为,该观点难以成立:第一,当代社会所倡导的是人人平等的理念,如果承认形象权是商事人格权的一种,则不同知名度的运动员为同一商品做广告所获得的收益也应相同,否则将会出现人格不平等的结论,但这显然与现实情况相悖;第二,商事人格权主要是一种消极保护,其功能在于避免他人对权利主体人格利益的非法干涉,可积极利用的仅限于姓名权、肖像权等;而形象权是一种积极保护,旨在强调权利主体对个性特征的商业化利用,仅依靠姓名权、肖像权不足于保护运动员的个性特征,如绰号、签名、嗓音等。

第二种观点:知识产权说。 由于运动员的形象因素多与创造性活动密切关联,尤其是虚构角色,其本身就是创造性智力成果即形象的重要组成部分。据此,一些学者将形象权纳入到知识产权范畴,如刘春霖教授将形象权称为是与著作权、商标权、商号权等相互交叉的新型知识产权⑤,郭玉军教授则认为形象权是与著作权、商标权、商号权等相区别的独立知识产权⑥。我们认为,该观点同样难以成立,因为按照学界的通说,知识产品具有创造性、非物质性与公开性的特征。虽然形象因素具备了上述一些特征,但并不具有全部特征。例如运动员的姓名、肖像、形态等并不具备知识成果的创造性。因为形象权的价值根源于权利主体的社会公信力和号召力,尤其是著名运动员为祖国、为集体也为自己赢得了荣誉,同时因为体育所代表的健康、活力、奋斗、战胜自我等价值观,得到了社会的普遍称赞和尊重并引起了媒体和民众的关注,由此具有一定的知名度,尤其是当运动员的具有较强的亲和力和影响力,则会对消费者产生较为强劲的吸引力,从而使商家盈利。因此,形象权保护对象的重点并不是有创造性的形象,而是有知名度、影响力的形象。

第三种观点:无形财产权说。 在现代社会财富构成中,确实存在着一种具有无形财产属性又不能归类于知识产权范畴的某些权利,并且随着社会生活的日益发展,还可能出现其他一些更新的权利形态。如曾世雄教授认为"由于形象、商誉、信用等财产化的价值尚未完全为人们所认识,对此可纳入'正在开发中的无形财产'。"⑦吴汉东教授也认为"形象权与商誉权、信用权、特许经营权,都是一种具有非物质属性但又不能归类于知识产权范畴的无形财产权。"⑧我们认为,无形财产权说较为准确地揭示了真实形象权的法律属性。在现代商品经济的条件下,新的抽象化、非物质化的财产不断涌现,在这样的时代背景下,有必要将其与知识领域创造性活动的关联性进行一番检视,如果两者关联性紧密,则可考虑归入知识产权体系,否则有必要将这些权利另行归类。根据形象权的本质特性,将其归于作为知识产权上位概念的无形财产权体系无疑显得

---

①　Ali v. Playgirl, Inc., 206 USPQ 1021 (S. D. N. Y. 1978)

②　Motschenbacher v. R. J. Reynolds Tobacco Co., 498F. 2d 821 (9th Cir. 1974).

③　大卫·贝德福特诉某电话查询公司一案中,查询公司将自己的服务宣传电话号码定为"118-118",而前男子万米世界纪录保持者认为,该号码恰好是自己在1970年参加比赛的身份号码,电话查询公司未经许可而擅自使用构成侵权,法院则支持了原告的这一主张。参见Simon Gardiner. Sports Law [M]. London: Cavendish Pbulishing, 2006:418.

④　程合红. 商事人格权[J]. 政法论坛,2000(5):77-87.

⑤　刘春霖. 商品化权论[J]. 西北大学学报,1999(4):54-58.

⑥　郭玉军,甘勇. 论角色商品化权之法律性质[J]. 知识产权,2000(6):28-31.

⑦　曾世雄. 民法总则之现在与未来[M]. 台湾三民书局,1993:137.

⑧　吴汉东. 形象的商品化与商品化的形象权[J]. 法学,2004(10):77-89.

更为妥帖，而且具有其内在逻辑性与合理性。

（二）各国保护现状

尽管西方国家对运动员形象权的法律规制也尚未形成一个成熟的立法体例，在立法层面上，各国通过不同方式加以保护。较为完善且具有广泛国际影响的无疑当属美国立法例。目前，美国有 28 个州对形象权予以保护，其中 18 个州有成文法，19 个州有判例法，其中 9 个州还兼有成文法和判例法，可以说对于形象权的保护，美国走在了世界的前列。在英国，缺乏专门对形象权的概念，只有通过著作权法、商标法、外观设计法以及反不正当竞争的"假冒诉讼"，对形象利益提供一些有限的保护。在欧洲大陆，一般将人格利益与保护公民的个人隐私、家庭生活、荣誉等联系在一起，并可在宪法框架①下予以保护，从而运动员能够将表征其身份要素进行商业化运作的权利作为基本人权来保护，从这个角度而言，欧洲大陆对运动员形象权的保护力度要高于英国。如法国主要基于"个人映像权"来对形象权进行保护。意大利法律对运动员形象权的保护主要来自民法典和著作权法的规定。在日本，自从 20 世纪 70 年代引进了形象权概念，该国法院也有处理形象权纠纷的若干判例，但尚未构建独立的形象权体系。

在我国，关于运动员形象权的法律、法规、规章制度很大程度上还是空白，对运动员形象权缺乏有力的保障。如《民法通则》中关于肖像侵权的构成要件在实践中难以准确认定，关于肖像侵权赔偿的规定以保护精神利益为主旨，不足以对肖像的商业价值构成有效保护。《商标法》的保护范围过于狭窄，使得形象权的保护利益非常有限。《反不正当竞争法》调整的是市场经济中产生的各种社会关系，规范对象是竞争者而非运动员。对此，司法实践走在了理论研究之前，尤其是近年来对于运动员形象权的商业利用不断扩大，以及相关案例的不断呈现，这不得不促使我们反思运动员形象权之权利归属、制度设计之逻辑起点，商业模式之未来趋势。由于运动员形象权所保护的焦点是运动员形象中的财产权益，因而运动员形象权规定的重点不仅在于界定该项权利的内涵与外延，更为重要的是厘清运动员形象权归属、形象商业价值开发利益分配的原则。

三、运动员形象权归属分析

西方发达国家的体育明星的产生，很大程度上是基于民众体育普及化后自然选拔出的，在其逐步成长过程中，投入、产出和分成各个阶段的利益责任应该说都较为明晰，但尽管如此，由于涉及多方利益主体的互动博弈，运动员形象权归属的认定依旧是一个非常复杂的普遍性难题，如英国的《体育商业杂志》曾经就运动员形象权权利归属及其利益分配问题在其网站上进行了一次民意调查，这次调查的投票者均为体育界的相关人士，调查结果表明：55％的体育界人士认为运动员个人应享有其形象权并控制其商业化运用；21.6％的人认为这一权利应为"相关利益主体"共同享有；16.5％的人认为运动员所属俱乐部或球队应该享有权利；只有 3.7％的人认为应该由国家体育管理机构控制这一权利；3.4％则认为运动员所在的体育协会应享有权利。

在我国，2001 年 10 月发布的《关于运动项目管理中心工作规范化有关问题的通知》中规定："运动员商业性广告收入的分配应兼顾各方面的利益，使中心与地方的利益得到合理体现。原则上应当按照运动员个人 50％、教练员和其他有功人员 15％、全国性单项体育协会的项目发展基金 15％、运动员输送单位 20％的比例进行分配。"该规定仅仅初步解决了运动员形象权利益分配的基本原则，同样但并没有解决运动员形象权的归属问题。由此可见，我国运动员形象权的归属问题尚未达成共识，这就为运动员形象权权属纠纷埋下了伏笔。

（一）运动员形象权归属于运动员本人所有之正当性证成

运动员形象权是运动员人力资本中最根本、最核心的权能之一，当运动员人力资本有两个以上投资者时，学界对运动员形象权的归属问题产生了不同的看法：一种观点认为，人力资本于其承载者不可分离的特点，决定了运动员形象权"天然"地属于人力资本载体，即运动员本身，这是一种"天赋人权"，并且是"独一无二的所有权"，不会因社会制度的变迁而改变。② 第二种观点则认为，运动员形象权是人力资本投资形成的，应遵循"谁投资，谁所有"原则，不管是个人，还是企业或国家，只要其参

---

① 如德国宪法第 1 条和第 2 条第 1 款均可被援引来对运动员形象权进行保护。
② 周其仁. 市场里的企业：一个人力资本与非人力资本的特别合约[J]. 经济研究，1996(6)：71-80.

与了投资过程,实际耗费了一定数量的资源,就应拥有运动员形象权的部分所有权;①运动员形象权是一种"共有制"或称之为"混合制";②一部分属于运动员的可称之为运动员形象权私有产权,另一部分不属于运动员的,可称之为非运动员形象权私有产权,其又可以区分为运动员形象权国家产权和运动员形象权企业产权。③ 第三种观点则认为,运动员的整个投资培养使用过程完全由国家承担,因而在役运动员形象权归国家所有。④

我们认为,第三种观点难以成立。众所周知,现有的体育行政的资源配置是在举国体制下展开,运动员除了投入其先天资源以及训练和比赛的劳动外,几乎由国家支付了全部费用,即国家是唯一投资主体,在这一背景下,原国家体委 1996 年颁布的《关于加强在役运动员从事广告等经营活动管理的通知》(505 号文件)第 1 条第 1 款"在役运动员形象权归国家所有"的规定就具有了很强的逻辑性。但根据《民法通则》第 100 条的规定:"公民享有肖像权,未经本人同意,不得以营利为目的使用公民的肖像。"上位法优于下位法是法律规范冲突的适用规则,国家体育总局的规定,其效力低于法律,因而该说法不攻自破。更为重要的是,由于支持该观点的 505 号内部文件在 2006 年被已被废止。

第二种试图证明运动员形象权整体可分割的观点也难以成立。因为从权利配置的角度而言,运动员人力资本权利束的各项权能是一个有机整体,相辅相成。在特殊情况下,会出现运动员形象权受强制的现象,但这种被强制的权能根本无法从运动员本体上切割开来,然后集中到其他产权主体上去。更为难以解决的问题还在于,运动员会主动放弃部分形象权吗? 各部分形象权的内涵是什么? 如何才能有效清晰界定各个部分的归属? 根据经济学假设,运动员作为理性人具有机会主义倾向,不会主动放弃凝结在其身上的点滴利益,如果非要对形象权进行多元化分割,只能造成运动员形象利益受到"戕害"、"关闭"甚至"荡然无存"。

第一种观点的结论合理,但其分析的理由有待

商榷。推理的局限性在于过分夸大了"人力资本属于个人的天然性",事实上,在分析运动员形象权归属问题上有两个因素需要予以重点考量:一是运动员人力资本的结构构成;二是特定的社会经济关系和法律制度环境。上个世纪 90 年代我国体育无形资产开发尚处于初步开发阶段,传统的"三级训练网、一条龙训练体制"模式上,政府承担了绝大部分运动员人力资本的投资,在这种情况下,为有效地开发体育无形资源,维护国家、集体和个人等多方利益,"在役运动员的形象权属国家所有"在当时社会环境、法律环境下最好的选择。但随着我国市场经济改革的逐步深入,高水平竞技运动员人力资本的投资主体日益多元化,个人、家庭及企业投资日益增多(如丁俊晖、潘晓婷等),国家投资比例相对降低。我国现在已经出现了不是由国家投资或不是全部投资培养运动员的情况,在这一背景下,在役运动员的无形资产属国家所有的提法显属不当。

(二) 投资者有权分享运动员形象权的使用权和收益权

与有形资产可分性不同的是,运动员的知名度、声誉、亲和力和影响力只能依附于运动员本人这一载体,而不能与其分离,其他人无法占有,也无力处分,只能加以利用和收益。原有的"谁投资,谁拥有"的物资资本分配规则反映的是在计划经济体制下运动员形象权利益的分配规则,反映的是一种静态财产关系;而在现有的市场经济条件下运动员形象权利益分配规则应修改为"谁投资,谁收益",反映的是一种动态财产关系,其目的并不在于获取形象利益的所有权而在于最大限度的提高劳动生产率和效益,力争把运动员形象利益这块蛋糕做大。在这样的背景下,国家、企业等投资机构投资培养运动员因而成为债权人,运动员接受投资后必须为投资者服务,因而是债务人。明确投资者与运动员之间是债权人与债务人的权利义务关系,是界定运动员形象利益在相关利益主体之间分配的基础,对于促进完善运动员投资资本结构、合理管理运动员流动和运动员商业化运作、完善分配政策具有重要意义。

① 许永刚等. 我国竞技体育运动员人力资本产权权能界定[J]. 成都体育学院学报,2009(1):6 - 10.
② 孙娟,翟丽娟. 我国运动员人力资本产权的性质分析[J]. 体育科学,2009(4):20 - 22.
③ 林晞. 我国运动员人力资本产权归属解构[J]. 首都体育学院学报,2011(1):27 - 29.
④ 原国家体委 1996 年颁布的《关于加强在役运动员从事广告等经营活动管理的通知》(505 号文件)第 1 条第 1 款对此明确规定。

债的实质并不是直接给权利主体某一财物，而是使相对应的义务主体必须实施某种特定的行为，因而债法强调债是债权人实现其特定利益的法律手段。① 在债的关系中，债权人有权要求债务人依据一定的合同约定将收益进行分配，即投资者对运动员形象权的使用和收益是通过契约的方式在有限的期限内间接使用的权利，而运动员对其形象权的使用和收益则是一种直接的、在其职业运动生涯始终拥有的权利。那么，国家、企业等投资者投资培养运动员后获得的是什么权利呢？ 其实，投资者所享有的不是对运动员形象利益的支配权，而是一种形象利益使用、收益的请求权，从内容上看，投资者不能对运动员形象权进行直接支配，而仅仅是对运动员形象权的使用和收益要求为一定行为或不为一定行为，使其获得投资收益；从效力上看，投资者不能直接地支配运动员形象权来实现自己的民事权益，而只能要求运动员为一定行为或不为一定行为这种间接途径来实现自己的权益。在激励机制缺乏或不合理情况下，运动员可能会"出工不出力"使得投资者的收益大打折扣，对此亟待运动员形象权背后所潜在利益分配制度科学、合理的构建。

四、现有利益分配规则的不足剖析

（一）法律意识不强

投资者和运动员在各自追求自身利益最大化的同时，不可避免地会损害对方的利益，而过分损害对方利益的结果，是双方都无法继续获益。为此，国家、企业、社会、运动员等主体法律意识的确立是正确处理运动员形象权利益分配的重要一步，也是实现多方共赢的保障措施。但诸多现实情况令人堪忧。

从体育行政管理部门来看，产权观念不强、合同意识淡薄、官本位思想较为浓厚。在现有规定中，虽没有出现诸如"运动员形象权属国家所有"之类的强硬字眼，但也并未完全认可运动员在商业活动中的自主权，而是大量使用了模棱两可、不具备实际操作性的词语。对此，有些运动项目管理中心，受到原有的计划经济体制下的行政管理的影响，仍然延续了在役运动员形象权归国家所有的原有做法，② 掌握了"切割蛋糕"的主动权，这种收益分配方式有其一定的合理性但也有一定的不公平性。同时，作为管理运动员的各个项目运动管理中心视自己为各俱乐部及运动员的"代言人"，管得过宽、过严、过死。可以说，在日益强调个人权利和价值的今天，这种对法律的漠视，对契约精神的不尊重，与我国体育管理国际化发展的大趋势、与世界体育发展的大环境背道而驰，③ 也容易形成运动员管理过程中的各类矛盾。

从运动员自身的法律意识来看，许多运动员的法律意识有待加强。许多运动员的权利意识、参与意识、责任义务意识、积极守法意识不强，他们最关心的事情多集中在人际关系、荣誉和退役后的职业上，对于有效维护自身法律权益方面态度消极和不主动，当自己的合法权益受到侵犯时，总是寄希望于通过组织处理，关系等手段来解决，而非主动诉诸于法律，主动合理地维护自身的合法权益，这也直接影响了运动员形象权商业化运作的进程。

（二）收益提取统一比例不可取

高水平竞技成绩的取得不仅凝结了运动员投入的与生俱来的自然资源，而且也离不开国家、社会等投资者的资助，但由于无法区分出各方贡献的孰大孰小，因而划分统一的形象利益分配比例不仅没有解决产权分配上的模糊性，反而引发了运动员产权归属的困惑甚至争执。如有些项目主要依靠运动员具有平衡，注意力集中，协调，心理稳定和时间感觉等项素质，因而其运动周期可以保持较长的时间，如射击冠军王义夫的竞技状态可以保持到40多岁，形象权收益周期也较长。但有的项目属于热门类别，④ 依靠高强度技术、体能、心里对抗，因而运

---

①　柳经纬. 债权法［M］. 厦门：厦门大学出版社，2005：10.

②　如中国游泳协会《国家游泳队在役运动员从事广告经营、社会活动的管理办法》（游泳字［2011］3号）的通知仍然沿用了老版505号文件的说法，即"国家游泳队在役运动员的无形资产属国家所有"。

③　对此可以参照美国"梦之队"队员和美国篮协的合同中有关商业授权的开篇语，即"作为国家队一员，我同意美国篮球协会 USA Basketball 在全球范围内有权为商业目的使用（并授权他人使用）我的姓名，别名，生平，签名，声音，肖像及其他可辨认的特征（即形象权），以及可用于和球队，球队活动及美国篮球协会相关的宣传与广告，包括用于美国篮球协会的各类公共关系及市场开拓的活动（即，广告，促销，赞助，授权，活动，媒体及类似活动）……"

④　第一类是篮球、足球、网球等职业项目，具有极高的商业价值；第二类是田径、游泳等项目，观赏性强，商业价值不断提升；第三类则是射击、举重、赛艇、跳水、乒乓球、体操等项目，这些项目在世界大部分国家都没有商业价值。

动员巅峰期保持时间较短,如刘翔自从跟腱受伤以来,连续在北京奥运会和伦敦奥运会中伤退。姚明因腿部受伤,不得不过早退役。因而,不同项目、不同级别的运动员应依据其稀缺程度和贡献度的不同,获得不同的收益,不应该采用一刀切的方式解决所有问题。

(三)利益分配期限不合理

其他类型的人力资本价值不会因使用而损耗,相反会随着知识的积累、经验的丰富而增值,而运动员的人力资本恰恰相反,运动员是一种"青春性"职业,十几年的职业生涯大部分发生在青年时代。依据竞技能力的形成规律,相对短暂的职业生涯可以分为:基础训练阶段、专项提高阶段、最佳竞技阶段和竞技保持阶段。不同时期的价值差异显著,在基础训练阶段主要以工资为主,奖金为辅,专项提高阶段主要收入为工资与奖金并重,最佳竞技阶段和竞技保持阶段随着形象权开发的明星效应,如广告、形象收入比工资、奖金收入高,且具有弹性,在运动巅峰期过后原有的体育人力资本多数迅速贬值,呈现下滑趋势。这既是体育自身的重要特点,又是市场经济发展的客观规律,是每一位职业运动员必须面对的现实。以姚明和刘翔为例,据福布斯中国名人榜数据显示,2009 年,姚明收入为 3.57 亿元,2010 年,姚明因伤免战,收入下降为 2.5 亿元,2011 年,姚明继续受伤,收入已经下降到 2.2 亿元,2012 年退役后的收入已降至 0.97 亿元。刘翔 2006年的收入为 2600 万元,2007 年为 5800 万元,而2008 年的收入猛升至 1.63 亿元,综合排名也从第五上升到第二,仅次于姚明。然而这一切在 2008 年北京奥运会,刘翔意外退赛后,发生了翻天覆地的变化。到了 2009 年,14 个代言品牌中有 11 个明确表示,不再与刘翔续约,其身价猛跌近 8 成,仅有200 万美元左右。2009 年底,走出退赛风波的刘翔逐渐找回状态,成绩也有所回升。之后刘翔开始了夺冠之旅,至伦敦奥运会前,刘翔共代言了 IT、运动服装、银行、饮料、汽车、服饰等 17 个赞助商,但伦敦奥运会退赛对刘翔的收入造成的打击将超过 2008年,他的商业损失估计至少在 10 亿元以上。① 因而,僵硬划定各利益主体对运动员形象权的收益比例不尽合理,这一做法没有考虑到运动员的成长周期性规律,更为妥帖的做法在于在针对运动员职业生涯的不同阶段细分不同的收益比例,这对于运动

员形象权的保值、增值影响深远。

五、政策与建议

运动员形象权的利益分配的历史嬗变与运动员人力资本从服从国家安排模式到国家、企业、家庭、个人共同投资、共同治理模式的转型密不可分。从这个角度而言,相关政策建议逻辑起点必须紧紧围绕这一历史背景展开,不断寻求各方利益主体的最大化和科学化分配方案,避免使用过分行政手段硬性分配制度,逐步完善我国运动员形象权法律保护。

(一)加强运动员形象权立法保护研究

目前,尽管各国对于运动员形象权立法保护尚在逐步探索阶段,但一个基本趋势是构建独立的运动员形象权制度,以解决人格权、著作权、商标权以及反不正当竞争法分别保护与交叉调整的不足。在我国,由于运动员形象权相关理论体系的缺位,导致形象权相关利益主体的行为缺乏有效而清晰的指导,形象权侵权以及围绕形象利益而产生的冲突层出不穷。事实上,法律从未凭空创造出一类权利,而是适应社会发展新情况的需要而在立法上作出反应,既然运动员形象权在商业化运作过程中需要法律保护的法益不同于传统的人格权,则对此法益有必要创设一种新的保护模式。为此,应着重加强以下两个基本范畴研究。

一是运动员形象权的归属。这是利益冲突和纷争缘起的首要问题,近年来,国家体育总局出台了一些行政规章,如《关于加强在役运动员从事广告等经营活动管理的通知》(1996 年)、《赞助奖金奖品管理暂行办法》(1996)、《运动项目管理中心工作规范化有关问题的通知》(2001)等,一方面这些行政规章制订的年份久远,而我国体育事业发展日新月异,体育政策和制度建设相对滞后,不能灵敏反应和及时适应发展变化的体育实践;另一方面,规章制度关于运动员形象权的规定,更多的是倾向于行政监管、管理而非形象价值的维护。

二是形象权的限制。主要包括合同的限制和法定的限制。前者是指在投资者与运动员就形象权利益存在合同的情况下,运动员形象权的限制首先受到了来自合同的约束。依照《合同法》的规定,当存在显失公平、欺诈等情况下,运动员有权行使合同变更权或合同撤销权;后者是指运动员形象权受到言论自

---

① 刘翔摔倒商业损失恐超 10 亿[EB/OL]. [2012 - 08 - 08]. http://sports. 21cn. com/integrate/other/2012/08/08/12611372. shtml.

由、新闻自由等构成的合理使用、法定许可等限制。

（二）完善运动员形象权商业化运作规则

市场经济究其本质而言属于法律经济，随着我国体育产业的不断向前深入拓展，法律规范在对体育发展的战略性、基础性、保障性功能将逐步显现，为此要加大国家、企业、社会、个人等进入运动员人力资本市场投资的法律研究，结合运动员成才的特殊情况，对运动员形象权的各利益相关方进行具体规定。从操作规程上看，未经运动员许可，任何人不得将运动员形象加以商业化运作，投资者有必要征得运动员认可，通过与运动员签订协议的方式，取得运动员形象的使用权和收益权。为此，有必要实现三治：一是契约之治。要加强运相关利益主体间的组织章程、合同管理、治理结构的研究，改变过于行政命令的做法，尊重契约精神，更多地采用合同的方式[①]来解决运动员形象利益的分配问题，提前规避未来可能出现的财产权益纠纷，即使未来进入司法领域，也较容易获得解决。同时适当放宽运动员从事商业活动的限制，充分挖掘其商业潜力，最好建立专门的经纪团队，建立透明化的国家与个人经济收益分账系统，既充分发掘和利用好运动员的形象权，也让国家和个人均得到恰当的回报；二是激励之治。体育行政管理部门要依据健全的、合理的、规范的体育管理法规和制度以及根据运动员的实际情况和自我价值实现的需要来进行管理和使用，充分尊重运动员的感受和意见，激励运动员为国家和社会做出应有的贡献；三是约束之治。要关注运动员及相关利益主体违法时的约束机制，这是运动员形象权商业化运作的重要保障，其救济方法应设计为两类：一方面是非财产救济方法，如停止侵害、赔礼道歉、消除影响、恢复名誉等，另一方面是财产性救济方法，包括精神损害赔偿和物质损害赔偿。

（三）优化运动员商业活动管理方式和形象权开发模式

1. 更新管理观念

国家、企业和社会要摆脱参与运动员形象权利益分配为落足点的观念，参与到运动员竞技水平的生产过程，使运动员对短期利益的关心和对长期利益的追求达到平衡，同时应结合现如今我国运动员不同的投资结构和特点，采用分层分类的不同分配标准和分配方式，规范运动员与相关主体在获取形象权利益的有关事项，实现运动员、投资者和社会多赢的良好效果。

2. 调整管理方式

事实证明市场是实现资源配置的最佳手段，这也是我国体育产业化改革的初衷与目的。但目前，各个运动项目管理中心作为我国竞技体育管理部门具有绝对的行政垄断权力，除了履行管理运动员的基本职能而且还要负责运动员的市场开发，这势必使得各级体育行政管理部门充当裁判员和运动员的双重角色，导致管办不分、政事不分、政企不分，责、权、利相互混同，资源配置效率低下，对市场反应迟钝，从而成为许多问题与争议的源头。对此，要加强行业管理机构的组织建设，理顺管理关系，促进管办分离。

3. 优化开发模式

在中国这种由国家财政培养运动员的体制下，运动管理部门更看重的是运动员的成绩，而不是商业价值，这在某种程度上妨碍了运动员形象权的开发和利用，更谈不上运动员商业价值最大化。尽管举国体制短时期内难有大的改变，而在市场经济的大环境下，对运动员的商业开发已经是大势所趋。建议是在一些商业化程度比较高的项目上，例如网球和篮球应该会有一些运动员有所突破，对此可借鉴一下国外的成功经验。美国奥委会的运动员营销部无疑是一个成功的范例。[②] 在美国，除了职业运动员，其他国家队的运动员都由运动员营销部进行统一商业开发和管理。有了这样一个专业的商务开发的机构，运动员的训练没有受到影响，其商业开发也得到规范的保障。

（编辑　袁真富）

---

① 国家体育总局发布的体政字（2006）78 号《关于对国家队运动员商业活动试行合同管理的通知》中明文规定，"各单位应当根据本项目实际情况和工作需要，与进入国家队的运动员签署相关合同，对国家队运动员商业活动进行管理。要围绕国家队运动员的商业活动，明确约定单位与运动员的基本关系及相关权益的处置，明确运动员商业开发活动权利主体、运作主体、运作模式、运作程序、相关权利义务、违约责任等。"这一规定是多方合作实现运动员商业价值的重要机制，显然比505号文件有了很大进步，但美中不足的是，该通知附件中所提供的"国家队运动员商业开发合同"属于格式合同，有些条款的制定及解释可能挤占运动员应得的利益。

② 许科. 中美运动员形象权典型案例的比较与我国的保护对策[J]. 泉州师范学院学报，2008，26(4)：111－115.

第1卷 第1辑
2013年8月

上 大 法 律 评 论
SHANGHAI UNIVERSITY LAW REVIEW

Vol.1 No.1
Aug. 2013

匡西涛.行政复议的本质是行政监督——基于法权制约理论及非司法化双面向的探讨[M]//李清伟.上大法律评论(第1辑).
上海:上海三联书店,2013:131-143.

行政复议的本质是行政监督

——基于法权制约理论及非司法化双面向的探讨

匡西涛

（华东政法大学 研究生教育院，上海 200042）

摘要：行政复议的本质是行政监督。在法权制约理论的分析框架下，行政复议体现的是一种上级行政权力对下级行政权力的内部层级制约关系。这种行政权力内部拥有核心性地位的制约功能如果能够得到充分有效地发挥，那么以争议解决和权利救济为内容的附属性功能自然会随之实现。由当前复议实施效果普遍不理想所影响和导致的对行政复议司法性特征进行片面强调的学术浮躁心态容易将行政复议引入"泛司法化"的歧路，使行政监督丧失存在的独特意义并背离其行政本性。不能也没有必要为了单纯强调争议解决和权利救济而径行将行政复议引向司法化。应当坚持行政复议的行政监督属性与非司法化方向，同时变革相应的配套制度促其行政本性的回归。

关键词：行政复议；行政监督；法权制约

The nature of administrative reconsideration is administrative supervision

dual-oriented discussion based on the theory of faquan constraints and non-judicial

KUANG Xi-tao

（Postgraduate Education Institute，East China University of Political

Science and Law，Shanghai 200042，China）

Abstract：The nature of administrative reconsideration is administrative supervision. In the analytical framework of the theory of faquan constraints，the administrative reconsideration embodies the constraints relationship of internal and level from the power of higher administrative to the power of lower administrative. If the core constraints function in this administrative power can be played fully and effectively，the subsidiary function including dispute resolution and right relief will be achieved naturally. Academic impetuous attitude of one-sided emphasis on the justice characteristics of administrative reconsideration which is result from generally non-ideal implementation effects of administrative reconsideration is easy to lead the administrative reconsideration to the crossroads of "generally judicial"，which make the administrative supervision loss of unique significance of existence and deflected from its nature of administrative. There is no need and possibility to lead the administrative reconsideration to judicial path directly if only simply focusing on dispute resolution and right relief. It is necessary to adhere to the attribute of administrative supervision and non-judicial direction of the administrative reconsideration，at the same time，changing the appropriate supporting systems to promote the return of its administrative nature.

Key words：administrative reconsideration；administrative supervision；faquan constraints

收稿日期：2013-04-27
作者简介：匡西涛(1988—)，男，华东政法大学研究生教育院2011级硕士研究生，主要从事宪法学与行政法学研究，
E-mail：915828550@qq.com。

一、引言：行政复议究竟本性为何？

自从我国行政复议法颁布以来，关于行政复议的本质就一直存在争议。目前学界主要有三种观点，第一种观点认为行政复议在本质上是一种行政监督，①具有行政性。如"行政复议是行政机关运用行政权的活动，是一种行政行为"，②"一部分同志，尤其是行政机关工作人员更偏向认为行政复议是完全的行政行为，可以按照一般的具体行政行为的要求处理。"③"行政复议是由上级行政机关对下级行政机关做出的具体行政行为的合法性和适当性进行审查，因而，也属于一种重要的内部行政监督"。④ 行政复议是上级行政机关对下级行政机关违法或不当行为的监督和纠正，是"行政机关内部自我纠正错误的一种监督制度"，这一观点也是当初我国《行政复议法》的立法本意，⑤如作为我国《行政复议法》立法目的和指导思想的该法第一条的规定就是例证；⑥第二种观点认为行政复议是一种行政救济，实质上是一种司法行为，认为"行政复议是现行行政法律体系中与行政诉讼制度并列的行政系统内部的法定救济制度"，⑦"是一种权利救济程序，是一种通过解决行政纠纷而救济个人权利的制度"，⑧强调对公民、法人或其他组织的合法权益进行保障和救济；第三种观点认为行政复议具有双重属性，是一种行政司法行为，"行政复议虽然从法律从性质上来说是一种行政行为，但带有司法性，是一种准司法行为"，⑨就复议的主体、结果而言，"行政复议是一种行政行为"，但是就复议的程序来看，"行政复议又具有司法性"，即行政复议兼具行政性与司法性两种性质。⑩

上述观点中，第三种观点拥趸甚多，从出现的一开始就被学界广泛持有和推崇，这种现象在表明该观点具有一定合理性的同时恐怕也难以排除一定程度上人们普遍存在的折衷中庸式的传统心理的影响作用；第二种观点在我国晚近时期越来越被学者突出和强调，这与当前我国转型期社会矛盾频繁多发、行政复议实施效果普遍不理想的状况有很大的关系，现实的杂乱多变很容易影响人们的冷静思考和理性判断。对此需要注意的是，影响一个制度实施效果的因素有很多种，主要可以概括为制度自身的内部原因和制度之外的环境原因两种，我们在分析影响一个制度实效发挥的原因时应该做到"制度的归制度，其他的归其他"⑪，不能把影响制度实效发挥的制度之外的原因也归结到制度本身上面，这种张冠李戴的做法是违背事实求是的精神的。从另外一个角度来说，持该观点的学者很可能都是行政复议实践效果的密切关注者，因而也就很容易受到在复议实践中普遍存在的对争议解决不到位、对公民权益救济不到位等现象的影响，进而主张针对性地突出和强调行政复议的救济功能，甚至不惜背离行政复议的行政监督本性。学者们关注现实，针对现实来形塑理论的想法和做法是很好的，甚至在有的时候是至关重要的，但是要遵守一个前提，就是主观能动性的发挥不能违背事物本身的客观规律，否则很有可能是做无用之功。

本文主张第一种观点。认为行政复议的本质是行政监督的理由不仅是因为它体现了立法者的本意，正如我国《行政复议法》的第一条将对违法不当具体行政行为进行防止和纠正的行政监督功能

---

① 所谓行政监督，是指"国家行政机关依据法定职权，对所属机关及其工作人员以及行政管理相对人执行和遵守法律、法规的情况所实施的检查监督活动"，"其中行政机关对所属机关及其工作人员的执法情况所实施的监督属于内部行政监督"，其"内容非常广泛，既包括上级行政机关对下级行政机关的一般行政监督，也包括行政监察监督和审计监督等"。参见宋雅芳.行政复议法通论[M].北京：法律出版社，1999：11.

② 宋雅芳.行政复议法通论[M].北京：法律出版社，1996：6.

③ 杨海坤.跨入21世纪的中国行政法学[M].北京：中国人事出版社，2000：530.

④ 宋雅芳.行政复议法通论[M].北京：法律出版社，1999：11.

⑤ 周汉华.行政复议司法化：理论、实践与改革[M].北京：北京大学出版社，2005：3.

⑥ 我国《行政复议法》第1条规定："为了防止和纠正违法的或不当的具体行政行为，保护公民法人和其他组织的合法权益，保障和监督行政机关依法行使职权。"

⑦ 应松年.当代中国行政法（下卷）[M].北京：中国方正出版社，2005：1677.

⑧ 杨小君.我国行政复议制度研究[M].北京：法律出版社，2002：12.

⑨ 毕可志.论行政救济[M].北京：北京大学出版社，2005：187.

⑩ 吴应武，李浩忠.行政复议[M].北京：新华出版社，1990：5-7.

⑪ 此处借鉴了《新约·马太福音》第12章第17节中耶稣对陷害他的人派来的门徒说的话："该撒的物当归给该撒，神的物当归给神。"也就是平常所说的"凯撒的归凯撒，上帝的归上帝"，这句话的意思大约是，大家都有属于自己的事情，应当各司其职，是谁的终究就是谁的，不能把不属于某一方的东西强加给它。

放在首位的安排可以说是对立法者主张行政监督本意的一种直观反映。更主要的是，行政复议的行政监督性是其自身内部矛盾规律的必然要求和产物。行政复议司法化的权益救济功能只是行政复议发挥行政监督这一核心性功能时产生的附随效果，是一种副产品，不是影响行政复议性质的主导者和决定者，对事物性质决定作用的只能是其中的主要矛盾的主要方面，而这一主要矛盾的主要方面正是行政复议的行政监督属性。认为行政复议的本质是司法性或是兼具行政与司法性以及主张将行政复议司法化的观点是违背行政复议自身本质规律的，同时也是没有必要的。本文尝试从法权制约理论和非司法化两个面向来论述和证立这一观点，希望能够有助于实现行政复议本质属性的正本清源。

二、对传统权力制约理论的革新——法权制约理论的提出与阐释

本文对行政复议本质的分析探讨建立在一个新的理论框架下，该理论是在对传统的权力制约理论——三权分立理论进行分析和思考的基础上针对三权分立理论存在的某些局限或缺陷而提出来的，在一定程度上促进了权力制约理论的完善和发展。

（一）对传统权力制约理论——三权分立理论的再认识

众所周知，在现代法治国家，分权是为了防止权力行使过于集中，通过分散权力来让权力之间相互制约，最终达到保障权利的目的，因此，分权就意味着权力的制约。权力的制约包括横向的权力制约和纵向的权力制约两种形态，横向的权力制约是指立法权、行政权和司法权这三者之间的制约，纵向的权力制约是指中央权力和地方权力之间的制约。三权分立是一种传统的现代分权理论，作为一种横向的权力制约理论，它的发展和演进经历了比较长的一段时期，从亚里士多德的政体三要素论（议事、行政、审判）[①]到古罗马的波里比阿提出"政体三要素之间要相互配合与制约"。后来洛克在

《政府论》中将国家权力分为立法权、行政权和对外权三种权力[②]，初步形成了现代意义上的权力制约理论。继洛克之后，法国启蒙思想家孟德斯鸠进一步发展了分权理论，提出了著名的"三权分立"理论，其在《论法的精神》中将国家权力分为三种：立法权、行政权和司法权。至此，现代意义上相对比较成熟和完善的权力制约理论形成了。这种横向的权力制约理论是指通过法律规定将三种权力分别交给三个不同的国家机关管辖，既保持各自的权限，又要相互制约保持平衡。[③] 三权分立思想对美国的制宪者影响很大，同时对世界各国的立宪运动也产生了广泛深远的影响，可以说为人类宪政、自由和民主事业的进步做出了极大的理论贡献。

三权分立理论在世界宪政史上的地位和作用是无可替代的，但是作为特定历史时期的产物，随着时代的进步和发展，它不可避免地会产生一些时代上的局限性和狭隘性。在当今社会，各种表现权力与权利之间关系的社会现象较之以前更加纷繁复杂，表现权力与权利各自内部关系的现象也层出不穷，单纯反映横向权力制约关系的三权分立理论无法满足这些新的社会需要，不能充分发挥对社会法律实践的指导作用。具体而言，三权分立在与当今社会法律实践的契合上存在的理论瑕疵主要有以下三点：第一，它只强调权力对权力的制约，却忽视了权利对权力的制约。第二，它只强调不同性质权力之间的制约，却忽视了相同性质权力内部的制约。第三，它只包括权力在横向上的制约，没有涵盖权力在纵向上的制约。上述理论瑕疵的存在导致三权分立这一传统的权力制约理论无法解释很多新生的社会法律现象，比如行政复议、中央和地方的关系等等，这在客观上就要求一个更加健全完善的制约理论来为其提供理论指导和支撑，而经过针对性缺陷弥补和反复性经验总结所形成的相对比较完善的法权制约理论可以很好地胜任这一工作。

（二）权力制约理论的革新——法权制约理论的提出与阐释

法权制约理论[④]一开始是在对行政复议内部的权力（利）结构进行微观分析时发现的，后经过归纳

---

① 亚里士多德. 政治学[M]. 北京：商务印书馆，2007：218.
② 洛克. 政府论[M]. 北京：北京出版社，2007：124 - 125.
③ 孟德斯鸠. 论法的精神[M]. 北京：商务印书馆，2005：185.
④ "法权"一词借用了童之伟教授提出并证明的"法权中心主义理论"中的法权概念，其内涵与之相同，均包括三个方面的关系，即权力与权利的关系、权力与权力的关系、权利与权利的关系。同时童教授认为，由于"法权"在这里是一个具有全新含义的词，所以在英文中翻译为"faquan"最为合适。参见童之伟. 法权中心主义要点及其法学应用[J]. 东方法学，2011（1）：3 - 15.

总结予以提炼出来，它是关于权利与权力制约的理论，包括三个方面的内容：第一，权利与权力之间的制约，第二，权力与权力之间的制约，第三，权利与权利之间的制约。其中，前两项内容主要适用于公法的范畴和领域，如行政法等领域；第三项则只在私法领域适用，如民商法等领域；由于行政复议的本质是属于公法范畴的概念，因此这里主要对前两项内容做具体阐述。

第一项内容是权利与权力之间的制约关系。因为权利与权力之间的制约是双向的，因此该制约关系涵盖两个层次，每个层次又分别包含两项内容。第一个层次是权利对权力的制约，它包括两个方面的内容：一是公民权利对相同性质权力的制约，二是公民权利制约对不同性质权力的制约。第二个层次是权力对权利的制约，它也包括两个方面的内容：一是相同性质的权力对公民权利的制约，二是不同性质的权力对公民权利的制约。

具体就第一个层次来说，对权利对权力的制约一个最集中的体现是我国宪法第 41 条第 1 款的规定："中华人民共和国公民对于任何国家机关和国家工作人员，有提出批评和建议的权利；对于任何国家机关和国家工作人员的违法失职行为，有向有关国家机关提出申诉、控告或者检举的权利……"这一条款集中并且直接体现了公民监督权利对国家公共权力的制约，而这一国家公共权力既包括横向的立法权、行政权和司法权，又包括纵向的中央权和地方权。由于权力种类和内容的多样性，因此该层次制约关系又同时包括两个方面的内容：一是公民权利对不同性质权力的制约，比如，在行政诉讼中，公民向法院请求审查行政机关的行政行为就同时体现了公民的起诉权对法院司法权要求监督行政行为的直接制约和对行政机关行政权的间接制约；二是公民权利对相同性质权力的制约，比如，在行政复议中，公民向上级行政机关请求监督下级行政机关的行政行为就同时体现了公民的复议申请权对上级行政机关行政权要求监督下级行政机关行政行为的直接制约和对下级行政机关行政权的间接制约，而我国刑事、民事、行政三大诉讼法中均有规定的二审程序和审判监督程序则体现了公民的上诉权和申诉权对上级法院司法权要求监督下级法院司法权的直接制约和对下级法院司法权

的间接制约。

具体就第二个层次来说，对权力对权利的制约从深层次来说就是指当公共利益与个人利益产生冲突时公共利益对个人利益的优先和超越，这主要体现在我国宪法第 51 条："中华人民共和国公民在行使自由和权利的时候，不得损害国家的、社会的、集体的利益和其他公民的合法的自由和权利。"这一条文表明了代表公共权力的国家、社会、集体利益对代表公民权利的个人利益的制约和限制。同样，由于公共权力种类和内容的多样性，可以把该层次的制约关系分成两个方面：一是不同性质的权力对公民权利的制约，比如刑诉法规定对公民的逮捕（对公民人身自由的剥夺）由法院决定或检察院批准或决定并由公安机关执行，这体现了司法权和行政权不同性质的公权力对公民权利的制约，又如公民当选检察院院长的政治参与权利由本级人大选举产生后还需要经过上级检察院的批准；二是相同性质的权力对公民权利的制约，比如我国刑诉法中规定，公民生命权的剥夺由中级以上终审法院审判决定并由最高人民法院核准之后交原审法院执行就体现了属于同一性质的上下级司法权对公民权利的制约，又如公民经营某些特许行业的权利必须由同一等级多个不同的行政部门或是不同等级的多个行政部门如工商、审计、税务和环保等部门均审查和批准之后才能行使。

第二项内容是权力与权力之间的制约关系。由于权力具有内外部之分，因此该制约关系也可以分为两方面的内容：一是相同性质权力内部之间的制约关系，二是不同性质权力之间的制约关系。

就相同性质权力内部之间的制约来说，主要存在立法权力内部之间的制约、行政权力内部之间的制约和司法权力内部之间的制约三种情况。立法权力内部之间的制约主要体现在我国宪法第 62 条第 11 项①、第 67 条第 7 项和第 8 项②的规定中，以及《立法法》的第 88 条关于立法权监督的规定。行政权力内部之间的制约主要体现在我国宪法第 89 条对国务院行政职权的规定和地方组织法第 55 条、第 59 条对地方上级行政机关对下级行政机关领导和监督权的规定之中。司法权力内部之间的制约则主要体现在我国宪法第 127 条第 2 款规定的"最高人民法院监督地方各级人民法院和专门人民法

①　我国《宪法》第 67 条第 11 项的内容为：全国人民代表大会有权改变或者撤销全国人民代表大会常务委员会不适当的决定。
②　我国《宪法》第 67 条第 7、8 项的内容为：全国人民代表大会常务委员会则有权撤销国务院制定的同宪法、法律相抵触的行政法规、决定和命令以及省、自治区、直辖市国家权力机关制定的同宪法、法律和行政法规相抵触的地方性法规和决议。

院的审判工作，上级人民法院监督下级人民法院的审判工作"这一条文中。

不同性质权力内部之间的制约是三权分立理论内容的核心，也可以说是三权分立理论的全部内容，是最常见和最常用的内容。该制约关系具体包括立法权与行政权之间的制约、立法权与司法权之间的制约以及司法权与行政权之间的制约三个层面，最能体现这一制约关系的就是美国联邦宪法关于三权分立的规定，在我国法律条文中，最常见的则是我国《行政诉讼法》第 5 条规定的司法权对行政权的制约以及宪法和《刑事诉讼法》都作出规定的公检法三机关进行刑事诉讼时司法权与行政权之间的双向制约。① 同时我国宪法和地方组织法规定的各级人大及其常委会对"一府两院"的监督，行政机关行使行政权以及司法机关行使司法权都只能在立法机关制定的法律范围内活动，都体现了立法权对行政权和司法权的制约。

通过上述介绍和阐释，可以发现，与三权分立理论相比，法权制约理论能够解释的社会法律现象更加完整和全面一些，它弥补了三权分立理论自身存在的缺陷，第一，它不仅强调权力对权力的制约，还涵盖了权利对权力的制约；第二，它不仅强调不同性质权力之间的制约，也包括了相同性质权力内部之间的制约。第三，它不仅包含了权力在横向上的制约，也囊括了权力在纵向上的制约。因此有理由认为法权制约理论比传统的权力制约理论拥有更广阔的理论市场和适用空间，下文将把该理论首先适用于行政复议制度的解释和透视，以求窥探和揭示出行政复议的内部权力（利）结构。

从法权制约理论在公法领域适用的效果来看，主要存在以下两个特点：一是权利制约权力的效果不如权力制约权力，二是相同性质权力内部的制约效果不如不同性质权力之间的相互制约。先看第一个特点，权利制约权力的效果没有权力制约权力的效果好的原因在于，公民拥有的权利比较分散，如同一盘散沙，能够产生和发挥的力量也比较分散、弱小和有限；而公权主体拥有的权力则非常集中，好似铁板一块，能够产生和发挥的力量则比较强大和集中，两相比较，显而易见的是，一盘散沙对抗一块铁板的效果肯定没有铁板与抗铁板对抗的效果好。就第二个特点而言，相同性质权力内部的

制约效果不如不同性质权力之间的制约的效果的原因在于，相同性质的权力由于属于同一个系统，具有同质性、亲近性和暧昧性，因而它们在内部产生的矛盾和冲突比较少，这种权力内部的制约受到的阻力和障碍比较小、比较少，因此运作起来速度更快一些，效率也更高一些，一个比较典型的例子就是行政复议，它所体现的就是上级行政机关的行政权对下级行政机关的行政权的制约与监督；与之相对的是，不同性质权力由于属于不同的系统，不具有同质性，亲近性和暧昧性少一些，因而它们之间的矛盾和冲突相对比较多一些、大一些，这种不同性质权力之间的制约受到的阻力和障碍也就比较大，因此运作起来的速度难免会慢一些，最终达到的效果会更公正一些，一个比较典型的例子就是行政诉讼，它所体现的就是行政机关的行政权对司法机关的司法权的制约与监督。

此外，这里还需要注意的是：制约的效果不好并不意味着该种制约没有意义或意义不大，制约的效果很好也并不意味着该种制约的意义很大或者就能够适合所有的制度。制约效果的好坏与其意义的大小关系不大，这主要应当去看制约效果所体现的客观价值能否适用到适当的、与之契合的制度中去，如果制约效果所体现的客观价值能够与其适用的制度相契合，那么该种制约就能够发挥其应有的积极意义；如果制约效果所体现的客观价值不能够与其适用的制度相契合，那么该种制约就无法发挥出其应有的积极意义，甚至会产生诸多消极的负面影响。前者有利于实现效率的价值，适合行政权的运作；后者有利于实现公平公正的价值，则比较适合司法权的运作。

三、行政复议的法权制约结构透析与其本质揭示

这一部分对法权制约理论进行具体制度层面的适用，将法权制约理论用于分析和透视行政复议等制度内部的权力（利）结构，在此基础上对行政复议的本质属性做出合理恰当的揭示与论证。

（一）行政复议法权制约结构的微观透视

在行政复议制度的架构中有三方主体参与，分别是复议申请人、行政复议机关（一般为上级行

① 我国《宪法》第 35 条和刑事诉讼法第 7 条都作出规定："人民法院、人民检察院和公安机关进行刑事诉讼，应当分工负责，互相配合，互相制约，以保证准确有效地执行法律。"

政机关）和被申请复议机关（一般为下级行政机关），这三方主体之间蕴含着三种权力或权利制约关系：第一种是公民权利对上级行政权力的监督和制约，这种制约是公民直接向上级行政机关提起的，因而对上级行政机关的制约具有直接性，是一种直接性的制约；第二种是公民权利对下级行政机关的监督和制约，这种监督制约是公民通过向上级行政机关提起而让上级行政机关来监督下级行政机关依法行政的，因而对下级行政机关的制约具有间接性，是一种间接性的制约；以上这两种是对相同性质权力的制约。第三种是上级行政机关对下级行政机关在行政权系统内部之间的制约。这种监督制约是上级行政权力对下级行政权力的直接监督，因而具有内部性和直接性的特点。行政复议内部的这种权力（利）结构关系可以用图 1 来表示。

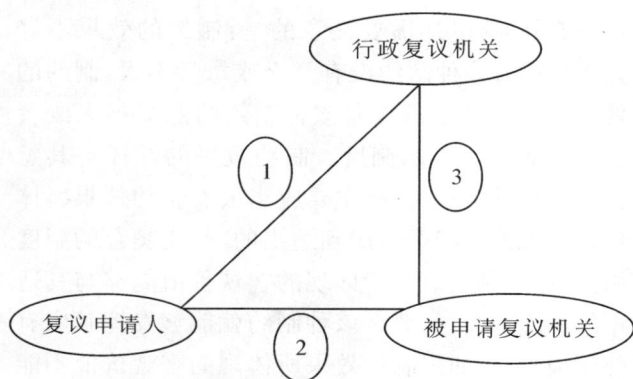

图 1　行政复议法权制约结构图

注：其中①是指公民权利对上级行政权力的制约（具有外部性、直接性），②是指公民权利对下级行政权力的制约（具有外部性、间接性）③是指上级行政权力对下级行政权力的制约（具有内部性、直接性）。

（二）行政复议的行政本质——基于法权制约理论的揭示

在法权制约理论背景下，行政复议制度的内部权力（利）结构可以被概括描述为以下两个方面：第一，公民权利对相同性质的行政权力的外部制约，包括对上级行政权力的直接制约和对下级行政权力的间接制约；第二，相同性质的行政权力内部之间上级行政权对下级行政权的直接制约。对行政复议的这一内部结构进行分析之后可以得出以下几个结论：

1. 行政复议只涉及了两种权力（利），分别是公民的复议申请权和行政机关的行政权，该行政权在该结构中被划分为上级和下级两种，此外，再没有涉及任何其他的权力如立法权和司法权。

2. 在行政复议所反映的法权制约微观结构中，公民的复议申请权对行政复议机关和行政被复议机关的制约主要起到一个最初的启动作用，表现为复议申请人向上级行政复议机关直接提出复议的请求以及通过上级行政复议机关对下级行政被复议机关的行为进行监督而间接要求下级被复议机关纠正其违法或不当行政行为。这种初期的启动作用并不是行政复议制度主要的构成部分，也不占主导地位，只占据次要的地位。

3. 在行政复议所反映的法权制约微观结构中构成其主要地位并占据其主导地位的只能是做出具有实质性效力决定的上级行政复议机关对其下级行政被复议机关的制约和监督，即上级行政权力对下级行政权力的制约和监督。因为在整个行政复议活动中，复议申请人只在启动复议程序时发挥了关键性作用，其在行政复议程序启动之后的主要活动中并不占据主导地位，而只是一个附属性的角色。在接下来的复议活动中，基本上是上级行政复议机关登台主演的时刻，与其演对手戏的是下级行政被复议机关的行政行为，主演的内容则是其利用自身拥有的行政职权对下级行政被复议机关的行政行为进行实质性的监督和审查。从很大程度上说，是它主导着整个复议活动，最终也是它对下级行政机关的行政行为做出有实际影响力的复议决定。因此，在行政复议制度中，上级行政权力对下级行政权力的制约和监督占据着主要和主导的地位。

4. 普遍的哲学原理认为，矛盾具有普遍性，它存在于一切事物当中，事物的性质是由事物中的主要矛盾的主要方面决定的，事物中的次要矛盾和事物中主要矛盾的次要方面都不能决定事物的本质属性。在行政复议制度中，有三对矛盾存在，分别是复议申请人与上级行政复议机关相互制约的矛盾、复议申请人与下级行政被复议机关相互制约的矛盾、上级行政复议机关与下级行政被复议机关相互制约的矛盾。前文已经分析过，前两对矛盾只是次要矛盾，它们不能决定行政复议的属性，第三对矛盾才是行政复议制度中的主要矛盾。该主要矛盾包含两个方面：其一是上级行政复议机关对下级行政被复议机关的监督和制约，其二是下级行政被复议机关对上级行政复议机关监督的服从和一定程度的反制约。很显然，第一个方面是其主要方面，第二个则是其次要方面，因为很明显地就可以看出是上级行政复议机关对下级行政被复议机关的监督和制约在主导着整个行政复议制度和活动的运行。

5. 由上可知，行政复议的性质是由行政复议的主要矛盾的主要方面决定的，即行政复议的性质是由上级行政复议机关对下级行政被复议机关的监督和制约这一因素所决定的，而上级行政复议机关对下级行政被复议机关的监督和制约所体现的正是上级行政机关对下级行政机关的行政监督，其本质是一种行政权力内部的监督，是行政权力系统内部的自我制约，因而行政复议的本质属性应当是行政权力的内部监督或者说是行政监督，它所体现的是一种行政性，而不是司法性，也不是所谓的颇具折衷效果的行政司法性。

（三）一个辅助论证：以行政诉讼为例对法权制约理论的验证

本部分内容的主要目的在于，通过对具有典型司法性属性的行政诉讼在法权制约理论框架下的权力（利）结构透视与分析，来验证法权制约理论是否具有广泛的指导性和适用性，以增强法权制约理论对行政复议本质属性论证正确性的说服力和可信度，避免为人诟病的缺乏信服力的孤证情形的存在。法权制约理论并不是仅仅只能适用于揭示和论证行政复议的本质属性，它在揭示和论证其他权力（利）行为如行政诉讼的性质上同样能够发挥至关重要的作用，下面将以行政诉讼为例来验证该制约理论的正确性与可信性。只要能够通过法权制约理论论证揭示出行政诉讼在本质上的司法属性，就意味着该制约理论适用于揭示和论证行政复议的本质属性绝对不是一个孤证，同时在一定程度上也能够说明它完全具备作为一种科学理论所有的指导性和一定范围内的适用性。

在行政诉讼制度的架构中存在着三方主体，分别是原告、法院和被告（被告恒定为行政机关），这三方主体之间同样蕴含着三种制约关系：第一种是公民权利对法院司法权的监督和制约，这种监督制约是公民直接向法院提起的，因而对法院的制约具有直接性，是一种直接性的制约；第二种是公民权利对行政机关的监督和制约，这种监督制约是公民通过向法院提起而让法院来监督行政机关依法行政的，因而对行政机关的制约具有间接性，是一种间接性的制约；以上这两种是对相同性质权力的制约。第三种是法院司法机关对行政机关在两个不同的权力系统之间的制约，是来自行政权系统外

部的司法权对行政权的制约，这种监督和制约具有外部性和直接性的特点。行政诉讼内部的这种权力（利）结构关系可以用图 2 来表示。

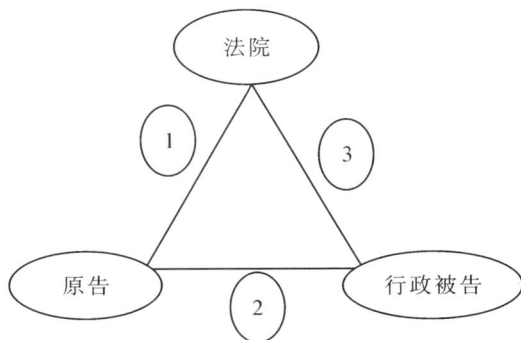

图 2　行政诉讼法权制约结构图

注：其中①是指公民权利对法院司法权力的制约（具有外部性、直接性），②是指公民权利对行政权力的制约（具有外部性、间接性）③是指法院司法权力对行政权力的制约（具有外部性、直接性）。

在这里有必要说一下的就是，为何行政复议的结构图要用直角三角形来表示，而行政诉讼的结构图却要用等腰三角形来表示，原因在于，在行政复议中虽有三方主体却只存在两个系统，一个是复议申请人的公民权利系统，一个是行政机关权力系统，其中上级行政复议机关和下级行政被复议机关他们隶属同一个系统，都是行政机关或行政权力系统，因此它们属于同一个阵营，与公民阵营相对，用直角三角形表示较为合适恰当；在行政诉讼中也存在三方主体，但该三方主体都有属于自己的系统或阵营，原告属于公民权利系统，被告行政机关属于行政权力系统，法院属于司法权力系统，三者互不隶属，分属三个阵营，法院作为中间裁决者，应当与它们保持相同的距离以示平等对待，因此用等腰三角形表示甚为合理妥帖。

在法权制约理论背景下，行政诉讼制度的内部权力（利）结构可以被概括描述为以下两个方面：第一，公民权利对不同性质的行政权力的外部制约，包括对法院司法权力的直接制约和对被告行政权力的间接制约；第二，不同性质权力之间的外部制约，即法院司法权对被告行政权的制约。对行政诉讼的这一内部结构进行分析之后亦可得出以下几点结论。

1. 行政诉讼涉及三种不同性质的权力（利），分别是原告的公民起诉权、被告行政机关的行政权和法院的司法权。

2. 在行政诉讼所反映的法权制约微观结构中，

原告公民的起诉权对法院和被告行政机关的制约也只是主要起到一个最初的启动作用,主要表现为原告向法院直接提出诉讼请求以及通过法院对被告的行政行为进行审查而间接要求行政机关纠正其违法具体行政行为,这种最初的启动作用并不是行政诉讼制度主要的构成部分,也不占主导地位,只占据次要的地位。

3. 在行政诉讼所反映的法权制约微观结构中构成其主要地位并占据其主导地位的只能是做出具有实质性效力裁决的法院对被告行政机关的制约和审查,即司法权对行政权的制约。因为在整个行政诉讼活动中,作为原告的公民只在启动诉讼程序时发挥了关键性作用,其在行政诉讼程序启动之后的主要活动中并不占据主导地位,而只是一个附属性的角色,在接下来的诉讼活动中,基本上是法院登台主演的时刻,与其演对手戏的是被告行政机关的具体行政行为,主演的内容则是其利用自身拥有的司法权被诉行政机关的具体行政行为进行实质性的审查,从很大程度上说,是法院主导着整个诉讼活动,最终也是法院对被告行政机关的具体行政行为做出有实际影响力的判决或裁定,因此,在行政诉讼制度中,法院司法权对被告行政权的制约和审查占据着主要和主导的地位。

4. 同样的,根据普遍的哲学原理,事物的性质是由事物中的主要矛盾的主要方面决定的,事物中的次要矛盾和事物中主要矛盾的次要方面都不能决定事物的本质属性。在行政诉讼制度中,有三对矛盾存在,分别是原告与法院相互制约的矛盾、原告与行政被告相互制约的矛盾、法院与行政被告相互制约的矛盾,而根据前文所述,前两对矛盾只是次要矛盾,它们不能决定行政诉讼的属性,第三对矛盾才是行政诉讼中的主要矛盾。该主要矛盾包含两个方面:其一是法院对行政被告的审查和制约,其二是行政被告对法院审查的服从以及一定程度的反制约。显而易见,第一个方面才是其主要方面,第二个则是其次要方面,因为很明显地就可以看出是法院对行政被告的审查和制约在主导着整个行政诉讼制度和活动的运行。

5. 由上可知,行政诉讼的性质只能由行政诉讼的主要矛盾的主要方面来决定,即行政诉讼的性质是由法院对行政被告的审查和制约这一因素所决定的,而法院对行政被告的审查制约所体现的正是司法权对行政权的司法审查,其本质是一种不同性质权力之间的制约,是司法权对行政权的外部制

约,因而行政诉讼个的本质属性应当是司法权对行政权的审查或者说是司法审查,它所体现的是一种司法上本质属性,而不是其他。

经过上述一番分析论证可以得出的结论是,行政诉讼的本质属性是一种司法权对行政权的审查,具有典型的司法性,而这与已被当前学界普遍认同的行政诉讼的司法性这一主流观点是完全一致的,如此也就验证了我们当初假设的正确性,即以法权制约理论为分析和论证框架而揭示出的行政复议的行政本质属性的结论并不是真伪不明的,而是值得学界广泛认同和信服的。

将行政复议和行政诉讼这两种制度比较来看,在法权制约理论的分析框架下,不论是行政复议还是行政诉讼,它们的本质属性都能够得到恰当妥帖的解释和揭示。这也说明了法权制约理论完全有能力成为它们新的理论基础,作为行政复议与行政诉讼制度的理论支撑和阐释的依据。同时也可以清晰地看到两者在本质上的不同之处:一个具有行政性,是一种行政监督;一个则具有司法性,是一种司法审查。虽然它们在具体的制度运行和操作过程中都会发挥一定的甚至是颇为明显的权利救济功能,但是经过上面的分析与证明,它们的本质属性并不在于救济,而在于监督和制约,这应当是它们的本来面目。

四、行政复议的行政性与非司法化

(一) 行政复议司法化的社会背景及其反驳

行政复议的本质在法权制约理论的分析框架下得到了合适的解释与说明,即行政复议在本质上是一种行政监督,具有行政性。但是,近年来随着社会进入转型期所致的社会矛盾和官民纠纷的频繁多发与广泛显现,再加上社会纠纷解决方式和途径的非常有限,在社会法律实践中很容易导致各种社会纠纷的解决呈现出"剪不断,理还乱"的混乱局面。原本作为一种行政内部监督的行政复议制度在当下不可避免地被"拉过来"用于社会矛盾和纠纷的解决,前文已经说过,解决纠纷和权益救济都只是行政复议发挥行政监督功能时产生的附带性效果,并不是它的"主业"和擅长,要求行政复议做它并不擅长的工作本身就违背了其自身的规律,因此用它来解决争议和救济公民权利出现普遍不理想的效果是在所难免的。

在当前我国各种矛盾、冲突和纠纷复杂频发的社会转型时期,很多学者认为必须要强化行政复议

解决争议和权利救济的功能，最好的途径和方法就是将行政复议予以司法化。由此主张把大量的司法程序引入到复议程序当中，甚至希望行政复议的程序能够和行政诉讼的司法程序完全一样，满足中立、充分参与和辩论、对抗等程序性特点，在他们看来，经过司法化改造的行政复议也就能像行政诉讼一样发挥他们所迫切需要的争议解决和权利救济的作用了。而这种主张把大量司法性程序引入行政复议制度之中，期望通过大量扩充行政复议程序中的司法性程序甚至将其司法化的观点是一种为了解决眼前的难题而忽视行政复议自身规律或本性所提出的权宜之计和暂缓之策，想法和初衷是好的，但是却是不够冷静、理性和科学的，甚至是有些浮躁的。

同时，由于体现行政复议本性的监督功能受到当前我国行政本位制和行政一体性的影响也很难发挥其擅长的"主业"。所谓"皮之不附，毛将焉存"，主要功能不彰显，附带性的效果又怎么能实现得好？对于这个问题，不能犯"头痛医头，脚痛医脚"的毛病，而应该找出病根子来"开方抓药"，否则只能是权宜之计，而在细枝末节上的小修小补是不能达到彻底根治效果的。让行政复议发挥好其附带性争议解决和权利救济功能的正确途径是，坚持并充分发挥行政复议的行政监督本性，只要行政监督的"主业"功能发挥好了，作为附带性效果的解决争议和救济权利的"副业"自然也就会随之好起来。在社会现实的压力下企图走违背行政复议自身规律这一旁门左道的"捷径"容易出现欲速则不达的后果，是不可取的做法。

（二）行政复议司法化的价值追求及其批判

关于"行政复议制度司法化"的含义，有学者作出以下界定："行政复议的司法化，从性质上讲是在保持以行政方式解决争议的效率的同时，尽量引入司法程序所具有的独立性和公正性，是行政复议制度实现公平与效率的有机结合，最大限度的保护公众的合法权益。"认为行政复议司法化应该包含三层含义：一是行政复议组织应该具有相对独立性，不受外界干扰；二是行政复议程序应该具有公开性和公正性，三是行政复议结果应该具有准司法效力，司法机关对复议决定应当给予相当程度的尊重。[①] 当前主张行政复议司法化比较有代表性的理

由和论据可以作如下表述。

当前行政复议对争议解决和权利救济的实施效果普遍不理想，原因就在于行政复议中的司法性程序不够充分，因此为了增强上述实施的效果，有必要加大引入司法性程序的力度，让行政复议扩充更多一些的司法程序，让行政复议趋向司法化。只有通过司法化才能给行政复议带来独立性，也只有通过司法化才能给行政复议带来公开性和公正性，从而能让行政复议更好地发挥争议解决和权益救济的作用。

从"行政复议司法化"的含义可以看出，持行政复议司法化论者企图通过行政复议的司法化来实现对效率与公平这两种价值取向的兼顾，希望既能有效率的解决争议，又能公平公正的保障公民的权益。但事实上，在以追求效率为主要价值的行政权力的内部框架中，想要兼顾效率与公平很难实现，行政复议的权力（利）结构体现出行政复议是一个行政权力主导的活动和制度，这就在一定程度上决定了行政复议的价值取向只能是以效率为主，以公平为辅的情形，而不能可能是其他情形，对公正与效率价值取向的追求只能侧重其中的一方，兼顾另一方，不可能是两者都并行侧重的"并重模式"。正如有学者指出："侧重保护公民权利的形成公正模式，侧重提高行政效率的形成效率模式"，[②] 而既侧重效率价值又侧重公平价值的所谓"并重模式"则不可能存在，只能是支持者们的一厢情愿。

因此，不能把太多的东西附加在行政复议的身上，既要求它能够及时快速得解决行政纠纷，又要求它能够公平公正的保护公民的合法权益，既想追求很高的办事效率，又不想牺牲一定的公平公正，这是行政复议不能承受之重。公平和效率这两种价值是成反比的，是不可能同时兼得的，只能在具体的制度设置中有所侧重才可以，比如行政复议侧重效率价值，行政诉讼侧重公平价值，这样，在不同的制度中，这两种价值就会得到很好地实现。

当前学界好像普遍有一种心态，只要是涉及争议解决和公民的权益救济的制度或方式，不管其原本是什么样子的，一定要朝着司法化的方向去改造。即要解决纠纷和保障公民权益，就最好一定要公平公正，而要实现公平公正，就最好一定要向司法机关看齐，各种处理的程序和手段一定要体现司

①　周汉华.行政复议司法化：理论、实践与改革[M].北京：北京大学出版社，2005：8.

②　周汉华.行政复议司法化：理论、实践与改革[M].北京：北京大学出版社，2005：95.

法性,最好与司法程序很相似或很接近,大量的引入和吸收司法性程序。似乎只有都与司法机关处理纠纷的方式相同或相似,才能更好地实现解决纠纷和救济权益的目的,这就是所谓的"泛司法化"现象。即倾向于把所有的纠纷解决模式都改造成司法机关对纠纷的解决和处理方式方法,而罔顾其原本解决纠纷方式的独特功能与价值,因而是一种违背事物本性的强行改造,这样不仅其自身原本功能发挥的受到了一定限制,而且被改造后的新机制能否真正发挥理想中的效果仍是存有疑问、无法确定的。很不幸,上述行政复议司法化支持者的论据和理由就是一种"泛司法化"思维的体现。在行政复议实践中存在的对行政复议做司法化改造、推动行政复议司法化的行为就是这样一种罔顾行政复议本质属性的"泛司法化"现象,这会把行政复议引入"泛司法化"的歧路,从而丧失其自己得以安身立命的独特功能与价值,因此,"泛司法化"的歧路或泥潭应当是行政复议制度在实施的过程中所要着力避免进入的。

（三）行政复议非司法化的必要性、可行性及实效性

由于行政复议在本源上就是一种具有很强监督性的行政行为,因此,不可否认亦不可避免的,它肯定会带有一些与司法程序要求相同或相似的程序特征,但是它与具有典型司法性的司法行为却有着根本不同的属性。行政复议和行政诉讼在行政法领域扮演着不同的角色,都各自发挥着属于自己的互不相同的独特功能和意义,正是它们之间存有的本质差异性才使得行政复议具有不同于行政诉讼的独立、独特的存在意义,否则法律为何要同时设置两种基本相同或相似的制度,这不是毫无意义的重复吗? 因此,基于对行政复议独立及独特存在价值维护的考虑,行政复议应当坚持其行政性和监督性,绝对不能彻底司法化,虽然它也含有一些类似司法程序的相关程序,但是也不宜称之为行政司法行为。以下从四个方面对其具体展开论述。

1. 行政复议不能也没有必要被司法化

行政诉讼是司法性的典型,它体现的是一种完全和彻底的司法性,从行政监督与司法审查的区别来看,二者追求的价值取向是截然相反的,但是在功能和优势上是互补的,它们是并行独立的权力监督制度。

行政监督属于行政权的行使,注重效率,坚持效率优先、兼顾公平,适用的是以效率为基本价值取向的行政程序,具有高效、便民、及时、快捷、免费、成本低的优势和特点,为保证一定的公正性,行政复议可以借鉴一些具有所谓司法性因素特征的程序或手段,比如居中判断、利益回避、地位平等、过程公开、充分辩论质证等体现公平公正价值取向的程序制度。

司法审查属于司法权的运作,注重公平,坚持公平优先、兼顾效率,适用的是以公平公正为基本价值取向的诉讼程序,效率低、耗时、缓慢、成本高的优势和特点,为兼顾一定的效率性,也会包含一些具有效率色彩的程序,比如答辩期限、举证期限、审理期限、送达期限等体现效率价值取向的程序制度。

行政复议和司法审查这两者之间可以相互汲取借鉴的,所谓"他山之石,可以攻玉",通过相互借鉴对方合理的成分来完善自己并促进自身效果的发挥是非常值得提倡的,但是借鉴不是照搬照抄,也不是"全盘异化",绝对不能被对方所同化从而异化为另一种性质的东西,不能让行政监督过多的扩充所谓司法性的程序,一旦扩充的司法性程序达到了较高的程度,行政复议就有可能陷入"全盘司法化"的境地,如果行政复议被基本上司法化,它将会变成以公平为主要价值取向的制度,它和行政诉讼的价值追求就将变得完全相同,果真如此的话,行政复议也就丧失了独立存在的价值和意义。

当前社会利益需求的多元化,必然导致各种社会纠纷解决方式的多元化,行政复议与行政诉讼这两种不同性质的监督制度恰好可以满足人们对社会纠纷多元化所要求的纠纷解决方式多元化的需求,一旦行政复议真的被所谓的"司法化"了,那么这两者都要采取相同的司法性程序和方式来纠纷解决,这样就会导致原本多元化多样化的纠纷解决途径和方式遭到极大的破坏和削弱,结果反而更加不利于社会各种纠纷包括行政纠纷的解决。

进一步来说,这两者对社会发挥的作用都是对方不能够替代的,并不能因为司法审查的结果更具有公正性就把行政复议的程序转为司法程序,这种观点是不科学、不理性的,这反映出了一种面对社会矛盾和纠纷的复杂情势时所产生的不够冷静的浮躁心态,同时,这也是与社会利益多样化对纠纷解决方式多元化的需求相违背的,它们都具有自己独立存在的独特意义和价值,绝对不可偏废其一而只侧重另一个。

综上，基于行政复议的独立存在意义和对矛盾纠纷解决的独特价值，它是不能也没有必要被司法化的。

　　2. 行政复议也不宜被称为行政司法行为

　　首先，从行政权力的演化历程（见图3）来看，立法权最先分出，其次是司法权，最后剩下的就是行政权的范围[①]。有学者曾经说过，除去立法的，再除去司法的，剩下都是行政的。由此可见，行政权的范围具有兜底性，行政权是一种兜底性的权力，它包括的内容比较广泛。如图三所示，行政权存在三种意义上的形态，一种是广泛意义上的行政权，一种是通常意义上的行政性权，一种是纯粹意义上的行政权，目前最常用、最有使用价值的就是第二种意义上的行政权即常义行政权。分权理论发展至今，"准司法执行权"尚未分出，为广大学者们乐于称道的"行政司法行为或曰准司法行为"就是所谓"准司法执行权"的实施行为，因此，有一些准司法性因素是被包含在常义行政权的范围之内的，也就是说，常义行政权具有准司法性因素的自身原始蕴含性。所以，行政复议作为一种行政监督行为，本身就已经包含了某些体现公正价值的所谓准司法性因素，比如利益回避、听取意见、参与辩论和质证、说明理由等程序。同样的，行政处罚、行政许可和行政强制等一般行政行为也都内含有一些准司法性程序因素，只是行政复议由于自身的监督性较强致其包含的准司法性因素相对比较多一些，准司法性特征比较明显一些而已，行政复议与普通行政行为在本质上具有相同的属性，只是在所包含准司法性因素的数量和程度上有所不同。

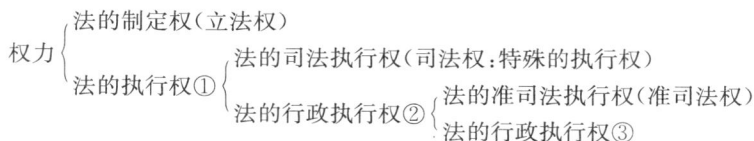

权力 { 法的制定权（立法权）
法的执行权① { 法的司法执行权（司法权：特殊的执行权）
法的行政执行权② { 法的准司法执行权（准司法权）
法的行政执行权③

图3　权力的分化演进历程

注：其中①是广义的行政权，既包括司法权这一比较特殊的执行权，又包括一般意义上我们通常所称的行政权；②是目前一般意义上我们通常所称的行政权，可以称为常义的行政权；③是纯粹意义上的行政权，不含任何杂质，可以称为纯粹的行政权，目前尚未分出。

如此看来，将行政复议称为行政行为或是行政监督行为在目前的分权理论背景下来说是非常合适和恰当的，现在还不宜将其称为行政司法行为或是准司法行为。同时，行政权所具有的这种准司法性因素的自身原始蕴含性也意味着行政复议完全没有必要再通过让自身司法化的途径来过分追求本不属于自己的公平价值，正如前文所言，这种矫枉过正容易让行政复议变成行政诉讼从而丧失自己存在的独特功能和意义。

　　从另一个角度来说，行政复议是一种具有很强监督性的行政行为，行政复议中存在的司法程序只是行政复议监督性的外在表现而已。监督性本身就已经包含了一些具有司法程序特征的因素，存在一些其他方面性质的因素并不意味着事物自身的本性也必将随之发生改变，否则就会违背哲学矛盾论。因此，行政复议的性质并不会发生改变，它仍然是一种行政监督行为或者说是一种行政行为（行政监督行为是行政行为的一种，行政行为是包括行政监督的，不可对行政行为的范围做狭隘的认识和理解），那些本来就被行政监督行为或者行政行为所涵盖在内的行政复议中的所谓准司法性因素并没有达到因之而足以改变行政复议本质描述名称的程度。所以，将因为具有监督属性而自身就早已经蕴含了某些所谓准司法性因素的行政复议称为行政司法行为是不合适的，不宜称之为行政司法行为。

　　另外，从域外的情况来看，英美国家的行政裁判机构虽然包括和体现了一定的司法程序，具有所谓的准司法特征，但是这种所谓的准司法特征也是行政权力本身所内含的，并没有也不能改变行政权力的性质，所以在本质上它们行使的仍然是通常意义上的行政权力，实施的行为也仍然只能是行政行为，而不宜称为行政司法行为。

　　3. 坚持行政复议的监督性并不影响其争议解决和权益救济功能的发挥，反而会促进后面二者效果的更好的实现。

[①]　洛克. 政府论[M]. 北京：北京出版社，2007：124-125；孟德斯鸠. 论法的精神[M]. 北京：商务印书馆，2005：185.

有些学者会担心，坚持行政复议的监督性并主要着重发挥其行政监督的功能不利于行政复议解决争议和救济权利作用的实现，最终将严重影响行政纠纷的解决和公民权益的保障。在笔者看来，这种担忧的初衷是好的，但是却是多余和不必要的，现将理由做如下说明。

由上文可知，行政复议在本质上是上级行政权对下级行政权的监督，其本质属性是监督性，因此，只有上级行政权对下级行政权的监督才是行政复议的核心功能，对行政争议的解决和公民权益的救济都只能是行政复议的附属性功能。其核心性功能如果得到了充分的实现和发挥，附属性的功能自然就将会得到很好的展现条件和环境。因此，核心性功能的充分施展并不影响附属性功能的发挥，相反的，它还会促进附属性功能效果的更好实现，两者是"一荣俱荣"的主副带动关系，而不是零和博弈的完全对立关系。

所以，对于行政复议来说，只要核心性的监督功能得到了充分的发挥和施展，那么解决行政纠纷和保护公民合法权益的附属性目标和效果自然就会很好的达到。如果复议机关的监督比较及时、到位的话，那么，在实施行政监督的过程中就可以有效的防止违法或不当行政行为的发生或损失的扩大，并且可以及时的纠正违法或不当的行政行为，违法和不当的行政行为一旦得到了有效的监督和纠正，复议申请人和被复议机关之间的行政纠纷和争议一般也都能够得到妥善的解决和处理，复议申请人的合法权益在很大程度上也能够得到其应有的救济和保障。

因此，上述担忧是完全不必要的，因为坚持行政复议的监督性并不会影响其争议解决和权益救济功能的发挥，反而会促进它们实现和获得更好的实施效果。

4. 坚持行政复议的行政性，有利于减少复议实践中复议机关的某些不负责任的行为，增强行政复议实际效果的发挥。

在行政复议的实践中，存在很多行政机关因为不愿被司法机关审查而对被申请复议的行政行为在"拿不准"时大多做出予以维持决定的现象，这是现行制度没有彻底坚持行政复议行政性的不良后

果。根据我国当前《行政诉讼法》的规定，只要复议机关维持对原具体行政行为做出了维持决定，申请人如果不服则只能以作出原具体行政行为的机关为被告。① 该规定将很大一部分的行政复议行为从应当受到司法机关审查的具体行政行为的范围中排除了出去，仅将改变原具体行政行为的复议决定纳入司法审查的范围，这是对行政复议制度监督的缺失和不到位，由此导致了很多复议机关侥幸心理和不负责任心态的产生。② 从某种意义上来说，《行政诉讼法》的这一规定在实践操作中架空了行政复议的实际监督功能，在一定程度上让行政复议制度的监督作用名存实亡。

而如果坚持行政复议的行政性，把行政复议当作一般的具体行政行为来处理的话，那么行政复议在本质上就是一般的具体行政行为。这样，不论复议机关做出什么决定，当事人只要不服，都有权利对该复议决定提起行政诉讼，将所有的行政复议行为纳入司法审查的范围。这样就会使复议机关原本存在的侥幸心理和不负责任的无赖心态和行为大大减少，促使复议机关能够真正认真慎重地去对待复议申请人的主张和请求，进而做出负责任的复议决定，以促进行政复议监督功能的充分发挥和实现。

五、结语：既要有所坚持，又要有所变革

通过上文可知，由于监督是行政复议的本质属性与核心性功能，效率价值是行政复议追求的核心价值，所以公平公正地解决行政争议和救济公民权益并不是行政复议的"主业"和专长，而是行政诉讼的专长。对于事物的本质规律属性不能作违背性的现实操作，要尊重事物的本性，尊重行政复议的本性，根据它的自身客观规律和本性来设置相关的实施和操作制度，扬长避短，非如此就不能充分和最大限度地发挥事物应有的作用。因此，绝不能"赶鸭子上架"，让其去做不擅长或是非自己能力范围之内的事，否则就可能会取得适得其反的效果。为此，关于行政复议制度的未来定位和走向，需要遵循既要有所坚持，又要有所变革的原则和主线，具体而言，应当采取以下措施来实现正本清源，促使行政复议回归行政监督的本性。

---

① 我国《行政诉讼法》第 25 条第 2 款规定："经复议的案件，复议机关决定维持原具体行政行为的，作出原具体行政行为的行政机关是被告；复议机关改变原具体行政行为的，复议机关是被告。"

② 比如在复议实践中，有些复议机关对被申请复议的具体行政行为违法适当与否拿不准的一律予以维持，拿得准不应当维持的很多情况也予以维持，这就是接受司法审查的侥幸心理和监督不力的不负责心态在作祟。导致这一现象的元凶就是我国《行政诉讼法》第 25 条第 2 款的规定，该规定在一定程度上消解和削弱了行政复议的行政性，违背了行政复议的本性和精神，应当予以修改或废止。

一是让行政复议回归行政的本性,坚持行政复议的行政性。行政复议行为在本质上就是一种一般的具体行政行为,由此将所有行政复议行为一律纳入司法审查的范围,[①]以此消除和减少复议机关普遍存在的不愿被司法审查的侥幸心理和监督不力的不负责心态,促使复议机关真正发挥好行政监督的功能和作用,这样,行政复议解决争议和救济权利的附属性功能所产生的附带性效果自然就会随之得到更好的实现。

二是让行政复议回归行政监督的本性,坚持行政复议的监督性,行政复议的监督性是内含于其行政性之中的。应当主要促进行政复议核心性监督功能的充分发挥,以增强其对争议解决和权利救济附带性功能和效果实现的带动性。让行政复议主要承担解决争议和权利救济的任务是其不能承受之重,这就类似于让在宪法政治体制中处于辅助地位的信访体制来承担本应该由核心政治体制如以人民代表大会制度为根本的那部分政治法律制度来承担和解决的任务[②],实际上超出了行政复议自身能力的承受范围,自然很难发挥出应有的作用。

三是尽快完成与行政复议相关制度的附属配套改革。比如严重落后于时代潮流的行政机关做被告将影响本机关领导干部等相关公务员职位利益的行政绩能考核机制。这是与建设现代法治国家的要求不相适应的,背离了社会主义政治文明建设的正确方向,如不废除必将后患无穷,不利于宪政法治国家的建设。其实,行政机关做被告与政绩好坏根本没有实质上的任何联系,在社会转型期建设和谐社会,一定要有勇气正视和面对纠纷解决不到位的现实,没有必要为了所谓"政绩"而竭力压制和掩盖矛盾,这是掩耳盗铃的荒唐之举,对和谐社会的建设是有害无益的。

四是改革现行行政诉讼制度,扩大行政诉讼的受案范围,由行政诉讼机制发挥解决行政争议和救济公民权益的主力军作用。由于行政诉讼是一种典型的司法行为,其中的程序也大都具有中立性、参与充分性、辩论性和对抗性较强的特点,非常有利于和适合于行政争议的解决和公民权益的救济,因此由其来主要承担解决争议和权利救济的功能更加适合其自身的司法监督本性,充分发挥司法权对行政权的司法审查功能,使其成为真正的行政权力的外部监督力量,让人们把对行政复议解决行政争议和救济公民权益这一不该有的非理性的过度依赖破除掉,将关注点和注意力转移到真正能够担此重任的行政诉讼制度上。

五是将行政复议相关制度的改革纳入行政诉讼法的修改考虑范围之内。在这里主要是指行政诉讼法中关于行政复议与行政诉讼衔接制度的设置方式问题。现行行政诉讼法规定,只有对原具体行政行为做出变更的行政复议决定才能被纳入行政诉讼司法审查的范围,这是十分不利于行政复议制度监督作用发挥的,因为在实践中这会导致出现很多复议机关因不愿被司法审查而对原具体行政行为大多做出予以维持的不负责行为的现象,让行政复议的监督功能在实际上被架空而名存实亡。因此,非常有必要把所有行政复议行为均纳入司法审查的范围,将行政复议和行政诉讼这两种制度恰当的衔接起来。同时,如第三点所言,这也是坚持行政复议内在行政本性的必然要求。

综上,在法权制约理论这一新的理论背景和分析框架下,行政复议的本质属性能够得到合理的解释和恰当的说明。行政复议作为一种具有明显的监督性的行政行为,具言之,它体现的是行政权力系统内部的层级制约关系,是行政机关行使行政复议权的行为。对于行政复议的本质属性,应该秉着实事求是的态度和精神来对待和坚持,不能因为行政复议的权益保障和救济功能在实践中没有达到人们在预期中的理想效果就不理性地做违背或否定其本质属性的现实操作来解决短期的眼前问题,这不是科学、冷静的理性态度。要秉持科学理性的态度,就应当回归行政复议的本源。行政复议在本源上就是一种行政监督,而不是司法监督,应当坚持行政复议的行政性和监督性,反对行政复议的司法化,也不宜将其称为行政司法行为或准司法行为。因为不论从理论上还是从实践中来说,行政复议都没有必要司法化,也不能司法化,否则行政复议就会丧失其自身存在的独特意义和价值。

（编辑　赵清林）

---

① 即不论行政复议决定对原具体行政行为是予以维持还是予以改变,一律纳入行政诉讼的审查范围,改变当前只将变更原具体行政行为的行政复议决定与行政诉讼相衔接的这一不合理的现状。

② 童之伟. 信访体制在中国宪法框架中的合理定位[J]. 现代法学,2011(1):3-17.

第1卷 第1辑
2013 年 8 月

上 大 法 律 评 论
SHANGHAI UNIVERSITY LAW REVIEW

Vol. 1 No. 1
Aug. 2013

赵清林. 行政裁决的可诉性驳论［M］//李清伟. 上大法律评论(第 1 辑). 上海：上海三联书店，2013：144－150.

行政裁决的可诉性驳论

赵清林

（上海大学 法学院，上海 200444）

摘要：行政裁决具有经济、高效、专业等特点，是现代社会必不可少的一种独特的纠纷解决机制。行政裁决可诉不仅使行政机关不愿裁决、不敢裁决，将根本妨碍行政裁决制度的有效实施，而且与行政裁决的司法行为性质不符，也无助于纠纷的实质解决，有悖于行政裁决制度设立的目的和初衷。为维持行政裁决制度并使其发挥预期作用，最高人民法院应及时修改有关司法解释，明确行政裁决的不可诉性。

关键词：行政裁决；可性诉；司法行为

Refutation the Possibility of Administrative Adjudication be prosecuted

ZHAO Qing-lin

（Law School，Shanghai University，Shanghai 200444，China）

Abstract：As a unique dispute settlement mechanism in modern society, administrative adjudication has economic, efficient, professional and other characteristics. Possibility of Administrative adjudication to be prosecuted not only make the administrative unwilling and afraid to rule, thus will radically impede the administrative adjudication system's implementation, but also doesn't fit administrative adjudication's judicial nature. What's more, Possibility of Administrative adjudication to be prosecuted does little to solve the dispute completely, therefore running contrary to the objective establishing of administrative adjudication system. In order to maintain the system of administrative adjudication and enable it to play its role as expected, the Supreme People's court shall clear that administrative adjudication cannot be prosecuted through amending relevant judicial interpretations.

Key words：administrative adjudication；possibility of administrative adjudication to be prosecuted；judicial behavior

一、问题的提出：行政裁决诉讼问题的由来

众所周知，我国自 20 世纪 80 年代以来出台的大量法律、法规、规章甚至行政规范性文件中陆续规定了行政裁决，授予了行政机关或行政性组织以广泛的裁决平等主体之间民事纠纷的权力。[1] 作为一种新型的社会纠纷的处理机制，行政裁决不仅有助于减轻法院的负担，而且还具有经济、高效和专业等司法诉讼所不具有的优点，因此一直备受理论界的称许。[2] 然而，从行政裁决产生之日起，关于其性质究竟为何的问题，在理论上、实践上一直都存在重大争议。[3] 此种性质之争也直接影响到了行政裁决的诉讼救济问题，即行政裁决作出后，当事人不服应循何种诉讼途径请求救济。

综观现行立法不难发现，虽然其往往都规定，

来稿时间：2013－07－10
基金项目：上海市教委科研创新项目"行政裁决规范化研究"(09YS62)
作者简介：赵清林(1976—)，男，湖北监利人，法学博士，上海大学法学院副教授，主要研究方向为行政法，E-mail：wd_zql@aliyun. com。

① 有关立法规定的搜集、分析，参见王小红. 行政裁决制度研究［M］. 北京：知识产权出版社，2011：17－35.
② 罗豪才. 行政法学［M］. 北京：中国政法大学出版社，1989：196；姜明安. 行政法与行政诉讼法［M］. 北京：北京大学出版社、高等教育出版社，2005：290；应松年. 行政法与行政诉讼法学［M］. 北京：法律出版社，2005：265－278.
③ 刘红娜. 行政机关解决纠纷行为性质研究［D］. 郑州：郑州大学，2004.

当事人对裁决不服可以向人民法院提起诉讼，但应提起何种诉讼，是提起民事诉讼还是行政诉讼，却并不明确。例如，《环境保护法》第 41 条规定："（环境污染损害）赔偿责任和赔偿金额的纠纷，可以根据当事人的请求，由环境保护行政主管部门或者其他依照法律规定行使环境监督管理权的部门处理；当事人对处理决定不服的，可以向人民法院起诉。当事人也可以直接向人民法院起诉。"由于我国现行《行政诉讼法》自 1990 年 10 月 1 日起才开始正式实施，而大量有关行政裁决的立法制定于 20 世纪 80 年代，因此，早期司法实践将上述这类规定中的诉讼一概理解为民事诉讼。[①] 例如，1986 年 11 月 7 日《最高人民法院关于双方不服政府对山林纠纷的处理决定，向人民法院起诉，应将谁列为被告的批复》和 1987 年 7 月 31 日《最高人民法院关于人民法院审理案件如何适用〈土地管理法〉第 13 条、〈森林法〉第 14 条规定的批复》。

然而，在 1990 年《行政诉讼法》正式施行后，理论上开始倾向于将行政裁决视为具体行政行为。于是，1991 年出台的《最高人民法院关于贯彻执行〈行政诉讼法〉若干问题的意见（试行）》（简称《若干意见》）明确规定，对于权属争议、补偿争议和赔偿争议等三类行政裁决，当事人不服提起诉讼的，法院应当作为行政案件受理。考虑到此三类行政裁决实际上已经囊括了绝大多数的行政裁决，因此可以说，《若干意见》出台后，行政裁决的诉讼救济途径发生了一个大转向，即从民事诉讼转向于行政诉讼。[②] 当然，随着 2000 年《最高人民法院关于执行〈行政诉讼法〉若干问题的解释》（简称《若干解释》）的出台，《若干意见》已然废止。不过，由于《若干解释》对行政诉讼受案范围的规定采取了概括肯定（行政行为原则上均可诉）加列举否定（法律和司法解释明确规定的才不可诉）的立法模式，[③]行政裁决向来被视为具体行政行为，且法律和司法解释均未明确将其排除在受案范围之外，因此，在《若干解释》之下，行政裁决的行政可诉性仍然不成问题。[④]

将行政裁决定性为具体行政行为当然有助于明确其法律效力，从而改变行政裁决可有可无的尴尬处境，但同时也使作出裁决的行政机关面临着经常性地被诉负担和风险。有调查表明，行政机关对将行政裁决纳入行政诉讼受案范围意见很大，认为于法于理都不通。[⑤] 这或许能解释为何实践中行政机关裁决的热情和积极性一直都不高，对于当事人的裁决请求，或者要求其直接向法院起诉，或者仅止于协调、调解。另有研究指出，20 世纪 90 年代中后期以来，我国一些法律、法规、规章在修改的过程中之所以纷纷取消了行政裁决的规定，或者代之以协调、调解，与行政裁决被纳入行政诉讼的受案范围有着莫大的关系。[⑥] 似此，行政裁决可诉性问题不仅影响到了行政裁决制度的有效实施，而且事关行政裁决制度的存废，理论上有再行研究的必要。

二、可诉性根本上妨碍了行政裁决制度的有效实施

行政裁决作为现代社会必不可少的一种独特的纠纷解决机制，要想真正发挥作用并收到预期效果，有一个基本前提，即行政机关要愿意裁决、敢于裁决。如果被授予裁决权的行政机关根本不愿裁决或不敢裁决，那么，行政裁决制度就算有再多的优越性，恐怕也只能停留在理论层面供人瞻仰，在实践中则难有一展身手的机会。

（一）可诉使行政机关倾向于不裁决

首先，从一般心理上来看，行政机关不愿意裁决民事纠纷应该是可以想见的。原因有三：其一，

① 我国行政审判最早始于 1982 年的《民事诉讼法》（试行），该法第 3 条第 2 款规定，"法律规定由人民法院受理的行政案件，适用本法规定"。但当时行政诉讼制度尚未正式建立，行政审判也没有普遍开展起来，在有关行政裁决立法所规定的诉讼究竟何指的问题上，行政诉讼很难构成与民事诉讼相并列的一个选项。

② 并非没有例外，如 1993 年 9 月 3 日《最高人民法院关于如何处理经乡（镇）人民政府调处的民间纠纷的通知》和 1992 年 1 月 31 日《全国人大常委会法制工作委员会关于正确理解和执行〈环境保护法〉第 41 条第 2 款的答复》分别将民间纠纷类行政裁决、环境污染赔偿类行政裁决排除在行政诉讼的受案范围之外。

③ 甘文.行政诉讼法司法解释之评论——理由、观点与问题[M].北京:中国法制出版社,2000:15.

④ 《若干解释》第 61 条规定，"被告对平等主体之间民事争议所作的裁决违法，民事争议当事人要求人民法院一并解决相关民事争议的，人民法院可以一并审理"，则是一项直接证据。

⑤ 宋龙凌.适应现代社会发展需要，规范、完善行政裁决制度[M]//姜明安.中国行政法治发展进程调查报告.北京:法律出版社,1998:86.

⑥ 王小红.和谐社会建设需要行政裁决制度[J].北方法学,2008(4).

裁决民事纠纷向来被认为是法院的职责而非行政机关的任务；其二，对于民事纠纷的解决来说，行政裁决既非唯一也非最终的机制，一般情况下也不可能是必须的；其三，"多一事不如少一事"是任何有正常理智的人和组织的行为逻辑。因此，如果还有得选择，即相关法律、法规并未将裁决规定为行政机关必须履行的一项职责，行政机关在裁决与否的问题上享有裁量权，那么，虽然被法律、法规授予了这样一项特殊的权力，但在特定的具体场合，行政机关选择不裁决应是一个高概率事件，而选择裁决应是一个低概率事件。

当然，低概率并不意味着绝无发生的可能，在特殊情况下，行政机关还是有可能愿意去裁决的。但如果行政机关作出裁决后，当事人对裁决不服还可以向法院就裁决提起行政诉讼，行政机关还可能因为其裁决而成为行政诉讼的被告，甚至可能需要承担某种赔偿责任，那么结果就只可能有一个，即不裁决。因为原先行政机关还只是不愿意裁决，现在则不仅仅是不愿意，而且也不敢裁决。

（二）将裁决规定为行政机关必须履行的职责意义有限

或许有人会说，为什么不索性将裁决规定为行政机关必须履行的一项法定职责呢？如果裁决不仅是行政机关的一项权力，也是其必须履行的法定职责，那么就算其再不情愿，就算其担心裁决后会被诉，从而可能给自己带来一些麻烦和负担，不也得硬着头皮去裁决吗？首先得承认，法律、法规在授权行政机关裁决时应尽可能明确，如果有必要将裁决规定为行政机关的一项必须履行的职责时，就应作出清楚无误的表述。但话又说回来，行政裁量显然并不仅仅是立法技术落后的一个副产品，更多的时候行政裁量权是立法者有意授予的。在现代社会，行政裁量权也不仅仅是一种不得已的情况下的选择，其还具有实现个案正义等积极价值。[①] 就此而言，法律、法规在规定行政裁决时是否应一律将其确定为行政机关必须履行的一项职责本身要打一个大问号！

其次，授权行政裁决的法律、法规本身如何规定固然重要，但其实更为重要的是，要有相应的机制来保障这种规定的落实。如果一方面相

关法律、法规将裁决规定为行政机关必须履行的一项法定职责，但另一方面又缺乏配套的考核、监督的机制来保障其执行，这种立法上的硬性规定对于行政裁决制度的实施来说意义也是相当有限的。遗憾的是，我国当前行政裁决的考核、监督状况正是如此。因此，有学者指出的，"行政裁决普遍没有被纳入行政机关绩效评价标准体系，也是造成行政机关行政裁决的积极性降低的一个因素"。[②]

最后，就算这种配套的考核、监督机制存在，其效果也是可预期的，行政裁决制度恐怕也很难得到有效的实施和发挥预期的作用。公共选择理论认为，政治生活和经济生活中的人是同一个人，没有理由认为同一个人在两个不同的生活领域会根据两种完全不同的行为动机进行活动，即在经济生活上追求自身利益的最大化，而在政治生活上则是利他主义的，自觉追求公共利益的最大化。在政治生活中，个人以及由个人组成的各种组织也是基于自身利益最大化的逻辑采取行动的。[③] 具体到行政裁决，如果行政机关选择裁决和不裁决都可能带来不利的后果，它势必会综合考虑两种不利后果的大小以及发生的概率，然后再作出选择。问题是，此种情况下，行政机关不仅仍然可能选择不裁决，而且作出这种选择的可能性应该说是更大的。因为行政裁决往往很难让民事纠纷的双方当事人都满意，因此，如果行政机关选择做出裁决，而当事人又不能对其置之不理，则恐怕一定会有一方当事人想要通过复议或行政诉讼去推翻它。就此而言，行政机关如果选择裁决，则其被追责的可能性是非常大的。反之，如果行政机关选择不裁决，当事人就有充分理由直接向法院提起民事诉讼，而不会去纠缠行政机关是否不作为违法，上级机关在对行政裁决工作进行例行考核时也难以发现问题，就算发现行政机关存在一贯不作为的问题，因为并未造成直接的现实后果，也不会予以重视。

综上，对于民事纠纷，尽管立法上授权行政机关裁决，但行政机关一般来说是倾向于不裁决，而立法上将裁决一概规定为行政机关必须履行的一

---

① 陈敏. 行政法总论［M］. 台北：自刊，1998：149 - 150.
② 王小红. 行政裁决制度研究［M］. 北京：知识产权出版社，2011：126.
③ 李宗玲. 论公共选择理论中的官僚机构和官僚行为［J］. 长春工业大学学报（社会科学版），2012（2）.

项法定职责不仅不可欲,而且意义也不大。

三、可诉性与行政裁决的司法性质不符

所谓行政裁决的性质,即从根本上说,行政裁决到底是一种什么样性质的行为。它是法律上对行政裁决所作的一种根本性的界定,事关行政裁决机构的设置和人员的安排、裁决程序的设计、裁决的效力以及裁决后诉讼救济途径的选择等行政裁决制度架构的方方面面。在正常情况下,法律应该先对行政裁决的性质加以明确,然后再据此设计行政裁决各方面的具体制度。但遗憾的是,我国行政裁决方面的立法从未对行政裁决的性质作出过明确规定,无论是关于所有的行政裁决,还是仅仅就某种具体的行政裁决而言,都是如此。理论上则根据行政裁决的诉讼救济途径进行逆推,即 1991 年《若干意见》出台之前,由于司法实践将对行政裁决不服提起的诉讼确定为民事诉讼,于是将行政裁决定性为"民事行为";①《若干意见》出台之后,由于司法实践将对行政裁决不服提起的诉讼确定为行政诉讼,于是将行政裁决定性为行政行为。笔者以为,作为一种法解释学的理论,上述逆推法无可厚非,但行政裁决的性质从根本上来说是一个法政策的问题,因此,法解释学上的逆推结果不足为据。

从法政策学的角度来看,行政裁决应被定性为一种司法行为。所谓司法行为可以从形式和实质两个方面来进行观察。司法行为的形式方面主要是体现在司法机构和人员的独立性,以及司法程序的严格规范性上。司法行为的实质方面则体现为它是第三方通过适用法律来裁断和解决一个具体纠纷的活动。② 很显然,司法的形式方面是由其实质方面所决定的,也服务于其实质方面。正因为司法在实质上是一种依法居中裁断具体纠纷的活动,因此,为了保障公正,需要司法机构和人员具有独立性,需要有一套严格规范的程序。鉴于此,以下将主要从实质方面考察司法行为的特性,并在此基础上论证行政裁决的司法性。

作为一种依法裁断具体纠纷的活动,司法行为具有以下三个方面的特性:其一,司法主体超然中立于纠纷当事人之间的实体法律关系之外,并未介入进去而成为实体法律关系的一方当事人;其二,司法裁判的作出实际上是司法主体代表法律在发言,是司法主体对具体案件的当事人宣告法律的意旨,而非自己的意志;其三,正因为司法主体并非实体法律关系的当事人,没有自己独立的利益和意志,因此也不可能是有关的实体法律规范约束的对象;其四,就具体案件而言,从实体上说,司法裁判毋宁是法本身,或者说是法的象征,因此,从法律专业的角度来看,其可能不准确,甚至不正确,没有充分体现法律与该具体案件的一种适当的关联,但很难说是违法的,很难说司法主体是需要对此承担法律责任的。

反观具体行政行为,③从外观上看,行政主体也是在处理一个具体的案件或问题,并且法律也是其最主要的行为准则。但行政行为无论针对的是单一相对人,还是多个相对人,在多个相对人的场合,无论各相对人的利益是一致的还是对立的,实质上行政主体都是在表明或宣告自己的意志。此时,行政主体也并非像司法主体那样置身于当事人间的实体法律关系之外,而是作为当事人之一实质性地介入进去了。最后,正因为行政主体是实体法律关系的当事人之一,行政行为代表的也是行政主体的利益和意志,所以它也是相关实体法律规范约束的对象,其行为因此除了要符合法定程序外,在实体上也有一个合法与否的问题。

显然,较之具体行政行为,行政裁决更像是一个司法行为。虽然被裁决的纠纷或者与裁决主体作出的某个具体行政行为直接相关,或者与其行政管理任务的实现有着一般的关系,但根本上说,裁决主体仍然是一个超然中立的裁决者,并未实质性地介入到纠纷当事人的实体法律关系中去;裁决的作出是裁决主体代表法律在发言,是裁决主体对具体案件的当事人宣告法律的意旨,而非自己的意志;因此,就被裁决的具体纠纷而言,行政裁决也可以说就是法本身。其可能不准确,甚至不正确,但很难说违法,也不应要求裁决主体对此承担法律责任。④

---

① 王小红.行政裁决制度研究[M].北京:知识产权出版社,2011:47,93.

② 【日】阿部照哉等.宪法(上册)[M].周宗宪,译.北京:中国政法大学出版社,2006:339.

③ 按当前我国学界的通说观点,所谓具体行政行为,是指行政主体针对特定相对人作出的具有行政法意义和效果的行为。参见姜明安.行政法与行政诉讼法[M].北京:北京大学出版社、高等教育出版社,2005:174、178.

④ 正如有学者在介绍英国行政裁判所与法院的关系时所言,"上诉与司法审查是有区别的。上诉所涉及的是所作决定是否正确的问题,而司法审查只涉及所作决定合法与非法的问题"。张树义.纠纷的行政解决机制研究——以行政裁决为中心[M].北京:中国政法大学出版社,2006:25.

综上,行政裁决在性质上属于司法行为,将行政裁决纳入行政诉讼的受案范围,使其接受司法审查,并要求裁决主体对其裁决承担法律责任,既无必要,也不合理。

四、行政裁决可诉无助于纠纷的实质处理

行政裁决制度设立的目的是为了减轻法院的负担,快速、高效而专业地处理有关的民事纠纷。因此,行政裁决制度具体内容的设计,首先就应考虑是否有助于此种目的的实现。但将行政裁决纳入行政诉讼的受案范围,使其具有行政可诉性,无助于有关民事纠纷的实质解决,背离了行政裁决制度设立的初衷和目的。

(一) 行政裁决可诉排除了通过民事诉讼直接处理相关民事纠纷的可能

将行政裁决纳入行政诉讼的受案范围,其直接的效果是明确了行政裁决的行政可诉性,但其实同时也间接地肯定了行政裁决作为一种具体行政行为所应有的强制性法律约束力。正是因为行政裁决一经作出就具有与其他具体行政行为相同的法律约束力,因此,当事人要么遵照执行,要么就需要通过行政复议或行政诉讼先将行政裁决加以推翻,然后才可能寻求对其民事纠纷的不同的实质处理。就此而言,将行政裁决纳入行政诉讼的受案范围就不仅仅是意味着当事人可以对行政裁决提起行政诉讼,而且也意味着当事人如果希望通过司法诉讼的途径来寻求进一步的解决,也只能提起行政诉讼。这实际上是对当事人民事诉权的排除,意味着行政裁决作出后,当事人就不能再以对方当事人为被告向法院提起民事诉讼。

如果将行政裁决定性为行政行为不成问题,那么,将行政裁决纳入行政诉讼的受案范围,同时排除当事人的民事诉权,毋宁是必然的。因为若非如此,将会面临两种尴尬的选择:其一,对于行政裁决,不能提起行政诉讼,但行政裁决本身也没有什么强制约束力。此时,行政裁决将沦为一种可有可无的非正式调解活动,无法作为现代社会的一种独特而基本的纠纷解决机制稳定地发挥预期的作用,结果无异于取消了行政裁决制度;[①]其二,行政裁决作为一种具体行政行为,具有强制性的法律约束

力,但同样也不能对之提起行政诉讼。此时,行政裁决虽然能成为一种正式的制度,且可以作为一种独特的纠纷解决机制稳定地发挥作用,但作为一种具有强制约束力的行政行为,被排除在行政诉讼的受案范围之外,显然与依法行政和权力制约的宪法原则不符。就此而言,问题的实质似乎并不在于行政裁决本身是否可诉,而在于行政裁决应否被定性为具有强制约束力的具体行政行为。

行政裁决之不能被定性为行政行为,而应被定性为司法行为,已如前述。此处想进一步强调的是,如果将行政裁决定性为行政行为,同时要求当事人对裁决不服应向法院提起行政诉讼,而不能再提起民事诉讼,虽然能避免上述两种尴尬情形,但也使得法院再无机会直接处理行政裁决案件中的实质纠纷——当事人之间的民事纠纷。正是在这个意义上,将行政裁决纳入行政诉讼的受案范围,不符合设立行政裁决制度的初衷和目的。

(二) 对行政裁决的司法审查亦不会对相关的民事纠纷作出实质性处理

按照我国现行制度,行政诉讼是行政管理相对人对某个具体行政行为不服,以作出该行为的行政主体为被告向法院提起的诉讼。从法院的角度来看,行政诉讼的实质是一种司法审查,即对被诉具体行政行为是否合法(包括行政处罚是否合理)进行审查并作出处理,合法的予以肯定,违法的予以否定。[②]可见,无论是从诉讼当事人,还是从诉讼对象以及审判结果来看,行政诉讼都具有行政性,与平等主体间的民事法律纠纷无关。行政裁决当然是因为一个特定的民事纠纷而起的,但即便是将行政裁决纳入行政诉讼的受案范围,行政裁决诉讼也会毫不例外地具有行政性,法院也不会进而处理行政裁决原本所针对的平等主体间的民事纠纷。

详言之,如果法院认为行政裁决合法、合理并判决维持,那么,行政裁决将取得最终的法律效力,当事人必须遵照执行,不能再以对方当事人为被告向法院提起民事诉讼,请求法院作出不同的实质处理;如果法院认为行政裁决违法并将其加以撤销,此时就需要区分行政裁决是否必须。如果行政裁决并非必须的,这时当事人可以直接以对方当事人为被告向法院提起民事诉讼,请求法院对其彼此间的民事纠纷直接加以处理。这种情况下,相关的民

① 王小红.行政裁决制度研究[M].北京:知识产权出版社,2011:53.
② 姜明安.行政法与行政诉讼法[M].北京:北京大学出版社、高等教育出版社,2005:445.

事纠纷固然能得到法院的实质性处理，但行政裁决就显得可有可无，尤其是，先前已经经过一次的行政裁决就更像是一次误入歧途。似此，行政裁决制度存在的必要性和意义就要打一个大问号！因此，合理的假定应是行政裁决所必须的。但如果行政裁决是必须的，那么当事人在行政诉讼之后，又别无选择，只能再次申请行政机关裁决。如果当事人对行政机关的再次裁决再次表示不服，想通过诉讼途径寻求进一步救济，又只能再次提起行政诉讼。如此便陷入了裁决、行政诉讼、再裁决、再行政诉讼的怪圈，当事人的实质关切，即有关的民事纠纷始终无法获得法院的实质性处理。

　　综上，在行政裁决具有行政可诉性的情况下，不仅直接通过民事诉讼的途径处理相关民事纠纷的可能不存在，而且在行政诉讼过程中，法院的审理和裁判都将直接针对行政裁决本身，始终无法对相关的民事纠纷作出实质性处理。

（三）行政附带民事诉讼、赋予法院司法变更权不合诉讼法理

　　有学者建议通过在行政诉讼上确立附带民事诉讼制度或直接赋予法院以司法变更权来解决上述难题。① 应该说，行政附带民事诉讼和司法变更权确实能实现行政裁决可诉与实质解决有关民事纠纷的统一，但遗憾的是，这两个建议在诉讼法理上都面临着难以克服的困难。或许正因为如此，虽然一直有学者在倡导，但无论是行政附带民事诉讼还是司法变更权，在制度上至今都未能变成现实。

　　附带诉讼大体上是采用公法诉讼与私法诉讼双轨制的大陆法系国家发展出来的一种特殊的诉讼机制，其目的是为了彻底、经济地处理各种公私法交叉案件。详言之，在大陆法系国家，所有诉讼案件都被区分为公法案件和私法案件，不同的案件原则上由不同的审判机构，按照不同的程序审理和裁判。但由于现实中存在大量公法和私法相互交叉、牵连的案件，对于这些案件，如果还是按双轨制来处理，则一方面是不经济，另一方面甚至可能导致两个案件都无法正确处理。因此便产生了由同

一审判机构在处理其中一个案件的同时附带处理另一相关案件的附带诉讼制度。② 显然，附带诉讼是特殊情况下对双轨制诉讼的一个必要调整，即使某个审判机构取得了其原本无权处理的另一类案件的审判权。为维持双轨制的整体架构，这种调整注定是有条件、有限度的。一个基本的条件就是，两个案件的当事人应该具有同一性。因为附带诉讼制度设立的基本考虑是，彻底、经济地处理当事人之间的所有法律纠纷，如果这些不同性质的纠纷存在于不同的当事人之间，那么，就没有为此而对审判权作出调整的必要。行政裁决行政诉讼中存在的正是这样一种情形，行政案件的被告是作出裁决的行政机关，但民事案件的被告则只可能是民事纠纷的对方当事人。③ 因此，以行政附带民事诉讼的方式来调和行政裁决的可诉性与民事纠纷的实质解决不合诉讼法理。

　　所谓司法变更权，即行政诉讼中法院在对被诉行政行为进行审理后，通过判决一方面维持了行政行为整体的存在，另一方面则对其部分内容作出变更的权力。行政诉讼在传统上一直被视为司法对行政的一种合法性审查，基于这种审查权，法院固然有权臧否行政行为的合法性。但在否定或撤销一个行政行为的同时，法院并无权代之以一个新的行为，也无权对被诉行政行为作出直接的变更。否则，就算是以司法替代行政，或者说司法不当地僭越了行政，与分权或权力分工制约的宪政理念不符。如果将行政裁决定性为行政行为，并使其具有行政可诉性，那么，在行政裁决诉讼中，法院行使这种变更权，同样也有违分权或权力分工制约的宪政理念。除此之外，司法变更权还存在一个不尊重当事人的诉权和诉外裁判的问题。

五、结语

　　正如有学者所言，裁决民事纠纷的权力从性质上说是司法权，此种权力并不因为其行使者是法院还是行政机关而异其性质，因此，有必要在司法行为的总体定性的基础上重构我国的行政裁决制

---

　　① 李华菊，侯慧娟. 试论行政裁决的司法审查程序——兼论行政附带民事诉讼案件的审理[J]. 行政论坛，2002(2)；刘柏恒，陆国东. 法院对行政裁决享有有限司法变更权的思考[J]. 法律适用，2001(11)；谢卫华. 赋予法院对行政裁决司法变更权的必要性[J]. 行政法学研究，2003(3).

　　② 陈光中. 外国刑事诉讼程序比较研究[M]. 北京：法律出版社，1988：399.

　　③ 翟晓红，吕利秋. 行政诉讼不应附带民事诉讼[J]. 行政法学研究，1998(2).

度。① 笔者同意此种观点，并认为，行政裁决司法化最好从否定行政裁决的可诉性开始。这一则是因为是否可诉是司法行为与具体行政行为最根本的区别，而在组织、人员和程序方面，司法与行政毋宁只存在程度的差别；二则是因为可诉性已经危及到了行政裁决制度的有效实施甚至生死存亡，具有紧迫性，必须尽快解决。而组织、人员和程序方面的司法化，则不妨从长计议，徐图实现。当然，在基于司法性质否定行政裁决可诉性的同时，也应基于司法性质肯定行政裁决的可上诉性，以期真正将其纳入司法体系，通过审级监督体现司法公正与程序正当。

从制度层面来说，当然最好是通过制定统一的《行政裁决法》，在对行政裁决的其他问题作出一般性规定的同时，明确行政裁决决定的不可诉性和可上诉性。但很显然，此种举措在现阶段并无可能。不仅通过制定《行政裁决法》对行政裁决的不可诉性和可上诉性作出一般性规定在近期不可能，而且通过修改各种规定了行政裁决的法律、法规、规章来个别地明确这个问题，亦难以期待。因此，近期最可行的办法就只能是，由最高人民法院通过出台专门的司法解释，或修改现有司法解释，来一般地明确这个问题。

（编辑　陈敬根）

---

① 沈开举.委任司法初探[A].见张庆福.宪政论丛(第5卷)[M].北京:法律出版社,2006:600-630;姚文虎.论行政裁决制度[D].北京:中国人民大学,2004.

第 1 卷 第 1 辑
2013 年 8 月

上 大 法 律 评 论
SHANGHAI UNIVERSITY LAW REVIEW

Vol. 1 No. 1
Aug. 2013

任帅军.论法律评价活动中的机制、逻辑和矛盾[M]//李清伟.上大法律评论(第 1 辑).上海：上海三联书店，2013：151－161.

论法律评价活动中的机制、逻辑和矛盾

任帅军

（上海大学 社会科学学院，上海 200444）

摘要：从评价论范畴对法律评价活动进行理论研究，能够揭示法律评价的特殊内涵及其机制。法律逻辑是法律评价活动的内在逻辑，是在法律评价活动中把要解决的人的问题转化为法律问题的"内在的原因"。法律评价活动中的矛盾现象能够反映出社会转型期法律评价活动中司法腐败的一些新特点。

关键词：法律评价；机制；逻辑；矛盾；司法腐败

On the mechanism，logic and contradiction in Legal evaluation activities

REN Shuai-jun

（School of social sciences，Shanghai university，Shanghai 200444，China）

Abstract：From evaluation category to study the theoretic of legal evaluation activities，we can reveal the special connotation of legal evaluation and its mechanism. Legal logic，which is the "internal cause" to solve people's problems into the legal issues，is the internal logic in legal evaluation activities. Legal contradictions can reflect some of the new features of judicial corruption in legal evaluation activities in social transformation period.

Key words：legal evaluation；mechanism；logic；contradiction；judicial corruption

法律评价活动是国家权威评价活动中较为典型的"有机方式"，体现着国家权威评价活动的权威性特征。然而法律评价活动的权威性却与正在消解的法律权威这一社会现实不太相符，因此有必要对法律评价活动进行理论研究。学界对法律评价的内涵研究已经从价值论范畴进展到认识论范畴，但是法律评价的概念依然未被准确界定。本文在借鉴学界研究成果的基础上从评价论范畴阐释法律评价的内涵及其机制，并界定与之相关的几组概念。与此同时，对法律评价活动的内在逻辑及矛盾现象进行分析。因为法律评价活动的内在逻辑是法律评价活动中把要解决的人的问题转化为法律问题的"内在的原因"。法律评价活动中的矛盾现象能反映出社会转型期法律评价活动中司法腐败的一些新特点。

一、法律评价（活动）及其机制

"每一个概念或范畴，既是把人与客观世界联系起来的一个细结，又是人认识客观世界的一个新的视角。"[①]法律评价就是这样一个概念或范畴。把"法律"和"评价"合称为"法律评价"，这预示着哲学领域的一般评价论在法学领域的展开，并使法律评价获得独立于一般评价论的特殊内涵。对这一具有特殊内涵的法学范畴，可以从法律评价自身的特殊内涵来揭示其所深蕴的涵义。

首先，法律评价有广义和狭义之分。以诉讼过程为主的司法活动是运用法律的评价活动，是狭义的法律评价。广义的法律评价是对法律规范及司法活动进行评价，不同于运用法律的评价活动即司法活动。国内许多学者都是从广义的角度来理解

收稿日期：2013－04－12

作者简介：任帅军(1984—)，男，山西河津人，上海大学社会科学学院助教、法学博士研究生，主要从事法律评价论研究，E-mail：rsj0806@163. com.

① 严存生.法律的价值[M].西安：陕西人民出版社，1991：233.

法律评价的。① 张文显认为：法律评价是"社会成员对法律规范、法律制度、法律活动、法律作用等法律现实所作的价值判断和在此基础上进行的价值设定与选择，反映主体需要与法律之间的某种肯定或否定关系"。②

由以上定义可以看出，广义的法律评价的主体是社会主体，客体是以法律现象（包括法律规范、法律制度、法律活动和法律作用等）为主的法律现实。这样，广义的法律评价就成为既包括国家权威评价，又包括社会民众评价的一般评价活动。③ 由于社会民众评价是通过群体内众多个体表达意见的"无机方式"所进行的评价活动体现出来，具有偶然性、随意性和盲目性。"不仅民众领袖有可能对民众评价活动进行误导，而且权威机构也有可能对民众评价活动进行误导。"④ 因此，民众对法律评价的偶然性、随意性和盲目性就可能导致法律评价活动的权威性的丧失。此外，国家权威机关中的其他机关对法律的评价也会直接影响到法律评价活动的权威性的丧失。当前"主流社会所理解的法治就是一种管理手段，实施法治就是进一步规范管理，依程序管理…法律理所当然地被当成管理、统治的工具，然而这是法律不被正视的开始。对于政治统治与管理意义上法治，我们可以称之为'政治法治'。政治法治实行的是政治挂帅，政治优先。"⑤ 既然法律和法治都是政治手段，法律就失去了权威性，成了政治的附庸。法律一旦没有了至上地位，法律的权威就会经常受到来自政治的和社会民众等的不断挑战。任何权威都是具有排他性的。当肯定了法律权威的时候，就意味着其他社会规范的位置是在法律之下的。尤其是在司法活动中，司法机关的法律评价就代表着法律的权威。在司法领域依法办案就是依法治国的具体表现。

我国的司法机关主要是指人民法院和人民检察院。前者主要以行使审判权进行法律评价，后者主要以行使法律监督权进行法律评价。检察机关对"职务犯罪侦查、公诉、侦查监督、监所监察、控告申诉"⑥的监督权主要是程序性审查监督，一般不进行实体性审查，这样既可以节约司法资源，又不干涉其他国家权威机关的职权行使。当然对于案件流程管理过程中发现的明显实体性错误，检察机关有权提醒有关部门注意。这是检察机关进行法律评价活动的主要表现。检察机关还具有对"行政法规、地方法规、行政规章、规章以下规范性文件以及司法解释等具有普遍约束力的规范性法律文件的合宪性、合法性，依宪法、法律授权请求有关机关审查处理"的"一般监督检察权"。⑦ 这符合 1979 年《中华人民共和国人民检察院组织法》第 1 条的规定："中华人民共和国人民检察院是国家的法律监督机关。"这样检察机关就享有完整的法律监督权。但是需要注意的是，监察机关的"一般监督检察权"经常是"备而不用"，并且自己没有直接审查或评判上述法律文件的权力。这是检察机关进行法律评价活动的特殊表现。

法院是国家司法审判机关。严格意义上的司法专指法院的审判活动。法院在审判活动中，主要对犯罪嫌疑人的犯罪行为是否构成犯罪事实进行审理，并在诉讼活动中运用法律规范作出相应地法律评价。"以事实为根据，以法律为准绳"是法院进行法律评价活动的基本原则。除审判监督权外，法院还通过行使司法执行权、司法决定权、依法决定国家赔偿、提出司法建议等开展法律评价活动。一般而言，法院的判决具有终极性，这是法律评价活动具有权威性的最终根据。

由以上分析可知，法律评价主要是指狭义的法律评价，即司法机关依法行使职权开展的法律评价。一个完整的法律评价过程既包括检察院行使

① 黄竹胜认为：法律评价是社会主体对法律现象的认识活动形式，是社会主体基于自身需要而对法律现象的功能、价值、作用、含义等所作的事实、价值和审美判断和评定。参见黄竹胜.法律评价的重新解释[J].法学论坛,2002,17(4):26.苏亮乾认为：法律评价本质上是社会主体的社会认识活动，是社会主体依据一定的标准对法律现象的事实、价值与审美的判断和评估。参见苏亮乾.法律评价：性质与功能[J].内蒙古社会科学：汉文版,2005,26(4):7.
② 张文显.法学基本范畴研究[M].北京：中国政法大学出版社,1993:230.
③ 董长春认为，法律评价的类型可以依据评价主体的不同，分为权力系统内的评价和权力系统外的评价。前者包括政党评价、权力机关评价、司法机关评价和行政机关评价；后者包括公民评价、公共舆论评价、公共传媒评价和社会团体评价。依据此观点，法律评价既包括权威评价活动即权力系统内的评价，又包括社会民众评价活动即权力系统外的评价。参见董长春.法律评价的意义及其作用[J].江苏教育学院学报：社会科学版,2002,18(4):56.
④ 陈新汉.论民众评价活动中的悖论[J].上海大学学报：社会科学版,2004(4):32.
⑤ 陈金钊.法治时代的法律位置——认真看待法律逻辑与正义修辞[J].法学,2011(2):4.
⑥ 贺恒扬.检察机关贯彻实施修改后的刑事诉讼法若干问题[J].中国刑事法杂志,2012(10):3.
⑦ 韩成军.人民代表大会制度下检察机关一般监督权的配置[J].当代法学,2012(6):32.

法律监督权的监督检察活动,又包括法院行使审判权的审判评价活动。本文在此意义上使用法律评价。既然法律评价是指司法机关运用法律的监督检察和审判评价活动,即指监督检察及审判活动领域的司法活动,而不是指一般社会民众或其他国家权威机关对法律规范及司法活动进行的评价活动,那么法律评价的客体就是监督检察和审判活动。法律评价就是司法机关在监督检察及审判活动中的评价活动。于是在法律评价活动中,评价主体是以人民法院和人民检察院为主体的司法机关,评价客体是监督检察和审判活动,评价标准是法律规范,评价方法包括对监督检察和审判等非诉(侦查监督等)或诉讼过程(主要是审判过程)中的事实证据、程序运作、法律规定等的全面掌握,其遵循形式逻辑中演绎或归纳推理,评价结论检察院主要以提起公诉的形式,法院主要以形成法律事实判断和价值判断的规范性文件表达出来,并通过强制方法予以执行。这样,就可以把法律评价界定为:法律评价是司法机关对诉讼过程中的事实证据、法律规范和程序运作等方面运用演绎或归纳推理的形式逻辑行使法律监督权和所作的司法判决,并在此基础上通过强制方法予以执行。

其次,法律关系中的主体与法律评价活动中的主体不同。在我国,法律关系的主体主要有三种:第一种是公民个人,第二种是国家机关、企事业单位、社会团体,第三种是国家。国家是一种特殊的法律关系主体,通常参与国际法律关系,但在某种特殊情况下,国家也参与一定的国内法律关系,例如国家作为债务人与国库券持有人而形成的一种债务债权关系。因此法律关系中的主体属于法律评价客体范畴,是法律评价活动客体中的行为者或当事人;而法律评价活动中的主体是我国的司法机关即人民法院和人民检察院。

另外,法律关系中的客体与法律评价活动中的客体也不同。法律关系的客体是法律关系主体的权利义务所指向的对象。如金钱、生产资料等物质财富和科学发明、学术著作、艺术作品等精神财富。因此法律关系的客体是法律评价客体的一部分。在法律评价活动中,与法律关系联系在一起的人们的行为是法律评价活动的主要客体。

黑格尔认为:"在国家中现实地肯定自己的东西当然须用有机的方式表现出来,国家制度中的各个部分就是这样的。"①法律评价活动之所以作为国家权威评价活动中典型的有机方式,就体现在法律评价活动的程序中。以司法活动中的刑事诉讼程序为例,可以揭示法律评价活动的机制。我国法律规定的办理刑事案件的程序是指公安机关、人民检察院和人民法院在当事人和诉讼参与人的参加下,按照诉讼阶段进行刑事诉讼过程的总和。刑事程序一般包括立案阶段、侦查阶段、起诉阶段、审判阶段和执行阶段。其一,立案的过程就是法律评价活动中确立评价对象的过程。评价客体与评价对象不同。评价对象主要指向犯罪嫌疑人的犯罪行为是否构成犯罪事实。而在法律评价活动中,法律关系中的主体和客体,包括评价对象都属于法律评价客体范畴。此时,作为评价主体的司法机关和作为评价客体的犯罪事实以及犯罪嫌疑人之间的关系已经确立起来,以刑事诉讼为内容的法律评价活动也由此展开。其二,侦查的过程就是主体揭示客体属性、获取客体信息的过程。这一过程是国家专门机关对客体的认识活动过程,为后面的评价活动提供了前提。其三,诉讼的过程是从认知过程转入评价过程,将客体材料由认知主体(公安机关和检察院)提交给评价主体(法院)。认知主体决定提交或不提交客体材料,评价主体决定接受或不接受客体材料,这些都是评价活动,这时认知主体已经转化为评价主体。其四,作为刑事诉讼中心的审判过程是严格意义上的评价活动过程。严格意义上的司法也就是审判。审判活动的主体是合议庭,其是权威评价活动中的权威机构在司法审判活动中的具体体现。整个法庭审理过程都是为了在弄清犯罪事实的基础上,选择相适宜的法律规范作为审判标准,并对犯罪嫌疑人的犯罪事实进行评判,从而以具体形式体现了权威评价活动的两个环节。

"严格意义上的评价活动包括两个环节即选择评价标准和把经过选择的主客体之间价值关系的信息经过整合形成价值观念。"②具体到刑事诉讼过程而言,其一,司法机关根据与法律关系相联系的行为情况,选择相适宜的法律规范。选用不同的法律规范对于同一行为进行法律评价,会产生不同的结论。因此选择法律规范必须弄清其与法律关系相联系的行为事实,并考虑到以往的法律适用惯例

①　[德]黑格尔.法哲学原理[M].范扬,张企泰,译.北京:商务印书馆,1982:331.
②　陈新汉.权威评价论[M].上海:上海人民出版社,2006:262.

和本地区或其他地区的司法机关对类似案件所运用的法律规范，还要坚持形式上的平等公正原则。其二，司法机关整合经过选择的主客体之间法律价值关系信息，形成判决。法律价值关系与法律关系不同。法律关系虽然体现着价值关系，但是属于法律评价的客体范畴。法律价值关系是指司法机关和与法律关系相联系的犯罪事实以及犯罪嫌疑人的主客体之间的价值关系。在法律价值关系信息的整合过程中存在着两个思维运动：一是把法律规范具体化到与法律关系相联系的具体行为的一般到个别的演绎推理；二是把与法律关系相联系的具体行为抽象到法律规范的个别到一般的归纳推理。法律判断的形成就体现在这一过程中。最后，刑事诉讼中的执行阶段是法律评价活动的一个阶段，也是司法评价活动后的最为关键的阶段。就评价活动而言，执行阶段是评价活动由观念形态转化为实践形态，从而发生实际效果的阶段。离开了这一阶段，前面的四个阶段都成了"纸上谈兵"。然而当前中国的实际情况是，在法治国家的建设过程中，法律执行是法律评价活动中最为薄弱的一个环节。所以，中央政法委于 2006 年 1 月发出《关于切实解决人民法院执行难问题的通知》，以期切实解决地方人民法院执行难的问题。

二、法律评价活动的逻辑

黑格尔为逻辑起点提出了三条质的规定：(1) 逻辑起点应是一门学科中最简单、最抽象的范畴。(2) 逻辑起点应揭示对象的最本质规定，并以此作为整个学科体系建立的基础。(3) 逻辑起点应与它所反映的研究对象在历史起点相符合。① 法律以法律规范为研究对象，法律评价以法律规范及诉讼活动为研究对象，法律逻辑是法律规范及诉讼活动的逻辑演绎，法律逻辑就成为法律评价的"内在的原因"，成为法律评价的逻辑起点。法律评价是对社会主义法治国家建设进行反思的一条重要途径。而对社会主义法治国家建设进行反思，集中表现为在法律评价活动中对法律规范及其社会实现进行反思。"反思以思想的本身为内容"，对社会主义法治国家建设进行反思，更深层次地表现为对表达法律评价的法律逻辑进行反思，"力求思想自觉其为思想"。②

逻辑的应然性在于增强人在社会生活中的本质力量，引导人过一种有意义的生活。人对有意义生活的表达，是人的有意识的价值活动和利益诉求，体现了马克思所说的"为我而存在的关系"，③这就是人的价值生活。人的有意义生活就表现在人实现自身目的的有意识地追求利益的过程中。马克思主义哲学认为，经济基础决定上层建筑。社会主义市场经济是法治经济，决定了社会主义国家必然是法治国家，更表明能否依法实现人的现实的利益诉求成为调整和判断各种社会关系的主要依归。所以，能否让最广大人民群众过上有意义的生活，能否实现最广大人民群众最切身的利益，是在法律评价活动中最需要集中思考的问题。

其一，在法律评价活动中，法律逻辑是诉讼活动中适用法律规范的逻辑演绎。通过研究三大法学流派的逻辑表达，可以得出法律评价活动中法律逻辑的逻辑结构。

法律评价以法律规范及诉讼活动为研究对象，从本质上说是法律规范及法律逻辑的逻辑演绎（其本身是一种逻辑活动），就是以法律逻辑为研究对象；另一方面，法律逻辑贯穿法律评价这一过程始终。法律评价是对法律规范及诉讼活动进行评价。法律逻辑是法律规范及诉讼活动的逻辑演绎。法律逻辑必然贯穿于法律评价的过程始终，并成为法律评价的逻辑起点。于是，对法律评价的社会实现及其人文精神进行反思，集中表现为对表达法律逻辑的法律规范及诉讼活动进行反思，以使法律评价这一权威评价的典型形式能成为社会自我评价的现实形式。

法律评价的逻辑表达体现在三大法学流派的主张中。自然法学派强调理性，认为自然法就是人的理性。人只有过理性的生活才能实现自身的权利和利益。自然法学派旨在实现法律-理性向法律-利益的转化。虽然自然法学派的价值分析方法预设了法律的终极价值，具有强烈的批判性，有助于培养人们的法治理念，但其明显的缺陷是在司法实践中对理性、正义等价值的解释存在模糊性，容易滑入相对主义的泥淖里。正如博登海默所言："正义有着一张普洛透斯似的脸，变幻无常，随时

---

① ［德］黑格尔. 逻辑学［M］. 杨一之，译. 北京：商务印书馆，1966.
② ［德］黑格尔. 小逻辑［M］. 贺麟，译. 北京：商务印书馆，1980：39.
③ 马克思恩格斯文集：第 1 卷［M］. 北京：人民出版社，2009：533.

可呈不同形状并具有极不相同的面貌。"①分析法学派强调规则,认为法律即规则。规则相比理性等价值表述具有客观性。"法律应当是客观的,这一点是一个法律制度的精髓。"②规则通过命令来调整利益,包括主权、主权命令而生的责任、对不服从者以刑罚方式出现的法律责任即法律制裁。分析法学派旨在实现法律-规则向法律-利益的转化。尽管分析法学派旨在实现法律科学化的努力,但其完全排斥价值分析,严格区分"事实"与"价值",导致历史上"恶法亦法"的出现,最终因缺乏人文关怀,有流为工具主义法学之嫌疑。法社会学派强调法的社会实现,就必然要在社会中考察和检测法的实际运行、法的实际效力、实际作用和实际效果。法社会学派旨在实现法律向利益的转化。但是,法社会学派是站在很强的功利主义考量之上对法的社会实现进行分析,就容易陷入只对法律进行社会现象描述的困境。然而对法律的社会实现进行分析,最终目的是为了反思和建构法律,而不仅仅只是描述。可见三大法学流派各有侧重和缺陷,但其研究的逻辑起点都在表达法律对人的利益的实现。只有综合三大法学流派的学说,既重视法律的价值追求,又强调法律的规则意识,同时考察法律的社会实现,才能真正实现法律对人的权利和利益的保护。人的有意义的生活也才能落实到保护和实现人的利益的司法实践过程中。

由三大法学流派研究的逻辑起点可以推出,在法律逻辑中,"法律-利益"是其逻辑结构。法律调整人与人之间的权利义务关系是通过调整人与人之间的利益关系来实现的。法律不会随意调整人与人之间的利益,作为体现"绝对自在自为的理性的东西"③法律要揭示人与人之间的本质关系,进而对社会的状况及其所作所为进行评价,从而使公众对通过国家权威评价活动中的法律评价及其结论有一定程度的认同和服从。所以,法律评价是法治社会自我评价的现实形式和自觉形式。体现法律逻辑的法治社会自我评价还通过立法机关依法立法,行政机关依法行政,执政党依法执政来规制政治权力,保障人民权利。这既是法治社会自我评价的现实形式,也应是其自觉形式,集中体现法律逻辑在法治社会的应然性作用。

其二,法律逻辑不等同于法治逻辑。法治逻辑就其逻辑结构表现为"主体-法律-利益"的关系,就其逻辑表达表现为司法实践中的法治精神,即整个社会对法律至上地位的普遍认同和自觉支持,全社会都自觉守法,通过法律程序解决纠纷。就逻辑内涵而言,法治逻辑内涵法律逻辑,法律逻辑是法治逻辑的内在构成环节。就社会实现来看,法治逻辑是法律逻辑的本质和灵魂。建设社会主义法治国家是法治社会的法治逻辑要求。而法律逻辑既是法制国家建设的逻辑要求,也是法治国家建设的基础逻辑要求。建设社会主义法治国家集中表现为法治逻辑要求。

具体而言,法律逻辑是法治社会的应然性逻辑,这是从建设法治社会的基础视角对其进行分析。法治社会首先是法制社会,法制社会是法治社会的最初形态。"法制"是法律制度的简称,是一种社会制度。法制社会是拥有正式的、相对稳定的、制度化的社会规范的社会。在法制社会里,法律仅是社会治理的工具。法治社会不同于法制社会,强调法律制度和司法体制的完备以及法律规范的实现。法律制度以及公检法机关等制度性和器物性载体是建设法治社会的前提和基础,但仅仅有这些还不能称之为法治社会。例如春秋战国,法家之学鼎盛。"法者,宪令著于官府,刑罚必于民心,赏存乎慎法,而罚加乎奸令者也。此臣之所师也。君无术则弊于上;臣无法则乱于下。此不可一无,皆帝王之具也。"④法律是当时的国家和社会的主要治理工具,法律逻辑主要表现在制度层面。这样的社会当然称不上法治社会,法律也不能赢得整个社会的普遍认同和自觉遵守。究其原因,法律并不是最高权威,君主可以凌驾法律之上。在这种情况下,法律制度也不可能健全。而法治社会强调法律的健全,并由法律规制政府权力,不是由政府保障法律的实施。法律在国家生活中具有至上地位,在国家权力和公民权利之间以公民权利为本。为防止国家权力的滥用,法律规定国家的分权和相互制衡机制,并保障其得以实施。

　① [美]E·博登海默.法理学:法律哲学与法律方法[M].邓正来,译.北京:中国政法大学出版社,1999:252.
　② [英]G·D·詹姆斯.法律原理[M].关贵森,陈静茹,等,译.北京:中国金融出版社,1990:6.
　③ [德]黑格尔.法哲学原理[M].范扬,张企泰,译.北京:商务印书馆,1961:285.
　④ 冯友兰.中国哲学史:上册[M].重庆:重庆出版社,2009:262.

法治社会和人治社会相对,强调任何组织和个人都不能凌驾于法律之上。它不仅要求公民依法办事,更重要的是规范和制约政治权力。法治逻辑不仅强调法律逻辑,即法律是处理人与人之间、公民与政府之间关系的基本社会规范;法治逻辑更强调法治精神,即整个社会对法律至上地位的普遍认同和自觉支持,全社会都自觉守法,通过法律程序解决纠纷,其核心是保护公民权利,限制政治权力。可见,法治逻辑是社会主义法治国家建设的必然逻辑,其不仅要求表达法律逻辑的法律评价能够实现,更要求表达法治逻辑的法律评价能够自觉,并能通过对法律评价的不断地自觉反思保障人民的权利和利益。

进一步来说,法治逻辑内涵法律逻辑,法治逻辑也体现了法律逻辑的"法律-利益"逻辑结构,集中表现在法律条文对人民群众权益的规定中。然而法治逻辑更强调实现法律保护的人民权利和限制政治权力,自觉维护其至上性,其必然表现为"主体-法律-利益"逻辑结构。人是法治逻辑的研究起点,法律和法治不过是追求自己目的的人的活动而已。所以马克思才说,"在民主制中,国家制度本身只表现为一种规定,即人民的自我规定","国家制度在这里毕竟只是人民的一个定在环节。"①根据马克思的这一思想,法治逻辑凸显了法治社会的人民主体地位。处理法治社会中的民主机制与法律评价之间的关系的理念是:作为国家主人的人民的各项权益应得到法律的充分保障,并且人民有权参与和支配国家政治生活,政治权力合法性的最终根据在于得到广大人民群众的认可和拥护。只有这样,人民主体意识才能是黑格尔所说的庙堂里"至尊的神",人民主体地位才能是马克思所说的人民群众是历史的主人和创造者。

从逻辑结构看,法律逻辑以"法律-利益"为其逻辑结构,法治逻辑以"主体-法律-利益"为其逻辑结构。法律逻辑是法治逻辑的内在构成环节。从社会实现看,法律逻辑集中表达法律规范对人民权益的规定和法律制度对人民权益的保障。而法治逻辑则始终着眼于法律规范保障人民权益的实现和如何实现以及法律制度和司法体制的有效运作。法律逻辑是法治逻辑的起点,法治逻辑则是法律逻辑的运行和实现,是法律逻辑的本质和灵魂。所以才说法治社会中法律逻辑的本质是法治逻辑,法治逻辑是法律评价的逻辑起点。

社会主义法治国家建设是一个历史趋势,也是一个长期的历史过程。尤其是当今中国社会正处于社会转型过程中,法律评价在人们的日常生活中经常遭受质疑。体现法律逻辑的法律条文必然要随着中国现代化建设的全面推进不断完善,从而体现为法律评价的有效运用和不断实现。法律评价的目的就是要实现现实社会具体的人的各项权利和利益以及人的尊严和价值,进而不断地满足人生存和发展的各种需要,最终实现人的自由而全面的发展。这一过程就是把法律的理性、规则和社会功能转化为实现具体的人的利益诉求的过程,就是不断实现文本意义的法律条文向社会意义的法律实现的转化过程,就是不断实现法律逻辑向法治逻辑的转化过程,也是不断实现法律评价向法律实现的转化过程。

其三,在司法实践中,法律评价的运行是在法律逻辑的运行下展开的,集中表现在法律逻辑的功能上。

哲学从制度、社会、精神三个层面来理解法律逻辑,相应地法律逻辑就凸显法治精神的制度空间、社会空间和精神空间,表现为法律逻辑的制度性功能、社会性功能和精神性功能。在一般意义上,空间是与时间相对应的一种物质存在形式,其最显著的特点是具有载体的功能。亚里士多德在《物理学》中指出:"自然存在于形式之中而不是存在于质料之中"。②空间具有载体功能,是指空间具有形式而非质料的载体功能。法律是以规范性形式存在的法律逻辑,必然具有空间的形式意义的载体功能,即法律作为一种空间载体,是表达和实现人的利益的空间载体。从本体论看,法律即规则、规范及其制度和体制运行,是表达和实现人的利益的制度空间载体。从认识论看,法律调整社会中"为我而存在的关系"。社会就是人们生活的空间。在社会中,"生活塑造了行为的模子,而后者在某一天又会变得如同法律那样固定起来。法律维护的就是这些从生活中获得其形式和形状的模子。"③所

① 马克思恩格斯全集:第 3 卷[M].北京:人民出版社,2002:39 - 40.
② [英]罗素.西方哲学史:上册[M].何兆武,李约瑟,译.北京:商务印书馆,2011:264.
③ [美]卡多佐.司法过程的性质[M].苏力,译.北京:商务印书馆,2007:38.

以才说法律是表达和实现人的利益的社会空间载体。从哲学的实践转向看,人的实践活动及其历史发展是构建"为我而存在的关系"的基础。这意味着,人的实践活动本身就体现了一种具有普遍性的逻辑,即人的利益是目的的逻辑,将其上升为国家意志即为法律。实践的这种法律逻辑就直接地表现为是一种维护人的利益的法律精神。从这一视角而言,法律是表达和实现人的利益的精神空间载体。

在法律发展史中,"法律思想家所致力解决的首要问题,就是如何将法律固定化的思想与变化、发展和制定新法的思想相协调,如何将法律理论与立法理论相统一,以及如何将司法制度与司法人员执法的事实相统一。"①庞德的这句话概括了法律逻辑发展过程中的制度空间载体、社会空间载体和精神空间载体的三重空间载体功能。首先,法律逻辑表现为法律固定化的思想和新法的思想,其变化、发展和制定都围绕如何体现和实现人的利益展开,表现为法律上的制定、修改和废除,能够起到制度空间载体功能。其次,法律逻辑表现为如何将法律理论与立法理论相统一,如何将司法制度与司法人员执法的事实相统一,即国家通过法律对社会利益进行干预,能够起到社会空间载体功能。最后,法律精神实现于这三个方面的统一。法律逻辑作为一种对生活的看法和社会需要的理解,会决定人的行为选择。"正是在这样的精神性背景下,每个问题才找到自身的环境背景。"②法治社会的法律逻辑也就成为亚里士多德所说的"内在的原则",也是黑格尔所说的人类自身具有的"'神圣'的东西"。在法律评价活动中,司法机关首先要面对如何将法律制度化、固定化的思想与变化、发展的社会相协调,以及如何将司法人员的司法实践与人们的法治信仰相统一。这就涉及法律逻辑在法律评价活动中的运用。法律逻辑是通过制度、社会和精神三个层面作用于法律评价活动。法律逻辑既体现在司法机关选用不同的法律规范对于同一犯罪行为进行法律评价,又体现在公检法的相互制衡和协同办案的过程中。这是法律逻辑在制度层面对法律评价活动的影响;法律逻辑通过司法机关的法律评价及社会影响,会直接对社会中人们的言行举止予以引导,这是法律逻辑在社会层面对法律评价活动的影响;法律逻辑通过司法机关的法律评价活动,最终内化为人们的法治信仰,从而形成全社会都自觉守法,这就是法律逻辑在精神层面对法律评价活动的影响。可以说,正是法律逻辑的空间载体功能成为法律评价活动在制度、社会和精神三个层面的延伸和展开。

虽然法律逻辑的空间载体的可转换性源自一件事物的"自然的"运动,然而其可转换性并非随意进行,而是有其"内在的原则"即目的,依次表现为法律逻辑的制度空间载体功能向社会空间载体功能的转换,制度空间载体功能和社会空间载体功能向精神空间载体功能的转换的连续不断的运动。首先,表达法律逻辑的法律制度是法律评价活动的来源和依据。但法律制度是制度化、固定化的法律逻辑,需要通过法律评价活动才能惩治罪犯,维护社会的长治久安。司法关机在司法实践中遵循法律制度,选择相应的法律规范对犯罪行为和事实作出法律评价,这样法律逻辑就由制度层面转向社会层面。从法治文化的建构来看,司法机关运用法律逻辑开展法律评价活动,会直接引导着人们的法治信仰,成为法治文化生成的直接来源。这也从逻辑层面反映出法律评价活动的复杂性和规律性的特点。其次,法律评价活动要求体现法律逻辑的三大空间载体功能不断转换。只有这样,才能在司法实践中达到法律的社会实现这一目标。起初调整人的利益的"固定化的思想"经过国家意志上升为法律,使人的行为具有确定性和可预见性。人在法律逻辑的制度空间载体里有序生活。然而社会生活包罗万象,永远会对法律提出新的挑战。法律评价活动要求法律逻辑的制度空间载体功能会不断地转化为法律逻辑的社会空间载体功能,法律逻辑才能成为司法机关思考社会问题的出发点和归宿,根据法律逻辑的分析才能成为时代的鲜明特征,法律评价的运用才能保障社会生活中人们的各项活动。所以奥尔特曼才说"社会应当依据法治来运作的原则已经为法律和政治思想家所信奉并长达两千年之久。它是古代先贤和现代思想家们所赞同的少数几个原则之一。"③也只有法律逻辑的制度空间载

① [美]庞德. 法律史解释[M]. 曹玉堂,杨知,译. 北京:华夏出版社,1989.1.
② [美]卡多佐. 司法过程的性质[M]. 苏力,译. 北京:商务印书馆,2007:38.
③ [美]奥尔特曼. 批判法学——一个自由主义的批判[M]. 信春鹰,杨晓峰,译. 北京:中国政法大学出版社,2009:21.

体功能不断完善和其社会空间载体功能不断实现，法律信仰才能扎根于人们的内心深处，使得法律逻辑的精神空间载体功能得以彰显。法律逻辑的精神空间载体功能因此就能在法律评价活动和人们的社会活动中发挥精神的纽带功能作用，将法治时代的法律逻辑转化为法律评价，法律评价又积累为法治信仰，法治信仰又积累为法治文化，从而将要解决的人的问题转化为法律问题。

三、法律评价活动中的矛盾及其腐败

法律评价属于国家权威评价活动。研究国家权威评价活动中的基本矛盾可以揭示出法律评价活动中存在的矛盾情况。国家权威机构的最基本形式是组织。"组织是精心设计的以达到某种特定目标的社会群体"。[①]"当人们为了协调一个集团的活动以达到既定目标而确定明确的程序时，便产生了组织"。[②]国家权威机构在群体中所处的位置决定了其总要以所属群体主体的一定需要为标准，对所属群体主体的状况及所作所为进行评价。国家权威机构一般总能自觉地站在所属群体主体的立场上进行评价活动，总能自觉地协调其所属机构的成员来有序地进行评价活动，并形成在形式上具有统一性的评价意见。这是权威评价活动的自觉性。然而，国家权威机构由于认识论原因不能认识到社会主体的需要，从而不能正确地站在社会主体的立场上进行评价活动。或者国家权威机构由于本体论原因，即权威评价活动中的基本矛盾，致使其不能站在社会主体的立场上来进行评价活动。由此产生的问题是，国家权威机构本应自觉地站在社会主体的立场上来进行评价活动，却由于种种原因致使其不能站在社会主体的立场上来进行评价活动，这就是国家权威评价活动中体现出来的矛盾。

权威评价活动中的基本矛盾是国家权威评价活动中权威机构不能自觉站在社会主体的立场上进行评价活动的主要原因。国家权威机构由处于各级职位的官员组成。官员按照一定的权力运行规则行使权威机构中的具体职权，是具体职位的人格化。作为官员的具体的人是抽象的，他的一切行为从理论上说都是为了国家权威机构或其所

属社会主体的需要和利益。然而，人总是具体的，具有社会生活中具体的需要和利益，这对于处于国家权威机构中具体职位的官员而言同样如此。因而作为官员的抽象的人又是具体的。这就是国家权威机构中官员的两重性规定。作为官员的个体的两重性规定决定了其行为的两重性：作为国家权威机构中具体职位的人格化，要求他应该"毫不利己"地通过国家权威机构体现社会主体的需要和利益；作为生活于社会中具体的人，要求他在经济活动中按照"理性最大化假设"[③]来行动，以自己包括家庭直接的效用满足最大化为其行为目标。这样官员在行使职权的过程中就存在着"公"与"私"的矛盾。一方面，官员在行使职权的过程中，按照权力运行规则，满足社会主体的需要和利益。我们把官员的这种行为称为"公"；另一方面，官员在行使职权的过程中，违背权力运行规则，把职权当作谋取私利的工具，从而损害了社会主体的需要和利益。我们把官员的这种行为称为"私"。

国家权威机构中作为官员的个人在按照"理性最大化假设"行为时，有可能遵循权力运行规则，在满足社会的需要和利益时，满足了自己的需要和利益；也有可能违背权力运行规则，在满足自己的需要和利益时，损害了社会的需要和利益。由此构成了官员在行使职权时"公"与"私"之间的矛盾。在国家权威评价活动中，用何种主体需要（是从社会的需要和利益出发还是从个人的需要和利益出发）作为评价活动的标准，赋予行使职权以何种性质的意义（是为了社会的需要和利益还是为了个人的需要和利益），国家权威机构必须予以决策。决策是国家权威评价活动的关节点。恩格斯说："每个意志都对合力有所贡献，因而是包括在这个合力里面的。"[④]恩格斯论个人在历史发展中作用的合力原理，也适用于国家权威机构中的官员在国家权威评价活动中进行决策的问题。意志是在国家权威评价活动的决策中形成的，并以此在认识成果的基础上形成"实践理性"，从而规定了国家权威评价活动的方向和结果。"意志乃是有生命的存在者在其是有理性的范

---

①　[美]戴维·波普诺. 社会学[M]. 李强，等，译. 北京：中国人民大学出版社，1999：190.

②　[法]莫里斯·迪韦尔热. 政治社会学——政治学要素[M]. 杨祖功，王大东，译. 北京：华夏出版社，1987：159.

③　樊钢，等. 公有制宏观经济理论大纲[M]. 上海：上海三联书店，1990：61-62.

④　马克思恩格斯文集：第 10 卷[M]. 北京：人民出版社，2009：593.

围内的因果作用"。① 这种"因果作用"正是行使权力的官员在决策中"公"与"私"之间矛盾斗争的结果。于是,国家权威机构中作为官员的个人的"公"与"私"之间的矛盾就转化为国家权威机构在评价活动中的决策上"公"与"私"之间的矛盾。

司法公正被公认为是现代文明社会实现公平正义的最后一道防线。也就是说,在法律评价活动中,审判机关及审判人员应当站在维护法律尊严的高度行使职权,这样才能既实现法治的要求,又真正维护社会的需要和利益。然而,在现实的法律评价活动中,审判机关及审判人员有可能为了谋取私人利益,通过违背权力运行规则,例如,通过影响审判案件法官的确定、影响案件时间进度表、影响有关事实认定的环节、影响法律适用等,致使其不能站在客观公正的立场上来进行审判评价活动,这就是法律评价活动中的矛盾。法律评价活动中的矛盾体现了权威评价活动中的基本矛盾。在法律评价活动中,审判人员行使法律赋予的审判职权,是司法公正的人格象征。他是一个能够判别是非曲直、合法与否,甚至当事人可以将自己的生命和自由交予其裁判的人。然而在现实社会中,法官也是人,也有求人处,法官自己职位的升迁、子女入学、老人入院等可能都要托关系或走后门。加上我国法官正常职业年限的有限,法官职业的正常收入偏低,法官职业整体声誉的不太理想和职业稳定性的欠缺,使得法官在一个"有权不用,过期作废"和"事事靠打点、处处找关系"的社会环境下极有可能徇私枉法,滋生法官腐败。这样审判人员个人的"公"与"私"之间的矛盾就必然转化为审判机关在审判评价活动中决策上的"公"与"私"之间的矛盾。

根据马克思的社会发展"三形态"说,② 我国目前正处在由自然经济社会形态到商品经济社会形态的转型中,从而使当前我国社会具有两种社会形态的特征。人对人依赖关系的自然经济社会形态容易形成权力拜物教,人对物依赖关系的商品经济社会形态容易形成货币拜物教。在当前我国的社会中既有权力拜物教,又有货币拜物教,两者交织在一起,并且互为因果,从而使我国处于腐败高发时期。在法律评价活动的过程中,当事人直接或通过律师间接向法官或审判机关的负责人发出行贿要约,法官或审判机关的负责人由于缺少有效的内外监督③接受了这种要约,从而构成受贿事实;或者法官或审判机关向当事人明示或暗示很强意愿的贿赂行为(索贿行为),当事人由于缺乏必要的法律意识或知识,或为了保证打赢官司,从而与其发生贿赂的事实。前一种行为是经济财富向政治行为的转化,是"权力拜物教"的典型表现;后一种行为是政治行为向经济财富的转化,是"货币拜物教"的典型表现。在法律评价活动中,这两种行为经常交织在一起,成为司法腐败行为的典型表现。

那么在司法腐败盛行的时候,司法是否还能担当正义的防线就成为一个令人深忧的问题。从司法所担负的社会职能来看,消除司法腐败并不是目的,而是一项最起码的要求。司法的最终目的是通过在司法活动中所体现出来的法治精神,树立法律权威,让法律能够成为普通公民定分止争所信仰的最主要手段。也就是说,在司法活动中,一定要树立起法律的威严即权威性。在法律评价活动中,审判机关是依照法律规定代表国家独立行使审判权的国家权威评价机关,具有权威性。这种权威性不仅体现在保障审判结果以法律强制力的形式得以实现,还表现在审判过程中,审判机关及审判人员不受行政机关、社会团体和个人的非法干涉。然而在司法实践中,审判机关及审判人员极有可能成为某些行政机关、社会团体和个人的"喂食"对象。多数腐败法官会遵循"理性最大化假设"来行为,这样就会造成人们对法官群体的失望和愤怒。法律的权威就会在腐败法官的投机行为中丧失殆尽。在这种情况下,法院的判决本应成为当事人自觉认可并自愿执行的权威性文件,却由于丧失了公正性而得不到有效地执行。这也是当前中国社会中法院判决执行难的一个很重要的原因。这样法律赋予的本应当具有权威性的法律评价活动就丧失了权威性,这是当前法律评价活动中典型的矛盾表现。

①　[德]康德.形而上学探本[M].唐钺译.北京:商务印书馆,1957:60.

②　马克思指出,人类必然要经历以"人的依赖关系"为基础的自然经济社会形态、"以物的依赖性"为基础的商品经济社会形态和以"人的自由发展"为基础的产品经济社会形态。

③　虽然我国目前的司法腐败监督制度既有上下级法院的审判监督、法院内部的纪委监督等系统内部监督,又有议会性质的人大监督、行政性质的监察监督、社会性质的媒体监督等外部监督,对行贿或受贿的惩罚既有刑事处罚和党纪处分,又有行业的自律性处分。然而,系统内部监督极容易形成一致对外的利益集团,使得司法腐败具有极强的隐蔽性;系统外部监督由于缺乏专门的调查手段和调查权力,加上司法的专业性,使得司法腐败的捕获率非常低。

　　由以上分析可知,法律评价活动中的矛盾现象能反映出法律评价活动中司法腐败的如下新特点:其一,社会转型期审判人员的行为规范与行为方式转换不同步导致司法腐败的易发性。我国目前正处在由自然经济社会形态到商品经济社会形态的转型中,这不仅意味着审判机关及审判人员的行为模式的转换,而且也意味着其行为规范体系的重新建构。法院一方面要通过审判体现法律的权威性,另一方面又要通过审判体现社会发展和进步取得的改革成果,这就有可能要求法官突破法律的界限大胆尝试。然而法律的权威性就体现在它要维护现有的甚至是传统的价值和秩序,而社会的转型是在改革中完成的,改革就是要突破法律的限制。这样,法院及法官在不断市场化的环境下越来越表现出"不适应性",反映在行为上便呈现出种种矛盾性的倾向,比如对现有的行为规范一方面存在着"依恋性",以维护现有法律的权威性,另一方面又存在着"背叛性",在以经济为中心的改革和政治优先面前,法律很难摆脱工具地位。于是,在法律评价活动中,往往很容易出现各种"短视"(追逐利益的短期行为)和"斜视"(一只眼盯着市场,另一只眼则盯着"市长"即行政权力),其审判行为就容易导致"失范"。

　　其二,社会转型期审判人员行为方式转换所导致的司法腐败现象的逐利性凸显。如上所说,在社会转型期,随着自然经济社会形态到商品经济社会形态的转型逐步确立和不断深化,审判人员的腐败行为方式逐步转向"利益主导型",其实质是政治行为向经济财富的转化。审判机关及审判人员的自身利益不仅被肯定,而且还成为其行为动力的源泉。与此同时也就出现了一些法官为了追求自身的正当或不正当利益而从事权钱交易的腐败行为,逐利性也就在社会转型期表现得尤为突出。剖析我国当前的司法腐败现象,一个很突出的表现就是经济利益因素的日益凸显。如果说在过去计划经济体制下,司法腐败在一定程度上还是为了求"名"的话,那么当前的司法腐败主要是为了得"利"。这种"利"既是建立在损害双方当事人的利益上("官司一进门,两头都托人。"),又是建立在损害法律权威性和法律尊严的基础上。如果不从根本上加以遏制,司法机关的权威性必将进一步受损,广大人民群众的利益也将得不到有效保护。

　　其三,在法律评价活动中,与社会转型期相联系的司法腐败现象发生领域具有相对集中性和博弈性特点。总体而言,目前我国司法腐败大都是涉及司法审判机关及审判人员为牟取私人利益通过为社会和法律规范所不认可的行为影响司法审判的现象,其博弈和腐败行为仅可能在涉及某一具体司法审判活动中的当事人、法官、律师这样的小团体范围内展开。在法律评价活动中,可能只是双方当事人之间进行博弈,也可能同时还有双方当事人聘请的律师参与,或者是他们与法官之间进行博弈。例如,法官可能与一方当事人之间存在是否受贿与行贿的博弈,而与此同时法官也可能与另一方当事人之间也存在是否贿赂交易的博弈行为。由于司法审判资源的相对集中性,导致了司法腐败现象发生领域的相对集中性。在相对集中的领域里,由于司法审判资源的垄断性和有限性,导致了司法腐败案件的数量和涉案金额越来越大,对抗性也越来越大,腐败行为的保护层也越来越厚,成为司法腐败中的一个突出现象。

　　其四,在法律评价活动中,司法腐败的诱因呈现复杂性特点。主要表现在:在制度建设方面,解决诉讼纠纷的实体法和程序法都不太健全,特别是解决新型纠纷的法律具有滞后性,留给法官很大的自由裁量权;在诉讼参与人方面,由于普通老百姓事前预防法律风险的意识和知识都比较匮乏,以及他们复原法律事实真相的能力有限,给法官留下了很大的"任意发挥空间";在司法管理方面,由于司法行政管理机关与司法审判机关没有分离,司法行政管理部门的领导等就可以操作案件时间进度表,可以安排合议庭的构成,可以选择专家等等,这样就可能会造成不留痕迹地"翻手为云,覆手为雨"的司法腐败;在操作程序上,法律评价活动没有将所有内部的标准和程序透明化(法律规定除外),让法官、律师和当事人都严格遵守程序并相互监督;在职业设计上,法官职业的正常收入偏低,正常职业年限的有限(尤其是对比西方发达国家的法官职业而言),法官职业稳定性的欠缺,和法官职业声誉的不理想等都可能成为司法腐败的诱因;在对审判活动的监督上,司法系统内部监督极容易形成一致对外的利益集团,使得司法腐败具有极强的隐蔽性,系统外部监督由于缺乏专门的调查手段和调查权力,加上司法的专业性,使得司法腐败的捕获率非常低;在诱发司法腐败的社会因素上,政治因素的介入,人们传统思维习惯的制约等等都有可能成为司法腐败的诱因。

　　最后,在法律评价活动中,还没有建立起有效的司法评估制度。孟德斯鸠曾在《论法的精神》中说过:"一切有权力的人都容易滥用权力,这是万古不易的一条经验。"①英国剑桥大学教授阿克顿勋爵也曾说过:"权力导致腐败,绝对权力导致绝对腐败。"②在法律评价活动中,审判权就是一项国家权力。当审判机关及审判人员拥有的权力及其使用边界不明,特别是被其他更强有力的权力制衡约束时,这种权力必然存在着被其纳入追求自身利益最大化的考量之中,也被社会当作可供利用的一种"资源",由此便滋生出司法腐败。在法律评价活动中建立起有效的司法评估制度是遏制司法腐败的一种思路。司法评估制度作为司法制度改革的一个重要组成部分,应当包括评估法律评价活动的整个过程及其效果。具体而言,司法评估制度应当包括以下内容:对司法审判程序的评估制度、对司法审判人员的评估制度、对司法审判结果的评估制度、对司法审判方法的评估制度、当事人和律师对司法审判的评估制度等。需要注意的是评估和监督是两回事。前面已经讲过司法腐败的监督类型。之所以监督起不到应有的作用,一方面是因为司法的专业性,监督主体缺乏专门的调查手段和调查权力;另一方面是因为司法系统内部监督极容易形成一致对外的利益集团,使得司法腐败具有极强的隐蔽性。而司法评估通过建立由专业监察人员、内部监督人员和外部监督人员各占一定比例的专门的司法评估委员会,可以客观有效地评估法律评价活动,并提高司法腐败的捕获率。

（编辑　李清伟）

---

①　[法]孟德斯鸠. 论法的精神:上册[M]. 张雁深,译. 北京:商务印书馆,1987:154.
②　[英]阿克顿. 自由与权力. 阿克顿勋爵论说文集[M]. 侯健,范亚峰,译. 北京:商务印书馆,2001:342.

第1卷 第1辑
2013年8月

上 大 法 律 评 论
SHANGHAI UNIVERSITY LAW REVIEW

Vol. 1 No. 1
Aug. 2013

严忞. 论英国公司法如何降低"代理成本"[M]//李清伟. 上大法律评论(第1辑). 上海:上海三联书店,2013:162-168.

论英国公司法如何降低"代理成本"

严 忞

(伦敦大学国王学院 法学院,伦敦　W2CR 2LS)

摘要：每当一方(即委托人)的权益需要依靠另一方(即代理人)的行为来实现就会产生代理问题。在公司体制框架下,由于运营、管理公司的人往往不是公司的所有人,董事与股东之间也就不可避免的会产生代理问题。本文将主要从法律角度讨论英国公司法是否成功地控制或者说减少了代理成本。具体来说,经过对代理成本的简要概述之后,简明扼要地论述关于权利在股东会和董事会中是如何分配的;考察董事的薪酬问题;讨论董事的罢免(解雇)问题;董事义务规范其作为代理人的行为的效力以及一旦违反某些义务相应法律机制的执行问题;最后,通过对英国公司法的整体评价得出是否其有效控制了代理成本之结论。

关键词：英国公司法;代理成本;董事义务;董事薪酬;监管;衍生诉讼

How successful dose UK company law minimise the agency costs between shareholders and executives

YAN Min

(Law School, King's College University of London, London W2CR 2LS, England)

Abstract：The agency (or principal-agent) problem arises whenever the benefits of one party (principal) depend on behaviour of another party (agent). Under the corporate context, problems are generated when those who run the company are not owners. One universal agency problem then arises between executives (agents) and shareholders (principals). This paper will discuss whether UK company law has successfully controlled or say diminished the agency costs from the legal perspective. In specific, after the introduction, the second section will briefly discuss the allocation of power between shareholder body and board/management; the third section will take a close look at the law in regulating executive remuneration; then the issue of removal will be examined in the fourth section; the fifth and sixth section will focus on the efficacy of directors' duties as regulating the divergent behaviour of agents and the enforcing mechanism of these standards respectively; finally, a conclusion of the overall evaluation of the effectiveness of UK company law in minimising the agency cost will be given.

Key words：UK company law; agency cost; director's duty; director's remuneration; monitor; derivative action

一、概述

每当一方(即委托人)的权益需要依靠另一方(即代理人)的行为来实现就会产生代理问题。[①] 然而,代理人很有可能把自己的利益优先于委托人的利益。在公司体制框架下,由于运营、管理公司的人往往不是公司的所有人,董事与股东之间也就不可避免地会产生代理问题。[②] 董事、经理靠减少或牺牲股东权益而实现自我利益的这种代价被称作

收稿日期：2013-04-20

作者简介：严忞(1990—),女,伦敦大学国王学院法学院博士研究生,主要从事公司法、公司治理研究,E-mail:min. yan@kcl. ac. uk.

① R Kraakman et al, The Anatomy of Corporate Law: A Comparative and Functional Approach (OUP, Oxford 2004) 21.

② 在此需要郑重说明的是经济学角度上的"委托人"和"代理人"与其相对应的法律上的概念是不完全相同的。在英国法中,董事、经理只能是公司的"代理人"。不同于民法上的"代理关系",法经济学角度的"代理"是与因授权而引起的相应成本紧密关联的。参考 The Law Commission and The Scottish Law Commission, 'Company Directors: Regulating Conflicts of Interest and Formulating a Statement of Duties' (Law Com No 261,1999) [3.11]. 所以说,本文中所提到的"委托人"、"代理人"主要是从经济学角度出发的。

代理成本,[①]包括代理人滥用职权的代价以及委托人监督、监管他们滥用职权所花的费用。[②]

不难发现,虽然 Berle 教授和 Means 教授早在 20 世纪 30 年代所指出的股权与控制权的分离作为一个重要发现带来了巨大的经济效益,代理成本问题也随着由职业经理人来管理公司而成为一个不可回避的结果,尤其是在股权相对分散的上市公司。同时通过靠合同[③]来控制代理人的行为似乎过于昂贵,且因为不断发展变化更新的特性[④]及"搭便车"现象[⑤]使其更加不现实。因此,公司法相对处于一个更合适的位置来调和这种在代理关系中的利益不一致,从而降低代理成本。对于法律人来讲就是说如何通过公司法来有效的控制和减少股东与董事之间的代理成本,尤其公司法的核心目标之一就是规范董事和经理的。换言之,我们要讨论法律是否能够成功地协调甚至统一董事与股东之间冲突的利益,同时在较少监督成本支出的情况下保证前者对后者负责任的履行相应的义务。

本文将主要以英国公司法为例,论述其通过忠诚义务及审慎义务、薪酬规范以及其它的一些监管机制例如有效的信息披露,股东否决权、惩治机制等在总体上成功地遏制了董事、经理直接或间接的转移公司财富给自己的这种行为。本文将同时从股东及董事、经理的角度来分析。当然需要说明的是很多规范都是相辅相成且互相影响的,文中的一些简单分类不一定具有绝对性而只是为了便于下文论述的进行及展现给读者更清晰的概况。[⑥]具体来说,会简明扼要的论述股东会和董事会是如何分配公司权利的;考察董事的薪酬问题;讨论如何罢免、解雇董事;董事义务规范其作为代理人的行为的效力以及一旦违反某些义务相应法律机制的执行问题;最后,通过对英国公司法的整体评价得出是否其有效地控制了代理成本问题之结论。

二、公司权利的分配

随着公司股权与控制权的分离,加上股权在上市公司或公众公司(Public Company)都很分散,股东实际上已经不再自己直接管理、控制公司了。[⑦]董事作为代理人因而需要拥有可自由裁量的决定权来运行公司。但是在公司法中没有任何有针对性的规则触及到如何在董事会与股东会之间分配权利。这就意味着董事们的权利和股东们的在很大程度上取决于各自公司的章程的规定。参考公司章程范本(Model Articles of Association),如果其内容没有被具体公司章程自己修改的话,股东可以通过特别决议命令董事采取或不采取特定的行为。[⑧]然而,考虑到召开临时大会也许更简易,英国《2006 公司法案》第 314 条为股东们提供了这一更简便意见沟通交流方式。[⑨]到目前为止,至少理论上说股东履行监督、指示等权利不会面临任何重大障碍。尽管在实践中有分散股权及集体行权(collective action)所带来的问题,如果一项行动或投资计划值得股东施加自己的影响,股东们还是很有可能通过公司法或公司章程实现的。

①　D Kershaw, Company Law in Context — Text and Materials (OUP, Oxford 2009) 169.

②　C Mallin, Corporate Governance (2nd edn OUP, Oxford 2007) 13.

③　很多经济学家、法学家都主张公司其实是一个复杂的明示和暗示地合同结合体。参考 M Jensen and W Meckling, 'Theory of the Firm: Managerial Behavior, Agency Costs and Ownership Structure' (1976) 3 Journal of Financial Economics 310, E Fama, 'Agency Problems and the Theory of the Firm' (1980) 88 Journal of Political Economy 290. 虽然对公司的此种合同主义理论有很强烈的反对声,例如参考 M Klausner, 'The Contractarian Theory of Corporate Law: A Generation Later' (2006) 31 Journal of Corporation Law 780 - 781,797,正如 Blair 教授和 Stout 教授所指出的合同主义与反合同主义之间的论战已经持续了好几十年,从而不可能一夜之间就被解决的,参考 M Blair and L Stout, 'Trust, Trustworthiness, and the Behavioral Foundations of Corporate Law' (2001)149 University of Pennsylvania Law Review 1782.

④　也就是说即使一个合同能涵盖今天所有的可变因素,它也觉得不可能覆盖明天或者后天所突发的、出乎意料的新情况。且劳神劳力地去设想所有可能发生的事情不可避免的会造成浪费,因为一些事先设想的情况可能永远不会发生。参见 F Easterbrook and D Fischel, 'The Corporate Contract' (1989)89 Columbia Law Review 1444 - 1445.

⑤　没有人能够因为解决了问题而获得所有利益,因为其他公司很有可能也遇到类似的问题,因为先前有公司已经解决了这些问题,后面的公司就可以免费的利用这些已有的解决方案,所以只有之前那个解决这些问题的公司有成本支出,且得不到后面利用它成果的这些公司的补偿。参见 F Easterbrook and D Fischel, 'The Corporate Contract' (1989)89 Columbia Law Review 1445 - 1446.

⑥　因此这些分类不是绝对的。例如,董事义务项下的披露制度和批准制度同样也涉及股东权利等方面。

⑦　一些封闭型公司(closed companies),股东常常会同时兼任董事或者经理直接管理公司,或至少有一个相对较为集中的股权存在。此种情况下代理成本就会很小或者很容易去控制,因为相比大公司其一利益分歧相对比较小,股东也由于集中的股权有更多的积极性去监管董事事们。因此,本文主要关注的是公众公司(public companies)。

⑧　Art 4(1) of The Companies (Model Articles) Regulations 2008 No. 3229.

⑨　D Kershaw, Company Law in Context — Text and Materials (OUP, Oxford 2009) 187.

另一控制董事们决定权的关键方面即是股东的否决权或者核准权。根据 Fama 教授和 Jensen 教授的论点,建立一套能将决定权的控制(包括核准、监督)和决定权的管理(包括发起、实施)相分离的机制是控制代理成本的一条有效途径。两位教授同时认为股权与控制权的分离可以视为等同于决定权与风险承担的分离,这就意味着代理人虽然享有决定权,但是其本身的福祉不会受到因其决定所产生后果的太大影响。相反,不管好与坏,股东作为剩余价值的权利享有者承担了其代理人的行为结果。因此,他们认为要降低代理成本必须要控制好决策过程。① 英国《2006 公司法案》第十部分第四章下的条款规定了那些需要由股东核准后才能实施的交易。正如某些学者指出的,公司法越来越倾向于让作为剩余价值拥有者的股东来最终把控一些重大交易。② 事实上英国比其他国家的公司法更善于利用股东的核准权,③因此也就相对更有效的处理了委托人与代理人之间的利益冲突、利益不一致,进而在很大程度上遏制了董事攫取公司的机会或者进行自我交易等。④

三、薪酬管理

董事及高管们的薪酬⑤早已被认为是当代公司治理中的一个重要组成部分。⑥ 至少有两点可以在此得出:第一,过高的薪酬本身就是代理成本的一种;第二,薪酬可以在很大程度上用以统一代理人与委托人之间的利益,作为一个激励机制让前者做任何行动更多的考虑后者的权益,即让董事变得更可靠。⑦

首先,根据《联合准则》(Combined Code),董事会必须建立一个包含至少 3 名⑧独立的非执行董事薪酬委员会。这样的一个董事会下属委员会被认为可以更好的综合考虑董事及高管的绩效即他们具体的表现来确定报酬。这样不仅可以统一董事、经理与股东的利益;⑨更重要的是可以防止执行董事们为自己设定薪酬标准。⑩ 除了对独立董事独立性⑪及非执行董事积极性的质疑,在很大程度上可以说相比其他的制度措施,这样的设计可以有效的遏制过高的薪酬。但是,我们可以注意到《联合准则》下的义务⑫不具有强制性,根据所谓遵守或解释规则如果不遵守该准则下的义务只需要给出一个理由即可过关。由于这种所谓的"轻抚"(soft touch)政策,该准则的影响会多少打一定折扣。

然而 2006 年《公司法案》第 228 条至第 230 条规定股东有权审查公司与董事之间的聘用合同,这也就方便了股东去详细了解董事薪酬的具体情况。另外,第 412 条规定了英国内政部可以要求包括董事薪酬在内的一些相关信息以书面形式记入公司的年度报表。

对于上市公司,报表需包含董事薪酬则是强制性的。⑬ 如果此报表经董事会签署通过但最终却没有符合公司法中的相关条款,那么任何一个知悉或者应该知悉此报表没有符合规定却没有采取合理的措施避免该未符合规定的报告被签署批准都会承担法律责任。⑭ 与此同时,上市公司的董事薪酬报表需要披露给全体股东并根据第 439 条得到他们

---

① E Fama and M Jensen, 'Separation of Ownership and Control' (1983)26 Journal of Law and Economics 301,304,322.

② C Riley, 'Controlling Corporate Management: UK and US Initiatives' (1994) 14 Legal Studies 246.

③ D Kershaw, Company Law in Context — Text and Materials (OUP, Oxford 2009) 199.

④ D Kershaw, Company Law in Context — Text and Materials (OUP, Oxford 2009) 198. 下文将作更详细的论述。

⑤ 首先有必要澄清除非公司章程有相反的规定董事不会因为仅仅担任了董事而自动成为公司的雇员,所以说董事一般情况下是不享有像其他雇员那样因为提供服而得到的工资。参见 S Goulding, Principals of Company Law (Cavendish Publishing, London 1996) 219 - 220.

⑥ A Bruce and T Buck, 'Executive Pay and UK Corporate Governance' in K Keasey, S Thompson and M Wright (eds), Corporate Governance: Accountability, Enterprise and International Comparisons (John Wiley & Sons, Chichester 2005) 117,119.

⑦ 根据 Florackis 的观点,最近的研究表明董事的薪酬合同可以激励董事们采取利于股东利益最大化的行动。C Florackis, 'Agency Cost and Corporate Governance Mechanism: Evidence for UK Firms' (2008)4 International Journal of Managerial Finance 38 - 39.

⑧ 如果是较小的封闭公司,标准则是 2 名。参见 para B. 2. 1 of The Combined Code on Corporate Governance (2008).

⑨ See, for example, D Kershaw, Company Law in Context — Text and Materials (OUP, Oxford 2009) 263 - 264.

⑩ C Mallin, Corporate Governance (2nd edn OUP, Oxford 2007) 129.

⑪ 例如,执行董事利用自己的职位或直截了当地或间接含蓄地影响非执行董事。R Bonet and M Conyon, 'Compensation Committees and Executive Compensation: Evidence from Publicly Traded UK Firms' in K Keasey, S Thompson and M Wright (eds), Corporate Governance: Accountability, Enterprise and International Comparisons (John Wiley & Sons, Chichester 2005) 139 - 140.

⑫ 虽然《联合准则》附于英国《上市规则》之后,但是前者不是后者的组成部分。

⑬ 参见《公司法案 2006》第 420 条。

⑭ 参见《公司法案 2006》第 422 条。

的批准。

所有这些措施不仅可以减少股东获得相关信息的成本，而且使判断公司的薪酬制度是否能有效的激励管理层或是否有存在滥用权利变得更加清晰明了。有效的遏制了董事们制定过高的且与他们表现不符的薪酬，进而大大增加了董事的可靠度。[①]

四、罢免董事的权利

Jensen 教授和 Meckling 教授曾从市场竞争的角度指出代理成本作为某种形式的"偏离"（divergence）直接与更换董事成本相联系。[②] 从法律角度也同样如此，尤其现在反对董事的决议变得越来越困难。其中一个很流行的论点是，由于董事地位的越发独立，股东已经很难像以前那样对董事有一个宏观的监督控制权。并且随着公司业务的复杂化、专业化董事及管理层为了及时应对稍纵即逝的商机可能越来越扩张自己的管理权限；甚至有评论说，在某些情况下董事们所做的决定或者采取投资方案可能会公然违背多数股东意愿。[③] 最佳的解决办法就是罢免不顺从的董事然后再重新选一个新董事。因此，研究更换董事的难易程度及成本成为进一步审视公司法是否能有效降低代理成本的关键。

根据《公司法案》第 168 条，董事聘用合同即使没有到期如果有合理的理由也可以在任何情况下终止。同时，法律规定股东罢免董事的这项权利是不能被章程所更改的。当然，董事们在封闭公司（closed company）中往往会通过例如加权累计投票权等来保证他们自身地位的手段是被允许的，如大法官 Upjohn 所说发行附加特殊权利或限制的股票都是属于公司固有的权利。[④] 但是必须明确，这样

的加权累计投票条款是明确被上市条例所禁止的。[⑤] 所以总的来说，在英国法中要更换一个董事还是相对比较容易的，不存在任何法律上的障碍。

另一个与代理成本密切相关的则是终止聘用合同的补偿，减少这样的开支涉及两种法律途径。第一，《公司法案》第 215 条至 222 条明确规定了对离职董事的给付需要事先披露给股东并得到股东的同意，以杜绝不合理的高价补偿。其次，1985 的《公司法案》中超过 5 年的聘用合同需要股东的同意，[⑥]而这一标准在新的 2006 年《公司法案》188 条中降低到了 2 年，这从很大程度上通过控制过长的聘用合同来降低解雇一个董事的成本，因为解除合同时所需要的补偿往往会取决于剩余的合同时长。

简言之，英国公司法在罢免、解雇董事方面是相对有效的控制住了代理成本。同时一旦被罢免董事将丧失所有福利，这一威胁也能很大程度上激励他们作为代理人更好的满足委托人的愿望并更好的为股东的利益服务。[⑦]

五、董事义务

董事义务作为董事的行为标准可以在某种程度上被视为一种保证董事可靠性的威慑。宏观的说，英国公司法对董事义务的规定主要包括忠诚义务和审慎义务。前者主要是依靠衡平法法院而发展，后者主要靠普通法法院发展。[⑧]

（一）忠诚义务

一个很主要的代理成本其实是由董事通过转移、甚至窃取公司的价值，其方法包括自我交易，利用公司机会等。[⑨] 为了减少这种价值转移，公司法需要建立起相应的行为准则来控制并规范董事。

---

① 薪酬也包括对解雇的董事合同赔偿问题，在下文中将会涉及对董事聘用合同相关规范。

② M Jensen and W Meckling, 'Theory of the Firm: Managerial Behavior, Agency Costs and Ownership Structure' (1976) 3 Journal of Financial Economics 328 – 329.

③ A Dignam and J Lowry, Company Law (Core Text Series, 5th edn OUP, Oxford 2009) 265 – 266; G Morse, Charlesworth's Company Law (17th edn Sweet & Maxwell, London 2005) 281.

④ A Dignam and J Lowry, Company Law (Core Text Series, 5th edn OUP, Oxford 2009) 281 – 282.

⑤ 同上 282. 对于那些采用加权累计投票制度来决定罢免董事、解雇董事的封闭公司来说，可视作当时指定章程或者作出决议的时候多数的委托人（即股东）同意了董事通过此种投票方式加固自己的职位；可以想见这其中肯定是各方博弈后的能达到共识一个最优结果，因此之后也就没有任何非议的必要。

⑥ 参见《公司法案 1985》第 319 条。

⑦ 正如 Easterbrook 法官和 Fischel 教授提出的董事们历经万苦和激烈的竞争才获得了现有的职位，他们一般会很珍惜现在拥有的而不会想轻易丢失。

⑧ G Morse, Charlesworth's Company Law (17th edn Sweet & Maxwell, London 2005) 297.

⑨ 需要强调的是董事的薪酬也属于价值转移的一种直接形式。D Kershaw, Company Law in Context — Text and Materials (OUP, Oxford 2009) 169 – 170.

总体而言,英国 2006 年的《公司法案》第 172 条第 1 款已表明董事需要秉持着善意,尽自己最大的努力为公司利益最大化(即其股东的利益最大化)服务,董事必须避免利益冲突或者义务冲突。

首先关于自我交易这一问题,《公司法案》第 177 条把董事对任何潜在的此类交易或安排向董事会事先披露这一规则法典化。不履行该项义务,则可没收任何由该交易产生的利润。[①] 类似于第 177 条,第 182 条规定了对自我交易的事后披露制度。这两条的差别在于如果只违反了第 177 条只有民事上的处罚例如没收所获收益,而若违反了 182 条款可能还会导致被刑事起诉。[②] 与此同时第 190 条至第 196 条,第 197 条至第 214 条分别规定了重大交易以及对董事借款的信息披露和股东核准制度。正如英国法律委员会指出的公司中股东会、董事会等机构应该有权从管理层(此处应包括执行董事)获得相关信息,以此来评估、判断管理层的表现以及适当地履行本机构的监管职责。[③] 向股东披露信息可以减少所谓的信息不对称,通过核准权或者否决权则能够更好的控制董事们的行为。

第二种形式的价值转移是通过攫取本该属于公司的机会来让自己获益。因此,规范此类攫取公司机会的行为也就凸显的十分必要。可以发现,英国法针对这一方面采取了相比其他法域更为严格的规制。例如,《公司法案》第 175 条第 1 款及第 2 款规定只要利益冲突的可能性存在就足够了,而不要求这些潜在的信息或机会一定能被公司利用并实现价值。换言之,即使公司的利益在实际上没有受到任何损害,董事仍就有可能因为自己冲突的地位(如义务冲突或利益冲突)而承担责任。这种严格的责任能更好的、更有效率的统一、协调作为委托人的股东及作为代理人的董事之间的利益分歧,

防止董事牟取私利。

(二) 审慎义务

根据 Kershaw 教授的分类,另一种很普遍的且与直接代理成本相对应的间接代理成本包括职责回避(shrinking)及不胜任(incompetence)。[④] 因为董事作为董事会的组成人员代表整个公司作出决策往往事关重大,因此也就必须保证他们管理公司的时候除了具备相应的能力还应能保持谨慎。《公司法案》第 174 条经过案例法长期发展和积累[⑤]明确了董事在行使职权时需要同时从主观上和客观上保证合理的注意、技巧、勤奋。[⑥] 董事不仅仅会为自己不能达到一个正常水平的董事的最低行为标准负责,如果该董事能力超过一般的正常董事的水平但没有发挥出自己的全部能力也会因此而承担责任。

这一混合的主客观标准作为控制疏忽、失职的一项重要标准,一方面从某种程度上明确了对董事义务的大致预期,另一方面也能激励那些具有优秀能力的董事不要仅仅达到了平均水平就不再努力了。[⑦] 除此之外,董事的审慎义务也能督促其更努力的去监督其下面的管理层的表现。

六、执行机制

(一) 对违反义务的救济

如上一部分所讨论的,董事的法律义务作为一个股东们可预期的行为标准具有重要意义。但同样重要的是要确保这些义务能够得到遵守,因为俗话说没有救济的权利就不能算是真正的权利。如果没有有效的执行机制,包括诉讼和法律威慑,那么上述董事义务的最终效果将被大大削弱。因此,评价公司法是否能有效的降低代理成本的另一个关键在于分析该法是如何应对董事义务违反的。

英国的《公司法案》第 178 条规定了董事违反义

---

① 参加《公司法案 2006》第 180 条。

② 参见《公司法案 2006》第 183 条。其他的不同比如说根据第 187 条第 1 款第 182 条也适用于影子董事,但是第 177 条则不适用;当然由于篇幅限制,本文将不对这些区别做进一步论述。

③ The Law Commission and The Scottish Law Commission, 'Company Directors: Regulating Conflicts of Interest and Formulating a Statement of Duties' (Law Com No 261,1999) [3.57].

④ 例如,董事、经理作为代理人缩减自己的职责就会不可避免的降低公司的效率、减少价值,这也是代理成本的一种。参考 D Kershaw, Company Law in Context — Text and Materials (OUP, Oxford 2009) 170.

⑤ A Dignam and J Lowry, Company Law (Core Text Series, 5th edn OUP, Oxford 2009) 320.

⑥ 需注意的是审慎(注意)、技能、勤奋义务中的三个词是不可分的,这三个词共同表明了审慎及胜任的一个预期。同上 404.

⑦ 也许有人会反驳到,在实践中很难判断某一董事的具体能力。不得不承认虽然有难度,但也不是没有可能作出相对合理、客观的判断,例如说结合该董事以前的综合表现来分析等等。

务的民事后果既可以参考普通法原则也可以参考衡平法原则。违反了第 177 条可以没收因违反义务所得的所有收益。除了民法上的救济,刑法的救济例如上文提到的第 183 条也是可行的。同样值得注意的是第 232 条,该条明确禁止董事通过附加条款等形式作出类似于不用承担赔偿责任的申明,防止他们规避对违反现有义务的惩罚。

(二)衍生诉讼

随之而产生的另一个问题就是谁可以去寻求救济来实现上述的权利,即谁能成为起诉过错董事等的适格主体? 首先需要声明的是此处所使用委托人、代理人主要是从经济学角度出发,而不能完全等同于法律意义上的代理关系。[①] 严格地从法律角度上看,董事通常只对公司负有义务而不对具体股东负责。因此有学者如 Goulding 教授等认为,董事不是股东的代理人,而是公司的代理人。[②] 相应地,适格的原告身份应该是作为权力拥有者的公司本身而不是股东。但是这一制度安排又会导致一个严重的后果,即董事会一般作为公司的决策者在利益冲突的情况下很难做出独立的是否起诉过错董事的客观决定,比如,过错的董事本身就占董事会的多数或者可以影响到董事会的多数,那么后果可想而知。正如 Davies 教授说的,如果董事会完全控制了发起诉讼的权利,那么将远达不到最优的结果。[③] 因此,在某些情况下,法律允许单个的股东们代表公司起诉过错的董事。然而像法律委员会的报告所指出那样,由于原告适格性原则、内部自由管理原则及防止股东不必要的干涉原则,股东只能在例外情况下提起衍生诉讼。[④] 但即使是在例外情况下,如果起诉过错的董事仍是困难重重的话,那么整体的救济机制的效果就会被影响。

很幸运的是随着新的公司法案的颁布,原来普通法法下的衍生诉讼有了重大的改进。原来 Foss v Harbottle[⑤] 规则已经随着新法的诞生而废除了。[⑥] 由于在新法中不需再要证明过错董事对少数派的欺诈及过错董事对董事会有控制权这两项,[⑦] 新法案中的诉讼程序对于想要代表公司起诉过错董事的股东也变的相对更简捷。同时,起诉理由的范围也扩大了,根据第 2006 年的《公司法案》260 条第 3 款的规定疏忽失职、不履行义务、违反董事义务或信托义务等都可以作为合理理由。新法案同时也解决了过错董事通过自己或叫盟友先以一个无关紧要的缘由起诉自己从而规避真正想要进行衍生诉讼的股东再次提起诉讼。[⑧] 另外,"起诉前批准"作为衍生诉讼的另一道障碍也被新法案废止了。[⑨] 所有的这些变革都意味着让过错董事受到起诉并承担责任变得更加的容易和可操作,也显著降低了变革前的巨大诉讼支出。[⑩]

关于衍生诉讼的费用,这里需要补充的是法院可以裁决让公司补偿衍生诉讼原告的支出,[⑪]甚至律师的风险代理费在一定条件也是可以由公司偿付的。因此即使个体股东没有足够的资源可以调动,或者说起诉获得的间接利益小于等于诉讼的支出时,仍然有动力秉承着善意进行衍生诉讼而不被高昂的诉讼费用及其他机会成本的丧失而阻拦。

---

① The Law Commission and The Scottish Law Commission, 'Company Directors: Regulating Conflicts of Interest and Formulating a Statement of Duties' (Law Com No 261, 1999) [3.11].

② 参见 S Goulding, Principals of Company Law (Cavendish Publishing, London 1996) 223; G Morse, Charlesworth's Company Law (17th edn Sweet & Maxwell, London 2005) 297-298. 值得注意的是,如何界定代理关系股东与董事之间的代理关系存在争议。限于篇幅,本文从法经济学角度出发,采用传统的董事仍为股东的代理人的观点。

③ P Davies, Principles of Modern Company Law (8th edn Sweet & Maxwell, London 2008) 607.

④ The Law Commission, 'Shareholder Remedies' (Law Com No 246, 1997) [6.4].

⑤ (1843) 67 ER 189.

⑥ D Kershaw, Company Law in Context — Text and Materials (OUP, Oxford 2009) 551; P Davies, Principles of Modern Company Law (8th edn Sweet & Maxwell, London 2008) 610,615.

⑦ A Dignam and J Lowry, Company Law (Core Text Series, 5th edn OUP, Oxford 2009) 187.

⑧ A Dignam and J Lowry, Company Law (Core Text Series, 5th edn OUP, Oxford 2009) 189.

⑨ 参见 P Davies, Principles of Modern Company Law (8th edn Sweet & Maxwell, London 2008) 619.

⑩ 虽然这种便捷化可能会增加滥用诉讼的风险,且不确定性仍然存在因为法院对决定衍生诉讼是否能进行拥有自由裁量权。但由于篇幅限制,这些都不是本文讨论的重点。

⑪ 根据《民事起诉条例》19.9E (Derivative claims — costs).

七、结语

因为没有完美的①或毫不利己专门利他的②代理人,代理成本由于委托人把财产交由代理人代为管理而变得不可避免,③可是这并不意味着股东与董事的不一致及利益冲突是不可调和的。本文简要论述了英国公司法在减少代理成本上的主要几个关节点,得出了尽管其还有提升的空间,但总体来说较为有效的解决了控制代理成本这一难题。《公司法案 2006》中的忠诚义务、审慎义务等在很大程度上成功地统一了利益分歧,法案第十五部第5章项下的董事报告和自我交易的信息披露以及股东的核准权都使得股东对董事的监管更加行之有效。再加之罢免董事的权利以及股东衍生诉讼权起到了极大的威慑作用,使董事义务能够被遵守,也确保了董事的可靠度。

当然英国公司法中仍存在一些模糊不清的领域从而导致代理成本问题的出现甚至恶化。例如董事会的职责、架构及组成,法案都没有作出明确回应,如何确定衍生诉讼的费用补偿问题也没有很明确的指导性规则。另外一项重要的代理成本即风险规避或风险厌恶（risk aversion）很少被现行法触及。因为风险厌恶往往会导致董事们选择一个较低风险的投资项目从而放弃可能带来最优结果的潜在投资。不仅是股东的可得利益会受到损失,资源的利用率也因此可能被降低。因此,一个更全面的更深入的对代理成本的分析还得借助实证研究,需要借助详细的一手实地调查资料。对于如何降低代理成本的进一步法律分析也是十分必要的,特别是如何平衡对董事的控制和授予他们管理公司的裁量权。

（编辑　李立新）

---

① F Easterbrook, 'Two Agency-Cost Explanations of Dividends' (1984)74 American Economic Review 650.

② 一种哲学或者说道德伦理上的假设就是人的本性是自利性多于利他性。参考 B Tricker, Corporate Governance-Principles, Policies and Practices (OUP, Oxford 2009) 222 - 223. 虽然关于人的本性的争论永远不会终止,但是利他性理论不能占到绝对优势的情况下,盲目强调人性本善而忽视去规范这种有可能的自利行为将会是很危险的。

③ Hoffmann 大法官曾评论到:"agency costs are the costs associated with having your property managed by someone else."参见 The Law Commission and The Scottish Law Commission, 'Company Directors: Regulating Conflicts of Interest and Formulating a Statement of Duties' (Law Com No 261,1999) [3.10].

第1卷 第1辑
2013 年 8 月

上 大 法 律 评 论
SHANGHAI UNIVERSITY LAW REVIEW

Vol. 1 No. 1
Aug. 2013

Caslav Pejovic. Article 47(2) of the Rotterdam Rules: solution of old problems or a new confusion? [M]//李清伟. 上大法律评论(第1辑). 上海:上海三联书店,2013:169-184.

Article 47(2) of the Rotterdam Rules: solution of old problems or a new confusion?

Časlav Pejović

(Kyushu University, Fukuoka 812-8581, Japan)

Kyushu Daigaku, 6-10-1 Hakozaki, Higashi-ku, Fukuoka 812-8581, Japan

The Rotterdam Rules, adopted by UNCITRAL in 2008, address a number of issues that have not been regulated by previous international conventions, such as the delivery of goods and the right of control. The ambitious and innovative approach of the Rotterdam Rules has attracted much international debate. This article aims at contributing to this debate by discussing the provisions related to the delivery of goods. The main focus is on Article 47(2), one of the most controversial provisions of the Rules. The article analyses in detail this legislative provision, its rationale and possible impact on the law governing the carriage of goods and international sales law.

Introduction

On 3 July 2008, UNCITRAL approved the Convention on Contracts for the International Carriage of Goods Wholly or Partly by Sea (the Rotterdam Rules) which was finally adopted by the UN General Assembly on 11 December 2008. [①] This new UNCITRAL legislation has the ambitious goal of restoring the uniformity of the law governing the international carriage of goods by sea. Presently, there are three international regimes governing the carriage of goods by sea: the Hague Rules, [②] the Hague-Visby Rules [③] and the Hamburg Rules. [④] If widely adopted, the Rotterdam Rules may be able to replace these three conventions and restore uniformity to the law.

The Rotterdam Rules address a number of issues that have not been regulated by previous international conventions. There are completely new sections which cover the delivery of the goods and the right of control. The growing use of non-negotiable documents and documents in electronic form has drawn the attention of legislators to these

收稿日期:2013-04-06

作者简介:Časlav Pejović, Professor of Kyushu University, E-mail: caslav@law. kyushu-u. ac. jp. This article is based on a presentation given at the Max Planck Institute in Hamburg during the Hamburg Lectures in Maritime Affairs on 15 October 2012. The author is grateful to Jan Ramberg and Erik Røsæg for their constructive comments and suggestions which helped to refine this article. The author remains responsible for any errors. This article was first published in the Journal of International Maritime Law ((2012) 18 JIML issue 5), published by Lawtext Publishing Limited.

① Convention on Contracts for the International Carriage of Goods Wholly or Partly by Sea (the Rotterdam Rules) www. uncitral. org/pdf/english/texts/transport/rotterdam_rules/09-85608_Ebook. pdf.

② International Convention for the Unification of Certain Rules of Law relating to Bills of Lading (The Hague Rules) and Protocol of Signature, signed in Brussels on 25 August 1924 (entered into force on 2 June 1931).

③ Protocol to Amend the International Convention for the Unification of Certain Rules of Law Relating to Bills of Lading 1968 (entered into force on 23 June 1977).

④ United Nations Convention on the Carriage of Goods by Sea (the Hamburg Rules), signed in Hamburg on 31 March 1978 (entered into force on 1 November 1992) UN. Doc. A/Conf. 8915.

areas that previously had been ignored by all of the international conventions governing the carriage of goods by sea. This innovative approach was probably motivated by the need to adjust the international regime governing the carriage of goods by sea in such a way as to cope with various modern developments, such as the increased importance of container transport, logistics and electronic commerce.

The ambitious and innovative approach of the Rotterdam Rules, which in some sections departs from certain well-established principles, has attracted lively international debate. This article discusses provisions relating to the delivery of the goods with the main focus on Article 47(2). This is one of the most controversial provisions and a number of complex questions arise. In maritime law, there is a well-established rule that the carrier must not deliver the goods in any way other than against the presentation of an original bill of lading. It may therefore be asked why Article 47 (2) has departed from this fundamental principle? Can a document that does not require presentation against delivery of the goods be considered a negotiable document, or have the Rotterdam Rules created a new type of negotiable document which does not have to be presented to the carrier? Was it really necessary to invent a new transport document that would be called negotiable while, in fact, it would not be negotiable in the usual meaning of the term as it would lack an essential feature of negotiable documents, namely surrender in exchange for the goods? How would this affect the role of transport documents in international trade? Would a bank be willing to pay under a letter of credit against a negotiable document which provides that delivery can be made without its presentation? Is Article 47(2) the best solution to the existing problem of the delivery of goods without the surrender of a negotiable document? Was this Article necessary at all? These questions will form the focus of the discussion.

General principles relating to delivery of goods

All previous international conventions governing the carriage of goods by sea have failed to regulate the issue of the delivery of goods. Differences among national laws and different practices may have been the reasons why this issue was left aside by the drafters of those conventions. At present, the rules on the delivery of goods are still based on domestic laws.

In maritime law, there is a well-established rule that the carrier can deliver the goods at the destination only against the surrender of a bill of lading by the consignee. Once the master has issued the bill, the carrier has an independent, contractual obligation towards the bill of lading holder which is derived from the nature of the bill of lading. Since the bill of lading is a negotiable document, its holder is entitled to require that the goods are delivered to him.

As long as the consignee can obtain a bill of lading before the goods arrive, there should be no problem for him to present it before delivery. However, in practice, for various reasons, it is often the case that the ship arrives at the port of destination before the consignee has obtained the bill of lading. In such situations, waiting for the bill of lading may cause numerous problems for all parties involved. In order to solve this problem, the practice of delivering the goods without the production of a bill of lading has been developed. This practice, however, may also cause a number of problems particularly for the consignee and the carrier. [1]

The consignee may find himself in a difficult position, because he may not be able to receive the goods at the port of destination even though he performed all his obligations properly. In order to receive the goods the consignee may have to provide a letter of indemnity to the carrier often supported by a bank guarantee, which can expose the consignee to considerable expenses.

If the carrier delivers the goods without the

---

① C Debattista Bills of Lading in Export Trade (Tottel Publishing 2008) 38 - 39.

surrender of a bill of lading, he does so at his own risk. If the goods are delivered to a person who was not entitled to receive them, the carrier will be liable for breach of contract and for conversion of the goods. ①In such cases the carrier may be deprived of the benefit of limitation of liability and may not be able to get indemnification from the P&I Clubs.

There are some exceptions to the rule that the consignee must present the bill of lading before delivery. The carrier might deliver the goods without the production of a bill of lading if it is proven to his reasonable satisfaction both that the person demanding delivery was entitled to possession of the goods and that there was some reasonable explanation for what happened to the bill of lading. ②Carriers should, however, be very cautious with respect to this exception. ③

Background to the rules on the delivery of goods

The first issue that needs explanation relates to the rationale for the rule that the carrier must deliver the goods against the bill of lading. It seems that the reasons for such an obligation on the part of the carrier are sometimes not properly understood. Hence, in order to examine the issues related to the delivery of the goods against the surrender of the bill of lading, the reasons for this rule should be examined.

The nature of the bill of lading as a document of title is directly related to the issue of the delivery of the goods. ④At common law, the bill of lading is characterised as a document of title, which means that the person in possession of it is entitled to receive, hold and dispose of the bill of lading and the goods it represents. ⑤In civil law systems, there are documents corresponding to documents of title, but the approach is different. While under common law there are several types of documents, such as negotiable documents, negotiable instruments and securities, in civil law all these documents are covered by a single type of document. ⑥The "Wertpapiere" in German law, "*titres*" in French law, "*titoli di credito*" in Italian law, "yuka shoken" in Japanese law and so on can be defined as "documents of value" which contain certain rights embodied in the documents themselves(such as the right to obtain delivery of the goods specified in the document, or the right to payment of a certain sum of money). They confer upon the holder the right to transfer these rights to third parties by transferring the documents. By means of a legal fiction, the bill of lading is deemed to represent the goods, so that possession of a bill of lading is equivalent to possession of the goods. Strictly speaking, the right to obtain the goods from the carrier is not based on the contract of carriage, but on the lawful possession of the bill of lading. The bill of lading enables its lawful holder to use it to obtain physical delivery of the goods at the port of destination, as well as to dispose of them during transit by transferring the bill of lading.

The effect of the transfer of a bill of lading is a result of the special character of the object of sale-goods carried by sea-such that it is impossible to make a physical delivery of the goods while they

---

① Barclays Bank Ltd v Commissioners of Customs and Excise [1963] 1 Lloyd's Rep 81, Sze Hai Tong Bank Ltd v Rambler Cycle Co Ltd [1959] 2 Lloyd's Rep 114. See also Mobile Shipping Co v Shell Eastern Petroleum Ltd (The Mobile Courage) [1987] Lloyd's Rep 655.

② SA Sucre Export v Northern River Shipping Ltd (The Sormovskiy) [1994] 2 Lloyd's Rep 266.

③ Motis Exports v Dampskibsellskabet AF 1912 [2000] 1 Lloyd's Rep 121; affirming [1999] 1 Lloyd's Rep 837. See also East West Corp v DKBS 1912 [2002] 2 Lloyd's Rep 182 at 205.

④ The author has examined this issue in more detail in C Pejović? 'Documents of Title in Carriage of Goods by Sea: Present Status and Possible Future Directions' (2001) JBL 461.

⑤ The term 'document of title' was first defined by section 1(4) of the English Factors Act 1889 as follows: 'The expression "document of title" shall include any bill of lading, dock warrant, warehouse-keeper's certificate, and warrant or order for the delivery of goods, and any other document used in the ordinary course of business as proof of the possession or control of goods, or authorizing or purporting to authorize either by endorsement or delivery, the possessor to transfer or receive goods thereby represented'.

⑥ This difference between civil law and common law systems is probably a result of the different nature and approaches of these two legal families. While civil law often relies on broad concepts, common law has a preference for narrow concepts.

are in transit to the buyer. The delivery has to be carried out through the carrier as an intermediary, who receives the goods from the shipper (typically the seller) and is bound to deliver them to the consignee (typically the buyer) in exchange for the bill of lading. In fact, the seller performs the goods delivery by transferring the bill of lading to the buyer, thereby transferring to the buyer the right to demand the delivery of the goods from the carrier at the port of destination. Through the contract of carriage, evidenced by the bill of lading, the carrier undertakes to deliver the goods as described in the bill of lading to the consignee to whom the shipper transfers the bill. After the bill of lading has been transferred to the consignee, it represents the contract between the carrier and the consignee who has an independent right against the carrier to demand delivery of the goods as described in the bill of lading.

The shipper can retain control over the goods after he has delivered them to the carrier, if the bill of lading is issued on his order, until the buyer (the consignee) pays the price or accepts the bill of exchange. The consignee cannot receive the goods from the carrier without the bill of lading, and he will not obtain the bill of lading before he pays the price or accepts the bill of exchange. The shipper will lose control over the goods and the right to dispose of them at the moment he transfers the bill to a transferee. By acquiring the bill, the consignee acquires control over the goods and constructive possession. Hence, the rule that the goods must be delivered only against the bill of lading serves to protect against the risk that the goods are delivered to someone who is not entitled to receive them. This rule protects both the carrier and the persons entitled to receive the goods.

Delivery of goods under the Rotterdam Rules

In contrast to all previous conventions, the Rotterdam Rules expressly regulate the delivery of goods. Article 11 first provides for the carrier's obligation to deliver the goods to the consignee. This obligation is also mentioned in Article 13(1). Most importantly, chapter 9 is dedicated to the delivery of goods where this issue is regulated in detail. With respect to the delivery of goods, the Rotterdam Rules make a distinction between a non-negotiable transport document (Article 45), a non-negotiable transport document that requires surrender (Article 46), and a negotiable transport document (Article 47). This corresponds to the practice that has developed in which in parallel to bills of lading, sea waybills are increasingly being used. In addition, the Rotterdam Rules envisage the use of non-negotiable transport documents that require surrender (Article 46), by which the use of straight bills of lading has been expressly recognized for the first time by an international convention. Adding to this complexity is Article 47(2) which entitles the carrier (under certain conditions) to deliver the goods without the surrender of a negotiable transport document.

The Rotterdam Rules do not give a precise definition of negotiable documents, focusing more on appearance and whether a document contains words such as "to order" or "negotiable", but failing to define the concept of negotiability. ①Since there is no universally adopted meaning of the term "negotiable documents", obviously the Rotterdam Rules have left this issue to be determined by the governing law.

Article 47(2) contains several rules that apply "if the negotiable transport document expressly states that the goods may be delivered without the surrender of the transport document or the electronic transport record ..." This provision applies in cases where the holder of the document fails to claim the goods at the place of destination, or

---

① Article 1(15): 'Negotiable transport document' means a transport document that indicates, by wording such as 'to order' or 'negotiable' or by some other appropriate wording recognised as having the same effect by the law applicable to the document, that the goods have been consigned to the order of the shipper, to the order of the consignee or to the bearer, and is not explicitly stated as being 'non-negotiable' or 'not negotiable'.

to identify himself in an appropriate way. In such cases, the carrier may ask for instructions from the shipper, or from the documentary shipper.

Subparagraph (b) provides that when the carrier delivers the goods upon instruction of the shipper or the documentary shipper in accordance with subparagraph 2(a) he will be "discharged from its obligation to deliver the goods under the contract of carriage to the holder, irrespective of whether the negotiable transport document has been surrendered to it …"

Under subparagraph (c) the person giving instructions under subparagraph 2 (a) "shall indemnify the carrier against loss arising from its being held liable to the holder". Under the same paragraph, the carrier may also refuse to follow those instructions if the person fails to provide adequate security as the carrier may reasonably request.

Under subparagraph (d) "a person that becomes a holder of the negotiable transport document or the negotiable electronic transport record after the carrier has delivered the goods pursuant to subparagraph 2(b) of this article, but pursuant to contractual or other arrangements made before such delivery, acquires rights against the carrier under the contract of carriage, other than the right to claim delivery of the goods".

Finally, subparagraph (e) provides that "a holder that becomes a holder after such delivery, and that did not have and could not reasonably have had knowledge of such delivery at the time it became a holder, acquires the rights incorporated in the negotiable transport document or negotiable electronic transport record".

Reactions to Article 47(2)

There is an ongoing debate about Article 47(2).

The opinion of the International Federation of Freight Forwarders (FIATA) Working Group was very negative. The solution that a carrier can deliver the goods without the surrender of the negotiable document was termed " absolutely unacceptable". [1] This opinion also contains a warning about the potential risk of maritime fraud.

The position of the European Voice of Freight Logistics and Customs Representatives (CLECAT) was equally negative regarding Article 47(2). The article was qualified as "the most contradicting provision" and is "bound to create conflict and complicated international litigation". [2]

The view of the European Shippers' Council (ESC) was also negative. It expressed concern that Article 47 (2) "could cause problems in relation to letters of credit". [3]

The opinion of the International Chamber of Shipping (ICS) was positive. It stated that Article 47(2) permits the carrier "to deliver the goods without presentation of the negotiable transport document while at the same time protecting the interests of all the parties involved". [4]

In academic debate, a negative attitude prevails. The text 'Particular Concerns with Regard to the Rotterdam Rules' published by a group of world-renowned scholars argues that when the goods are intended to be sold in transit "it would be wholly inappropriate to ask a shipper having sold the goods to a first buyer, for instructions with respect to delivery". [5] The text also warns about the risk of maritime fraud. In another influential text, Anthony Diamond QC expresses a doubt that Article 47(2) can provide a solution to the problem of delivery without surrender of an original bill of lading. [6]

There are also some favourable opinions. A

---

[1]　www. comitemaritime. org/Uploads/Rotterdam％20Rules/3FIATA. pdf.

[2]　www. comitemaritime. org/Uploads/Rotterdam％20Rules/4CLECAT. pdf.

[3]　www. uncitral. org/pdf/english/texts/transport/rotterdam_rules/ESC_PositionPaper_March2009. pdf.

[4]　www. uncitral. org/pdf/english/texts/transport/rotterdam_rules/ICS_PositionPaper. pdf.

[5]　The group includes J Alcantara, F Hunt, S O Johansson, A B Oland, K Pysden, J Ramberg, D G Schmitt, W Tetley and J Vidal：www. comitemaritime. org/Uploads/Rotterdam％20Rules/Particular％20concerns％20-％20Rotterdam％20Rules. pdf.

[6]　A Diamond QC 'The Rotterdam Rules' (2009) LMCQ 445 at 521.

group of authors who took active part in drafting the Rotterdam Rules tried to explain and justify the text of Article 47(2). ①Charles Debattista also takes a positive attitude stating that "Article 47(2) acknowledges the market reality that these hybrid documents are with us-and with us to stay". ②

Since the initial criticism of the Rotterdam Rules, a group of scholars promoting the Rules has attempted to clarify the alleged misunderstanding of some provisions in a text entitled " The Rotterdam Rules-An attempt to clarify certain concerns that have emerged". ③Here are the main points from this text that relate to Article 47(2).

... [I] f the goods are not deliverable the carrier may request instructions from the shipper in respect of delivery and, irrespective of the shipper still being the holder of the transport document or not, is discharged from any liability if it complies with such instructions.

The complaint that, pursuant to article 47 (2), the carrier may issue a negotiable document that actually is not negotiable is not justified and is probably due to the failure to understand the purpose of this provision.

[The Rotterdam Rules] offer to the parties that know from the outset that the bill of lading will not be used in its intended ways, to relieve the carrier from the obligation of requesting surrender of the bill of lading.

... [I]t is the shipper itself that requests such statement precisely in order to ensure the possibility of delivery without presentation of the negotiable transport document ... article 47(2) just addresses the issue of non-presentation and tries to provide an alternative for the letter of indemnity system ... It is a false accusation that article 47(2) devaluates the value of the bill of

lading system and that, therefore, the article 47 (2) bill of lading is not a genuine bill of lading ...

Article 47(2) just tries to provide a solution therefore, which is both practically and legally sound.

These arguments will be addressed below.

Deviation from fundamental principles

The drafters of the Rotterdam Rules obviously aimed at solving the problem of the delivery of goods when a negotiable document is not or cannot be surrendered. Under the existing rules, delivery should be made only against the surrender of a bill of lading. In practice, delivery is often made in exchange for a letter of indemnity.

The solution proposed under subparagraph (b) represents a substantial deviation from well-established rules and practice. There is no problem with requesting instructions from the shipper if he is still the holder of the document. The problem arises if the shipper is not the holder of the document. If the shipper is not the holder, this means that he is not the controlling party. This also means that such instructions have no binding character and the carrier is free to ignore them, for example if it is obvious that the instructions are wrong. What is not clear is how under subparagraph (b), the carrier can be discharged of delivery obligations against a lawful holder of the bill of lading on the basis of non-binding instructions of the shipper? This is quite puzzling. First, why would a carrier agree to follow the shipper's instruction and risk his liability under subparagraphs (d) and (e)? Second, why would the shipper bother to give instructions at all after he transferred the bill of lading to a transferee?

Why would he risk potential liability under subparagraph (c) if the instructions were wrong?

① M F Sturley, T Fujita, G van der Ziel The Rotterdam Rules (Sweet & Maxwell 2010); A von Ziegler, J Schelin and S Zunarelli (eds) The Rotterdam Rules 2008 (Kluwer Law International 2010); G van der Ziel 'Delivery of the Goods, Rights of the Controlling Party and Transfer of Rights' (2008) JIML 597.

② C Debattista 'The Goods Carried-Who gets them and who controls them?' in UNCITRAL Colloquium on Rotterdam Rules (21 September 2009) www. rotterdamrules2009. com/cms/uploads/Def%20%20tekst%20Charles%20Debattista%2031 %20OKT29. pdf.

③ F Berlingieri, P Delebecque, T Fujita and R Illescas (eds), www. comitemaritime. org/Uploads/Rotterdam%20Rules/5RRULES. pdf.

And why would he provide security to the carrier for giving instructions that are not even binding?

Subparagraph (d) contains another enigma. According to this provision, a person that becomes the holder of the bill of lading after the carrier has delivered the goods "pursuant to contractual or other arrangements made before such delivery acquires rights against the carrier under the contract of carriage, other than the right to claim delivery of the goods". It is not clear what rights the holder of the document acquires against the carrier.① One possible interpretation is that a person who has no right to delivery may sue the carrier for damages.② This would mean that the carrier is discharged from an obligation to deliver the goods, but may not be discharged from liability for damages. Another question is whether the carrier can be discharged of liability for wrongful delivery? On the basis of subparagraph (c) which states that the person giving instructions under subparagraph (a) shall indemnify the carrier against the loss caused by being held liable under subparagraph 2, it can be concluded that the carrier might be held liable for wrongful delivery. So, under subparagraph (b) the carrier is discharged from his obligation to deliver the goods, even without surrender of the bill of lading, while under subparagraph (e) the carrier might be held liable for wrongful delivery. This sounds rather confusing: how can the carrier be discharged from an obligation to deliver the goods to the holder, and then be held liable for wrongful delivery against the holder? Does this text mean that under subparagraph (b), the carrier is not necessarily discharged of the obligation to deliver the goods, but can be so discharged? In order to avoid misunderstanding and confusion, these provisions should have been drafted in a clearer way.

Leaving aside this confusion, we enter into another: with respect to the carrier's liability, the relevance of the sentence "pursuant to contractual or other arrangements made before such delivery" is unclear. The carrier is normally not aware of "contractual arrangements" between the shipper and other holders of bills of lading (presumably under a contract of sale and documentary credit transactions), and such transactions, in principle, should not have an effect on the carrier's liability. However, the text of subparagraph (d) implies that the carrier's liability may depend exactly on such "contractual arrangements". In that case, why would the carrier risk liability against the party who acquired rights against the carrier pursuant to "contractual arrangements" made before delivery, when the carrier is not even in position to know the existence and contents of such "contractual arrangements"? Is it not safer for the carrier simply to follow the existing practice? Of course, under this scenario, which is the most reasonable from the carrier's perspective, Article 47(2) would lose its raison d'être.

Finally, according to subparagraph (e) "a holder that becomes a holder after such delivery" acquires the rights incorporated in the bill of lading. The problem is that this holder may not acquire the main right embodied in the bill of lading: the right to receive the goods from the carrier. The right to compensation that the holder would have against the carrier under subparagraphs (d) and (e) would not be the full compensation of loss, as the carrier would have the right to limit liability when delivery is made by duly following the provisions of Article 47(2). This would pose serious risk to the consignee, who would be able to receive only limited compensation, instead of the goods. So, Article 47(2) may bring new burdens to each of the parties:

---

① On the limited scope of holder's claims under art 47(2)(d), see E Rùsñg 'New Procedures for Bills of Lading in the Rotterdam Rules' (2011) JIML 185.

② According to G van der Ziel, the main example of such a right is a claim for damages if the goods are delivered damaged or the delivery is short. However, it is not quite clear how a consignee could sue the carrier for damage to the goods or short delivery if the goods are delivered to someone else.

the shipper may risk liability for wrong instructions and may have to provide security to the carrier; the carrier would be held liable even if he followed the shipper's instructions in situations provided for in subparagraphs （d） and （e）; the consignee may find himself in a position of being entitled to receive only limited compensation from the carrier instead of the goods.

The claim that a document issued under Article 47（2）is a negotiable document is not sustainable. Article 47(2) identifies as a negotiable transport document a document that expressly states that the goods may be delivered without the surrender of the transport document. The term "negotiable" in this case is not just a misnomer; it is a *contradictio* in *adjecto*. In the case of negotiable transport documents, the delivery of the goods can be made only against the surrender of the document. Without this essential feature, a document cannot be called a "negotiable document". On the other hand, delivery of the goods on the instructions of the shipper and without surrender of a transport document is typical of nonnegotiable documents. It can be argued that the document under Article 47(2) is a kind of "negotiable-minus document", or "non-negotiable-plus document", but certainly it is not a "negotiable document" in the sense that is firmly established in legal theory and practice.

The basic requirement of the rule contained in Article 47（2）is that the negotiable transport document expressly states that the goods may be delivered without the surrender of the transport document. This clause contravenes a fundamental feature of negotiable documents, as the presentation and surrender of a transport document is an essential ingredient of negotiable transport documents. One point has to be made clearly: the carrier is the party who, by receipt of the goods from the shipper at the port of loading, undertakes an obligation to deliver them to the lawful holder of the bill of lading at the port of destination. The carrier should not be concerned with "contractual arrangements" between the shipper and subsequent holders of the bill of lading. The carrier should also not be concerned with the fact of whether there were some "contractual arrangements" made before delivery, nor should he really care about the identity of the legal owner of the goods. The only thing that the carrier should care about with respect to delivery is that delivery has to be made to the lawful holder of the bill of lading. The rule that the goods are to be delivered only to the lawful holder of a bill of lading who must present it prior to delivery is essential to the function that the bill of lading performs as a document of title. One of the key functions of negotiable transport documents is enabling the transfer of the right to the delivery of the goods by transfer of the document itself. If the goods can be made deliverable without a negotiable transport document, this key function of negotiable documents would be compromised. The main value of the bill of lading in international trade is that it guarantees that the consignee, and nobody else, will get delivery of the goods. Article 47（2）undermines this role of the bill of lading as it opens the possibility that the goods can be delivered according to the shipper's instructions and that in such cases, the carrier will be discharged of the delivery obligation. In cases of wrongful delivery the consignee may have only a right to limited compensation against the carrier.

The attitude of the business community towards the delivery of the goods without a bill of lading has been very negative. This is reflected in the rules of P&I Clubs to deny indemnity to the carriers who deliver goods without the production of a bill of lading, as well as the fact that carriers are deprived of the benefit of liability limitation in such cases. Against such a background, Article 47 （2）can be considered as an attempt to legalise a practice that has been considered as risky and exceptional by the business community and wrongful by the courts. [①]

Questionable rationale

It is difficult to grasp the rationale of Article 47(2). It seems that the assumption of the drafters was that the consignee often does not demand delivery and that in so doing, the consignee does not breach the contract of carriage. [②] Another scenario is that the consignee fails properly to identify himself. Both situations are too rare in practice to serve as the basis for the rather exceptional rule expressed by Article 47(2). It is more likely that the consignee will not have received the document so that delivery is not possible. Debattista argues that under Article 47 (2) "the holder must still possess the bill but need not surrender it for delivery of the goods" and that possession of the bill of lading is "manifested through presentation but not surrender". [③] The author's reading of this provision is different. The main rationale for Article 47(2) is its application to situations when the consignee does not have the bill of lading at the moment the goods arrive at their destination, ie the consignee is not in possession of the bill and consequently cannot present it. This view is supported by subparagraphs 2(d) and 2(e), which expressly state that the holder becomes designated as such after the carrier has delivered the goods pursuant to subparagraph 2(b). In any event, what would be the logic behind a consignee presenting the bill and refusing to surrender it?

If the consignee has obtained a bill of lading, that normally means he has paid the contract price, so it would be strange if he did not demand the goods. The consignee may refuse to accept delivery only if the goods are so defective that it amounts to a fundamental breach, but this situation has nothing to do with delivery without a bill of lading. While a consignee may not be in breach of the contract of carriage for a failure to demand delivery, he may be in breach under the sale contract. [④] In fact, the United Nations Convention on Contracts for the International Sales of Goods 1980 (CISG) expressly provides for the buyer's obligation to take delivery (Article 60). The buyer has no right to reject the goods except under limited conditions as stated in the CISG, and certainly not for his own convenience; in that case the buyer himself may be held liable for the fundamental breach of contract.

Why would a shipper insist on inserting a clause into the bill of lading allowing delivery without a bill, if the problems related to the delivery without a bill of lading usually affect the consignee and the carrier rather than the shipper? By producing documents to a bank under the letter of credit, the shipper (the seller) has performed his obligation of delivery, and if there are problems at destination because the buyer failed to receive his transport document on time, that is a problem for the consignee (and the carrier). The situation might be different in charterparties, where the charterer may ask the shipowner to deliver the goods without a bill of lading. This is because the seller, acting as the charterer, frequently sells the goods during a late stage of transit making delivery against the bill of lading difficult or even impossible. However, charterparties are based on the private autonomy of the parties and are expressly excluded from the scope of the

---

① Opinions regarding Article 47(2) that have been expressed by some professional associations, such as FIATA can also be an indicator of the attitude of shipping-related businesses.

② Von Ziegler et al 'The Rotterdam Rules 2008' (n 19) 207.

③ ibid 146.

④ The United Nations Convention on Contracts for the International Sales of Goods, art 86(2) states that '[i]f goods dispatched to the buyer have been placed at his disposal at their destination and he exercises the right to reject them, he must take possession of them on behalf of the seller, provided that this can be done without payment of the price and without unreasonable inconvenience or unreasonable expense. This provision does not apply if the seller or a person authorized to take charge of the goods on his behalf is present at the destination ...'.

Rotterdam Rules. ①

The rationale for the shipper's instructions is also questionable. Article 47(2) is based on the assumption that the shipper has information on the consignee. While in some carriages the shipper may be aware of the identity of the ultimate consignee, in many situations that is not the case. The typical cause of problems for failing to surrender the transport document at destination arises when the goods are resold in transit several times and, with the document procedure often lengthy, the documents can be delayed. Particularly in the commodity trade where goods can be resold many times, shippers often have no clue who the final holder of the goods may be. In such cases it makes no sense to ask the shipper for instructions with respect to delivery. In fact, in the most common case of delivery problems concerning goods without a bill of lading, the shipper's instructions under Article 47(2) have the lowest value. Or, to put in it a different way, the intended effect of the provision on the shipper's instructions would be least effective in the situations where it is most needed.

If the intention of this provision was to avoid problems related to delivery in exchange for a letter of indemnity, why does subparagraph (c) require the provision of a form of security? In this instance, the security should be provided by the shipper, and the carrier may refuse to follow the shipper's instructions if he fails to provide adequate security. So, the practice of giving security in the context of delivery is not avoided by Article 47(2). It simply provides a different scenario and reassignment of the role of providing security to the carrier; giving it to the shipper instead of to the consignee. While it is clear why the consignee would have an interest in providing such a security, it is far less clear why the shipper would do so.

If the transport document expressly states that the goods may be delivered without its presentation, this means that such a situation was envisaged at the moment the negotiable document was issued. Why then was a negotiable document issued at all? Would it not be better simply to follow the existing practice that non-negotiable documents are used in this kind of situation? Maritime practice has developed the use of the sea waybill to tackle the problem of delivery of the goods without the surrender of a transport document. The Rotterdam Rules have adopted this solution in Article 45. Was it really necessary to have in addition to non-negotiable documents, a new type of document that would be called "negotiable" but whose surrender would not be necessary?

Article 47(2) may also open the possibility of maritime fraud. The seller may sell the goods to another buyer leaving the first buyer with a claim against the carrier, who may not be liable for wrongful delivery if delivery was made according to the shipper's instructions. The shipper may also collude with the first buyer to defraud all subsequent buyers. If the goods are delivered without the production of a bill of lading, there is also a risk that the buyer who received the goods before payment is made can later refuse to pay because he has already obtained possession of the goods. Another danger is that the buyer can resell the goods by transferring the bill of lading to a new buyer, so that another party can present the bill of lading and claim the goods from the carrier.

It is true that in practice there are situations where the goods are delivered in exchange for a letter of indemnity, most often because the bill of lading is delayed. This is, of course, a serious problem. The attempt at solving this problem in Article 47(2) is not really a solution. By limiting the scope of Article 47(2) only to the cases where the transport document "expressly states that the goods may be delivered without the surrender of the transport document", the potential positive

---

① The Rotterdam Rules expressly provide that the convention applies to liner carriage (art 1. 3), and that it does not apply to charterparty contracts (art 6. 1).

effects aimed at by this provision are substantially reduced; the problems of delivery without a bill of lading would be avoided only in a very limited number of cases. As mentioned above, the intended effect of Article 47(2) would be least useful when most needed. The relatively modest positive effects that Article 47(2) may bring do not justify all the problems that this provision may create.

To be fair to the Rotterdam Rules, the role of a bill of lading is fully preserved in Article 47(1). The parties are free not to use Article 47(2). So, despite all criticism, Article 47(2) probably will not cause many problems in practice; in all likelihood, it will be used very rarely.

Relation to the right of control

Chapter 9 of the Rotterdam Rules on the delivery of goods is closely related to chapter 10 which deals with the right of control. Article 50(1)(a) provides that the rights of the controlling party include the right to give instructions in respect of the goods. Further, Article 51(1)(a) provides that the shipper is the controlling party, except in a number of cases expressly referred to in this provision, which includes paragraph 3 of the same article that applies to the instance when a negotiable document is issued; in this case, the holder of the original negotiable document is the controlling party. After the shipper has sold the cargo to the first buyer in the chain, under Article 51 he has lost the status of the controlling party and is not authorised to give instructions to the carrier relating to delivery of the goods.

In order to avoid confusion, a distinction should be made between the instructions based on Article 47(2) and the instructions based on the right of control. A controlling party has the right to give instructions to the carrier based on his right of control, and this right is designed to protect persons having an interest in the cargo. The right of control can be very important for the shipper, since it enables him (as seller) to prevent delivery to a buyer who failed to pay the contract price. On

the other hand, the instructions under Article 47(2) can only be given by a shipper or a documentary shipper when the carrier requests instructions from them.

According to Article 50(2) of the Rotterdam Rules "the right of control exists during the entire period of responsibility of the carrier, as provided in Article 12, and ceases when that period expires". On the other hand, the instructions based on Article 47(2) can only be given when the goods remain undelivered. The main purpose of these instructions is to remedy the problems that may arise when the goods cannot be delivered at their destination.

Under Article 52(1) of the Rotterdam Rules, the carrier has an obligation to comply with the instructions given by the controlling party. If the carrier fails to perform this obligation, he will be liable for losses caused by the breach.[1] On the other hand, under the text of Article 47(2) it seems that the carrier is not obliged to comply with the instructions from a shipper. Even if a carrier has sought instructions from the shipper, he still has the right not to follow those instructions where they are unreasonable and to take measures provided by Article 48(2) instead.

Several questions related to the right of control arise. If Article 51(3)(a) provides that the holder of the negotiable document is the controlling party, then why should the carrier seek instructions from the shipper? When the shipper is not the controlling party according to chapter 10, but the controlling party is a transferee of the transport document pursuant to Article 57, on what legal basis can such a shipper, or documentary shipper, give instructions to the carrier? On whose behalf does the carrier hold the goods when a negotiable document is issued: on behalf of the shipper, or on behalf of the lawful holder of the negotiable document? When the shipper is not the controlling party, and does not have any authority regarding the goods, it is unclear how the instructions of such a party can

---

① Rotterdam Rules 2008 art 52(4).

discharge the carrier from his obligations embodied in a negotiable document.

An issue that may be related to the right of control is governed by Article 28 which provides for cooperation between the carrier and the shipper, including giving instructions related to the handling of cargo and carriage. Does this obligation extend to the shipper's duty to provide instructions related to the delivery of goods? From the text it might be difficult to reach such a conclusion, unless "handling and carriage" is construed in a broad sense. Based on Article 29(1) which provides that the shipper will provide to the carrier "information, instructions and documents relating to the goods" that are necessary "[f]or the proper handing and carriage of the goods", it can be concluded that these instructions relate to the handling and carriage of the goods. But even though a broad interpretation would include instructions related to delivery of the goods, this does not mean that the shipper is the person who should give instructions related to the delivery of the goods after he has transferred the bill of lading.

Article 47(2) in the context of charterparties

Article 47(2) applies only when the transport document "expressly states that the goods may be delivered without surrender of the document". If the carrier is unable to locate the consignee, "the carrier may so advise the shipper and request instructions in respect of delivery of the goods". The holder of the document should therefore be aware that, if one of the situations mentioned in that provision occurs, the goods may be delivered on the basis of the instructions of the shipper in the event that the carrier is unable to obtain instructions from the consignee.

The impression is that the drafters were influenced by the practice that exists under some charterparties where the carrier has to obey the charterer's instructions with respect to delivery of the goods. [1] Such a conclusion may be made based on illustrations used by the authors of the book The Rotterdam Rules (who were among the drafters of the Rules), [2] in the discussion related to Article 47: each of the illustrations in this book referring to Article 47(2) makes reference to the charterer acting as a shipper. [3] In addition, Article 47(2)(c) resembles to a certain extent the employment and indemnity clause found in most time charterparties. The drafters may have also had in mind the bill of lading clauses incorporating the charterparty terms.

Under time charter contracts, the master should act "under the orders and directions of the charterers as regards employment, agency and other arrangements". [4] The charterer may wish to extend his authority by stating that he shall have the right to order the master to deliver the goods without a bill of lading. This is sometimes done in practice, and under certain conditions this right has been recognised by the courts. [5] However, this situation under charterparties should be clearly distinguished from the contract of carriage governed by international conventions. This practice, which is valid in charter contracts where the freedom of contract prevails, may not be suitable for a contract of carriage carried out under a bill of lading. Charterparty contracts as part of private carriage are governed by different principles dominated by the principle of autonomy of the parties. Therefore, using such contracts as the model for regulating the issues that are to be governed by an international convention regulating the carriage of goods by sea may not be the best choice.

The identification of the charterer with the shipper can also be questioned, as it should be clear that the shipper and the charterer are not

---

① Von Ziegler et al 'The Rotterdam Rules 2008' (n 19) 207.

② M F Sturley, T Fujita, G van der Ziel The Rotterdam Rules (Sweet & Maxwell 2010).

③ ibid 264, 269.

④ BIMCO General Time Charter Party (Gentime), cl. 12. NYPE 1993, cl. 8.

⑤ Enichem Anic SpA v Ampelos Shipping Co Ltd (The Delfini) [1990] 1 Lloyd's Rep 252.

necessarily the same party. ① There is a clear distinction between the contract of carriage, which has the carriage of goods as its main subject matter, and the charter contract, which is basically a contract of hire with the use of a ship as its main subject matter. While in the case of time charter contracts, the charterer has the right to make orders to the master with respect to the voyage as part of "commercial management" throughout performance of the contract, the situation is completely different in contracts of carriage under bills of lading.

The relationship between the charterer and the shipowner in a charterparty contract is qualitatively different from the relationship between the shipper and the carrier. The relationship between the shipper and the carrier is based on the bill of lading, which is not a contract, but a document of title. While the shipper may also be the charterer, it is clearly wrong to have provisions related to the shipper assuming that the shipper is always the charterer. The application of Article 47(2) may lead to a situation in which the carrier requests instructions from the shipper when the shipper is not the charterer and has transferred the bill of lading. Clearly, in such a case, asking instructions from the shipper would contravene the fundamental principles on negotiable transport documents. After the shipper has transferred the negotiable document to a transferee, the contractual relationship between the shipper and the carrier is terminated and a new contractual relation between the carrier and the holder of the negotiable document is established. This is in clear contrast to charterparties where the shipper and

the shipowner remain in a contractual relationship until the contract is terminated.

The Houda case lessons

In most jurisdictions, the courts take the position that the shipowner must not deliver the goods other than against presentation of a bill of lading, even If he has been instructed by the charterer to make such a delivery. ②In The Houda case, ③the charterer ordered the shipowner to deliver the goods without a bill of lading, against a letter of indemnity countersigned by a bank, but the shipowner declined to accept this order. The court at first instance held that while under a time charter the charterer cannot lawfully order the shipowner or the master to deliver the cargo to a consignee who is not entitled to possession of the cargo, the charterer is not prevented from ordering delivery of the cargo without production of the bill of lading in circumstances where the charterer is entitled to possession of the cargo or gives an order with the authority of the person entitled to possession of the cargo. The Court of Appeal, however, took a different view and rejected the argument that a time charterer could order a shipowner to deliver the goods without production of an original bill of lading, even to a person who was entitled to possession of the goods. Lord Justice Millett examined the consequences of such a solution: ④

"But the real difficulty of the Judge's conclusion is that it leads to this: the charterers can lawfully require shipowners to deliver the cargo without presentation of the bills of lading if, but only if, the person to whom the cargo is delivered is in fact entitled to receive it. If that is indeed the law, it places the master in an

---

① Article 1(8) defines shipper as 'a person that enters into a contract of carriage with a carrier'. And the 'contract of carriage' as defined in art 1(1) is clearly not a charterparty contract.

② The Stetin (1889) 14 PD 142 at 147, A/S Hansen-Tangens Rederei III v Team Transport Corporation (The Sagona) [1984] 1 Lloyd's Rep 194, Kuwait Petroleum Corp v I & D Oil Carriers (The Houda) [1994] 2 Lloyd's Rep 541, Motis Exports v Dampskibsellskabet AF 1912 [2000] 1 Lloyd's Rep 121, Allied Chemical International Corp v Comphania de Navegacao Lloyd Brasiliero [1986] AMC 826 (2d. Cir. 1985), C-Art Ltd v Hong Kong Island Lines America [1991] AMC 2888 (9th. Cir. 1991), Glencore International AG v Owners of the 'Cherry', Singapore High Court, Kan Ting Chiu J., April 2002 (available at: http//: onlinedmc. co. uk/glencore_v_'cherry'. htm), International Harvester Co v TFL Jefferson 695 F. Supp. 735 (S. D. N. Y. 1988), Cour d'Appel d'Aix, September 6, 1984 DMF, 157 (1986), Ap. Paris 11 January 1985 DMF 166 (1986) (note by R Achard), Trib. Livorno 10 December 1986 Dir. Mar. 961 (1987).

③ ibid (The Houda).

④ ibid (The Houda) at 558.

intolerable dilemma. He has no means of satisfying himself that it is a lawful order with which he must comply, for unless the bills of lading are produced he cannot know for certain that the person to whom he has been ordered to deliver the cargo is entitled to it. One solution, no doubt, is that, since the master's duty is not of instant obedience but only of reasonable conduct, he can delay complying with the order for as long as is reasonably necessary to satisfy himself that the order is lawful, possibly by obtaining the directions of the Court in the exercise of its equitable jurisdiction to grant relief in the case of lost bills. But in my judgment the charterers are not entitled to put the master in this dilemma. "

The point is, as Millett LJ states in the last sentence of the quote, that the charterer puts the master in a difficult situation. The master takes an obvious risk when he delivers the goods to a consignee who cannot produce the bill of lading. The question one may ask is whether the charterer may require the shipowner to take such a risk. Even though the shipowner may always require that the charterer puts up adequate security before he delivers the goods, to demand such security will, in most cases, be both more cumbersome and unreliable than demanding that the bill of lading be presented.

The claim that such a delivery is lawful if ordered by the person entitled to possession of the cargo contravenes the fact that the bill of lading is a document of title. It is a well-established principle that the carrier is bound to deliver the goods only to a lawful holder of the bill of lading, and he is not bound to investigate who is entitled to possession of the goods. When the consignee is not able to produce the bill of lading, the shipowner as carrier has the right to refuse the charterer's order of delivering the goods without the bill of lading, or to deliver the goods in exchange for a letter of indemnity that was offered to the shipowner in the present case. The most serious consequence of the first instance judgment in The Houda case would be that the carrier would no longer be justified in refusing to deliver the goods to a party who is not the lawful holder of the bill of lading, or in the case of a non-negotiable bill of lading, to a party who is not named in the bill of lading, when such a party is actually entitled to the goods. Such a radical change would endanger the role of the bill of lading as a document of title and discredit its commercial value. In addition, the carrier would be put in an extremely difficult position because he would be forced to judge whether the person to whom delivery is to be made under the charterer's order is entitled to possession of the goods.

This illustration from the charterparty contracts in the relationship between the charterer and the shipowner may serve as an indication of potential problems that could arise if the shipper were to be asked to give instructions to the carrier under a contract of carriage. Article 47(2) might make sense in the relationship between the charterer and the shipowner under a charterparty contract, and the outcome of The Houda case might have been different if there had been an express term in the charterparty entitling the charterer to order the owners to deliver the goods without a bill of lading. It is submitted that even in that case such a clause would serve merely to protect the shipowner against the consequences of delivery of the goods without surrender of the bill; as a matter of principle the shipowner should not be bound by a clause that imposes an unlawful obligation on him. However, the Rotterdam Rules should not enter that area, because contracts under charterparties are expressly excluded from their scope.

Article 47(2) and international sale

Negotiable transport documents play an important role in international sale, so the new type of negotiable document under Article 47(2) would certainly have an impact on international sale. One of the intriguing questions that arises concerns the status of a negotiable transport document under Article 47(2) in relation to Article 58 of the CISG; can this document be considered a document "controlling the disposition of the goods" in the sense of Article 58 of the CISG? According to Martin Davies, the drafters of the

CISG likely "had in mind the traditional, negotiable bill of lading issued by an ocean carrier, which is the paradigm document controlling the right to possession of the goods it represents". [1] A document under Article 47(2) equally likely does not meet this description. The fact that the goods may be delivered without the surrender of a negotiable transport document clearly compromises its negotiable character and capacity to control disposition of the goods.

While a negotiable transport document under Article 47(1) qualifies as a document "controlling disposition of the goods", a negotiable transport document under Article 47(2) is not a negotiable document in the full sense of the CISG, since disposition of the goods is not carried out on the basis of the document itself, but on the basis of the shipper's instructions. This kind of disposition of goods, as well as delivery without the surrender of a transport document, is typical for non-negotiable documents which do not control disposition of the goods, since this is done by the shipper's instructions to the carrier.

Hence, the 'negotiable transport document' under Article 47(2) is not negotiable in the full sense, and as long as disposition of the goods is carried out on the basis of the shipper's instructions, it is not a document that controls disposition of the goods in the sense of Article 58 of the CISG.

Regardless of its impact on the CISG, Article 47(2) would have serious consequences on international sale. It is clear that a buyer would not be obliged to pay for the goods in return for a document which states that the delivery of the goods can be made without its surrender, since the seller presenting such a document would be in breach of his delivery obligation. The document under Article 47(2) would also not meet the requirements for delivery documents under CFR/CIF Article 8 of the INCOTERMS 2010, which provides for the document which must "enable the buyer to claim the goods from the carrier at the port of destination" and "enable the buyer to sell the goods in transit by the transfer of the document to a subsequent buyer or by notification to the carrier". Obviously, a document which expressly provides that the goods can be delivered under the instructions of a party which is not in possession of the negotiable document does not fit the INCOTERMS definition of the "delivery document". The expression "notification to the carrier" relates to electronic documents where delivery is controlled by the party which is in possession of a "private key" or other similar device which replicates the function of a negotiable document. The right to give notification cannot be in the hands of a party which does not have control over the private key or similar device. Hence, Article 47(2) does not meet the requirements of the INCOTERMS rules with respect to the delivery document and it would create problems in the event of electronic bills of lading, as an electronic procedure which would not give one party the exclusive right to payment or delivery would clearly not be acceptable.

Similar problems would arise under letters of credit. Article 20 of the UCP 600 does not provide for this kind of bill of lading, so if the Rotterdam Rules enter into force the UCP would have to be revised. Needless to say, the banks would be reluctant to make payment under a letter of credit against such a document without the express authorisation of the buyer. Even in that case, the banks would have to be vigilant, as this kind of document does not provide collateral security. It appears that the drafters of the Rotterdam Rules failed to make proper assessment of all these negative consequences which would have a detrimental effect on international sales. Adoption of the Rotterdam Rules would also create the need for amendments in a number of regulations related to international sales.

---

① M Davies 'Documents that Satisfy the Requirements of CISG Art 58' (papers from Uniform Sales Law: the CISG at its 30th Anniversary, a conference in memory of Albert H Kritzer, 12–13 November 2010, Belgrade) The Annals of the Faculty of Law in Belgrade-Belgrade Law Review, Year LIX (2011) no 3, 39–66.

Conclusion

A challenging road lies ahead for the Rotterdam Rules. One of the potential problems is related to the way the Rotterdam Rules were drafted. After the task of the unification of maritime law was transferred from the CMI to the UN and its agencies, it became impractical and maybe even impossible to make amendments by revision, as with the Visby Rules. The most efficient and practical way would be simply to revise a number of provisions from the Hague-Visby Rules, such as abolishing the nautical fault exception and adding a few more provisions, such as those related to electronic documents. However, it would be difficult to expect UNCITRAL to take such action, even though technically it was possible for the Rotterdam Rules to have been just a revised version of the Hague-Visby Rules. UNCITRAL generally has a preference for a more comprehensive approach, which is demonstrated by the text of the Rotterdam Rules. As a result, the Rotterdam Rules contain 96 articles and 18 chapters, compared to the 16 articles of the Hague Rules.

The Rotterdam Rules added a number of new issues, such as the right of control, delivery of goods, transfer of rights and volume contracts. The text might be not only too long, but also too complex and too complicated to be suitable for use in practice. Commercial practice needs clarity and has a natural preference for simple over complicated texts. Moreover, some provisions, such as Article 47(2), are highly controversial as has been demonstrated.

Article 47(2) arguably is controversial in the sense that this provision contravenes some well-established principles on negotiable documents. Admittedly, the rule that the consignee must present a negotiable document prior to delivery is outmoded and can cause problems in practice. Nevertheless, the delivery of goods without a bill of lading is something that should be avoided as unlawful and risky. The drafters of the Rotterdam Rules have attempted to find a solution to this problem. However, the suggested solution may undermine the value of the bill of lading as one of the key documents in international trade. If purchasers and banks feel that they can no longer rely on bills of lading as negotiable documents of title, to paraphrase Lord Justice Pearce in the Brown Jenkinson case "the disadvantage to the commercial community would far outweigh any convenience provided by delivery of the goods without bills of lading". [1] Why would parties abandon the current practice they are familiar with to adopt a new way of doing things that is risky and full of loopholes? Radical reforms are typically motivated by a need to solve urgent problems. It is highly questionable whether such a need existed in this case, and it is even more questionable whether Article 47(2) can solve the problems persisting. In the author's view, the Rotterdam Rules would look much better without Article 47(2).

The goal of uniformity is a worthy one and the efforts of the drafters of the Rotterdam Rules deserve respect. Instead of unifying the rules that govern the carriage of goods by sea, however, the Rotterdam Rules may end up being just another convention that exists in parallel with all previous ones, which would mean that this convention instead of contributing to the unification of law, in fact, may create more fragmentation in the international regime governing the carriage of goods by sea and further undermine its uniformity. Under the existing text of the Rotterdam Rules, the road towards the stated goals has too many holes for one to feel comfortable with the proposed solution. It is a bumpy road that eventually may create more problems than it can solve.

（编辑　陈敬根）

---

[1]　Brown Jenkinson v Percy Dalton (London) Ltd [1957] 2 Q. B. 621. The text in italics is mine paraphrasing the original text which reads 'the giving of clean bills of lading against indemnities'.

征稿启事

　　《上大法律评论》是由上海大学法学院主办的法学类学术出版物。沈四宝教授担任编委会主任,李清伟教授担任主编。

　　《上大法律评论》以"弘扬法学研究成果,探讨中国法治问题"为办刊宗旨,瞄准法学研究和法治发展的前沿问题,强调国际视角、突出中国理念,深入探讨和研究中国全面建成小康社会所面临的重大的法律问题,积极推动我国社会主义法治建设。

　　《上大法律评论》一年出版两卷,辟有"热点评析""各科专论""名家主持""域外法苑""学术争鸣""案例评析""书评""学科综述"等栏目。

　　《上大法律评论》奉行学术自由,惟学术是尚,鼓励学术创新,热忱欢迎国内外专家、学者及学界同仁赐稿。稿件等相关要求如下:

　　一、欢迎选题新颖、有独到见解和学术价值的学术论文,特别欢迎有重大理论创新和实践价值的优秀研究成果。

　　二、稿件应为未公开发表的作品,字数控制在 2 万以内。

　　三、来稿请附英文标题和中、英文摘要及关键词,稿件注释参照文后注释体例。

　　四、实行文责自负原则,作者应保证对其作品享有著作权,并保证来稿并未以任何形式在其他报刊、电子媒介上发表。译者应保证该译本未侵犯原作者或出版者任何可能的权利,编辑部或其任何成员不承担由此产生的任何法律责任。任何来稿视为作者、译者已经阅读或知悉并同意本声明。

　　五、本刊只接受电子投稿,来稿请发至专用邮箱:lawshu@163.com。

　　六、凡投稿在两个月内未收到编辑部采用通知者,可自行处理。对来稿一律不退,请作者自留底稿或做好备份。

　　七、来稿一经采用,酌付稿酬。

　　为扩大《上大法律评论》及作者知识信息交流渠道,除非作者在来稿时声明保留,《上大法律评论》编辑部拥有以非专有方式向国内外相关数据库授予已刊作品电子出版权、信息网络传播权和数字化汇编、复制权以及向《新华文摘》、《中国社会科学文摘》、《高等学校文科学术文摘》和中国人民大学书报复印资料等文摘类刊物推荐转载已刊作品的权利。同时,《上大法律评论》编辑部欢迎相关组织依照《著作权法》的规定对本刊所刊载的论文进行转载、摘登、翻译和结集出版,但转载时请注明来源。

　　《上大法律评论》编辑部通信地址:200444 上海市宝山区上大路 99 号上海大学法学院《上大法律评论》编辑部(电话:021 - 66136701,传真:021 - 66133938)

《上大法律评论》编辑部

2013 年 12 月

图书在版编目(CIP)数据

上大法律评论. 第 1 卷. 第 1 辑 / 李清伟主编.—上海：
上海三联书店,2013.12
　　ISBN 978 - 7 - 5426 - 4439 - 8

　　Ⅰ.①上…　Ⅱ.①李…　Ⅲ.①法律—文集
Ⅳ.①D9 - 53

　　中国版本图书馆 CIP 数据核字(2013)第 262253 号

上大法律评论

主　　编 / 李清伟

责任编辑 / 王笑红
装帧设计 / 豫　苏
监　　制 / 李　敏
责任校对 / 吴江江　张大伟

出版发行 / 上海三联书店
　　　　　(201199)中国上海市都市路 4855 号 2 座 10 楼
网　　址 / www.sjpc1932.com
邮购电话 / 24175971
印　　刷 / 上海叶大印务发展有限公司

版　　次 / 2013 年 12 月第 1 版
印　　次 / 2013 年 12 月第 1 次印刷
开　　本 / 890 × 1240　1/16
字　　数 / 300 千字
印　　张 / 12
书　　号 / ISBN 978 - 7 - 5426 - 4439 - 8/D · 236
定　　价 / 38.00 元

敬启读者,如发现本书有印装质量问题,请与印刷厂联系 021 - 66019858